요한복음 강해설교

김승곤 지음

도서출판 영문

머 | 리 | 말

요한복음 강해 상권을 펴낸 것은 여러 해전 일이었습니다. 제가 섬기는 미국 나성서부교회 직원들이 목사님의 회갑기념으로 책을 한 권 냈으면 한다고 하므로 마침 주일마다 강해하던 요한복음 강해 상반부 원고를 수집하여 요한복음 강해 상권을 내었고 하권은 조만간 펴내기로 약속했었습니다. 그 후 하권에 대한 독자들의 문의를 받기도 하였으나 여러 해 동안 미루어오다가 이번 늦게나마 요한복음 강해 상하권을 합본으로 만들게 되어 짐을 벗은 듯한 느낌으로 이책을 내어놓습니다.

필자는 요한복음을 연구하는 동안 성경66권 중 한 권만 택하라고 한다면 요한복음을 택해야 할거라고 생각될 만큼 귀중한 책이라고 느꼈습니다. 복음서 중에서도 다른 3복음은 역사적인 면을 주로 취급하였으나 요한복음은 자상한 스승과 같이 진리자체를 확실하게 설명해줍니다. 예수님은 태초부터 하나님과 함께 계셨던 말씀이 육신이 되어 오신분이며, 세상 죄를 지고 가는 하나님의 어린양이시며, 광야의 구리 뱀처럼 높이 들리시는 분이라고 하였고, 성령님은 예수님이 십자가에 죽으셨다가 부활승천하신 후에 오시며, 믿는 사람들의 뱃속에서 흐르는 강물과 같이 영혼을 소성 시키시는 분이시며, 다른 보혜사시며, 믿는 사람들만 받을 수 있는 분이라고 하였고, 마귀는 이세상 임금이지만 심판을 받은 자라고 하였고, 예수님의 십자가의 죽음과 부활의 장면을 보다 상세히 설명하였고, 부활하신 후 베드로에게 네가 나를 사랑하면 내 양을 먹이라는 말씀으로 그리스도인들의 사명을 확실하게 가르치고 있습니다. 그러므로 요한복음을 읽을때 독자들은 그러한 진리들을 깨달아 은혜를 받으며 아멘이라 응답하게 됩니다.

이 강해는 미국의 이민교회를 목회하는 한 작은 목회자로서 교회와 함께 나눈 은혜의 말씀을 수록한 것입니다. 이 책이 메마른 세상을 살아가는 독자여러분에게 은혜가 되었으면 합니다.

2006년 1월

김 승 곤

CONTENTS

01

예수님은 누구신가

[요한복음 1:1-18]

오늘부터 요한복음을 강해하며 성도여러분과 함께 은혜를 나누려고 합니다. 그 동안 저희 교회는 오후 성경공부시간에 사도행전을 공부하며 성령에 대한 많은 것들을 배웠습니다. 그러나 성령에 대해 더 알아야 하며 실제로 성령에 충만함에 이르러야 할 필요성을 더 많이 느끼게 되어 낮 시간에 성령에 관한 설교를 하기로 하였습니다. 요한복음은 예수님에 대해서 가장 잘 설명한 책일 뿐 아니라 성령에 대해서도 가장 잘 예언된 책입니다. 우리가 요한복음을 펴고 상고하는 동안 예수님은 누구신가를 더 확실히 알게 되고 성령이 누구신가를 더욱 알게 되어 우리의 반려자로 약속된 성령님과 더 가까워지는 축복이 여러분에게 있어지기를 축원하는 바입니다.

오늘 말씀할 제목은 예수님은 누구신가? 라는 제목입니다. 요한복음은 한국에서 성경이 많이 보급되기 전에 쪽 복음(요한복음만 묶은 책)으로 많이 보급된 책입니다. 그때에 외국 선교부에서는 전도지와 요한복음을 무제한으로 인쇄하여 권서(책을 사라고 권하는 이)들에게 맡겼다고 합니다. 권서들은 한 권씩 전하기가 귀찮아 대동강에 버리곤 했는데 평양 시민들은 요한복음이 우러난 대동강물을 마셨기 때문에 평양에 사는 사람들이 다 예수를 믿게 됐다는 에피소드가 있습니다.

사실 신구약 66권 중 한 권만 가지고 예수를 믿을 수 있는 책이 있다면 요한복음이라고 말할 수 있을 것입니다. 그리고 요한복음에는 수많은 사람들이 읽고 은혜를 받는 유명한 성구 요한복음 3장16절이 있습니다.

요한복음이 그렇게 귀중한 이유는 예수님이 누구신가를 가장 잘 설명해준 책이기 때문입니다. 그 당시만해도 예수님에 대한 견해는 구구했습니다.

① 예수님을 단순히 사람으로 보는 이들

② 예수님은 신이지 사람은 아니라고 하는 이들도 있었습니다. 그런 시기에 사도요한은 그의 오랜 제자생활을 통해 예수님에 대해 보고 들은 바를 증거한 것입니다. 그러므로 요한복음은 성경 전체를 축소한 것이라고 할만큼 중요한 책입니다. 요한은 여기서 예수님을 누구라고 말하고 있습니까?

1. 예수님은 선재(先在)하신 분이시라고 합니다.

이 말씀은 다른 말로 한다면 그는 세상에 나시기 전부터 계셨다는 말씀입니다(He was before he was born). 사람들 중에는 출생연대를 가지고 예수님을 평가하는 분들이 있습니다. 그런 분들의 말로는 예수님의 출생년대는 공자나 석가모니 같은 분보다 나중인데, 이왕 믿을 바에는 오래된 종교를 믿는 것이 낫지 않느냐고 합니다. 그러나 가장 오래 전부터 계신 분을 믿으려고 하면 예수를 믿을 수 밖에 없습니다. 그 이유는 예수님의 기원은 그가 나신때가 아니라 그 이전부터이기 때문입니다. 예수님은 "아브라함이 나기 전부터 내가 있느니라"(요 8:58)고 말씀하였습니다. 아브라함은 예수님의 시대로부터 2천년을 더 소급해 올라가야만 하는데 예수님은 그 이전에 계셨다고 하셨습니다. 그러나 사도요한은 예수님의 선재에 대해 다음과 같이 말하고 있습니다.

① "태초에 말씀이 계시니라"고 하였습니다. 이는 형이상학적인 설명입니다. 즉 몸을 입으시기 전에 말씀(λόγος)으로 계셨다는 말씀입니다.

② 창조주로 계셨다고 합니다. 만물이 그로 말미암아 지음을 받았다고 합니다. 그러므로 만물의 창조자는 하나님이신 동시에 예수님이십니다.

③ 예수님은 생명이시라고 합니다. 사람의 생명과 모든 생명이 다 그에게서 왔습니다. 사람의 생명도 하나님께서 코에 생기를 넣으셔서 얻게 되었습니다.

④ 빛으로 계셨다고 합니다. 만물은 태양의 빛으로 인해 생명을 보존하는데 그 빛도 예수님이 지으셨고 각 사람의 양심을 비추는 빛으로 계셨습니다. 창세이후 거룩하고 의롭게 살아간 사람들은 모두다 예수님의 빛을 받은 사람들입니다. 다윗은 "주의 말씀은 내 발의 등이요 내 길의 빛이니이다" (시 119:105)라고 하였습니다.

그렇다면 예수님은 누구십니까. 하나님과 동일한 분이십니다.

하나님에게 시작이 없음 같이 예수님에게도 시작이 없으시며 하나님이 전능 하심과 같이 예수님도 전능하신 분이시며 하나님이 영원하심과 같이 예수님도 영원하신 분이십니다.

2. 말씀이 육신이 되신 분입니다.

"말씀이 육신이 되어 우리 가운데 거하시매" 이 말씀은 창조 전부터 로고스로 계셨던 제2위 하나님께서 사람의 몸을 입고 이 세상에 내려오셨다는 말씀입니다. 누가는 누가복음에서 예수님이 어떻게 세상에 오셨는가를 세밀하게 설명하였습니다. 누가복음에 나타난 기록을 보면 마리아는 가브리엘 천사의 예언을 들은 후에 성령으로 잉태되었으며 요셉과 마리아가 호적하러 베들레헴으로 올라갔을 때 사관에 있을 곳이 없어 마구간에 머물다가 해산하였다고 말하고 있습니다. 그러나 사도요한은 말씀이 육신이 되었다는 짧은 용어로 표현하고 있습니다. 이 짧은 말은 예수님의 초자연성과 하나님의 사랑을 잘 나타내는 말씀입니다. 사람들 중에는 예수님은 한 뛰어난 인간으로 생각하는 사람들이 적지 않습니다. 그런 사람들은 예수님을 공자나 석가모니와 같은 대열에 두고 생각하려고 합니다. 그러나 "말씀이 육신이 되어"라는 말씀이 그런 사상을 반대하고 있습니다. 즉 예수님의 시작은 마리아에게서 날 때가 아니고 본래부터 계셨던 로고스 하나님께서 그때에 사람의 몸을 입으셨다는 것입니다. 그렇기 때문에 예수님께서 구주가 되실 수 있는 것입니다.

그리고 이 말씀은 하나님의 사랑을 나타내고 있습니다. 사도요한은 하나님의 사랑을 요 3:16에서 다음과 같이 말하고 있습니다. "하나님이 세상을 이처럼 사랑하사 독생자를 주셨으니 이는 누구든지 저를 믿는 자마다 멸망치 않고 영생을 얻게 하려 하심이니라" 그 "말씀이 육신이 되었다"는 것은 요 3:16절의 요약이라고 볼 수 있습니다. 이것은 하나님의 인류를 향한 희생적 사랑의 표현입니다. 몇 해전 시카고 미시컨호에서 일어난 일입니다. 아버지와 아들이 스케이트를 타던 중 어린아들이 호수에 빠져 물속에 들어갔습니다. 그것을 알아차린 아버지는 자신도 얼음 밑에 들어가 아들을 찾았습니다. 아들을 건져냈을 때는 아버지마저 거의 죽게 됐으나 기적적으로 부자가 생환 되었다고 합니다. 저는 그 기사를 읽으며 하나님의 사랑이 그런 것이로구나 생각하였습니다. 하나님께서는 죄악의 호수에 빠져들어간 우리 영혼들을 건지기 위해 그 아들에게 사람의 몸을 입혀 내려 보내셨고 십자가에 죽기까지 하게 하셨습니다. 예수님은 바로 하나님께서 우리를 위해 세상에 보내신 그분이십니다.

3. 예수님은 하나님을 나타내신 분이십니다

"본래 하나님을 본 사람이 없으되 아버지 품속에 있는 독생하신 하나님이 나타내셨느니라" 하였습니다. 지금부터 약 100년 전에도 미국에 와서 사는 한국 사람들이 있었습니다. 그분들은 설탕농장에 고용되어 멀고 먼 하와이로 와서 살았습니다. 대개가 젊은이들이어서 결혼을 해야 했으나 바다를 사이에 둔 그들은 서로 만날 수가 없었습니다. 그래서 편지와 사진을 교환하여 결혼을 결정하곤 했다고 합니다. 실물은 보지 못했지만 사진을 통해 서로 보았습니다.

하나님은 신이시므로 하나님을 본 사람은 없다고 말씀했습니다. 하나님이 계신 줄은 알면서도 볼 수 없을 때 사람들은 얼마나 답답했겠습니까? 그래서 사람들은 자기 나름대로의 신을 상상하고 있었습니다. 일본인들은 태양을 신이라고 생각했고 중국인들은 용을 신의 상징으로 생각했습니다. 그러나 하나님을 볼 수 있는 시대가 왔습니다. 하나님을 나타내시는 분이 오셨기 때문입니다. 그리고 그분은 바로 예수님이십니다. 예수님은 하나님의 사진이라고 보면 됩니다. 그래서 빌립이 "주여 아버지를 우리에게 보여주옵소서"라고 하였을 때 예수님은 "빌립아 내가 이렇게 오래 너희와 함께 있으되 네가 나를 알지 못하느냐 나를 본자는 아버지를 보았거늘 어찌하여 아버지를 보이라 하느냐"(요 14:8-9)라고 하셨습니다. 사진을 통해 실물을 보는 것처럼 우리는 예수님을 통해 하나님을 볼 수 있습니다.

① 우리는 예수님을 통해 하나님의 능력을 보게 됩니다. 바다를 잔잔케 하시며 떡 다섯 개로 5천명을 먹이시며 죽은 자를 살리신 그 능력을 보아 하나님의 능력이 어떠함을 알 수 있습니다.

② 예수님을 통해 하나님의 거룩을 볼 수 있습니다. 그는 "모든 일에 우리와 한결같이 시험을 받은 자로되 죄는 없으시니라"(히 4:15)고 말씀하였습니다. 그의 거룩한 생활과 마음을 통해 하나님의 거룩을 읽을 수가 있습니다.

③ 예수님을 통해 하나님의 사랑을 배울 수 있습니다. 그는 십자

가에 달려 죽으시면서도 자기를 못박아 죽이는 원수를 위해 기도하였습니다. 그의 사랑을 통해 우리는 하나님의 사랑을 읽을 수가 있습니다. 사도요한은 예수님을 선재하신 분이라고 합니다. 말씀이 육신이 되어 속죄하신 분이라고 합니다. 하나님을 나타내신 분이라고 합니다. 사도요한은 하나님을 왜 이와 같이 증거 합니까? 예수님을 증거 하는 목적을 그는 이렇게 설명합니다. "오직 이것을 기록함은 너희로 예수께서 하나님의 아들 그리스도이심을 믿게 하려 함이요 또 너희로 믿고 그 이름을 힘입어 생명을 얻게 하려 함이라."(요 20:31)라고 하였고, 본문12절에는 "영접하는 자 곧 그 이름을 믿는 자들에게는 하나님의 자녀가 되는 권세를 주셨으니"라고 하였습니다. 사도요한이 예수님을 증거 하는 이유는 사람들이 예수를 믿음으로 말미암아 영생을 얻고 하나님의 자녀가 되는 특권을 얻게 하려는 것이라 하였습니다. 왜 공자나 석가모니를 믿어 구원을 얻지 못합니까? 하나님께서 그들을 구원의 길로 정하시지 않았기 때문입니다. 하나님은 말씀이 육신이 되신 예수님 한 분을 구원의 길로 예비하셨습니다. 이제 사람들의 구원은 이 하나님의 독생자 예수를 믿음으로 그를 영접하는데 있습니다. 최근의 통계를 보면 한국의 기독교 인구가 1천만을 넘어섰다고 합니다 "영접하는 자 곧 이름을 믿는 자들에게는 하나님의 자녀가 되는 권세를 주셨으니" 이 말씀을 읽을 때 한국의 경제발전이나 국위가 선양된다는 것보다 더 기뻐할 일은 크리스찬들이 더 많아지는 일입니다. 아직 예수님을 영접하지 못하신 분들이 이 자리에 계시면 이날에 주님을 영접하시고 하나님의 자녀가 되는 축복을 받으시기 바랍니다.

02.

빛의 증거자

[요한복음 1:19-39]

사도요한은 예수님에 대해 그는 선재(pre-existence)하신 분이라고 하였습니다. 그리고는 빛이시라고 합니다. 요한복음을 보면 예수님이 빛이시라고 하는 것은 사도요한의 확고한 신앙이었습니다. 요 8:12을 보면 간음한 여인을 용서해 주신 후에 "나는 세상의 빛이라"고 하였고 날 때부터 소경 된 사람을 고치실 때에도 "내가 세상에 있는 동안에는 세상의 빛이로라"(요 9:5)고 하셨다고 기록되어 있습니다.

예수님은 어떠한 빛이십니까? 9절 말씀을 보면 "각 사람에게 비치는 빛"이라 하셨습니다. 즉 모든 사람들의 마음에 비치는 빛이십니다. 1960년대에 미국과 일본을 여행한 어떤 분에게 미국이 어떠냐고 물었을 때 그의 대답은 밤에 비행기에서 내려다보면 미국의 도시는 환하게 밝고 일본은 좀 컴컴하고 한국은 아주 캄캄하더라는 대답이었다고 합니다. 미국은 전력을 가장 많이 사용하는 나라 중의 하나입니다. 도시마다 전깃불을 환하게 켜서 불야성을 이루고 있습니다. 그러나 마음들도 그렇게 밝으냐가 문제입니다. 외부적으로는 밝게 하고 살고 있으나 빛을 마음에 모시지 않기 때문에 미국의 도시에는 살인과, 간음과, 속임과, 폭력과, 마리화나 복용자들과, 알콜중독자들로 득실거리고 있습니다. 여러 해 전에 한국에서 일하다가 은퇴하고 돌아오신 어떤 미국 선교사님이 설교하면서 "민주주의가 좋다고 하지만 민주주의는 신앙 좋은 사람들이 하는 것입니다. 신앙 없는 사람들은 민주주의 못해요"라고 뼈있는 말을 하는 것을 들었습니다. 과거 신앙이 독실한 청교도들은 민주주의를 해도 범죄도 적었고 무질서한 일도 적었습니다. 그 이유는 그들의 마음에 빛이 있었기 때문입니다. 그러나 오늘 빛을 외면한 사람들이 많은 미국에는 민주주의가 행복할 수 없게 되었습니다. 지금 미국에는 차 보험과 건강보험이 하늘 높은 줄 모르고 치솟고 있는데 그 이유를 알아보면 거짓과 부당이익을 취하는 사람들 때문이라고 합니다. 차 사고가 나서 변호사를 찾아가면 변호사는 고객에게 보험금을 많이 받아 분배하기위해 아프지 않아도 아프다고 병원에 다니게 하고 보험료를 많이 청구하여 분배한다고 하며, 건강보험도 그렇게 이용되므로 보험회사는 보험료를 더 올리게 되어 서민들은 보험가입이 어렵게 된다고 합니다. 사람의 마음이 밝아져야 사회도 밝아지며 거기에 행복이 있습니다. 그리고 사람들의 마음이 밝아지려면 우리 그리스도인들 자신이 먼저 빛 되신 예수님을 모시고 다음으로는 빛의 증거자들이 되어야 합니다. 태양계의 모든 별들이 태양을 반사하듯이 예수님은 빛이시며 세례요한은 빛의 증거자입니다(1:17). 우리도 이 시대의 빛의 증거자가 되어야 하겠습니다. 그러면 어떤 사람이 빛의 증거자가 될 수 있습니까? 이미 빛의 증거자로서의 사명을 다한 세례요한은 우리에게 본이 되고 있습니다.

1. 죄를 책망하였습니다

세례요한은 죄와 타협하지 않는 고결한 생활을 했던 사람입니다. 학자들은, 그 당시 로마인들과 타협하지 않고 사회와 격리되어 믿음을 지켰던 "에세네(ESSENES)"라는 단체가 사해바닷가에 은거하고 있었는데 세례요한은 그 에세네파에 속해 있었을 것이라고 봅니다. 세례요한이 예수님에게 세례 베풀던 곳이 그곳에서 멀지 않은 것을 보면 그것이 사실일 것이라 생각됩니다.

세례요한의 눈에는, 권력을 가졌다고 백성들에게 강포하는 군인들, 국민의 세금으로 치부하는 세리들, 그 틈에서 살기 위해 수단방법을 가리지 않는 백성들, 가난한자에 대해 눈을 감고 경제를 독점하려 드는 부자들, 하나님을 믿는다 표방하며 재산을 삼키기에 여념이 없는 종교가들 그 모두가 다 아니꼬울 만큼 더러워 보였습니다. 그리고 그는 죄와는 절충이나 타협이 없이 회개를 외쳤습니다. 그렇게 한 이유는 죄로 물든 양심은 회개를 통해서만 회복될 수 있기 때문입니다.

엡 5:13을 보면 "그러나 책망을 받는 모든 것이 빛으로 나타나나니 나타나지는 것마다 빛이니라" 고 하였습니다.

빛의 증거자는 자신이 먼저 철저히 회개하여 빛 되신 예수를 영접하고 죄를 변호하거나 죄와 타협하지 않고 죄를 책망하는 사람이라야 합니다.

2. 빛의 증거자는 겸손한 사람이라야 합니다

빛을 증거한 세례요한에게서 우리는 또 다른 특성을 발견하게 되는데 그것은 겸손이라는 것입니다. 세례요한은 메뚜기와 석청을 먹으면서도 죄와 타협하지 않고 권력과도 타협하지 않는 생활을 하였습니다. 그리고 그의 외침에 수 많은 군중들, 심지어 당시 종교의 지도자들인 바리새인과 사두개인들 까지도 그에게 나와 세례 받기를 원할 정도로 그의 외침은 능력이 있었습니다.

사람들은 고매한 생활이 있거나 권력이 있거나 사람들이 추종하며 높일 때 교만하기가 쉬운 것입니다. 그러나 세례요한은 그런 경우에서도 끝까지 겸손했던 분입니다.

그의 겸손은 사람들이 그에게 당신은 그리스도냐? 또는 당신은 선지자냐? 물었을 때 그가 대답한 말에 잘 나타나고 있습니다. 그의 대답은 자신은 그리스도도 선지자도 아니요

① 주의 길을 예비하는 자이며

② 광야에서 외치는 자의 소리일 뿐이라고 하였고

③ 나는 그의 신들메 풀기도 감당치 못하겠노라고 하였습니다.

사람들은 그리스도를 증거하면서 도리어 그리스도를 가리우는 일을 하는 경우가 많습니다. 그 이유는 다른데 있는 것이 아니라 바로 겸손하지 않은 데 있는 것입니다. 말이나 행동, 심지어 마음에서라도 높은 마음을 가질 때 겸손하여 땅에까지 내려오신 예수님과는 얼마나 다릅니까? 그러므로 말로는 겸손하신 예수를 증거하나 삶으로는 그리스도를 가리우는 결과에 이르게 됩니다.

3. 빛을 증거한 세례요한은 빛 되신 예수님을 잘 알았습니다

상품을 선전하려면 상품을 잘 알아야 하는 것처럼 빛 되신 예수를 증거 하려면 그분을 잘 알아야 할 것입니다.

1) 세례요한은 예수님을 무엇이라고 증거했습니까?

① "내 뒤에 오시는 그이라 나는 그의 신들메 풀기도 감당치 못하겠노라" (1:27)고 하였으며

② "보라 세상 죄를 지고 가는 하나님의 어린 양이로다"(29)라고 하였습니다.

먼저 말한 것은 예수님은 지극히 높으신 분이시라는 말씀이며 다음에 한 말은 예수님은 속죄하는 양이라는 말씀입니다. 예수를 존경하고 전하는 사람 중에서도 예수를 바로 모르고 전하는 이들이 없다고 할 수는 없습니다. 슈바이처는 예수의 죽음은 실패의 죽음이라고 했고 불트만은 예수님의 십자가의 죽음과 부활을 신화라고 하였습니다.

2) 세례요한은 어떻게 예수님을 분명히 알 수 있게 되었습니까?

그는 하나님께로부터 가르치심을 받아서 그렇게 알게 되었다고 했습니다. 빛 되신 예수님을 증거할 사람들은 성령으로 말미암아 그리스도를 확실히 알아야 합니다.

4. 사람들을 예수님에게 인도하였습니다

세례요한은 자기 제자 중 두 사람과 같이 섰다가 그 두 제자에게 예수님을 소개하여 그들이 다 예수님의 제자가 되게 하였습니다. 이 두 제자 중 한 사람은 안드레(1:40)라고 밝혔고, 다른 하나는 이름이 나타나지 않았으나 본 요한복음을 기록한 사도요한일 것이라 추측됩니다.

세례요한이 그의 제자들을 예수님께 인도한 이유는

① 예수님을 따라가야 구원을 얻겠고

② 주님의 일꾼들이 될 수 있을 것이기 때문이었습니다.

그 후에 안드레나 사도요한은 기독교 역사에 빼놓을 수 없는 중요한 인물이 되었습니다.

낮 6개월은 밤이 계속되는 놀웨이에서는 긴 밤을 지낸 후 낮이 돌아오려 할 때 사람들은 빛이 그리워 지붕에 올라가서 해뜨기를 기다린다고 합니다. 밤이 길면 길수록 해가 그리울 것은 사실입니다. 지금 우리의 시대는 예수님께서, "이제는 너희 때요 어두움의 권세로다"(눅 22:53)라고 하신 말씀처럼 긴 밤을 보내는 것 같습니다. 사람들은 문명인이라는 말을 듣기 좋아하지만 양심 속에 등불 꺼진지 이미 오래되었습니다. 빛이 없는 세상에 정의도 있을 수 없고 윤리도 도덕도 행복도 있을 수 없습니다. 빛의 증거자들이 필요한 때가 되었습니다. 우리들은 세례요한처럼 오늘에 빛을 증거하는 빛의 증거자들이 되어야 하겠습니다.

03.

구원과 전도

[요한복음 1:43-51]

세례요한은 빛 되신 예수님을 증거하러 온 사람이었습니다. 그러나 세례요한만 아니라 안드레와 요한, 베드로, 빌립 모두가 다 예수님을 증거 하였습니 다.

누가 전도를 해야 한다고 가르친 일도 없고 전도를 하면 어떤 대가를 받는다는 보장도 없었으나 그들은 예수님을 증거 하였습니다.

전도는 하나님께서 예수를 믿음으로 구원을 얻게 하려는 하나님의 계획입니다. 예수님은 성전에서 나오실 때에 어린 아이들이 호산나라고 부르짖는 것을 시기하는 사람들에게 "그들이 소리지르지 아니하면 이 돌들이 소리 지르리라"고 말씀하였습니다. 지금은 돌같이 무가치하게 취급 받던 이방인들이 소리지르는 시대입니다. 1세기 전만해도 우리 민족은 하나님도, 약속도 없고 소망도 없던 돌 같은 사람들인데 1세기 전에 복음을 받은 후 1천만 신도를 이루었고 교회마다 선교사를 파송하는 붐이 일어나는 것을 보면 이 일을 어찌 사람이 뜻한 것이라고 말할 수 있겠습니까? 그러므로 전도는 하나님의 구원 계획 가운데 하나임을 알 수 있습니다. 그리고 우리도 이 하나님의 계획에 순응해야 하겠습니다.

1. 전도는 왜 해야 합니까?

이렇게 묻는다면 전도는 하나님께서 사람을 구원하는 방법이기 때문이라고 대답할 수 있습니다. 고전 1:21에 "하나님께서 전도의 미련한 것으로 믿는 자들을 구원하시기를 기뻐하셨도다."라고 하였습니다. 그 당시에 사람들이 존경하던 것은 힘이었습니다. 첫째로는 로마의 정권으로 대표되는 권력의 힘이요 희랍 사람들이 숭상하던 지혜의 힘이며 유대인들이 믿고 있던 이적의 힘이었습니다. 그러나 전도자들은 이것도 저것도 아니었고 십자가에 못 박혀 죽은 예수를 믿으라는 것이었습니다. 이 얼마나 어리석게 보였겠습니까?

하나님께서는 전능하신 신이시니 다른 방법으로 사람들을 믿게 하실 수가 있었을 것입니다. 가령 캘리포니아에 사는 사람들이 가장 무서워하는 10도 이상 되는 지진으로 한 시간쯤 흔든다던가 아니면 공중에 환상을 나타내시든가 하는 방법으로 하면 일시에 수많은 사람들이 믿을 수도 있겠습니다. 그러나 그런 방법으로 아니하시고 미련해보이며 약해보이는 전도를 통해 구원하려 하시니 무슨 까닭입니까? 그 이유는 사람들이 외부의 압력에 의해서가 아니라 그들 스스로가 마음에 감동되어 믿기를 원하시기 때문입니다.

가령 예를들면 탕자 비유에 나타난 아버지는 아들을 강제로 데려올 수도 있었을 것입니다. 종들을 보내어 강제고 끌어올 수도 있고 군대를 동원할 수도 있었습니다. 그러나 그렇게 되면 그것은 타의(他意)에 의한 것이지 자의에 의한 것이 아닙니다. 자의에 의해 믿는 것이 중요합니다. 그러므로 미련한 전도로 사람을 구원하시는 것입니다.

그뿐 아니라 전도는 하나님의 일꾼이 되게 하는 것입니다. 본문을 읽어보면 전도 받은 모든 사람들이 다 하나님의 일꾼이 되었습니다. 전도 받은 요한, 안드레, 베드로, 빌립 등이 다 일꾼들이 되었습니다. 안드레의 전도를 받은 베드로가 얼마나 큰 일을 많이 했습니까? 사도행전을 보면 그의 설교를 들은 사람들이 하루에 3천명이나 세례를 받았다는 기록도 있습니다. 요한은 우리가 지금 읽는 요한복음과 요한1, 2, 3서와 계시록을 저술했는데 이 요한복음이 얼마나 큰 일을 많이 했겠습니까? 요한복음이 없는 기독교를 생각할 수는 없습니다. 그러므로 전도는 전도 받는 사람을 구원하는데 그치는 것으로 생각해서는 안됩니다. 저의 작은 경험이 생각납니다. 제가 원남교회를 시무 할 때 몇 분의 권사님들과 호별 방문전도를 한 일이 있었습니다. 그때에 한 중년 부인이 전도를 받아 교회에 나왔는데 그 한 분을 통해 남편과 여러 자녀 손이 다 믿게 됐고 사위 한 분은 목사가 되어 목회하고 있습니다. 이 세계를 변화시키는 힘은 전도밖에 없습니다.

2. 전도는 누구에게 해야 합니까?

이런 질문에 대해서는 만나는 자마다 누구에게든지 해야 한다는 대답을 할 수 있으리라고 봅니다. 그러나 본문을 자세히 읽어 보면 전도에는 순서가 있습니다. 예수님께서도 "예루살렘과 온 유대와 사마리아와 땅끝까지 이르러 내 증인이 되리라"(행 1:8)고 하시어 전도의 순서를 말씀하셨습니다. 우리는 본문을 통하여 어디서부터 전도를 시작해야 하는가를 배울 수 있습니다.

세례요한은 먼저 자기의 제자들에게 전도했습니다(1:37). 제자란 자기에게 배우거나 자기 수하에 있는 모든 사람을 대표하는 말이라고 볼 수 있습니다. 자녀를 가진 부모에게는 그 자녀가 전도의 대상이며 학생들을 가르치는 선생님이라면 가르침을 받는 학생들이 전도의 대상입니다. 사원을 거느린 사장에게는 그 사원들이 전도의 1차적 대상인 것입니다. 부하를 거느린 장교라면 군인들이 전도의 대상이며 직원을 거느린 상급 공무원이라면 그 직원들이 전도의 대상입니다. 그것은 전도하기 어렵게 만들려는 것이 아니라 가장 쉬운 방법이기 때문입니다. 만약 내가 가르치는 제자가 나의 전도를 받지 않는다면 누가 나의 전도를 받겠습니까? 다음으로는 나의 가정과 친지에게 전도해야겠습니다. 안드레는 자기의 형제인 베드로에게 전도했고 빌립은 자기의 동향인인 나다나엘에게 전도했습니다. 제자와 형제 동향인 등은 모두가 자신과 친근하게 아는 사이입니다. 물론 전도가 이런 대상들에게 제한되는 것은 아닙니다. 그들도 세계로 나갈 날이 있었습니다. 그날은 오순절 성령의 충만함을 받은 후였습니다.

우리는 세계 선교를 위해 기도하며 또 나가야 하겠습니다. 그러나 나의 가까운 분들을 외면해서는 안됩니다. 지금 나의 부모, 나의 자녀, 나의 형제, 나의 제자, 나의 동향인들은 어디 있는가를 생각해야 하겠습니다.

3. 무어라고 전도했습니까?

세례요한, 안드레, 빌립의 전도는 우리가 어떻게 전도해야 할 것인가를 잘 보여주고 있습니다. 요사이는 전도에 관한 책자들도 무수히 많이 나와있고 그런 책자들 가운데는 사람들에게 전도할 때 어떤 말부터 시작하라고 하는 제언까지도 포함되어 있습니다. 그러나 본문의 이 세 사람의 전도는 모든 개인 전도학을 대표하는 것이라고 보아도 무방하다고 생각합니다. 그들은 그리스도를 너무도 분명하게 소개했고 그들의 전도는 너무나 설득력이 있어 사람들을 인도해냈기 때문입니다.

① 세례요한의 전도를 보면 군중들에게 말할 때에는 "세상 죄를 지고 가는 하나님의 어린 양이로다"(1:29)라고 했고 제자들에게는 "보라 하나님의 어린양이로다"(1:36)라고 하였습니다. 이 말씀은 예수님은 죄 문제를 해결해주시는 분이시란 말씀입니다. 죄의 문제는 사람들이 듣기 싫어하는 것이지만 죄의 문제를 거치지 않고 구원을 얻을 수는 없습니다.

② 안드레는 세례요한의 제자로서 전도를 받아 예수님께 왔으나 그의 전도의 능력을 즉시로 발휘하기 시작했습니다. 베드로를 만나 전도한 말을 보면 "우리가 메시야를 만났다"는 것이었습니다. 만났다는 말은 발견(found)했다는 말로서 오랫동안 기다리고 찾다가 만난 것을 의미하고 있습니다. 안드레와 같이 메시야를 기다리던 베

드로가 그 말에 충격을 받았을 것은 사실입니다. 그리고 이 감동된 베드로를 데리고 예수님께 왔습니다. 신앙의 체험은 전도의 효과적인 도구가 되는 것입니다.

③ 빌립도 동향인 나다나엘을 찾아가서 메시야를 만났다고 하며 나사렛 예수가 그라고 하였으나 나다나엘이 동의하지않자 "와 보라" 고 하며 예수님께 데리고 왔습니다.

이 세 사람의 전도를 보면 그들의 공통되는 점은

① 세 사람이 다 예수님을 구주라고 확신 있게 말한 것과

② 말로만 전하지 않고 예수님께 나가게 하였다는 사실입니다.

현재 제가 시무하는 나성 서부교회의 젊은 여집사의 일화를 소개합니다. 한국에 있는 그의 부모님은 믿지 않는 분들이었는데 어린 딸을 친정 부모님에게 보내어 얼마동안 있게 할 기회가 왔습니다. 그 집사님은 믿지 않는 부모에게 전도할 수 있는 좋은 기회라고 생각하고 친정 부모님에게, 이 아이는 매주일 교회에 나가 예배 드리던 아이니까 부모님께서 다른 것은 못해도 좋으니 꼭 주일이 되면 아이를 가까운 교회에 데려가 달라고 부탁하였습니다. 손녀를 사랑하는 친정부모는 반년이상 손녀를 위해 교회에 출석했고 그러는 동안 새벽기도까지 참석 하는 진실한 크리스챤이 되었습니다. 믿지 않는 사람들을 방안에 앉혀놓고 믿으라고 백 마디를 하는 것보다 한번 교회로 나갈 수 있는 기회를 마련하는 것이 더욱 유익합니다. 백문이불여일견(百聞而不如一見)이라는 말이 있는 것도 그 까닭입니다.

전도는 먼저 예수님을 발견한데서 출발했습니다. 나는 메시야를 만났다, 이 말이 입에서 나와야 합니다. 우리는 육안으로 메시야를

대하지 못했습니다. 그러나 성경말씀과 성령님은 메시야를 우리에게 확실하게 가르쳐 주고 있습니다. 그러므로 우리는 담대히 메시야를 만났다고 증거 해야 하겠습니다. 그리고 사람들을 그리스도 앞으로 인도해내야 하겠습니다. 이것은 사람들을 구원하시는 하나님의 계획입니다.

04.

참 이스라엘사람

[요한복음 1:45-51]

예수님의 제자로 부르심을 받은 빌립은 나다나엘을 찾아가서 "모세가 율법에 기록하였고 여러 선지자가 기록한 그 이를 우리가 만났으니 요셉의 아들 예수라" 고 하였습니다. 그러자 나다나엘은 "나사렛에서 무슨 선한 것이 날 수 있느냐" 라고 퉁명스럽게 대답하였습니다. 그러나 빌립은 조금도 위축되지않고 "와 보라" 고 하여 나다나엘을 예수님께 나오게 하였습니다.

전도자들은 전도하다가 반대에 부딪힐 때 그를 설득하려고 노력하는 것보다 한번 와보라고 하는 것이 더 좋은 전도의 방법이 될때가 있습니다. 그 이유는 우리가 하나님의 구원의 진리를 짧은 시간에 다 설명할 수가 없고 설명한다고 해도 상대방이 마음을 열지 않으면 허사가 되기 때문입니다.

나다나엘은 "와 보라" 는 전도를 받고 이튿날 예수님께 나왔습니다. 나다나엘을 보신 예수님은 "보라 이는 참 이스라엘 사람이라 그 속에 간사함이 없도다" 라고 칭찬하셨습니다.

이 강의에서는 "참 이스라엘사람" 에 대해 말씀하려고 합니다.

우리 믿는 사람은 참 이스라엘사람이 되어야 하겠습니다.

1. 이스라엘사람이라는 이름의 유래

"이스라엘" 이라는 이름의 의미는 하나님과 겨루어 이겼다는 의미입니다.(창 32:28) 이 이름은 처음엔 야곱에게 주신 이름인데, 그 후 야곱의 후손들과 그들의 나라에도 사용되었고, 신약시대에 와서는 그리스도를 믿는 모든 성도들에게도 사용되는 이름입니다. 이스라엘 사람이라는 이름은 하나님의 선택을 받은 사람이라는 의미를 가지고있습니다.

"야곱" 이라는 이름은 속이는 자 빼앗는 자라는 의미의 이름이었습니다. 야곱은 자기이름과 같이 형의 장자의 명분을 빼앗았고 아버지를 속이고 축복을 받았으며, 외삼촌의 재산보다 자기 소유를 더 많게 하였습니다. 그의 인물 됨을 평한다면 목적을 위해서 수단과 방법을 가리지 않는 사람이라고 말할 수 있습니다. 강포한 사람이 재물을 얻는다고 하신 말씀과 같이 야곱은 많은 재물을 얻었습니다. 그러나 재물의 성공이 모든 것의 성공은 아니었습니다. 그가 처자와 노비와 양 떼를 거느리고 아람에서 떠났을 때 형 에서가 400명을 거느리고 온다는 소문을 듣게 되었습니다. 그는 형의 마음을 무마해보려고 많은 선물을 보내었으나 불안감은 가셔지지 않았습니다. 만일 형 에서가 복수를 하려고 한다면 처자와 재물을 빼앗기는 것은 물론이요 목숨마저 잃을 수 있는 절박한 상황이었습니다. 그래서 그는 처자와 양 떼를 먼저 건네보내고 자기는 얍복강가에 홀로 머물며 하나님의 도움을 구하게 되었습니다.

그날 밤 야곱에게 한 사람이 나타났고, 야곱은 그 사람과 밤이 맞도록 씨름을 하던 중 그의 환도뼈가 위골이 되었습니다. 그 사람은 야곱에게 날이 새려하니 나로 가게 하라고 하였으나 야곱은 "내게 축복하지 않으면 가게하지 않겠나이다"라고 대답하였고, 마침내 그 사람은 "네 이름이 무엇이냐"라고 물었습니다. 야곱이 "내 이름은 야곱이니이다"라고 대답하자 그 사람은 "네 이름을 다시는 야곱이라 부를 것이 아니라 이스라엘이라 부를 것이니라"고 하여 그때부터 이스라엘이라는 이름으로 부르게 된 것입니다. 이스라엘이라는 이름은 야곱이 하나님에게 매달려 회개하여 얻은 이름입니다.

그 후 야곱의 후손들은 이스라엘사람이라고 하는 아름다운 이름을 가졌습니다. 그러나 이스라엘 사람들은 야곱과 같이 변화의 경험을 하지 못한 사람들이 많았습니다.

그래서 세례요한은 유대인들에게 "그러므로 회개에 합당한 열매를 맺고 속으로 아브라함이 우리 조상이라고 생각지 말라 내가 너희에게 이르노니 하나님이 능히 이 돌들로도 아브라함의 자손이 되게 하시리라"(마 3:8-9)고 하였고, 바울은 "표면적 유대인이 유대인이 아니요…이면적 유대인이 유대인이며 할례는 마음에 할지니 신령에 있고 의문에 있지 아니한 것이라"(롬 2:28-29)고 하였으며, "이스라엘에게서 난 자가 다 이스라엘이 아니요 또한 아브라함의 씨가 다 그 자녀가 아니라"(롬 9:7)라고 하였습니다.

예수님 당시 유대나라에는 많은 이스라엘 자손들이 살고 있었습니다. 그들은 비록 로마나라의 지배를 받는 약소 민족이었지만 자신들은 아브라함의 자손이며 이스라엘 사람이라고 하는 긍지를 가지고 있었습니다. 그러나 그들이 다 야곱과 같이 변화된 승리자는 아니었습니다.

도리어 평토장한 무덤과 같이 속에는 더러운 것이 가득하였습니다. 예수님은 이러한 사람들 가운데서 나다나엘을 만나셨고 나다나엘은 참 이스라엘 사람이라고 칭찬하셨습니다.

2. 예수님께서 나다나엘에게 참 이스라엘사람이라고 하신 이유는 무엇입니까?

1) 그는 솔직한 사람이었습니다. 나다나엘은 빌립이 자기에게 찾아와서 "모세의 율법에 기록한 나사렛 예수를 만났다" 고 할 때 "나사렛에서 무슨 선한 것이 나겠느냐" 고 즉시 반박하였습니다. 그러나 "와 보라" 고 할 때 예수님께 나아왔고 예수님께서 "보라 이는 참 이스라엘 사람이라 그 속에 간사한 것이 없도다" 라고 하셨을 때 "어떻게 나를 아시나이까" 라고 물었고 "빌립이 너를 부르기 전에 네가 무화가 나무 밑에 있을 때에 보았노라" 고 하실 때 곧 깨닫고 "랍비여 당신은 하나님의 아들 이시오 당신은 이스라엘의 임금이로소이다" 라고 하며 승복하였습니다. 이것은 그의 솔직하며 거짓없는 마음을 잘 보여줍니다.

주석가 랑(Lange)은 그의 솔직함에 대해 다음과 같이 설명했습니다. "나다나엘의 숨김없는 성품을 무죄와 같이 생각해선 안 된다. 그러나 그의 성품은 죄를 숨기는 대신 자복할 수 있는 성품을 가지고있다. 그것은 트랜취(Trench) 지적한 것과 같이 그의 성품은 모든 놀라운 은혜가 자랄 수 있는 상냥한 토양이다. 그러나 그것이 자랄 수 있는 하나님의 말씀을 대신하지는 않는다" (Lange)

나다나엘은 죄가 없는 의인은 아니었습니다. 그러나 그는 자기 마음을 드러낼 수 있는 솔직함이 있었습니다. 그러므로 예수님을 구주로 영접하였습니다.

2) 나다나엘은 은밀한 기도가 있었습니다.

예수님께서는 어떻게 나를 아시나이까?라고 묻는 나다나엘에게 "빌립이 너를 부르기 전에 네가 무화가 나무아래 있을 때에 보았노라" 고 대답하셨습니다. 예수님께서 나다나엘을 무화가 나무 아래 있을 때에 보았다고 하신 말씀에 대해 사람들은 여러가지로 해석합니다만 반즈(Barnes)는 말하기를 유대인들은 은밀한 곳에서 기도하는 풍습이 있었으므로 그 말씀은 나다나엘이 무화가 나무 밑에서 기도하는 것을 보았다는 말씀일거라고 하였습니다. 나다나엘의 참됨은 그의 기도생활에서도 나타나고 있습니다. 당시의 많은 유대교 신자들은 사람에게 보이려고 길거리에서 큰소리로 기도하는 사람들이 많았습니다. 그래서 예수님은 기도할 때 골방에 들어가서 문을 닫고 기도하라고 교훈 하셨습니다. 나다나엘은 이미 무화가 나무아래서 기도하고 있었고, 예수님은 벌써 그를 보고 계셨습니다. 지금도 참 이스라엘사람은 그런 기도를 하는 사람들입니다.

3. 참 이스라엘사람에게 하신 약속

예수님은 참 이스라엘사람 나다나엘에게 다음과 같이 약속하셨습니다. "내가 너를 무화과 나무아래서 보았다고 하므로 믿느냐 이보다 더 큰일을 보리라... 하늘이 열리고 하나님의 사자들이 인자위에 오르락내리락하는 것을 보리라" 고 하셨습니다. 이 말씀은 옛날 야곱의 꿈을 연상하게 합니다. 야곱은 벧엘에서 꿈에 땅에서 하늘에 닿은 사다리를 보았고 그 위에 하나님의 사자가 오르락내리락하셨고 하나님께서 야곱을 축복하시는 것을 보았습니다.(창 28:12-14) 그 꿈은 신약적 계시를 상징적으로 보여주는 것이었습니다. 그것은 예수님께서 땅에서 하늘을 연결하는 사다리와 같이 십자가를 지시므로 하나님과 사람들 사이에 화평을 이루실 것을 보여주며, 하나님의 사자들이 왕래함은 성령의 교통 하심이 있게 될 것을 보임이요, 거기서 하나님께서 복을 명하심은 하나님께서 예수그리스도로 말미암아 복 주실 것을 보여주신 것입니다.

예수님께서 나다나엘에게 하신 약속은 예수님께서 십자가를 지시므로 하나님과 사람 사이에 화평을 이루실 것과 예수님으로 말미암아 성령이 강림하실 것을 말씀하신 것입니다. 그 일은 기도하는 나다나엘을 보신 것보다 더 놀라운 일이 될 것이라는 말씀입니다.

불과 몇 해후 예수님은 그의 예언하신대로 십자가에 못 박혀 죽으셨다가 다시 살아나셨고 승천하신 후 보혜사 성신님을 보내어 주셨습니다. 아마 나다나엘도 오순절에 모인 무리 중 하나로서 성령강림을 목격하였을 것으로 믿어집니다. 예수님은 참 이스라엘사람, 나다나엘에게 그런 놀라운 일을 약속하셨습니다.

예수님이 세상에 계실 때나 지금이나 참 이스라엘사람은 그리 많지않습니다. 예수님은 오늘도 참 이스라엘사람을 찾고 계시고 그런 사람들에게 놀라운 일들을 보여주십니다.

05.

기쁨의 창조자

[요한복음 2:1-11]

나다나엘을 만난 후 사흘 되던 날 예수님과 어머니 마리아와 그의 제자들이 갈릴리에 있는 가나라고 하는 작은 마을의 혼인집에 초대되었습니다. 이 가나의 혼인집이 누구의 집이었는가는 잘 알 수 없으나 예수님의 친척이나 혹은 친지 또는 예수님을 존경하는 어떤 가정 이었을 것이라고 추측할 수 있습니다. 어떠한 인연이든 간에 예수님께서는 이 새롭게 조직되는 새 가정에 축복하시기 위해 임석하셨을 것이라고 생각됩니다. 그런데 이 혼인집에서는 포도주가 모자라 소동이 일어났습니다. 결혼은 즐거운 일이요 또 즐거워하기 위해 모였기 때문에 맛있는 포도주를 대접하는 것은 유대인들의 풍속이었습니다. 그런데 혼인집의 잔치가 무드를 잡아 갈 무렵 포도주가 떨어진 것이 발견되었습니다. 모처럼 잔치에 참석하여 기쁨을 나누려던 사람들은 쓸쓸하게 돌아가게 되었습니다. 그때에 예수님은 물을 가지고 포도주를 만드시므로 모든 사람들이 흡족하게 마시고 하나님의 능력을 찬양했다는 것입니다. 이 이적은 여러분들이 아시는 바와 같이 예수님께서 이 세상에 오셔서 행하신 첫 이적입니다. 하나님의 아들 예수는 왜 그의 첫 이적으로 죽은 자를 살리시든가 바닷물위로 걸어가시든가 하시지 않고 물을 가지고 포도주를 만드셨습니까? 어떤 이들은 이 이적으로 기독교인들이 술을 먹는 것이 옳으냐 하는 문제에 대한 해답을 얻으려고 합니다만 이 이적의 목적이 그런 문제를 해결하는데 있는 것은 아닙니다.

성경말씀을 보면 포도주는 기쁨의 상징이었습니다. 구약 사사기 9:13에는 이런 말씀이 있습니다. "포도나무가 그들에게 이르되 하나님과 사람을 기쁘게 하는 나의 새 술을 내가 어찌 버리고 가서 나무들 위에 요동하리요" 그리고 시편 104:15에는 "사람의 마음을 기쁘게 하는 포도주와…"라고 하였으며 전도서 10:19에는 "잔치는 희락을 위하여 베푸는 것이요 포도주는 생명을 기쁘게 하는 것이니라"고 하였습니다.

잔치는 기쁨을 위해 하는 것입니다. 가족과 친척 친지까지 다 같이 기뻐하자는 것입니다. 만일 다 같이 기뻐하기를 원치 않는다면 잔치할 필요가 없고 신랑과 신부가 만나서 살면 됩니다. 그리고 포도주는 기쁨을 위해 마시는 것입니다. 그런데 기뻐하려고 모인 잔칫집에 기뻐할 수 있는 포도주가 떨어졌으니 그야말로 실망할 수밖에 없게 되었습니다. 이런 장소에 예수님은 오셔서 물로 포도주를 만들어 흠뻑 취하게 하셔서 기쁨이 넘치게 하셨습니다.

예수님은 이 이적을 통해 그가 오신목적은 잃어버린 인생의 기쁨을 회복하며 기쁨을 창조해주시려 오신 분이심을 보여주신 것입니다. 인생의 잃어버린 기쁨은 예수님을 통해서 다시 찾을 수 있습니다. 그래서 오늘은 "기쁨의 창조자"라는 제목으로 말씀을 하려고 합니다.

1. 이 세상은 포도주(기쁨)가 모자라는 세상입니다.

미국에 와서 오래 살고 있는 분들은 잘 못 느끼실지 모르나 미국인들의 인상은 언제나 환하게 웃는 인상입니다. 그러나 어쩌다가 T.V. 화면을 통해 유럽이나 소련 국민들을 보면 그렇게 밝은 얼굴을 하고 있지 못하며 동양인들은 더욱 어두운 그림자가 드리워진 것 같이 느껴지는 인상을 하고 있습니다. 정치적 시달림, 경제적 시달림, 거기다가 복음도 듣지 못하였으니 우울할 수 밖에 없습니다. 아마 미국인들의 얼굴이 밝을 수 있는 것은 그들의 조상 청교도들이 하늘의 기쁨을 맛 본 결과일것이라고 생각됩니다. 그러나 미국사람들의 얼굴에서도 점점 밝음이 줄어드는 것은 안타까운 일입니다.

1) 어떤 사람들은 즐거움을 위해 공부를 하고 어떤 사람들은 즐거움을 위해 돈을 벌며 또 돈을 씁니다. 그래도 안되면 코메디안을 불러 자기를 웃기게 합니다. 어떤 이는 즐거움을 위해 잔치를 합니다. 한번해서 안되니 열번, 스무번, 어떤 이는 결혼을 60번이나 한 사람이 있습니다. 그러나 죽어가는 사람의 얼굴에 하루하루 화기가 없어지는 것처럼 사람의 마음에 기쁨은 사라져가고 있습니다.

저는 하나님을 떠난 인생에게 기쁨이 있을 수 없는 이유를 다음의 몇 가지로 설명할 수 있다고 봅니다.

① 부모를 떠난 자식의 마음이 기쁠 수는 없습니다. 인생은 영혼의 아버지 하나님을 떠났습니다(눅 15:11-).

② 사람이 병들면 기쁠 수 없습니다. 인생은 온 머리가 병들었다고 하였습니다(사1:5).

③ 만일 어떤 권세에 억압을 받고 있다면 기쁠 수는 없습니다. 사람들은 마귀의 권세에 눌려 있습니다(마 12:29).

④ 만일 어떤 사람이 무거운 짐을 지고 있다면 기쁠 수 없습니다. 사람들은 무거운 죄짐을 지고 살고 있습니다(히 12:1),

⑤ 만일 사람에게 원수가 있다면 기쁠 수가 없습니다. 하나님을 떠난 사람은 하나님과 원수라고 하였습니다(엡 2:15).

⑥ 만일 사람이 정죄를 받아 처형 받게 되었다면 마음이 기쁠 수가 없습니다. 사람들은 다 하나님의 정죄 아래 있습니다(요 3:19).

2) 그러면 사람들은 어떻게 참 기쁨을 얻을 수 있습니까? 예수님을 통해서만 얻을 수 있습니다. 그 이유는 예수님은 우리에게 구원을 주시는 분이기 때문입니다. 구원만 받으면 참 기쁨을 얻을 수 있습니다. 구원은 왜 사람에게 기쁨이 됩니까?

① 구원은 극락의 하나님을 만나는 것이기 때문입니다. 시 43:4에 다윗은 하나님을 일컬어 극락의 하나님이라 하였습니다.

② 구원은 영혼의 병 고침을 받는 것이기 때문입니다(사 1:5).

③ 구원은 모든 사로잡힌 데서 해방을 받는 것이기 때문입니다. 시편 저자는 믿는 사람이 얻을 구원의 즐거움에 대해 다음과 같이 예언합니다. "여호와께서 시온의 포로를 돌리실 때에 우리가 꿈꾸는 것 같았도다. 그 때에 우리 입에는 웃음이 가득하고 우리 혀에는 찬양이 찼었도다"(시 126:1-2).

④ 구원은 성령을 선물로 받게 되는 것이기 때문입니다. "내가 아버지께 구하겠으니 그가 또 다른 보혜사를 너희에게 주사 영원토록 너희와 함께 있게 하시리니"(요 14:16)라고 하셨습니다. 그래서 복음으로 말미암아 사람들이 구원 얻게 되는 일은 잔치하는 일로

비유하신 것입니다(눅 15:23-24, 마 22:1-13, 마 25:1-13등).

⑤ 구원은 하나님과 화목한 것이기 때문에 두려울 것이 없어집니다(롬 8:1).

2. 예수님은 어떻게 기쁨을 창조하십니까?

예수님은 전능하신 하나님이십니다. 예수님이 가나의 혼인집에 임하시지 않으셨다면 그 혼인집은 포도주를 구할 아무런 방도도 없었을 것입니다. 우리 인생들은 예수님을 떠나서 구원의 즐거움을 얻을 수 있는 방도는 없습니다. 오직 그분만이 우리를 구원할 수 있으며 다윗이 말한 것처럼 구원의 즐거움을 회복시킬 수가 있습니다.

그러나 본문의 말씀은 사람 편에서 그 구원의 은혜를 받을 준비를 해야 한다는 것을 보여주고 있습니다. 그 받을 준비라는 것은 바로 요한복음에서 강조하고 있는 믿음이라는 것입니다. 구원은 절대적으로 하나님의 주권에 달려있으며 예수님의 공로에 달려있습니다. 그럼에도 불구하고 믿을 의무가 사람에게 있다고 말하고 있습니다. 그러므로 하나님의 예정만 강조하며 믿음을 강조하지 않는 것은 복음적이라고 말할 수는 없습니다. 본문에서 물을 가지고 포도주를 만드신 능력을 가지신 분은 예수님이시지만 그런 은혜를 받아들일 믿음을 사람들에게 요구하신 것입니다.

어제나 오늘이나 변치 아니하시는 예수님은 지금도 물을 가지고 포도주를 만드시는 창조의 능력으로 사람들에게 구원의 즐거움을 주고 계십니다. 그러나 이 믿음이 없을 때에 그 창조의 능력을 경험할 수 없는 것입니다. 본문을 보면 그 믿음은

① 먼저 마리아의 "저희에게 포도주가 없다"하는 청원입니다. 신앙은 자기의 처지를 밝히는 데서부터 출발하는 것입니다. 옛날 이사야는 자기를 발견하고 "화로다 나여 망하게 되었도다..."(사 6:5)고 부르짖었습니다. 누구나 자신의 이같이 비참한 영적상태를 보는 사람마다 주님께 부르짖지 않을 수 없습니다.

② 다음으로는 낙심하지 않는 것입니다. 마리아는 혼인집의 실정을 예수님께 아뢰었지만 "여자여 나와 무슨 상관이 있나이까 내 때가 아직 이르지 못하였나이다"라는 대답을 들었을 뿐이었습니다. 그러나 마리아가 하인들에게 "너희에게 무슨 말씀을 하시든지 그대로 하라" 고 한 말을 보면 그의 믿음은 절벽이라도 뚫고 나갈 수 있는 강한 믿음이었음을 알 수 있습니다. 예수님께 나가는 사람들에게는 장애물이 있다는 것을 성경 여러 곳에 가르쳐주고 있습니다. 엘리사는 엘리야를 따라갈 때 몇 번이나 여기 머물라는 권면을 받았습니다. 수로보니게여인은 심지어 "자녀의 떡을 취하여 개에게 던짐이 마땅치 않다"는 멸시하는 말까지 들었습니다. 그러나 그들은 얼굴색 하나 변하지 않았습니다. 그것이 믿음입니다.

③ 예수님의 말씀이 떨어지자 하인들은 하라는 대로 순종하였습니다. 항아리에 물을 채우라고 하니 그대로 하였고 물을 떠서 연회장에게 갖다 주라고 하니 갖다 주었습니다. 순종은 소금가마니를 물로 끌고 들어가라고 해도 하는 것이 순종이라는 말이 있습니다. 포도주가 없다고 당황하고 있는 연회장에게 물을 갖다 준다는 것은 모욕이 아닐 수 없습니다. 그러나 예수님의 말씀에 순종했습니다.

그럴 때 물은 점점 변하여 포도주가 되었고 그 포도주는 한번 마시면 취해버리는 좋은 포도주로 바뀌었습니다. 그 이유는 하나님의 능력이 혼인집에 가득하였으며 창조의 능력이 발동되었기 때문입니다.

예수님은 오늘도 이 구원의 기쁨을 창조하는 창조자십니다. 우리가 믿기만 하면 그 구원의 능력은 역사하시며 그 구원은 포도주처럼 우리에게 참 기쁨을 가져다 줍니다.

06.

장사하는 집을 만들지 말라

[요한복음 2:13-17)]

유월절은 이스라엘 백성들이 애굽에서 나온 일을 기념하는 절기입니다. 그 때에 하나님께서는 애굽사람들의 맏아들을 죽이시고 어린양의 피를 문설주에 바른 이스라엘 백성들에게는 재앙을 내리지 않고 넘어 가심으로 구원을 받았습니다. 그래서 해마다 유월절이 되면 천하에 흩어져서 살던 유대인들이 예루살렘에 모여 그 때의 일을 기념하였습니다.

예수님은 유월절이 가까워 올 무렵 예루살렘 성전에 올라가셨습니다. 예수님의 눈에 비친 성전은 어떠 하였겠습니까? 신성해야 할 성전 안에는 소와 양과 비둘기 파는 사람들로 들끓었습니다. 이것을 보신 예수님은 노끈으로 채찍을 만들어 양과 소를 성전에서 내어 쫓으시고 돈 바꾸는 사람들의 돈을 쏟으시고 "내 아버지의 집으로 장사하는 집을 만들지 말라" 고 하셨습니다.

유대인들은 신성해야 할 성전을 장사하는 시장으로 만들어가고 있었습니다. 저는 수년 전 남미 알젠틴 브에노스아이레스를 방문한 적이 있었습니다. 어떤 목사님의 안내로 몇 십 마일 떨어진 곳에 있는 루캉성당(성누가의 성당)이라는 성당을 구경 하였습니다. 그 성당은 남미에서 제일 큰 성당이라니 알젠틴의 자랑이라고 할 수 있는 건축물이었습니다. 그 성당에 들어가면 수십 개도 더 되어 보이는 마리아상과 성자들의 상이 있고 성자들의 무덤이 있었는데 그 앞에는 수도 없이 많은 분향대 위에 순례자들은 쉴새 없이 분향을 하고 있어서 흡사 불 난 집처럼 연기가 가득하게 차 있었습니다. 성당 밖에는 셀 수 없는 많은 상점들이 루캉성당을 둘러 싸고 있는데 상품은 성당에 분향할 향과 초와 성냥과 성당의 사진, 성모 마리아와 예수상 또는 성자들의 상, 염주나 십자가 기타 조각품들이었습니다. 저는 루캉성당을 구경하며 옛날의 예루살렘 성전을 연상했습니다. 어쩌면 그렇게도 역사가 되풀이 될 수 있을까 하는 생각이 들었습니다. 유대인들은 하나님을 섬긴다고 하였으나 내막으로는 하나님의 집을 장사하는 집으로 만들어가고 있었습니다. 우리는 하나님의 집인 교회를 장사하는 집으로 만들지 말아야 하겠습니다.

1. 장사하는 집은 어떤 것입니까?

도시생활을 하고 있는 현대인으로서 장사하는 집(상점)을 들러보지 않은 사람은 별로 없을 것입니다. 저 역시 때때로 물건을 사러 상점에 들림으로 상점이 어떠하다는 것을 잘 알고 있습니다.

벌써 근30년 전 일입니다. 친구 목사가 아주 보기 좋은 심방용 가방을 가지고 다니는 것을 보고 어디서 샀는지 나도 하나 사겠다고 하자 그 목사님 말씀이 나하고 같이 가야 내가 산 값에 살 터이니 함께 가자고 했습니다. 청계천 어느 지점의 상점이었는데 같은 가방을 사겠다고 물으니 그 점원은 목사님이 산 값의 배를 불렀습니다. 그 목사님은 이것 여기서 샀는데 얼마에 샀다고 했으나 그 분은 그런 값이 어디 있느냐 그 값이면 우리가 사들인다고 했습니다. 그러자 친구 목사님은 김목사님 갑시다 하며 문 밖에 나섰습니다. 점원은 그제서야 쫓아 나와서 그 값에 가져가라고 하였습니다. 상점은 전쟁터와 같구나 하는 생각이 들었습니다. 팔려는 사람은 좋지 않은 물건을 조금이라도 많은 값을 받고 팔려고 하고 사려는 사람은 좋은 물건을 조금이라도 덜 주고 사려고 하는 곳이 상점입니다. 사랑이란 가정에서는 찾아 볼 수 있지만 상점에서는 없는 것 같습니다.

교회가 상점처럼 되어 간다는 것은 교회에서 물건을 팔아서가 아니라 하나님께 대해서, 사람들에 대해서 사랑은 없고 자기 이익만을 위해 일하는 것이 상점으로 되어가는 것입니다.

① 하나님의 은혜에 감격함이 없이 나의 요구 때문에 교회에 나가는 것은 상행위나 마찬가지입니다. 어떤 이들은 노골적으로 교회는 상점과 같다고 합니다. 모든 물건을 갖추어 놓은 큰 상점이라야 고객을 끌 수 있는 것처럼 교회는 아름다운 건물, 목사의 좋은 설교, 훌륭한 성가대, 훌륭한 교육기관, 또 볼만한 사람들, 이런 조건들을 갖추어야 한다는 것입니다. 그래야 사람들이 모이는 것이 현실입니다.

그러나 그런 것들을 위해 교회에 다니는 사람들은 물건을 사러 큰 상점에 가는 것과 무엇이 다릅니까? 그런 모든 것들이 없어도 하나님의 은혜에 감사하기위해 나가는 사람들이 있어야 하지않겠습니까?

② 명예심의 만족을 위해 봉사하는 사람도 상품을 사러 상점에 가는 사람과 흡사합니다. 어떤 신자는 감사헌금을 드렸는데 목사님이 실수로 이름을 부르지 않아 큰 문제를 일으킨 분도 있다는 말을 들었습니다. 상점에서 돈을 주고 물건을 사듯이 그 사람은 돈을 주고 명예를 사는 사람이었습니다. 성경에 보면 바리새인들은 명예를 위해 길거리에서 오래 기도하였습니다.

③ 육신적 축복을 바라고 하는 봉사도 다 그런 것입니다. 당첨되기를 바라고 복권을 사듯이 주님을 섬기면서 복을 받을 거라는 기복주의 사상을 가지고 봉사하는 사람들도 없다고 볼 수는 없습니다.

예루살렘 성전에서 장사꾼들의 광경을 보시고 탄식하시던 예수님께서 오늘의 교회를 보신다면 어떠하겠습니까?

2. 성전은 왜 상점으로 바뀌어 갔습니까?

① 외형만 위주하던 결과입니다.

예루살렘 성전이 건축된 유래를 보면 성전 터는 아브라함이 이삭을 제물로 드렸던 모리아산이었습니다. 솔로몬 왕은 이 유서 깊은 장소에 웅장하고도 정교한 성전을 건축하였습니다. 건축기간은 7년이나 걸렸고 여러나라의 기술자들이 와서 은, 금, 보화로 건축하였습니다. 어떤 책을 보면 그 건축비가 수천억불이 넘는 물자를 들였다고 하니 그 건물의 웅장함을 상상해 볼 수 있습니다.

그 후 유대민족은 하나님의 계명을 범함으로 느브갓네살왕의 침입을 받아 성전은 폐허가 되어 70년이라는 기간을 지냈습니다. 70년 후에 포로가 되었던 유대인들이 돌아와서 폐허 된 성전 터에 성전을 복구하였으나 그것은 옛 성전에 비해 초라한 것이었다고 합니다. 그러나 성전은 또다시 웅장한 모습을 들어내게 되었습니다. 그 성전이 바로 예수님이 "헐라" 고 하신 그 성전입니다. 이 성전은 해롯왕이 유대인들을 기쁘게 하기 위해 46년이라는 긴 기간에 걸쳐 지은 것으로서 본래 있던 성전을 둘러싸고 지은 큰 성전이라고 합니다. 그 성전은 아름다운 돌로 지었고 돔형의 지붕은 황금색으로 빛나게 했다고 합니다.

유대인들은 이 성전을 자기들의 영광과 면류관으로 생각했습니다. 그러나 외형적 건물은 하나님 앞에는 아무것도 아닌 것입니다. 솔로몬이 지은 성전은 그 보다 더 화려했지만 하나님께서는 그 성전을 이방 군대에게 맡기지 않으셨습니까? 신앙의 질을 중요시하지 않고 외형만 높이 평가하던 예루살렘성전은 장사하는 집으로 바뀌어 갔습니다.

② 편리주의와 이기주의는 성전을 장사하는 집으로 만들어가고 있었습니다. 소와 양, 비둘기 같은 동물은 구약시대에 제물로 사용되었습니다. 그러므로 멀리서 오는 이들은 제물을 사야만 제사를 드릴 수 있었습니다. 그리고 외국서 오는 사람들이 유대 화폐로 바꾸기 위해서는 환전소도 필요했습니다.

이런 이유로 그런 매매가 시작되었으나 그들은 점점 성전 안뜰까지 점령하여 들어왔습니다.

옛날 솔로몬의 아가에 등장되는 술람미 여인은 솔로몬 왕이 찾아와서 문을 두드릴 때 침상에 누워 "내가 벗었으니 어찌 다시 입으며, 씻었으니 어찌 다시 더럽히겠는가" 라고 하다가 솔로몬 왕을 잃어버리게 되었습니다. 그는 바로의 병거의 준마처럼 용감하게 솔로몬을 찾던 여자였는데 환경이 편해지자 그만 교만한 자세로 나타났습니다.

편리한 것을 좋지 않다고는 말할 수 없습니다. 걸어다니는 것 보다 차를 타고 다니는 것이 편리하고 교회당은 마루바닥보다 의자가 놓인 것이 편리하며 등불을 켜고 예배를 하는 것보다 전등이 더 편리합니다. 시대가 편리 위주로 나가게 됨에 따라 교회도 시대의 흐름에 편승하게 되어가고 있습니다. 이 곳 로스앤젤레스의 부유한 교인들이 모이는 어떤 교회는 겨울에 스키장에 다 가버려서 예배를 못 드린 주일이 있다고 합니다. 그들은 스키장 옆에도 교회가 있다는 것을 알고 있었습니다. 우리가 알아야 할 것은 이런 편리한 것들이 가정의 애정이라던가 신앙생활에 지장이 많다는 것입니다.

6.25전쟁 후 어느 때였습니다. 어떤 교역자들의 모임이 있었는데 조촐한 점심을 먹은 후 그 교회에서는 삼립빵을 한 두개씩 돌려 주었습니다. 나는 그것을 먹지않고 가방에 넣어 아빠를 기다리는 꼬마들에게 갖다 주었고 그것을 먹는 아이들을 보는 것이 퍽 즐거웠습니다. 미국에는 먹을 것이 너무 풍부하기 때문에 그런 재미는 없습니다. 아침을 먹는 것도 냉장고만 열면 먹을 것이 있으니 저마다 개인 플레이요, 부모와 자식이 마주 앉는 즐거움은 없습니다.

신앙생활은 더욱 그러합니다. 과거 마루바닥으로 되어있던 예배당에는 엎드려 기도하는 성도가 많았으나 교회당에 의자가 들어온 후엔 엎드리는 사람들이 적어졌습니다. 앞서 간 성도들을 보면 산

기슭이나 들판 그런 데서 더 많이 기도하였습니다. 오늘에도 편리한 시설, 편리를 도모하는 마음들은 교회를 장사하는 집으로 만들 우려가 많은 것을 명심해야 합니다.

3. 성전은 무엇 하는 곳입니까?

마태복음에는 "내 집은 기도하는 집이라 일컬음을 받으리라 하였거늘"(마 21:13)이라고 하였습니다. 이사야서를 보면 "내가 그를 나의 성산으로 인도하여 기도하는 내 집에서 그들을 기쁘게 할 것이며 그들의 번제와 희생은 나의 단에서 기꺼이 받게 되리니 이는 내 집은 만민의 기도하는 집이리 일컬음이 될 것 임이라"(사 56:7)고 하였습니다.

내 아버지의 집 즉 성전은 기도하기 위해 세워진 것입니다. 하나님의 자녀들이 그곳에서 기도하므로 하나님과 대면하게 하는 곳입니다. 그리고 그들이 나와서 기도할 때 그들에게 기쁨을 주며 그들의 예배를 받으시겠다는 것입니다. 성전의 목적은 바로 그것입니다. 성경 가운데 나타난 많은 일들이 있지만 성전에 나아가서 기도하다가 응답을 받는 일이 참으로 많았습니다. 한나는 실로의 회막(성전 있기 전의 예배하던 장소)에서 기도하다가 사무엘을 받았고 히스키야는 기도함으로 앗수르왕을 물리쳤습니다. 신약에 나타나는 안나는 성전에서 기도하다가 아기 예수를 맞았습니다. 그리고 마가 요한의 다락방에 모였던 일백이십 명은 기도하다가 성령을 받았습니다. 성전이 있는 목적은 기도하게 하기 위한 것이며 기도를 통해 기쁨을 얻게 하기 위한 것입니다.

오늘의 교회는 성전의 성격을 가지고 있습니다. 구약시대의 성전이 장사하는 집으로 전락 됐듯이 지금의 교회도 장사하는 집이 되어 갈 수 있습니다. 교회는 내 아버지 집이며 만국백성이 기도하는 집입니다. 기도하지 않는 교회는 장사하는 집이 되어 갈 수밖에 없습니다. 지금 우리 교회는 기도하는 집이 되어있습니까? 한나와 같이 히스기야왕 같이 초대교회 성도들과 같이 기도하는 우리가 되십시다.

07.

거듭나지 아니하면

[요한복음 3:1-15]

물로 포도주를 만드신 후 어떤 날 밤 니고데모라고 하는 한 점잖은 사람이 예수님께 찾아왔습니다. 그 사람은 유대교 보수파인 바리새인이요 유대나라의 관원이었습니다. 니고데모는 예수님에게 "당신은 하나님께로서 오신 선생님인줄 아나이다 하나님이 함께 하시지 아니하시면 당신의 행하시는 이 표적을 아무라도 할 수 없음이니이다"라고 정중한 치사를 하였습니다. 그 때에 예수님은 그에게 "진실로 진실로 네게 이르노니 사람이 거듭나지 아니하면 하나님 나라를 볼 수 없느니라" 즉 born again 크리스챤이 되지 아니하면 하나님 나라를 볼 수 없느니라고 하셨습니다.

성경에 나타난 니고데모를 보면 배울 바가 많습니다.

① 밤에 예수님을 찾아오는 열심(요 3:1)

② 사람들이 예수님에 대해 비난할 때 변호한 일(요 7:51)

③ 예수님이 못 박히신 후 그의 시체에 몰약을 갖다 부은 일(요 19:39) 들 입니다. 그는 예수님을 만난 후 거듭난 사람이 되었을 것이라고 믿어집니다. 아람나라의 군대장관 나아만은 문둥이었으나

요단강 물에 일곱번 씻은 후 그 살이 어린아이의 살같이 되었다고 합니다. 그것은 거듭난 사람의 영혼의 모습입니다. 어린아이의 살은 깨끗하고 부드럽습니다. 예수님은 다른 복음에서도 어린아이와 같이 되지 아니하면 하나님 나라에 들어가지 못한다고 하셨습니다. 우리의 옛 사람은 죄로 인해 병들었고 멸망할 수 밖에 없는 사람이기 때문에 거듭나는 것이 필요합니다. 우리 육신은 늙고 병들면 다시 태어날 방도는 없습니다. 그러나 우리의 영혼은 다시 태어날 수 있다고 하는 것이 하나님 말씀의 가르침이며 우리에게 희망을 줍니다.

1. 왜 거듭나야 합니까?

예수님은 니고데모와의 대화에서

① "거듭나지 아니하면 하나님 나라를 볼 수 없느니라"

② "거듭나지 아니하면 하나님 나라에 들어갈 수 없느니라"고 하셨습니다.

거듭나야 하는 이유는 거듭나지 않고는 하나님 나라를 볼 수도 없고 들어갈 수도 없기 때문이라는 것입니다.

이 세상의 모든 생명은 한계가 정해져 있습니다. 물고기의 생명은 바다에서만 살며 또 바다 가운데서도 깊은 데 사는 물고기는 깊은 물에, 얕은 데 사는 물고기는 얕은 물에서 삽니다. 그리고 바닷물에서만 사는 물고기와 강물에서만 사는 물고기가 따로 있습니다. 동물들은 육지에서만 살도록 한정되어 있습니다. 육지에서도 어디서나 사는 것이 아니고 추운 데서 사는 동물은 추운 데서 살고 더운 지방에서 사는 동물은 더운 지방에서만 삽니다. 북극의 곰은 열대지방에서는 살 수 없고 열대지방에 사는 동물은 북극에선 못 삽니다. 보니오의 열대림에서 사는 오랑우탄이란 동물은 2백피트 높이의 나뭇가지에 둥우리를 틀고 산다고 합니다. 그 높은 곳에서 떨어지곤 해서 X레이 검사를 해보면 골절이 된 것들이 많으나 그래도 또다시 나무에 올라간다고 합니다. 그 이유는 그런 생명을 가지고 있기 때문입니다. 그러나 사람의 생명은 어디나 다 다닐 수 있게 되었습니다. 추운 곳에는 썰매를 타고 가며 하늘에는 비행기를 타고 다니며 물속에는 잠수복을 입고 들어갑니다. 사람은 이 지구상에 어디든지 갈 수 있습니다. 북극, 남극 심지어 외계에까지 갑니다.

그러나 인간이 못 가는 데가 있습니다. 그 곳은 바로 하나님의 나라입니다. 하나님의 나라는 사람의 조상 아담이 범죄 한 후 길이 막혔습니다(창 3:24). 누가복음을 보면 큰 구렁이가 가로 막혀 있다고 했습니다(눅 16:26). 인간 그대로는 하나님의 나라를 볼 수 없고 들어갈 수 없다는 것은 물고기가 육지에 올라와서 로스앤젤레스 거리를 구경하거나 다닐 수 없다는 것과 마찬가지 말입니다. 만일 물고기가 그렇게 하려고 하면 먼저 사람의 생명으로 태어나야 할 수 있습니다. 예수님은 하늘에서 온 자만 하늘에 올라간다고 하셨습니다(요 3:13). 예수님은 하늘에서 오신 분이므로 결국 하늘에 올라가셨습니다. 거듭나기만 하면 우리가 하나님 나라에 들어갈 수 있는 것은 거듭난다는 말이 위로부터 난다는 말이기 때문입니다. 거듭나기만 하면 하나님 나라에 갈 수 있습니다. 성경을 보면 십자가에 달렸던 한 강도는 "네가 오늘 나와 같이 낙원에 있으리라"는 말씀을 들었습니다. 그는 십자가에 달려있는 동안 예수님을 영접함으로써 거듭났던 것입니다.

2. 어떻게 거듭납니까?

예수님은 "물과 성령으로 나지 아니하면 하나님 나라에 들어갈 수 없느니라" (요 3:5)고 하셨습니다.

물과 성령은 모두 변화시키는 재료들입니다. 본문의 물은 무엇을 의미하는 것입니까?

① 어떤 이는 하나님의 말씀, 어떤 이는 요한의 세례라고 합니다. 그러나 다 씻는 것 즉 새로워지는 것을 의미하는 것입니다. 1요 5:6-7에는 예수님이 물과 피로 임하셨다고 했습니다. 성령님, 말씀, 보혈은 다 사람을 변화시키는 재료입니다.

19세기 초엽 동인도협회 선교사로 많은 일을 한 헨리 마틴(Henry Martyn)은 캠브리지대학에서 수석으로 2년을 마칠 때까지 하나님 나라를 위해 헌신한다는 것은 생각하지도 못했다고 합니다. 그의 아버지는 아들의 좋은 성적을 듣고 기뻐하였습니다. 그러나 그의 누나 쉘리는 도리어 눈물을 흘리며 성경을 아는 것이 유크릿의 기하학을 아는 것보다 더 중요하다고 말했다고 합니다. 그는 그런 말을 듣는 것을 싫어 하였습니다. 그러나 아버지가 세상을 떠나자 내세를 생각하게 되었고 공부에는 취미를 잃고 성경을 엄숙하게 읽게 되었습니다. 그렇게 하는 중 마음에 변화가 일어났고 그때로부터 4년 후에 그는 다음과 같이 말했습니다. "그 세계는 실재다.

내 현실의 욕망은 모두 변했다. 나는 아주 다른 길을 걷고있다"라고 하였습니다. 그는 그 후 설교자가 되었으며 큰 교회의 담임목사로 청빙을 받았으나 사양하고 인도에서 선교하며 성경을 번역했습니다. 그의 변화의 배후에는 누나를 통한 성령의 감화와, 말씀을 통한 변화가 있었습니다. 이 변화시키시는 물과 성령의 역사는 지금도 계속되고 있습니다.

3. 거듭난 사람은 어떻게 됩니까?

"바람이 임의로 불매 네가 그 소리를 들어도 어디서 오며 어디로 가는지 알지 못하나니 성령으로 난 사람은 다 이러하니라"(3:8). 오순절에 강림하신 성령은 급하고 강한 바람같은 소리로 임하였습니다. 예수님은 여기서 성령의 역사를 바람에 비교하십니다. 바람은 눈에 보이지 않습니다. 그러므로 볼 수는 없습니다만 파도가 일어난다거나 나무가 흔들린다거나 하면 바람이 불고있는 증거입니다. 성령의 역사는 결과를 보고야 알 수 있다는 것입니다. 성령의 역사를 눈으로 보려고 하는 사람들은 때때로 인위적으로 눈에 보이도록 만들려는 실수를 저지르는 경우가 있습니다. 그러므로 성령의 역사는 당장 눈에 나타나는 것을 기대할 것이 아니라 그 사람의 삶을 통해 발견되어야 합니다. 성령으로 거듭난 사람은 더 이상 자기를 위해 살지않고 하나님을 위해 살게 됩니다.

얼마 전까지 우리 교회에서 열심히 봉사하다가 한국으로 나가신 김상하집사 내외분의 일화를 말씀 드리겠습니다. 그의 부인 김애령

집사는 음악석사학위를 가진 음악인이며 신앙은 좋았으나 목사의 아내가 될 생각은 하지않던 분입니다. 그래서 그는 목사가 아닌 한전 특파원으로 미국에 온 김상하집사와 결혼하였습니다. 그런데 어느날 김애령집사가 목사실을 찾아오더니 자기의 고민을 이야기했습니다. 그의 말은 "저는 목사사모는 전혀 생각도 못했어요. 그런데 우리 김집사님이 신학을 해야겠다니, 미리 알았으면 결혼을 안 했을 터인데 이걸 어떻게 하지요" 하며 심각한 표정으로 말했습니다. 저는 하나님의 부르심 이라면 그 길을 걸어가야 하는 것이니 기도 많이 하고 목사사모 될 준비나 하라고 권면했습니다. 그들은 그 사명을 위해 기도하고 또 기도하는 중 두분 다 마음에 확신을 얻기에 이른 것입니다. 말하자면 그들은 성령님의 감동으로 젊음을 주님께 드리기로 한 것입니다. 성령님은 눈에 보이는 무엇이 없었으나 그런 방법으로 역사하셨습니다. 그 두 분이 신학 공부를 위해 우리 교회를 떠날 때 교회는 눈물겨운 기도로 사명자의 길을 축복하였습니다.

바람은 눈에 보이지 않으며 공기만 흔들어 놓고 지나가버립니다. 그러나 그 바람은 사람에게 상쾌함을 주고 초목을 자라게 하며 열매를 맺게 합니다. 성령으로 난 사람들은 바람처럼 사람들에게 유익을 주며 자신은 바람처럼 사라집니다.

예수님은 요한복음 3장에서 사람이 왜 거듭나야 하느냐 하는 것과 거듭나는 방법에 대해서 자세히 말씀해 주셨습니다. 구원을 받아 하나님 나라에 들어가려면 거듭나야 합니다. 거듭나지 않고도 이 세상일은 무엇이나 다 할 수 있지만 하나님 나라에는 들어가지 못합니다. 옛사람 그대로는 들어가지 못합니다. 새사람이 되어야 합니다. 그리고 사람이 거듭나는 방법은 그리스도의 보혈과 하나님의 말씀과 성령의 감동으로 됩니다. 누구든지 하나님의 말씀이 가르치신 예수님의 십자가에서 흘린 피를 성령의 감동 가운데서 믿을 때 그 사람에게는 거듭나는 역사가 일어나게 됩니다. 어떤 신학자들은 거듭남과 신앙을 구별하여 신앙은 거듭나는 일이 후에 있다고 하지만 본문의 말씀은 그와 반대로, 믿어야 거듭난다고 주장하고 있습니다. 그것은 물과 성령으로 나야 한다는 말씀과 거듭나는 일에 대해 말씀하다가 십자가(인자도 들려야 하리니란 말씀)를 말씀하면서 이는 저를 믿는 자 마다 멸망하지 않고 영생을 얻게 하려하심 이니라고 하신 말씀이 가르치고 있습니다. 십자가를 믿는 믿음 안에서는 삶의 변화가 일어납니다.

08

사랑이신 하나님

[요한복음 3:16-21]

구약 출애굽기 6장 3절을 보면 "내가 아브라함과 이삭과 야곱에게 전능의 하나님으로 나타났으나 나의 이름을 여호와로는 그들에게 알리지 아니하였고" 하였습니다.

하나님은 예나 지금이나 동일하신 분이십니다만 사람들에게 나타나신 모양은 다릅니다. 아들을 주신다는 약속을 받고도 믿음이 흔들렸던 아브라함에게는 전능하신 하나님으로 나타나셨고(창 17:1) 이스라엘 백성을 애굽에서 인도하여 내던 모세에게는 사람들과 가까이 하시며 계시하시는 여호와로 나타나셨으며 인류를 구원하시기 위하여서는 사랑의 하나님으로 나타나셨습니다.

사도요한은 그가 기록한 복음서나 그의 서신에서 하나님의 사랑을 누구보다 많이 말했으며 "하나님은 사랑이라"(1 요4:8)고 까지 불렀습니다. 이 요한은 모든 크리스찬에게 사랑을 받는 성구 "하나님이 세상을 이처럼 사랑하사 독생자를 주셨으니 이는 저를 믿는 자마다 멸망치 않고 영생을 얻게 하려 하심이니라"(3:16)는 말씀을 기록하였습니다. 어느 전선에서 적탄에 맞아 죽어가는 한 청년이

이 성구를 암송하면서 얼굴에 기쁨을 머금고 죽었다는 이야기도 있지만 이 성구는 성경 중의 성경이라고 할 수 있는 가장 귀한 말씀입니다. 오늘은 이 귀중한 성구를 통해 하나님의 사랑을 음미해 보려고 합니다.

1. 하나님은 누구를 사랑하십니까?

"하나님이 세상을……" 이 말씀을 읽노라면 자연히 하나님의 사랑의 대상이 떠오르게 되는데 그 대상은 "세상"이라는 것입니다. 우리는 이 말씀에서 하나님의 폭 넓은 사랑을 발견할 수 있습니다.

사람들에게도 사랑이 없는 것은 아닙니다. 자식이 병들었을 때 마음 아파하는 부모를 보면 어찌 사람에게 사랑이 없다고 말할 수가 있겠습니까? 그러나 사람들의 사랑은 폭이 좁은 사랑이라고 말할 수 있습니다. 나의 자녀를 사랑하지만 남의 자녀를 사랑하지는 못하며 나를 좋아하는 사람은 사랑하지만 나를 싫어하거나 미워하는 사람을 사랑하지는 못합니다. 내게 매력이 있는 사람은 사랑하지만 매력이 없는 사람은 사랑하지 못합니다. 심지어 사랑을 노래하는 크리스챤들의 사랑도 나의 교회, 나의 교파에 속한 사람이면 조금 가까이 하지만 그렇지 않을 경우엔 언제 보았더냐 하는 식으로 대하는 일들을 보면 사람의 사랑은 얼마나 편협한 것인가를 알 수 있습니다. 그러나 하나님은 "세상"을 사랑한다고 하셨습니다. 이 세상을 한번 생각해 보십시오. 이 세상엔 얼마나 보기 흉하고 사랑을 받기에 부적합한 사람들이 많은가 말입니다. 어떤 사람은 두

손 두발 다 있으면서도 일하지 않고 쓰레기통이나 뒤지며 다니는 사람도 있습니다. 어떤 사람은 자기는 일하지 않고 권총을 들고 남의 생명을 위협하며 힘들게 벌은 재산을 빼앗아가는 사람도 있습니다. 그것만이 아니라 하나님이 주신 건강과 능력을 가지고 하나님이 주신 땅에서 일 잘하여 돈을 벌어서는 하나님을 위해서나 혹은 사람들을 위해서는 쓸 줄 모르고 자기의 배와 자기의 엔조이를 위해 쓰고 있는 그런 사람들도 있으며 하나님의 보내심을 받아 세상에 태어난 피조물이 하나님의 주신 모든 것을 누리면서도 하나님이 어디 있느냐고 목에 핏대를 올리는 무신론자들도 있지 않습니까?

이 세상은 세리, 창기, 탕아, 강도, 깡패, 사람의 피로 목욕하는 폭군들, 별의별 죄인들이 가득 차 있는 곳이 아닙니까? 그런데 하나님은 이 세상을 사랑하신다는 것입니다. 하나님의 사랑은 어떤 시인의 노래와 같이 바다를 먹물삼고 하늘을 두루마리 삼아서 기록한다 해도 다 기록할 수 없는 사랑입니다. 그렇기 때문에 죄인인 나도 하나님의 사랑을 받을 수 있는 것입니다.

2. 하나님은 세상을 어떻게 사랑하셨습니까?

"하나님이 세상을 이처럼 사랑하사 독생자를 주셨으니" 하였습니다. 독생자란 말은 한번만 낳은 아들이라는 말씀인데 신이신 하나님도 아들을 낳을 수 있는가 하는 생각을 갖게 하는 말씀입니다. 시편 2편에는 "너는 내 아들이라 오늘날 내가 너를 낳았도다"(시 2:7)라고 하여 하나님께서 예수님을 낳으셨다고 말씀하십니다. 그러나 하나님께서 예수님을 낳으셨다는 것은 사람의 생산 방법과 같이 낳으신 것이 아닙니다. 이는 본래부터 아버지와 함께 계시던 제2위 되시는 분께서 사람의 몸을 입고 세상에 오신 일을 가리키는 말씀입니다. 하나님이시면서 사람이 되신 분은 단 한 분밖에 없습니다. 그러므로 하나님께서는 그를 어떤 피조물보다 더 사랑하셨습니다. 예수님이 세례요한에게 세례를 받고 올라 오실 때에도 "이는 내 사랑하는 아들이요 내 기뻐하는 자라"(마 3:17)고 하셨고 변화산에서도 "이는 내 사랑하는 아들이요 내 기뻐하는 자니 너희는 저의 말을 들으라"(마 17:5)고 말씀하신 것을 보면 하나님께서는 예수님을 지극히 사랑하셨음을 잘 알 수 있습니다. 이렇게 사랑하는 외아들을 세상 사람들을 위하여 내어 놓기까지 이 세상을 사랑하셨습니다.

사랑이라는 말은 헬라어로 네가지 단어가 있습니다. 피레오라는 말은 우정적 사랑을 의미하며 스톨게라는 말은 본능적 사랑을 의미하며 에로스라는 말은 이성적사랑을 의미하며 아가페라는 말은 희생적 혹은 종교적 사랑을 의미합니다. 한국말로는 사랑이라는 한마디로 어떤 사랑에도 사용됩니다만 사실 불쌍한 이웃은 돌보지않으면서 내 자식만 사랑하는 그런 사랑도 있고 자기 처자를 두고도 거리의 꽃이라는 여자들을 사랑하는 사랑도 있으며 내가 도움을 받으려는 동기에서 사랑하는 사랑도 있으니 사랑의 의미는 서로 다릅니다. 하나님의 사랑은 아가페라는 말로 표현되었습니다. 하나님께서는 육신을 갖지 않으셨으니 그 사랑이 본능적 사랑일수는 없고 또 에로스적 사랑일 수도 없습니다. 하나님의 사랑은 그저 죄인들을 불쌍히 여기시는 아가페의 사랑을 가지셨을 뿐입니다. 누가복음에 나타난 예수님의 비유를 보면 어떤 사람이 강도를 만나 거의 죽게 되었을 때 레위인이 그리로 가다가 그냥 지나가고 제사장도 그냥 지나가는데 한 사마리아인은 그를 보고 불쌍히 여겨 가까이 가서 기름과 포도주를 그 상처에 붓고 싸매고 자기 짐승에 태워 주막으로 데리고 가 돌보아 주었다고 하였습니다.(눅 10:30-34) 사마리아인은 강도 만난 사람을 불쌍히 여겨 자기를 희생해가며 구원하였습니다. 이것이 하나님의 사랑과 예수님의 사랑에 대한 비유입니다.

바울은 에베소교회에 보내는 편지에서 "지식에 넘치는 그리스도의 사랑을 알아 그 넓이와 길이와 높이와 깊이가 어떠함을 깨달아 하나님의 모든 충만하신 것으로 너희에게 충만하게 하시기를 구하노라"(엡 3:18-19)하였습니다. 하나님의 사랑은 그 넓이로 말하면 이 세상 모든 사람을 포옹하는 사랑이며 그 높이로 말하면 하늘 보좌에 미치는 숭고한 사랑이며 그 깊이는 깊은 해구처럼 깊은 사랑이며 그 길이는 영원토록 변치 않는 사랑이십니다.

3. 하나님은 왜 세상을 사랑하셨습니까?

"이는 누구든지 저를 믿는 자마다 멸망하지 않고 영생을 얻게 하려 하심이니라"고 말씀하셨습니다. 하나님의 사랑은 아가페의 사랑이라고 설명했습니다. 그 아가페의 사랑은 사람들의 구원을 위한 것이었습니다. 한국이 해방을 맞을 무렵이었습니다. 인천과 여수간의 연락선이 침몰되었는데 젖먹이 어린아이 하나가 살아 남았다고 합니다. 그렇게 된 이유는 애기 엄마가 돛대를 끌어안고 한 손으로 애기를 높이든 채 죽었기 때문입니다. 이것이 아가페의 사랑입니다. 예수그리스도로 말미암아 나타난 하나님의 사랑은 그와 같은 것입니다. 하나님께서는 우리를 죄 가운데서 구원하시려고 그의 아들예수를 십자가에 죽게 하시고 그의 의를 통해 우리가 구원을 얻게 하신 것입니다. 우리는 이 사랑을 인하여 감사해야 하며 이 세상에 전파해야 하겠습니다.

09.

예수님이 주시는 물

[요한복음 4:1-15]

니고데모와의 대화에서는 사람은 누구나 거듭나야 하나님 나라에 들어갈 수 있다고 말씀했습니다. 그리고 이어서 거듭나는 생명인 영생을 얻는 방법은 하나님의 독생자를 믿는 것이라고 말씀하였습니다. 조직신학 학자들은 믿는 것이나 회개하는 것은 거듭난 결과라고 하여 거듭나는 것을 맨 먼저 두고 그 다음에 회개와 신앙을 둡니다. 그러나 본문을 자세히 읽어보면 회개와 신앙이 거듭난 결과라고 말씀하는 것이 아니라 믿음으로 새로운 생명 즉 거듭난 생명을 갖게 된다고 말씀하셨다는 것을 알 수 있습니다.

본 장은 예수님께서 사마리아 여자에게 하신 말씀인데 니고데모에게 말씀하실 때와 같이 영생 얻는 방법을 설명하는 것이 아니라 영생의 성격을 말씀하고 계십니다.

"이 물을 먹는 자마다 다시 목 마르려니와 내가 주는 물을 먹는 자는 영원히 목마르지 아니하리라" 즉 이 영생은 영원히 목마르지 않게 하는 것이라는 것입니다.

이는 사마리아 여자와의 대화에서 하신 말씀입니다. 그 대화를 살펴보면 다음과 같습니다.

예수님 : 물 좀 달라.

여　인 : 당신은 유대인으로써 어찌하여 사마리아 여자가 나에게 물을 달라 하나이까?

예수님 : 네가 만일 하나님의 선물과 또 네게 물 좀 달라 하는 이가 누구인줄 알았다면 네가 그에게 구하였을 것이요 그가 생수를 네게 주었으리라.

여　인 : 주여 물 길을 그릇도 없고 이 우물은 깊은데 어디서 이 생수를 얻겠사옵나이까?…… 당신이 야곱보다 크니이까?

예수님 : 이 물을 먹는 자마다 다시 목마르려니와 내가 주는 물을 먹는 자는 영원히 목마르지 아니하리니 나의 주는 물은 그 속에서 영생하도록 솟아나는 샘물이 되리라.

여　인 : 주여 이런 물을 내게 주사 목마르지도 않고 또 여기 물 길러 오지도 않게 하옵소서.

1. "이 물"은 무엇을 의미합니까?

예수님의 화법(話法)에는 은유적(隱喩的)인 말씀이 때때로 나타나고 있습니다. 가령 제자들에게 검 없는 자는 옷을 팔아 검을 사라고 하신 말씀이라던가 바리새인의 누룩과 사두개인의 누룩을 삼가라고 하신 말씀들이 그런 것입니다. "이 물"이란 야곱이 그 자손들에게 준 수가성 우물의 물만을 의미하지 않고 이 세상 것들을 의미하는 것입니다. 이 세상의 재물이나 영광이나 사람들이 좋다고 하는 모든 것들입니다. 예레미야 2:13의 말씀을 보면 "내 백성이 두 가지 악을 행하였나니 곧 생수의 근원되는 나를 버린 것과 스스로 웅덩이를 판 것인데 그것은 물을 저축지 못할 터진 웅덩이니라" 하셨습니다. 하나님을 떠나서 이 세상 것들을 찾는 모든 사람들은 그것으로 갈증을 풀 수가 없습니다.

은과 금도 사람에게 만족을 주지 못합니다. "은을 사랑하는 자는 은으로 만족함이 없고 풍부를 사랑하는 자는 소득으로 만족함이 없나니 이것도 헛되도다 재산이 더하면 먹는 자도 더 하나니 그 소유주가 눈으로 보는 외에 무엇이 유익하랴"(전 5:10-11)라고 하였습니다.

존 · 록펠러는 큰 부를 가지고 있었지만 자기는 주급 3불을 받아 만지작거릴 때가 더 행복했었다고 했습니다. John Astor는 500만불을 유산으로 남긴 부자였지만 우울증으로 나날을 보내다가 "나 같은 불행한 사람은 세상에 없다" 고 하였습니다. 자동차왕 Henry Ford는 "나는 정비사로 있었던 때가 훨씬 더 행복했다" 고 했으며 강철왕 Carnegie는 "백만장자에게는 웃음이 없다" 고 했습니다. "이 세상의 기뻐할 재물로는 네 근심과 고초를 못 면하리 또 종신할 때에 못 위로하고 천국에 갈 길도 못 들게 하네"

많은 사람들은 이성에서 쾌락을 얻으려고 합니다. 그러나 이성도 만족을 주지 못합니다. 선박왕 Onasis는 젊고 지성이 있는 재크린을 돈으로 사서 살았지만 얼마 안가서 재크린은 낭비벽이 심하다고 하며 불신했다고 합니다.

본문에 나타난 사마리아 여인도 자기를 행복케 할 이 세상 것들을 찾아 헤매던 여자였습니다. "네가 남편 다섯이 있었으나 지금 있는 자는 네 남편이 아니니 네 말이 참되도다." 이것은 사마리아 여인의 깜작 놀랄만한 남성 편력의 과거입니다. 그 여자는 자기의 행복을 위해서라면 수단과 방법을 가리지 않았습니다. 그러나 그 영혼의 갈증은 풀 수 없었고 날이 갈수록 더 강해질 뿐이었습니다.

2. 내가 주는 물을 마시는 자는 영원히 목마르지 아니하리니

이 말씀은 "이 물"에 대해 대조되는 말씀입니다. "이 물"만 있었다면 사람들에게는 절망뿐이었겠지만 예수님이 말씀한 "내가 주는 물"이 있기 때문에 사람들에겐 소망이 있습니다. 예수님의 주시는 물을 마시는 자는 영원히 목마르지 않기 때문입니다.

예레미야를 통해 하신 말씀과 같이 하나님은 생수의 근원이십니다. 그러므로 사람이 하나님을 떠나지 않고 하나님과 함께 있는 동안은 그 영혼이 목마르지 않게 되어있습니다. 하나님께서 사람을 위해 만드셨던 에덴동산에는 비손, 하윌라, 힛데겔, 유브라데와 같은 강들이 있어서 그들은 목마르지 않게 되어있었습니다. 그리고 광야에서 목마른 이스라엘 백성들에게는 반석이 열려 물을 마시게 하셨습니다. 그러나 이 모든 풍성한 물들은 다 예수그리스도로 말미암아 얻게 될 영생의 생수에 대한 예표입니다. 예수님은 "내가 곧 생명의 떡이니 내게 오는 자는 결코 주리지 아니 할 터이요 나를 믿는 자는 영원히 목마르지 아니하리라"(요 6:35)고 하셨습니다.

어거스틴은 "하나님을 만나기까지 나는 평안을 얻지 못했다"고 했습니다. 그러나 예수 그리스도를 영접할 때 진정한 만족과 평화를 누리게 되는 것입니다. 그 이유는 무엇입니까?

① 예수님은 인생의 최대의 문제인 죽음의 문제를 해결해주시기 때문입니다.

이 죽음은 누구에게도 따라옵니다. 가난하여 판자 집에 사는 사람에게도, 궁궐에 사는 임금님에게도, 무식한 촌놈에게도, 유식한 학자에게도, 미개한 정글에도, 개명한 도회지에도, 남자에게도, 여자에게도, 악인에게도, 선인에게도 그림자처럼 죽음의 그늘은 늘 따라 다닙니다. 예수님은 이 문제를 해결해 주십니다. "아들을 믿는 자는 영생이 있고"(요 3:36), "나는 부활이요 생명이니 나를 믿는 자는 죽어도 살겠고 무릇 살아서 나를 믿는 자는 영원히 죽지 아니하리니 이것을 네가 믿느냐"(요 11:25-26)라고 하셨습니다.

② 구원 얻은 사람을 영원히 책임져 주기 때문입니다.

바울은 "아무것도 염려하지 말고 오직 모든 일에 기도와 간구로 너의 구할 것을 감사함으로 하나님께 아뢰라"(빌 4:6)고 하였고 다윗은 "네 짐을 여호와께 맡겨 버리라 너를 붙드시고 의인의 요동함을 영영히 허락지 아니하시리로다"(시 55:22)라고 하였습니다. 예수님을 영접하여 영생을 얻은 사람은 예수님이 앞날의 모든 일을 책임져 주신다는 말씀입니다. 그것은 새 차를 산 사람이 보험을 들었을 때 보험회사가 사고에 대한 책임을 지는 것과 같습니다. 새 차를 산 사람은 보험회사에 가서 가입할 때까지 불안한 가운데서 운전을 합니다. 잘못하면 차를 한 대 날릴 수도 있기 때문입니다. 그러나 보험에 가입하면 그 직원은 "이젠 안심하고 돌아가십시오. 가다가 사고가 난다 해도 우리가 책임질 것입니다"라고 합니다. 가입자는 평안한 마음으로 돌아가게 됩니다. 이처럼 예수님은 구원 얻은 사람의 영육간의 일을 다 책임져 주십니다.

물에는 "이 물"과 "내가 주는 물" 즉 예수님이 주시는 물 두가지가 있습니다. "이 물"은 아무리 마셔도 목마를 물이며 예수님이 주시는 물은 뱃속에서 샘이 되어 계속 흘러 다시는 목마르지 않는 물입니다. 여러분! 여러분은 지금 어떤 물을 찾고있습니까? 다시 목마를 것을 찾고있지는 않습니까? 우리도 "주여 이런 물을 내게 주사 목마르지도 않고 또 여기 물 길러 오지도 않게 하옵소서"라고 기도하십시다.

10.

영생 얻는 법

[요한복음 4:16-26]

Forest lawn(묘지의 이름)에 가면 생명의 흐름(Life stream)이라고 하는 조각물이 있습니다. 가운데는 작은 물줄기가 흐르고 그 주위에는 새와 꽃, 동물들이 있으며 노인과 장년들과 젊은 남녀와 아이들이 모여 있는 조각물입니다. 그러나 그 사람들의 모습은 각각 다른데, 아이들은 자연의 경이스러움을 호기심으로 바라보며 젊은 이들은 사랑을 속삭이며 노년은 명상에 잠겨 있습니다. 이것이 이세상의 생명의 흐름(Life stream)입니다.

그러나 영원한 생명의 흐름(Everlasting life stream)을 만든다면 거기는 노년과 어린아이는 없고 청년들만 있어야 할 것입니다. 천국에는 늙는 일이 없기 때문입니다.

예수님은 고된 삶, 죄악된 삶을 살아가는 사마리아 여자에게 영생의 샘물을 받으라고 제시하셨습니다. 그리고 이 제언은 사마리아 여자에게만 하신 것이 아니라 우리에게와 이밖에 있는 온 세상 사람들에게 하신 말씀입니다.

사실 사람이 영생을 얻지 못한다면 모든 것은 다 헛된 것입니다.

그러므로 우리 사람들은 이 세상에 와서, 사람들이 좋다고 하는 다른 것들을 얻지 못하고 가더라도 영생만은 얻어야 합니다. 영생의 확신만은 있어야 합니다. 우리는 이제 본문 말씀을 통하여 영생을 어떻게 얻는가를 살펴보기로 하겠습니다. 요한복음 3:16에서는 믿음으로 영생을 얻는다고 하였는데 본문에서는 그 믿음이 어떤 것인가를 설명하고 있습니다.

1. 영생을 사모해야 합니다.

"주여 이런 물을 내게 주사 목마르지도 않고 또 여기 물 길러 오지도 않게 하옵소서"(15). 예수님과 사마리아 여자의 대화를 보면 사마리아 여자가 "주여 이런 물을 내게도 주사"라고 고백하기까지는 말씀을 이해하기가 여간 힘든 것이 아니었던 것 같습니다. 예수님의 말씀은 너무나 엄청난 말씀이었기 때문입니다. 그러한 메마른 땅에 생수가 있을 수는 없는 것이며 더욱 뱃속에서 솟아나는 샘물이란 있을 수 없는 것이라고 생각했을 것입니다. 그러나 그 여자는 그 신기한 생수를 달라고 요구하게 되었습니다.

우리가 성경을 통해 깨닫게 되는 것은 ① 하나님께서는 타락한 이 세상 사람들을 위해 놀라운 은혜를 예비해 두셨다는 것과 ② 그 은혜는 사모하는 자에게 주신다는 사실입니다.

그 대표적인 성구를 읽어본다면 "너희 목마른 자들아 물로 나아오라 돈 없는 자도 오라 너희는 와서 사 먹되 돈 없이 값 없이 와서 포도주와 젖을 사라"(사 55:1).

"성령과 신부가 말씀하시기를 오라 하시는도다. 듣는 자도 오라 할 것이요 목마른 자도 올 것이요 또 원하는 자는 값없이 생명수를 받으라"(계 22:17). "의에 주리고 목마른 자는 복이 있나니 저희가 배부를 것임이요"(마 5:6)

하나님께서는 사람의 연약함을 아시기 때문에 값을 내야 주신다고는 하시지 않지만, 거저 주시는 구원과 은혜를 사모해야 받을 것이라고 말씀하고 있습니다. 만일 사모하지 않는 자들에게 은혜를 주신다면 그것은 진주를 돼지에게 던진 것과 같아서 내어 버리고 말 것이기 때문입니다.

은혜를 사모하던 사람들은 모두가 다 은혜를 받았습니다. 사무엘서를 보면 이스라엘 백성이 범죄하여 법궤를 원수에게 빼앗기고 20년을 법궤없이 지나다가 그들이 여호와를 다시 사모하게 되었다고 했습니다(삼상 7:2). 그들은 미스바에 모여서 금식하며 회개하였고 하나님께서는 그들에게 큰 구원을 베풀어 주셨습니다. 항상 구원의 은혜 가운데서 살았던 옛날 다윗은 "목마른 사슴이 시냇물을 찾기에 갈급 함같이 내 영혼이 주를 찾기에 갈급하니이다"(시 42:1)고 말씀했습니다.

아프리카의 호수는 건기가 되면 점점 줄어들어 마지막에는 조그마한 물 웅덩이로 변합니다. 그렇게 되면 사슴과 맹수들이 한 웅덩이에서 물을 먹게 되는데 물을 먹다가 맹수에게 먹힐 것을 알지만 목마른 사슴은 죽음을 무릅쓰고 물 웅덩이로 나아갑니다. 목마른 사슴은 물을 얼마나 사모합니까? 그 이유는 물을 마시는 것만이 사는 길이기 때문입니다. 다윗은 하나님을 그같이 사모했다고 하였습니다. 그러므로 다윗은 비록 하나님의 노를 살만한 죄를 지은 적도 있었으나 하나님께서는 그에게 구원의 즐거움을 항상 주셨습니다. 사람들은 믿음으로 구원 받는다는 말을 하면서도 믿음이 어떤 것인가를 잘 모르고 믿는 경우가 많습니다. 믿음은 곧 여호와를 사모하는 것이며 그의 생명수를 사모하는 것입니다.

2. 다음은 회개입니다.

사마리아 여자가 "주여 이 물을 내게도 주옵소서"라고 요구하자 예수님은 즉시 이것이 생수니 받으라고 하시지 않았습니다. "네 남편을 불러오라"고 하신 것입니다. 예수님의 이 말씀은 얼핏 보면 논리가 맞지않는 동문서답(東問西答)같은 말씀입니다. 생수를 달라는 여자에게 남편을 데려오라 하셨으니 남편과 함께 받아 가라는 말씀입니까? 여자의 사정을 세밀히 알고 계신 예수님께서 그런 뜻으로 하신 말씀은 아닙니다. 도리어 그가 걸어온 길을 예수님이 다 아신다는 것을 깨닫고 솔직한 죄인으로 나타나기를 원하셨던 것입니다. 이 여인은 "남편이 없나이다" 라고 대답했습니다. 예수님은 "네 남편 다섯이 있었으나 지금 있는 자는 네 남편이 아니니 네 말이 참되도다"라고 하셨습니다.

사마리아 여인의 행적을 보면 어느 소설에 나오는 여자의 일생만큼이나 기구했습니다. 남편 다섯이 다 죽었을 수는 없고 이 남자와 헤어지고 저 남자와 헤어지는 부정한 남성편력 이었는지도 모릅니다. 그러나 이 여자는 지나가는 한 길손에게 자기의 과거를 알릴 필요는 없다고 생각했습니다. 사람들은 겉모양으로는 모두 성자같이 뻔질하나 내막을 보면 너무나 더럽습니다. 그런데도 자기를 할 수 있는데 까지 미화해 보려는 것이 아담의 후손임을 증명하고 있습니다. 사마리아 여인도 자기 죄를 은폐하려던 하와의 딸인 것만은 틀림없습니다. 저는 오래 전 서울에서 딸기 철을 맞아 싱싱한 딸기를 한 광주리를 샀던 적이 있었습니다. 광주리가 제법 크고 딸기는 꽉 채워졌기 때문에 그것들을 가지면 아내와 아이들과 함께 잘 먹을 것이라고 생각했습니다. 돈을 지불하고 들고 오는데 무게가 별로 무겁지 않아 좀 이상한 생각이 들었습니다만 집에 가지고 돌아와 처자들과 함께 광주리를 열었습니다. 위에 있는 딸기를 몇 개를 들어내는 순간 속은 짚으로 가득 차 있는 것을 보고 실망한 사람은 나만은 아니었습니다. 위장술이 어쩌면 그렇게 발달했을까 놀라지 않을 수 없었습니다.

사람의 인격도 그 위장한 딸기상자 같다고 볼 수 있습니다. 속에는 음란, 도둑, 거짓, 교만 모든 다툼과 시기가 가득하면서도 겉으로는 그런 것이 없는 체 합니다. 그런 수법은 사람들에게는 통할 수 있으나 하나님 앞에서는 통과될 수 가 없습니다. 먼저 자신의 속사람을 내어놓고 회개해야 합니다. 그렇게 할 때 회개한 삭개오처럼 "오늘날 이 집에 구원이 이르렀다"는 말씀을 듣게 됩니다.

3. 메시야를 발견해야 합니다.

철학자 파스칼은 "개개인의 마음 속에는 하나님이 빚어 만든 공백이 있다. 이것은 어떤 피조물로도 채워지지 않는다. 오직 예수를 통하여 하나님을 만날 때 채워진다"고 했습니다. 예수님은 그의 마지막 기도에서 "영생은 곧 유일하신 참 하나님과 그의 보내신 자 예수 그리스도를 아는 것이니이다"(요 17:3)라고 하셨습니다.

사마리아 여자는 영생의 생수를 달라고 하였습니다. 자기의 부끄러운 과거도 폭로 되었습니다. 그러나 자기의 전부를 맡길 수 있는 메시야는 아직 발견하지 못했습니다.

사마리아 여자는 예수님을 바로 알지 못하고 있었습니다. 처음에는 유대의 한 신사로 생각하였습니다. 그 다음엔 조상 야곱과 비교해 보았습니다. 자기의 과거를 낱낱이 지적하자 예수님을 선지자라고 생각했습니다. 그러나 그것이 예수님을 바로 안 것이라고는 볼 수 없습니다.

그러다가 드디어 네게 말하는 내가 그로라고 하는 말씀을 듣고 비로소 예수를 발견한 것입니다. 그러자 사마리아 여자는 물동이를 버려두고 동리로 들어가서 예수를 증거 하게 되었습니다. 말하자면 하나님께서 만드신 공백이 채워지게 되었습니다.

저는 최근 전도자가 된 우주 비행사 촬리 · 듀크에 대해 들었습니다. 그는 우주비행사로 선발되어 6년간 훈련을 받다가 사직하고 돈이나 벌어야겠다고 하여 San Antonio에서 술장사를 했다고 합니다. 그의 네임밸류때문에 술장사는 잘 되어 수년 동안에 거부가 되었습니다. 그러나 부자가 된 후엔 마음에 동공이 생긴 것처럼 더 허전하여 졌고 만족 없는 날을 보냈습니다. 부부간에는 늘 다투어 이혼까지 할 것을 결심하였다고 합니다. 그러던 어느날 아내의 권면으로 성경공부반을 찾게 되어 성경을 공부하게 되었습니다.

그는 예수가 하나님의 아들인가 아니면 거짓말인가 고민하던 중 어떤 날 고속도로를 달리다가 마음이 열리며 예수님이 하나님의 아들이시라는 사실이 믿어져 마음에 영접했다고 합니다. 그날부터 듀크는 감사와 소망이 넘치는 생활을 하게 됐고 지금은 여러나라에 다니며 복음을 전하고 있다는 것입니다.

영생은 인류에게 허락 되었습니다. 영생을 사모하는 자들과 자신의 죄를 회개하며 예수님을 만나는 사람에게는 영생이 있습니다. "구하라 그러면 너희에게 주실 것이요 찾으라 그러면 찾을 것이요 문을 두드리라 그러면 너희에게 열릴 것이니 구하는 이마다 얻을 것이요 찾는 이가 찾을 것이요 두드리는 이에게 열릴 것이니라"(마 7:7-8)하였습니다.

예수님을 찾아 발견하여 마음의 동공을 채우고 그리스도의 증인의 삶을 사시기를 바랍니다.

11.

추수꾼이 됩시다

[요한복음 4:27-38]

마태복음을 읽어보면 예수님은 다음과 같이 추수꾼이 필요하다고 말씀하셨습니다. "이에 제자들에게 이르시되 추수할 것은 많되 일꾼은 적으니 그러므로 추수하는 주인에게 청하여 추수할 일꾼들을 보내어 주소서 하라"(마 9:37-38). 본문 요한복음 4:37-38의 말씀을 보면 마태복음 9:37-38말씀을 다시 강조하시는 듯한 느낌이 들게 합니다. 이 두 곳 말씀은 모두가 다 신령한 추수꾼이 필요하다는 말씀입니다. 추수는 봄에 심고 여름에 자라서 가을에 결실한 후 거두어 드리는 것을 의미합니다. 거두면 농부들은 곡식을 창고에 쌓아두고 즐거워합니다. 예수님은 "내가 너희로 심지 아니 한 것을 거두러 보내노니"라고 하셨습니다. 이 말씀을 보면 예수님은 전도하는 일을 추수에 비교하신 것을 알 수 있습니다.

본문에는 두 분의 영적추수(전도)가 나타나고 있습니다. 첫째는 예수님의 전도이자 하나님의 아들의 전도로서 사마리아 여자에게 전도하신 일이며 다음분은 예수님과는 비교할 수 없는 죄인 사마리아 여인의 전도입니다. 그는 비록 남편이 다섯이나 있었던 여자이지만 그리스도를 영접한 후 너무 감격하여 동리에 들어가 예수를 증거하였고 그 결과로 많은 사람들이 예수님께 돌아와 믿고 구원을 얻게 되었습니다. 말하자면 사마리아성에 큰 영적 부흥이 일어난 것입니다. 그런 일이 진행되고 있는 중에 예수님은 신령한 추수가 얼마나 긴급하고 필요한 것인가를 말씀하셨습니다. 현대 교회는 많은 일들을 하고있습니다. 매주일 모여 예배 드리며 교육사업도 하며 선교사업, 자선사업, 사회사업 등을 하고 있습니다. 모든 일이 모두 필요하지만 영적 추수인 전도보다 더 중요한 것은 없습니다.

우리 그리스도인들은 예수님의 이 요청에 응답하여 신령한 추수를 하는 추수꾼들이 되어야겠습니다. 그러면 이 영적추수(전도)는 왜 해야 하는 것입니까?

1. 먼저, 전도는 하나님의 원하시는 뜻이기 때문입니다.

에스겔 18:23을 보면 "나 주 여호와가 말하노라 내가 어찌 악인이 죽는 것을 조금인들 기뻐하랴 그가 돌이켜 그 길에서 떠나서 사는 것을 어찌 기뻐하지 아니하겠느냐" 하셨고 딤전 2:4을 보면 "하나님은 모든 사람이 구원을 받으며 진리를 아는데 이르기를 원하시느니라" 하였으며 벧후 3:9 "주의 약속은 어떤 이의 더디다고 생각하는 것같이 더딘 것이 아니라 오직 너희를 대하여 오래 참으사 아무도 멸망치 않고 다 회개하기에 이르기를 원하시느니라" 하였습니다.

하나님의 뜻에는 나타난 뜻과 숨은 뜻이 있습니다. 가령 내가 이 장사를 해야 할지 하지 않아야 할지 이사를 가야 할지 가지 않아야 할지 어느 학교에 입학해야 할지 하는 문제에 대한 하나님의 뜻은 숨겨져 있어서 잘 알 수 없습니다. 그저 하나님의 영광을 중심해서 하면 됩니다. 그러나 아침 빛이 선명하듯이 선명하게 나타난 하나님의 뜻이 있습니다. 서로 사랑하라 원수를 맺지 말라하는 것은 명백하게 나타난 하나님의 뜻입니다.

그와 같이 복음을 전파하며 사람들의 영혼을 구원하는 일은 하나님의 나타난 뜻입니다.

저는 목사가 된지 얼마 안되어 부산 동일교회를 시무할 때 나의 둘째 딸을 잃고 여러 시간 애쓰다가 찾은 경험이 있습니다. 겨우 아장아장 걸어다니는 나의 딸이 없어진 것을 알자 나의 내외와 교회의 사찰 집사님은 사방으로 흩어져 찾기 시작했습니다. 나는 체면도 염치도 없이 서대신동 쪽으로 가면서 길가에서 만나는 사람에게마다 두어 살 난 길 잃은 딸아이 못 보았느냐고 물었습니다. 찾지 못하면 그 귀여운 나의 딸을 내 눈으로 영원히 못 볼 것 같은 생각이 떠오를 때는 너무나 괴로웠습니다. 그러다가 어떤 사람의 말을 듣고 호떡 집엘 들어갔습니다. 나의 딸은 손에 호떡을 든 채 울다가 졸고있었습니다. 호떡집 주인은 길 잃고 우는 나의 딸에게 호떡을 들려주며 위로했던 것입니다. 나의 딸을 찾은 그 기쁨은 백만불을 얻은 것보다 더 했습니다. 그것은 부모의 사랑이었을 것으로 생각됩니다. 육신의 아버지의 사랑이 그렇다고 하면 하나님의 사랑은 그보다 훨씬 더 클 것이 분명합니다. 누가복음 15장을 보면 아들은 아버지의 재산을 가지고 먼 나라에 가서 다 허비하고 돼지를 치는 사람으로 전락했습니다. 결국 걸인이 되어 돌아오는 아들이었지만 그 아버지는 목을 안고 입을 맞추며 환영했으며 소를 잡고 잔치하며 즐거워 하였습니다.

오늘도 하나님께서는 당신의 품으로 돌아와야 할, 수 많은 탕자들을 찾고 계시다는 것을 기억해야 합니다.

2. 전도는 시급한 일입니다.

"너희가 넉달이 지나야 추수할 때가 이르겠다고 하지 아니하느냐 내가 너희에게 이르노니 눈을 들어 밭을 보라 희어져 추수하게 되었도다"(35). "넉 달이 지나야 추수할 때가 이른다"는 말은 유대인들의 속담이라고 합니다. 성급하게 무엇을 서두를 때 넉 달은 지나야 추수를 하지 라고 하며 서둘지 말라고 하는 말입니다. 한국속담에 "무른 감도 쉬어가며 먹으라"는 말과도 비슷한 말입니다.

일에는 서둘러선 안 되는 일도 있습니다. 가령 곡식을 심어 추수하는 일은 넉달이 걸리기 때문에 서둔다하여 곡식이 빨리 자라거나 결실하지는 않습니다. 넉달이 지나야 합니다. 그러나 만일 사람이 급성맹장염에 걸렸는데 무른 감도 쉬어가며 먹으라고 했다고 해서 하룻밤 지내고 병원에 가거나 의사가 한잠자고 집도를 한다면 일은 틀려지고 말 것입니다.

예수님은 넉달이 지나야 추수할 때가 된다는 유대인들 속담이 신령한 추수에는 맞지 않는 말이라고 하십니다.

"눈을 들어 밭을 보라 희어져 추수하게 되었도다"라고 말씀하십니다. 농촌에서는 곡식이 익어 희어지게 되면 부녀자나 아이들까지 동원되어 추수하는, 연중 가장 바쁜 시기가 됩니다. 그 이유는 곡식이 익은 후에는 새나 쥐가 먹어 버리기도 하고 이삭의 줄기가 말라서 땅에 떨어지기도 하며 기후의 변화로 추수하기 어렵게 되기도 하기 때문입니다. 중국 같은 추운 지방에서는 추수 때에 추수하지 못하면 곡식을 다 버리는 경우도 있습니다.

영혼추수도 마찬가지 입니다. 그저 무른 감도 쉬어 가면서 먹듯이 천천히 할 일은 아닙니다. 지금 이 세상은 여러 면에서 시한폭탄처럼 종말을 향해 달려가고 있습니다. 그것은 마치 브레이크가 고장난 자동차가 언덕길에서 가속도로 달려 내려가는 것과도 같습니다. 인구는 팽창하여 땅이 좁아지고 있습니다. 도시마다 공해로 오염되고있습니다. 그러나 정신공해는 평균치를 훨씬 넘어서 위험수준에 육박하고 있습니다. 핵무기는 각 나라들만 아니라 테러 단체들도 가질 날이 멀지 않았다고 합니다. 지진과 기근, 전쟁과 같은 재해는 쉬지 않고 일어납니다. 중국에 선교한 허드선 · 텔러는 하루에도 수천명씩 지옥으로 들어가는 중국인들을 생각하며 급한 마음으로 선교했다고 합니다. 예수님은 "눈을 들어 밭을 보라" 고 하십니다. 이 눈은 신령한 눈입니다. 프랑스 선교사 끌렐렐은 기도하는 중 지구상의 수십억 인류가 자기에게 무엇을 달라고 부르짖는 환상을 보았다고 합니다. 끌렐렐처럼 신령한 눈을 뜨고 이 세상을 바라본다면 복음전파가 얼마나 시급하다는 것을 발견하게 될 것입니다. 시급히 복음의 낫을 대지 않으면 저들의 영혼은 멸망 받고 말 것입니다.

3. 전도는 가장 가치 있는 일입니다.

"거두는 자가 이미 삯도 받고 영생에 이르는 열매를 모으나니 이는 뿌리는 자와 거두는 자가 함께 즐거워하게 하려 함이니라"(36). "이미"는 에데(ETE)라는 말인데 영문번역에는 "이미"라는 말을 "희어져 추수하게 되었도다"라는 말에 연결시켜(the field are already white for harvest)라고 했습니다. 한역에서는 "이미"를 삯도 받고 하는 말에 연결시킨 까닭에 "이미 삯도" 받고라고 번역된 듯합니다. 이 본문 번역은 한역보다 영역이 더 잘된 것 같습니다. 영역대로 본다면 "거두는 자가 삯도 받고"(He who reaps receives wages)로 되어 있습니다. 본문을 설명하면 거두는 자는 "이미 삯도 받고"가 아니라 "삯을 받으며"라는 말씀입니다.

이 세상의 일들은 모래성을 쌓는 것처럼 가치 없는 일도 있고 금자탑을 쌓는 것처럼 가치 있고 보람 있는 일도 있습니다. 전도는 이 세상에서 가장 가치 있는 일입니다. 그 이유는 전도는 전도하는 사람이 삯을 받기 때문입니다. 예수님은 복음을 전하기 위해 부르심을 받은 그의 제자들에게 "내가 진실로 너희에게 이르노니 세상이 새롭게 되어 인자가 자기 영광의 보좌에 앉을 때에 나를 좇는 너희도 열 두 보좌에 앉아 이스라엘 열 두 지파를 심판하리라 또 내 이름을 위하여 집이나 형제나 자매나 부모나 자식이나 전토를 버린 자마다 여러 배를 받고 또 영생을 상속하리라"(마 19:28-29)고, 하셨고 바울은 "성전의 일을 하는 이들은 성전에서 나는 것을 먹으며 제단을 모시는 이들은 제단과 함께 나누는 것을 너희가 알지 못하느냐(고전 9:13)라고, 말씀했습니다. 제가 어려서 학교농장에 나가 추수를 실습한 적이 있었습니다. 누런 벼를 추수하는 것이 재미도 있었지만 점심시간에 먹었던 점심 맛은 지금도 잊을 수가 없습니다.

어느 농가에서 지은 점심이었는데 햅쌀로 지은 밥은 기름이 흘렀고 호박에다 돼지고기를 넣어 끓인 국은 참으로 일미였습니다. 아마 실습장에 나가 추수하지 않고는 그보다 더 나은 음식을 먹는다고 해도 그런 맛은 없으리라 생각되었습니다. 나는 실습장에서 품삯을 받지 않았지만 거기서 일한 대가를 톡톡히 받은 것입니다. 하나님은 복음 전하는 사람들에게 신령한 은혜와 육신에 필요한 것을 다 주시마고 약속하셨습니다.

그뿐 아니라 신령한 추수를 하는 사람들은 영생에 이르는 열매를 모으는 것이라고 하였습니다. 인생은 짧고 예술은 길다는 말이 있습니다. 사람들은 백년을 넘기지 못하고 거의 다 죽습니다만 훌륭한 작품은 오래오래 보존됩니다. 함무라비의 법전, 바흐나 헨델이나 베토벤의 음악, 미켈란젤로의 조각, 셰익스피어의 문학 등은 아마도 이 세상이 끝나기 전까지는 기념이 될 것입니다.

그러나 이 모든 것들은 영원한 것은 아닙니다. 이런 것들은 세상이 끝날 때에 없어지고 말 것입니다. 그러나 그날에 없어지지 않고 혜성처럼 떠올라오는 것이 있습니다. 그것은 전도자들의 공로입니다. 다니엘은 말하기를 "많은 사람을 옳은 데로 돌아오게 한 자는 별과 같이 영원토록 비취리라"(단 12:3)하였습니다. 그래서 바울은 데살로니가인들에게 편지 할 때 "우리의 소망이나 기쁨이나 자랑의 면류관이 무엇이냐 그의 강림하실 때 우리 주 예수 앞에 너희가 아니야 너희는 우리의 영광이요 기쁨이니라"(살전 2:19-20)고 하였습니다.

이와 같이 가치 있고 시급한 일을 누가 할 수 있습니까? 우리는 로마서 10장15절에서 그 해답을 얻을 수 있습니다. 거기 말씀하기를 "보내심을 받지 아니하였으면 어찌 전파하리요" 라고 하였습니다. 이같이 귀한 일을 할 수 있는 사람은 성령으로 말미암아 하나님의 보내심을 받은 사람들 뿐입니다. 그래서 예수님은 목자 없는 양같이 고생하며 유리하는 무리들을 보시고 "그러므로 추수하는 주인에게 청하여 추수할 일꾼들을 보내어 주소서 하라" 하셨습니다. 우리도 성령의 충만함을 받아 신령한 추수꾼들이 되어야 하겠습니다.

12.

좋은 믿음을 가진 왕의 신하

[요한복음 4:46-54]

이 일은 예수님께서 사마리아 전도를 마치시고 갈릴리에 가셨을 때 있었던 일입니다. 한 왕의 신하가 아들의 병을 고쳐달라고 예수님께 간구하여 고침을 받았을 때 그와 온 집이 다 예수를 믿게 되었습니다.

히브리서 저자는 "믿음이 없이는 기쁘시게 못하나니 하나님께 나아가는 자는 반드시 그가 계신 것과 또한 그가 자기를 찾는 자들에게 상 주시는 이심을 믿어야 할지니라"(히 11:6)고 하였습니다.

믿음은 사람이 하나님을 대하는 방법입니다. 믿어야 하나님을 기쁘시게 하며 믿어야 죄 사함을 받으며 믿어야 성령도 받습니다. 하나님을 왜 믿어야 합니까? 하나님은 보이지 않는 분이시기 때문입니다. 왜 하나님은 보이지 않는 분으로 계십니까? 하나님이 눈에 보였으면 의심할 필요도 없어 좋겠다고 하는 이들이 많습니다. 그 이유는 보이는 것은 없어지는 것이기 때문입니다. 보이는 것은 없어지지 않는 것이 하나도 없습니다. 여러분의 부모님은 보입니다.

그러므로 없어질 것입니다. 자녀도 보입니다. 그러므로 없어집니다. 하늘도 땅도 도시도 바다도 산도 보입니다. 그러므로 다 없어집니다. 그러므로 하나님께서 보이는 것이 될 수는 없습니다. 하나님은 영원하십니다. 그러므로 믿는 마음으로 밖에 하나님을 대할 수 없습니다. 그런데 이 믿음은 아무에게나 있는 것도 아니며 또 사람이 보기에 믿음이 있을 듯한 사람에게 있는 것도 아닙니다. 그것은 마치 돈이 있을 듯한 겉모양을 한 사람에게 돈이 없고 작업복 차림에 돈이 없을 것 같은 사람에게 돈이 있는 것과도 같습니다. 믿음은 도리어 없을 듯한 사람에게 있는 경우가 많습니다.

예수님당시 믿음이 있을 듯한 아브라함의 자손들, 바리새인들, 교법사들, 이런 사람들에게는 믿음이 없었고 믿음과는 거리가 먼 것 같은 세리, 창기, 강도, 이방인들에게는 믿음이 있었습니다.

본문에 나타난 왕의 신하도 그에게 믿음이 있으리라고 생각한 사람은 없었을 것입니다. 그러나 왕의 신하는 하나님의 아들 예수님에게 믿음 가지고 나와서 은혜를 받았습니다. 지금 우리도 믿음을 가지고 나가면 은혜를 받을 수 있습니다. 그러면 왕의 신하의 믿음은 어떤 것입니까?

1. 전능하신 하나님을 믿는 신앙을 가졌습니다.

이 왕의 신하는 헤롯 안디바의 신하를 의미합니다. 헤롯 안디바는 정치적으로는 자기 형 아켈라오의 정권을 전복시키고, 윤리적으로는 동생 빌립의 아내를 취했으면 종교적으로는 자기 죄를 책망하는 세례요한의 머리를 자르는 잔인 무도한 왕이었습니다. 이 신하는 그 당시의 제도를 보아 헤롯 안디바의 친척일 것이라고 합니다. 이런 무종교하고 부도덕하며 잔인한 왕 밑에 있으면서 예수님께 찾아 나왔다는 것은 놀라지 않을 수 없는 일입니다. 그가 그런 모험을 할 수 있었던 것은 하나님을 전능한 분으로 믿었기 때문입니다.

그리고 그가 예수님께 와서 한 말은 "내 아들의 병을 고쳐주소서" 라는 것이었습니다. 그것은 예수님 안에 하나님의 능력이 함께 한다는 것을 믿은 까닭입니다.

하나님은 전능하십니다. 그리고 하나님의 아들도 전능하십니다(사 9:6). 그러므로 하나님은 자기를 전능한 하나님으로 믿을 때 기뻐하시며 축복하십니다.

창 17:1 말씀을 보면 하나님께서는 아브라함에게 "나는 전능한 하나님이라 너는 내 앞에서 행하여 완전하라" 고 말씀하셨습니다.

아브라함은 15장에서 "네 몸에서 날 자가 네 후사가 되리라" (15:4)는 약속을 하나님께로부터 받았습니다. 그러나 아브라함은 하나님의 전능하심을 못 믿고, 다른 방법으로 아들을 주시는 것으로 생각하여 애굽 여인 하갈을 취했던 것입니다. 그런 일이 있은 후 하나님께서는 13년간 아브라함에게 나타나지않으시다가 13년 후에 나타나서서 "나는 전능한 하나님이라 너는 내 앞에서 완전하라" 고 하셨습니다. 이 말씀은 완전히 믿으라는 것입니다. 그래서 아브라함은 그때부터 완전히 믿어 아들 이삭을 제물로 드리기까지 할 수 있었습니다. 그렇게 하였으므로 바울은 아브라함의 믿음을 칭찬하기를 "그의 믿은바 하나님은 죽은 자를 살리시며 없는 것을 있는 것 같이 부르시는 이시니라" 고 하였습니다(롬 4:17). 다윗은 "여호와의 이름에 합당한 영광을 돌리며"라고 말씀했습니다(시 29:2). 하나님을 하나님으로 대접하고 예수님을 예수님으로 대접해야 하겠습니다. 우리가 매주일 사도신경을 암송하지만 참으로 전능하신 하나님을 전능하신 분으로 대접하는 믿음이 있습니까? 왕의 신하의 믿음과 같은 믿음을 우리도 가져야 하겠습니다.

2. 약속을 믿는 믿음입니다.

왕의 신하는 "네 아들이 살았다"는 놀라운 약속의 말씀을 예수님께로부터 들었습니다. 왕의 신하는 그 약속이 성취된 것, 즉 아들이 나은 것을 볼 수는 없었습니다. 그러나 예수님의 그 약속을 믿고 갔습니다. 그랬더니 아들이 나았습니다.

① 성경에는 수많은 약속들이 있습니다.

어떤 성경학자는 성경에 기록된 약속이 모두 360여 번 있다고 합니다. 그렇다면 하나님은 우리들에게 매일 한가지씩 약속하시는 셈입니다. 자녀를 기르는 부모는 자녀들에게 많은 약속을 합니다. 떠들지 않으면 초코렛 사 줄께, 좀 큰 다음엔 all "A" 받으면 자전거 사 줄께, 그러나 그런 약속의 내용은 볼품없는 것이며 얻으려면 조건도 까다롭습니다.

그러나 하나님의 약속은 크고 풍부하며 믿음만 있으면 받는 것입니다. 아브라함에게 약속한 것을 보세요. 모든 민족의 조상, 복의 기관, 가나안 땅, 너무나 엄청난 약속입니다. 한 나라를 준다는 약속을 누가 할 수 있겠습니까? 그것만이 아닙니다. 구원의 약속, 천당의 약속들이 우리 믿는 사람들에게 있습니다.

② 그런데 하나님의 약속과 그 약속의 성취 사이에는 다리(기간)가 있습니다.

아브라함은 아들을 약속 받은 후 25년이 지난 후에 받았고 가나안 땅에 대한 약속은 400년이 지난 후에야 받았습니다. 히 11:13절을 보면 그들의 생전에 받지 못한 약속들도 있었습니다. 어떤 것들은 죽은 후에 받을 것들이 있습니다. 그러므로 왕의 신하처럼 믿고 가야 합니다. 죄 사함 받은 것도 믿고 가야 합니다. 축복도 믿고 가야 합니다. 천당도 믿고 가야 합니다. 자녀도 믿고 길러야 하며 직장생활도 믿고 해야 하고 공부도 믿고 해야 하며 교회 봉사도 믿고 해야 합니다. 그러면 그 약속이 실현될 날이 옵니다. 한국나라를 보십시오. 일본 사람들의 지배 하에 살 때도, 공산주의자들이 쳐내려왔을 때도 많은 성도들이 믿고 살아가더니 모든 것을 더해주시겠다고 하신 약속이 성취되지 않습니까?

3. 은혜를 확인하는 믿음입니다.

왕의 신하는 집으로 내려가서 아들의 열기가 어느 때부터 식었나 알아보았습니다. 그 이유는 예수님이 말씀하신 그 때부터 나았는가를 확인하고 하나님께 감사하려고 한 까닭입니다. 옛날 다윗은 “하나님이여 주의 생각이 내게 어찌 그리 보배로우신지요 그 수가 어찌 그리 많은지요 내가 세려고 할지라도 그 수가 모래보다 많소이다"(시 139:17-18)라고 하였습니다. 그리스도인들은 하나님께 은혜를 구할 뿐 아니라 그 받은 은혜를 세어 보아야 합니다. 비신자들과 신자들의 차이는 하나님이 계시다, 안계시다 하는 차이가 아니라 하나님의 은혜를 세어 보는 것과 세어 보지 않는 차이입니다. 다윗의 말처럼 그 은혜를 다 셀 수는 없지만 몇 가지라도 세어보는 중에 하나님께 대한 고마운 생각이 들 것입니다.

다음은 보답해야 합니다. 누가복음에 나타난 열 문둥이 중 9명은 은혜를 구하기는 했지만 막상 은혜를 받은 후에 감사하지 않았습니다. 그것을 배은망덕(背恩忘德), 은혜를 저버리고 덕을 잊어버리는 것이라고 합니다. 많은 사람들이 옛날 홍해 앞에서는 부르짖고 건너와서는 원망하듯이 아홉 문둥이가 병 고침 받기 위해서 부르짖다가 나으니 그냥 돌아가듯이 배은망덕하는 경우가 많습니다. 자기의 죄 사함을 얻기 위해 부르짖습니다. 그러나 죄 사함 받은 후에는 감사하지 않습니다. 그 은혜 감사하여 겸손히 교회 봉사해야 하겠습니다만 교회 봉사는 적선을 하는 것처럼 생각하는 경우가 많습니다. 내가 한 일을 셀 것이 아니라 은혜를 세어야 하겠습니다.

왕의 신하는 그 악명 높은 헤롯 안디바 밑에 있으면서도 이런 믿음을 가졌습니다. 자기의 환경을 탓하면서 나의 처지는 믿을 수 없는 처지야 라고 하는 말은 다 그릇된 말임을 알 수 있습니다. 헤롯 안디바 밑에서도 예수를 믿었다면 어디 선들 믿지 못하겠습니까? 그는 그런 훌륭한 믿음을 가졌기 때문에 결국 자기 가족이 다 그리스도를 믿게 되었습니다. 악한 헤롯 밑에 있으면서 예수를 믿는 왕의 신하의 가정, 그 후 그 가정은 어떻게 견디었을까? 거기에 대한 기록은 우리에게 전해지지 않았습니다. 그러나 확실히 알 수 있는 것은 전능하신 하나님께서 그 가정을 돌보아 주셨을 것이라는 것과 그 가정을 통해 더 많은 사람들이 믿게 되었으리라는 것입니다. 눅 8:3절에는 "또 헤롯의 청지기 구사의 아내 요안나와 또 수산나와 다른 여러 여자가 함께 하여 자기들의 소유로 저희를 섬기더라"는 말씀이 있습니다. 그들은 왕의 신하의 감화를 받았을지도 모릅니다.

13.

베데스다 못과 예수

[요한복음 5:1-9]

유대인의 명절에 예수님은 예루살렘에 올라 가셨습니다. 이 명절은 유월절일 거라 추측됩니다. 예루살렘 성에는 양문이라는 문이 있었습니다(느 3:1). 이 문을 그렇게 이름한 이유는 제사드릴 양을 그 문으로 끌어들여오기 때문에 그렇게 불렀다고 합니다. 그 양문 곁에 베데스다라는 신기한 못이 있었습니다. 이 못은 천사가 가끔 내려와 물을 동하게 하며 그때에 병자가 먼저 들어가면 무슨 병이든지 낫게 되는 것이었습니다. 그래서 수많은 병자들이 모여왔고 예루살렘 당국에서는 그 병자들을 위해 행각 다섯을 세워 환자들이 대기할 수 있게 하였습니다. 예수님은 그 베데스다 못 행각에 들어가셔서 가장 오랜 기간 병으로 고생하는 38년 된 병자에게 찾아가셔서 네가 낫고자 하느냐고 물으셨습니다. 그 병자는 "주여 물이 동할 때에 나를 물에 넣어 줄 사람이 없어 내가 가는 동안에 다른 사람이 먼저 내려가나이다"라고 그의 고충을 이야기했습니다. 예수님은 그 병자에게 "일어나 네 자리를 들고 걸어가라"고 명령하여 그 병자를 고쳐주셨습니다. 베데스다 못이 고치지 못한 병자를 예수님은 말씀 한 마디로 고치셨습니다. 오늘은 베데스다 못과 예수라는 제목으로 말씀 드리겠습니다.

1. 베데스다 못

저는 수년 전 성지순례를 할 때 예루살렘에 있는 베데스다 못을 가 보았습니다. 약 20여 평 되어 보이는 못인데 가장자리는 돌로 쌓아 올렸고 못이라고 하기 보다는 웅덩이라고 하는 편이 나을 듯한 그런 작은 못이었습니다. 그 못에는 예수님 당시에 있었다고 하는 행각들은 간 데 없고 순례자들만 쉴 새 없이 그 못 가에 서서 옛일을 추억하며 묵묵히 바라보고 있었습니다. 예수님 당시에 베데스다는 아마 지금 미국 Arizona주에 있는 Yellow Stone Park의 자연분수(시간을 맞추어 분수가 올라 옴)처럼 물이 끌어 올랐던 듯 합니다.

베데스다 못이 실재했다는 사실은 의심할 필요가 없습니다. 다만, 이 못에 대한 여러 가지 특성을 미루어 볼 때 그 못은 구약교회의 모형임을 알 수 있습니다.

① 베데스다는 양문 곁에 있었습니다.

교회는 속죄가 중심이 되어 있습니다. 아담이 범죄 한 후에 하나님께서 가죽옷을 지어 입히실 때부터 사람에게는 피 흘리는 속죄가 필요했습니다. 그래서 구약교회는 양으로 속죄했고 신약시대에 와서는 어린양 되신 예수님이 속죄 제물이 되셨습니다.

② 베데스다라는 이름도 교회의 성격을 잘 나타내고 있습니다.

왜 그런고 하면 히브리 말로 베데스다는 "자비의 집" 이라는 의미이기 때문입니다. 하나님께서는 유대의 많은 병자들에게 자비를 베풀어 베데스다 못에 와서 치료를 받게 하셨습니다. 그와 같이 이 세상에 교회를 세우신 것은 수많은 영적 질환으로 고생하는 죄인들에게 사죄와 구원을 주시려고 하신 일입니다.

③ 베데스다 못은 천사가 가끔 내려와 물을 동하게 했고 그때에 먼저 들어가면 무슨 병이든지 낫는다고 하였습니다.

그래서 수많은 병자, 소경, 절뚝발이, 혈기 마른 자들이 모여 왔습니다. 그러나 이 베데스다의 병자들은 좀처럼 고침을 받기가 어려운 형편이었습니다. 그 이유는 천사가 물을 동하게 하는데 동한 후에 먼저 들어가는 자가 낫게 되기 때문입니다(5:7).

이러한 특성들은 베데스다가 구약교회 즉 율법시대의 교회를 상징하고 있는 것이 분명합니다. 구약교회도 신약교회와 같이 속죄를 중심으로 하고 있었고 하나님께서는 자비와 긍휼로 이스라엘을 선택하셨습니다. 가끔 물이 동하게 하는 것처럼 하나님께서는 때때로 많은 은혜를 베푸셨습니다. 그러나 물이 동할 때 먼저 들어가야 고침을 받을 수 있었던 베데스다 못처럼 율법을 지켜 행해야 한다는 의무가 부과되었습니다. 신명기 4장1절을 보면 "이스라엘아 이제 내가 너희에게 가르치는 규례와 법도를 듣고 준행하라 그리하면 너희가 살 것이요"라고 말씀하셨습니다. 구약교회는 베데스다 못의 물이 동할 때 먼저 들어가면 병이 낫는다는 조건과 같은 율법의 조건 아래 있었습니다. 38년 된 병자는 베데스다 못에 들어가서 고칠 수 있는 가능성이 전혀 없었습니다. 그 이유는 너무 오래 앓은 병자여서 기력이 쇠해있었고 그를 도와 줄 수 있는 사람이 없었기 때문입니다. 그와 같이, 범죄로 타락한 인간은 율법의 요구에 도달할 수 있는 능력이 없었습니다. 바울은 "모든 사람이 죄를 범하였으매 하나님의 영광에 이르지 못하더니"(롬 3:23)라고 하였고 "율법이 육신으로 말미암아 연약하여 할 수 없는 그것을 하나님은 하시나니 곧 죄를 인하여 자기 아들을 죄 있는 육신의 모양으로 보내어……"(롬 8:3)라고 하였습니다.

베데스다 못은 병 고침을 받을 수 있는 곳이 아니고 다만 병 고쳐 줄 수 있는 예수님을 만나게 하는 곳일 뿐입니다. 그와 같이 율법은 사람의 영혼을 고칠 수 있는 것이 아니고 몽학선생처럼 죄인들을 예수께로 인도할 뿐이었습니다. 오늘은 은혜시대 입니다. 그러나 교회 안에는 율법의 테두리에서 자기의 영혼이 치료를 받고자 서성대는 사람들이 많습니다. 하나님의 자비와 속죄를 믿는다고 하지만 물이 동할 때 자기 힘으로 뛰어 들어가야 한다고 생각하는 사람들 말입니다. 종교개혁자 마틴 루터는 캐톨릭교의 신부로 있으면서 자기의 죄 사함을 받고자 빌라도 다리(SCALA SANCTA)를 무릎으로 올라 갔다고 합니다. 그러다가 의인은 믿음으로 산다고 하신 말씀(롬 1:17)을 깨닫고 감사하며 걸어서 내려왔다고 합니다.

2. 예수님

예수김은 베데스다 못 가에 38년 된 병자에게 네 자리를 들고 걸어가라고 말씀하여 그 병자를 고쳐 주셨습니다. 이것은 전적으로 하나님의 은혜로 되어진 일입니다. 그리고 신약시대에 나타난 은혜로운 구원의 모형이 되는 사건입니다. 38년 된 병자에게 나타난 은혜는 어떤 것입니까?

① 선택의 은혜입니다.

예수님을 베데스다 못의 다섯 개의 행각에 있는 수 많은 병자 중에서 오직 이 38년 된 병자 한 사람을 고쳐주시기 위해 찾아오셨습니다. 거기는 어린아이도, 어른도, 큰 사업을 하던 사람도, 착하게 살던 사람도 있었을 터인데 왜 이 38년 된 병자만 찾아가셨는지 알 수 없는 일입니다. 이것은 오직 하나님의 기쁘신 뜻대로 하신 일입니다. 칼빈(Calvin) 주의 5대교리 중 첫째는 인간의 전적 타락이요 두 번째로는 무조건 선택입니다. 전적 타락은 행각 안의 모든 사람들이 다 병자였던 것처럼 아담 안에서 전 인류가 죄인이 된 것을 가리키며 무조건 선택은 그 모든 사람들을 다 구원하시는 것이 아니라 그 중 얼마를 구원하시는데 인간 편의 어떤 잘한 조건을 보지않고 선택하신다는 말씀입니다. 예수님께서 그 많은 병자들 중 누구를 고쳐주려고 하시느냐 하는 것은 중요한 일입니다. 그는 고침을 받게 되기 때문입니다. 하나님께서는 많은 인류가운데서 구원 할 자를 선택하시되 사람의 지식이나 인격이나 선행 등 아무것도 보시지 않고 무조건 선택하여 구원하십니다. 내 자신이 그 가운데 하나가 되었다는 사실은 너무나 놀라운 일입니다.

② 노력하지 않고 고침 받은 은혜입니다.

38년 된 병자는 자신이 병 고침을 받기위해 아무런 일도 하지 않았지만 고침을 받았습니다. "일하는 자에게는 그 삯을 은혜로 여기지 아니하고 빚으로 여기거니와 일을 아니할지라도 경건치 아니한 자를 의롭다 하시는 이를 믿는 자에게는 그의 믿음을 의로 여기시나니"(롬 4:4-5)라고 하였습니다.

예수 그리스도를 믿음으로 의롭다 함을 얻는 것은 일하지 않고 의롭다 함을 얻는 것이라고 말씀했습니다.

38년 된 병자가 베데스다 못에서 고침을 받으려고 했다면 많은 수고를 해야만 했습니다. 우선 물이 동하기를 목마르게 기다려야 하며 물이 동할 때 다른 사람보다 먼저 들어가야 했습니다. 이것은 힘써보면 될 그런 일이 아니라 가능성이 전혀 없는 일입니다. 38년이나 앓아 누운 사람이 무슨 기력으로 그 경기에 이길 수 있겠습니까?

그러나 예수님은 그런 일을 요구하지 않으시고 자기 자신이 병자를 찾아 가신 것입니다. 그리고 자기 자신이 친히 고쳐주신 것입니다. 병자는 그 병을 고치기 위해 아무것도 한일이 없었습니다. 다만 네가 낫고자 하느냐? 하실 때 "주여 물이 동할 때에 나를 못에 넣어 줄 사람이 없어 내가 가는 동안에 다른 사람이 먼저 내려가나이다"라고 대답한 것 뿐입니다. 38년 된 병자는 자기를 고쳐 주시기 위해 자기 앞에 와 서신 예수님 앞에서 아직 베데스다 못만 생각하고 있었습니다. 그러나 그 대답은 그가 고침을 받고자 하는 요구를 충분히 표현하였습니다. 예수님은 그에게 "일어나 네 자리를 들고 걸어가라" 명하셨습니다. 이것이 일하지 않고 받는 은혜입니다.

오래 전 일입니다. 서울 어떤 교회를 시무하면서 대구에서 부흥

집회를 인도하고 돌아올 때였습니다. 대구역에 나와 보니 기차표를 사는 사람들이 몇 줄로 장사진을 이루었습니다. 혹시 줄을 서야 하는 것이 아닌가 하고 줄을 서있었더니 어떤 사람은 암표를 사라고 나에게 집적거리기도 했습니다. 그때에 집회를 인도한 교회의 회계 장로님은 서울행 특급 2등 기차표를 급행권과 함께 나에게 건네 주었습니다. 많은 사람들은 기차표를 시간 전에 못살까 하여 아귀다툼을 하고 있는데 나는 줄을 서지도 않고 기차표를 가질 수 있었습니다. 그 이유는 나대신 장로님이 일찍부터 줄을 서서 기차표를 사느라 수고하셨기 때문이었습니다. 이것이 은혜입니다. 우리가 율법을 지켜 구원에 이르려는 노력은 38년 된 병자가 베데스다 못에 먼저 들어가 고침을 받으려 고하는 노력과 마찬가지입니다. 하나님께서는 우리의 힘으로 안될 것을 아시고 예수 그리스도를 보내셔서 우리가 당할 고초를 대신 담당하시고 우리에게는 구원을 거저 주신 것입니다. 이것을 알고야 어찌 감사하지 않겠습니까?

14.

구원과 그 이후

[요한복음 5:10-18]

베데스다 못가에서 고침을 받은 한 사람은 누구인지 잘 알려지지 않고 있습니다. 그러나 한가지 그에 대하여 알 수 있는 것은 그가 38년간이나 되는 오랜 기간 병으로 고생했다는 사실입니다. 오래된 병은 고질병, 또는 난치병이라고 합니다. 병이란 것은 그리 몹쓸 병이 아니라도 오래되면 큰 병이 되는 것이 사실입니다. 아무리 폐결핵 같은 병이라도 초기에 치료하면 몇 달이면 고칠 수 있어도 오래되어 폐에 동공이 생기면 수술을 해야 합니다. 그래서 속담에 "닭 잡아 겪을 나그네 소 잡아 겪는다"는 말이 있습니다. 그러나 본문에 나타난 38년 된 병자는 예수님을 만나 아무런 노력도 없이 깨끗한 몸을 가지게 된 것입니다. 이 얼마나 기쁘고 감사한 일이겠습니까? 이 사건은 우리에게 중요한 진리를 보여주고 있습니다. 죄는 고질병 중의 고질병입니다. 자기 스스로 이 병에서 놓인 자는 없습니다. 사람들 중에는 이 죄의 병에서 고침을 받아 보려는 노력을 한 사람들도 많이 있었습니다. 모세의 계명을 받아 지켜보려고 노력한 유대인들도 많이 있었고 이방 사람들 중에도 도덕적계

율을 지켜보려 든 사람들과 탈속을 해보려 든 종교인들이 모두 다 그런 사람들입니다. 그러나 그들의 노력으로 죄라고 하는 병을 고친 사람은 없습니다. 오직 죄의 병을 고칠 수 있는 분은 예수님뿐이십니다. 그 이유는 예수님만 죄를 사할 수 있는 권세를 가지신 분이시기 때문입니다(마 9:6). 예수님은 아무리 오래된 병자도 고쳐 주셨습니다. 이와 같이 예수님은 우리 믿는 모든 사람의 죄를 사해 주실 수 있습니다.

여러분들도 만일 예수님이 나의 죄를 위해 십자가를 지셨다는 사실을 믿는다면 죄 사함을 받을 것입니다. 그러므로 믿는 사람들은 기뻐해야 합니다.

그러나 기뻐하기만 해서는 안됩니다. 우리의 할 일이 있습니다. 오늘은 38년간 병으로 고생하다가 고침 받은 사람이 그 후에 어떻게 하였는가를 살펴보면서 구원 얻은 우리가 할 일을 찾아보려고 합니다.

1. 일어나 자리를 들고 걸어감

이 자리는 38년간이나 누워있던 자리입니다. 죽음만 기다리던 자리입니다. 더러운 냄새가 나는 그런 자리였을 것이며 건강한 사람은 그 병상에 가까이 가기 조차 소름이 끼치는 자리였을 것입니다.

아무리 병이 나았다고 해도 그 자리에 그냥 누워 있으면 다시 약해질 수 밖에 없을 것입니다. 그래서 예수님은 그 병자에게 그 자리에서 일어나라고 말씀하셨습니다. 그때에 그 사람은 예수님의 말씀대로 일어나서 자리를 가지고 걸어갔습니다.

독수리들은 새끼가 날 수 있기까지는 열심히 먹이를 물어다 먹이지만 일단 날 수 있게 되면 더 이상 먹이를 물어다 주지 않고 둥우리마저 헤쳐 버린다고 합니다. 자기가 먹이를 찾아 먹고 살게 하기위해서라고 합니다. "일어나 자리를 들고 걸어가라" 이 말씀은 그리스도인들에게 중요한 의미를 가지고 있습니다. 많은 그리스도인들이 예수를 믿음으로 죄 사함을 받았다는 진리를 즐기고 있습니다. 그러나 실제로는 자신이 옛날에 누워 있었던 그 자리에 여전히 누워있으면서 신앙생활을 하려는 이들이 참으로 많습니다. 믿기 전에 술 잘 먹던 사람이 믿은 후에도 술집에 드나들며, 믿기 전에 거짓말 잘 하던 사람이 믿은 후에도 거짓말하며, 믿기 전에 잘 싸우던 사람이 믿은 후에도 목에 핏대를 세우며 잘 싸웁니다. 하나님은 그 자리에서 일어나서 새 출발하기를 원하십니다.

일어나서 새 길을 걸어가는 일에 실패한다면 구원을 받았다고 말할 수는 없습니다. 여러분에게는 새로운 출발이 시작되고 있습니까?

2. 소박한 증거

38년 된 병자는 병 고침을 받아 자리를 들고 걸어갈 때 유대인들은 "안식일인데 네가 자리를 들고 가는 것이 옳지 않다"고 하였습니다. 그러자 고침을 받은 사람은 "나를 낫게 한 그가 자리를 들고 걸어가라 하더라"고 응수하였습니다. 이 사람은 자기를 낫게 한 분이 누구신지 알지 못했습니다. 그래서 예수님이라고 대답하지 못하고 "나를 낫게 한 그가" 자리를 가지고 걸어가라고 하셨다고 하였습니다. 그러나 이 사람은 예수님의 이름마저 알지 못하면서도 예수님을 존경하고 사랑하고 있었습니다.

좀 우스운 이야기 입니다만 제가 마산 OO교회에 부임한 후 대심방을 할 때의 일입니다. 어느 젊은 자매님 댁을 방문하여 호주 되시는 분의 이름을 묻자 그 자매님은 얼굴이 붉어지며 대답을 못했습니다. 그 자매님은 남편의 이름을 모르고 있었습니다. 그러나 불행한 가정이 아니고 남편을 사랑하며 애기를 둘이나 낳아 기르고 있었습니다. 그 자매님은 남편의 이름만 아니라 시가식구 이름들과 생년월일을 다 아는 기억력을 가지고도 남편을 사랑하지 않고 이혼할 마음을 가진 여자보다 낫다고 생각되었습니다. 남편의 이름 석자 아는 것보다 이름을 몰라서 그이라고 불러도 남편 사랑하는 것이 더 중요하지 않겠습니까?

영적인 경우도 마찬가지인 것 같습니다. 저는 해방 후에 어떤 군인(국방경비대)에게 전도하다가 창피를 당한 일이 있었습니다. 그 창피란 마산의 남편의 이름을 모르던 자매님의 창피와 비슷한 것이었습니다. "군인아저씨 예수 믿읍시다. 예수 믿어야 구원 얻습니다" 그렇게 전도 했더니 이 군인아저씨는 자기가 더 잘 안다는 투로 예수 전도하는데 예수님 생일이 언제냐고 테스트를 하는 바람에 대답이 막혔던 일이 있었습니다. 저는 그때 예수는 진실히 믿으면서도 예수님 생일은 몰랐습니다. 그 이유는 일제 하에 중국에서 자라면서 일본인들의 간섭을 피하여 모이는 지금 중공의 지하교회 같은 가정집에 있는 교회에 나갔기 때문이었습니다. 그 교회 성도들은 참으로 주님을 사랑하는 분들이었지만 크리스마스에 대해선 별 관심이 없었습니다. 그 경비대원은 나더러 예수생일도 모르면서 무슨 전도를 하느냐고 핀잔을 주었습니다. 주님은 누구를 더 기뻐하셨겠습니까?

저는 예수님 생일을 몰랐지만 예수님을 사랑하고 있었습니다.

오늘에는 두 가지 다른 모양의 신자들이 있습니다. 하나는 예수에 대해 지식적으로는 잘 모르지만 구원의 체험이 있고 진심으로 하나님을 사랑하는 사람, 다른 하나는 예수님에 대해 지식적으로는 많이 알지만 구원의 체험도 없고 사랑하지도 않는 사람입니다. 전자가 후자보다 얼마나 아름답습니까? 예수님에 대한 증거도 아는 것으로 증거 하는 것보다 체험한 것을 증거 해야 합니다.

3. 성전으로 올라감

"그 후에 예수께서 성전에서 그 사람을 만나"(14)라고 하였습니다.

고침을 받은 사람이 성전에 올라가서 예수님을 만났다는 사실은 우리에게 큰 교훈을 주고 있습니다. 그 사람은 예수님을 만나려는 생각으로 성전에 올라간 것은 아닙니다. 그저 38년간이나 고통 하던 병에서 고침을 받은 것은 하나님의 은혜라고 생각하여 감사하기 위한 것입니다. 그 결과로 예수님을 만나게 되었습니다. 그 중한 병을 고쳐주시고 이름도 남겨주지 않은 채 자취를 감추셨던 예수님을 성전에서 만났을 때 그 기쁨이 어떠했겠습니까? 이 사람은 은혜를 감사하기 위해 성전에 올라갔고 성전에 올라가서 예기치 않은 은혜를 다시 받은 것입니다.

교회생활은 믿는 사람들에게서 떼어 놓을 수 없는 한 부분입니다. 은혜 받기 위해 교회에 나가야 하며 받은 은혜를 감사하기 위하여 교회에 나가야 합니다. 교회에 나가 보았자 무엇 얻을 것이 없다고 말하는 이들을 때때로 볼 수 있습니다.

일본의 우찌무라 간조라는 분은 무교회주의를 주장하며, 조직된 교회가 필요 없다고 하였습니다. 우찌무라 간조는 부정적인 눈으로 교회의 단점만 보았습니다. 조직이 생기면 교권이 생기게 되며 부패하게 된다는 것입니다. 그리고 많은 경비가 조직에 소비되고 만다는 것입니다. 그래서 조직이 없고 교역자가 없는 교회를 시도하였습니다. 그러나 그런 모임은 날이 갈수록 약화되고 말았습니다. 어쩌면 일본에 복음화가 잘 이루어지지 않은 이유가 무교회주의 때문인지도 모릅니다. 성경을 보면 대부분의 경건한 사람들은 거의 다 성전에서 은혜를 받았습니다. 사무엘, 다윗, 솔로몬, 이사야, 신약시대의 안나, 베드로와 요한, 예수님의 어머니 마리아, 초대교회의 많은 사람들도 교회에 모인 중에서 은혜를 받았습니다. 그래서 칼빈은 "교회는 모든 경건한 자들의 어머니"라고 하였습니다. 믿는 사람들이 주님을 만나며 믿는 사람이 은혜 생활을 지속하려면 이 38년간 병으로 고생하던 사람처럼 성전으로 올라가는 일을 게을리 하지않아야 합니다.

4. 다시는 죄를 범치 말라고 하였습니다

"보라 네가 나았으니 더 심한 것이 생기지 않게 다시는 죄를 범치 말라" 이것은 고침을 받은 사람에게 하신 말씀입니다. 이 말씀을 보면 38년간 고생한 그 병은 죄로 인해 생긴 병입니다. 예수님은 그보다 더 심한 병이 생기지 않게 다시는 죄를 범하지 말라고 당부하셨습니다. 죄라는 것은 꿀 속에 넣은 비상과 같이 죄를 지을 때에 달콤한 것 같지만 형언할 수 없는 고통이 따라옵니다. 아담과 하와가 범죄 한 후에 선언된 고통을 보십시오. 하와는 해산의 고통을 당해야 했고 아담은 흙을 밭 갈며 이마에 땀을 흘리다가 흙으로 돌아가라는 명령을 받았습니다. 범죄는 육신적 고통만 아니라 영적인 고통도 가져옵니다.

38년 된 병자도 그의 병이 죄 때문에 생긴 병이고 보면 죄의 대가가 얼마나 무서운 것인가를 짐작할 수 있습니다. 그 죄의 대가는 육이 세상에서 고통을 당할 뿐 아니라 영원한 지옥에 들어가게 합니다. 히브리서에는 다음과 같은 말씀이 있습니다. "한번 비췸을 얻고 하늘의 은사를 맛보고 성령에 참여한 바 되고 하나님의 선한 말씀과 내세의 능력을 맛보고 타락한 자들은 다시 새롭게 하여 회개케 할 수 없나니 이는 자기가 하나님의 아들을 다시 십자가에 못박아 현저히 욕을 보임이라" (히 6:4-6)라고 하였습니다.

죄 사함을 받은 후 죄를 다시 지을 때 받는 형벌은 큰 것입니다. 죄 사함을 받은 후에 성도의 생활은 다시 범죄하지 않도록 힘써야 합니다. 다윗은 "내가 주께 범죄 치 아니하려 하여 주의 말씀을 내 마음에 두었나이다" (시 119:11)라고 하였습니다. 더럽혀진 옷을 희게 씻어 입었다고 하면 옷이 더러워지지 않게 조심해야 할 것입니다.

38년 된 병자가 고침을 받은 후에 그에게 명령하신 말씀과, 그가 행한 일은 죄 가운데 빠졌다가 구원 받은 우리 자녀들에게 중요한 것을 가르치고 있습니다. 그것은

① 옛날의 더러운 죄의 생활에서 떠나야 한다는 것입니다. 여러분, 교회에는 다니며 예수님의 보혈을 찬양하지만 아직 떠나야 할 자리에서 떠나지 못하신 분은 없습니까? 일어나서 걸어가야 합니다.

② 예수님을 담대하게 전하는 일을 해야 합니다. 신학적으로 많이 알거나 성경을 많이 아는 것도 필요합니다. 그러나 그보다 더 필요한 것은 예수님의 사랑의 체험에서 우러나는 소박한 증거입니다.

③ 다음으로는 성전에 올라가는 생활을 해야 합니다. 교회생활을 잘 하지 못하면 주님과도 거리가 멀어집니다. 교회에 다니는 것을 돌다리 건너 뛰듯이 건너 뛰는 사람도 있습니다. 본래 주일은 매일이 아니고 이레 만에 하루여서 건너 뛰는 것인데 거기서 또 빠뜨려놓고 뛰다가는 세상이란 물에 빠질 수 밖에 없을 것입니다. 예배시간 빠뜨리지 말고 성전에 나가십시오.

④ 다시는 범죄하지 말라는 것입니다. 우리의 삶이 그렇게 된다면 구원 얻은 자로서 부끄럽지 않을 것입니다. 우리는 부끄럽지 않은 삶을 살다가 하나님 앞에 가야 하겠습니다.

15.

예수님이 하나님의 아들이신 증거

[요한복음 5:19-29]

예수님이 베데스다 못에서 38년 된 병자를 고치신 후 유대인들은 안식일에 병자를 고친다고 하여 핍박하기 시작했습니다. 예수님은 유대인들에게 "내 아버지께서 이제까지 일하시니 나도 일한다"고 대답하셨습니다. 예수님의 이 대답은 유대인들에게 더 큰 문제가 되었습니다. 왜냐하면 예수님이 하나님을 자기 아버지라고 하여 하나님을 자기와 동등으로 삼기 때문입니다.

유대인들은 하나님은 사람과 비교할 수 없는 지극히 높으신 신으로 알았습니다. 그래서 하나님이라는 칭호대신 Adonai 라는 이름을 사용했습니다. 그것은 한국 고풍에 자식이 아버지의 이름을 직접 부르지 못하고 "길"자 "섭"자 입니다라고 대답하는 것과 같습니다. 그런데 예수님은 하나님을 아버지라고 하였습니다. 아들이라는 말은 아버지와 동질임을 의미하기 때문에 동등이라는 뜻이 있습니다. 그래서 유대인들은 예수님을 핍박하기 시작하였습니다.

예수님께서 하나님과 동등이시라고 하신 말씀을 우리는 여러 곳에서 읽을 수 있습니다. 바울은 빌립보서에서 "그는 근본 하나님의 본체 시나 하나님과 동등 됨을 취할 것으로 여기지 아니하시고……"(빌 2:6)라고 하였고, 예수님은 "종은 영원히 집에 거하지 못하되 아들은 영원히 거하나니……"(요 8:35)라고 하셨습니다. 그러니 유대인들이 문제시 하지 않을 수 없었습니다. 유대인들은 결국 예수께서 하나님의 아들이심을 믿지 않고 십자가에 못 박아 죽였습니다. 그러나 오늘 우리들에게는 예수님이 하나님의 아들이시란 이 사실이 더 할 수 없는 기쁜 소식입니다. 예수님이 하나님의 아들이시기 때문에 그의 죽음이 속죄의 죽음이 될 수 있고 우리가 그를 믿음으로 의롭다 함을 얻으며 또 그를 향해 기도 할 수 있습니다. 그러면 예수님이 하나님 의 아들이시라는 사실은 어떻게 알 수 있습니까? 다음의 증거들을 통해 알 수 있습니다.

1. 성경이 증거하고 있습니다

"너희가 성경에서 영생을 얻는 줄 생각하고 성경을 상고하거니와 이 성경이 곧 내게 대하여 증거 하는 것이로다"(요 5:39)라고 하였습니다. 성경은 옛날부터 선지자들이 하나님의 영에 감동되어 기록한 책입니다. 그 성령의 감동된 선지자들은 마귀를 정복하고 하나님의 백성을 구원하실 하나님의 아들이 나타날 것이라고 예언했습니다. 다윗은 예언하기를 "내가 영을 전하노라 여호와께서 내게 이르시되 너는 내 아들이라 오늘날 내가 너를 낳았도다"(시 2:7)라고 하였고 이사야는 예언하기를 "처녀가 잉태하여 아들을 낳을 것이요 그 이름을 임마누엘이라 하리라"(사 7:14-15)고 하였습니다.

예수님에 대한 구약의 예언들을 종합해보면 그는 동정녀에게서 나겠다, 다윗의 후손으로 나겠다, 그는 베들레헴에서 나겠다, 그는 나사렛에서 자라나겠다, 그는 많은 병자를 고치겠다, 그는 나무에 달려 죽겠다, 그는 3일만에 부활하겠다. 그로 말미암아 많은 사람이 구원을 얻겠다고 말씀하고 있습니다. 만일 예수님이 하나님의 아들이 아니라고 하고 다른 분이 나타나야 한다면 그분은 위에서 말씀한 것과 같은 자격으로 세상에 오셔야 합니다. 그러나 아무도 그런 자격으로 세상에 온 분은 없습니다.

2. 예수님이 하나님의 아들이시라는 것은 하나님께서 친히 증거 하셨습니다

복음에 나타난 예수님의 행적을 읽어보면 예수님은 하나님 자신의 증거를 여러 번 받으신 것을 수 있습니다.

마리아가 잉태하기 전 하나님께서는 천사 가브리엘을 마리아에게 보내어 “보라 네가 수태하여 아들을 낳으리니 그 이름을 예수라 하라 저가 큰 자가 되고 지극히 높으신 이의 아들이라 일컬을 것이요”(눅 1:31-32)라고 하였고, 마리아와 정혼한 요셉에게도 주의 사자가 현몽하여 “아들을 낳으리니 이름을 예수라 하라……”(마 1:21)고 하였습니다.

예수님께서 요단강에서 세례요한에게 세례를 받으시고 올라오실 때에 하나님께서는 “이는 내 사랑하는 아들이요 내 기뻐하는 자라”(마 3:17)고 증거 하셨으며, 변화산에서도 “이는 내 사랑하는 아들이요 내 기뻐하는 자니 너희는 저의 말을 들으라"(마 17:5)고 하셨습니다. 하나님께서는 예수님에게 말씀으로만 나의 사랑하는 아들이라고 하신 것이 아니고 그의 기도를 들어주시며(요 11:41-42) 그를 죽은 자 가운데서 다시 일으키셨습니다.

3. 다음으로는 예수님 자신이 증거 하셨습니다.

① 바리새인들은 예수님이 자기를 하나님의 아들이라고 한다 하여 핍박하였지만 예수님은 그런 일에 조금도 구애 받지 않으시고 끝까지 자신은 하나님의 아들이라고 주장하셨습니다. 다음 구절들은 그런 예수님의 주장을 잘 보여줍니다(5:19, 20, 21, 22, 23, 25, 26, 28, 36).

② 예수님은 말씀으로만 아니라 행하신 일로 그가 하나님의 아들이심을 증거 하셨습니다. 요 5:36절을 보면 "내게는 요한의 증거보다 더 큰 증거가 있으니 아버지께서 내게 주사 이루게 하시는 역사 곧 나의 하는 그 역사가 아버지께서 나를 보내신 것을 나를 위하여 증거 하는 것이요"라고 하셨습니다. 예수님은 수많은 병자를 고치셨습니다. 죽은 자들을 살리셨습니다. 자연계를 지배하셨습니다. 귀신들을 내어 쫓으셨습니다. 죽음을 정복하고 일어나셨습니다. 사람의 죄를 사해 주셨습니다. 사람으로서 그런 일을 할 자가 어디 있겠습니까? 이러한 이적들은 예수께서 하나님의 아들이심을 보여주는 표적들입니다.

4. 사람들의 증거입니다

예수님이 하나님의 아들이시라는 것은 예수님을 접촉한 수많은 사람들이 증거 하였습니다

① 세례요한이 증거 하였습니다. 예수님이 세례를 받기 위해 그에게 나아오시자 세례요한은 "보라 세상 죄를 지고 가는 하나님의 어린양이로다"(요 1:29)라고 하며 예수를 증거 하였습니다.

② 나다나엘이 증거 했습니다. 그는 예수님에게 "당신은 하나님의 아들이시오 당신은 이스라엘의 임금이로소이다"(요 1:49)라고 고백했습니다. 그 이유는 자기를 만난 적이 없는 예수님께서 자기의 사생활을 다 알고 계셨기 때문입니다.

③ 베드로는 "주는 그리스도시요 살아계신 하나님의 아들이시니이다"(마 16: 16)라고 고백하였습니다.

④ 예수님을 지키던 백부장이 고백했습니다. 예수님께서 운명하는 광경을 지켜보던 백부장은 "이 사람은 진실로 하나님의 아들이었도다"(마 27:54)라고 하였습니다.

5. 귀신도 증거 하였습니다

놀라운 것은 귀신은 사람들의 영적 상태를 잘 안다는 것입니다. 사도들이 일하던 때에 마술을 행하는 유대인들은 바울과 같은 믿음은 없으면서 바울이 하는 것처럼 귀신을 명하다가 도리어 귀신들린 사람으로부터 크게 상처를 입고 도망한 일도 있습니다(행 19:13-

16). 그러나 예수님을 대할 때 귀신들린 사람은 "하나님의 아들이여 우리가 당신과 무슨 상관이 있나이까 때가 이르기 전에 우리를 괴롭게 하려고 여기 오셨나이까" (마 8:29)라고 하였습니다. 귀신도 예수님을 하나님의 아들이라 증거 했습니다.

6. 성령께서 증거 하십니다

"내가 아버지께로서 너희에게 보낼 보혜사 곧 아버지께로서 나오시는 진리의 성령이 오실 때에 그가 나를 증거하실 것이요 너희도 처음부터 나와 함께 있었으므로 증거 하느니라" (요 15:26-27)고 하였습니다.

성령님은 가장 강력하고 가장 광범위하게 또는 가장 오랜 기간 예수님이 하나님의 아들 되심을 증거 하십니다. 성령님의 강력한 증거는 오순절에 성령강림으로 증명되었습니다. 그 때에 많은 사람들은 자기의 죄를 깨닫고 "형제들아 우리가 어찌할꼬" 하며 회개하고 예수님을 영접하게 되었습니다. 성령님께서는 신약시대 전 기간을 통해 계속적으로 증거하고 계시므로 지난 2천년 동안 수없이 많은 사람들이 그 증거를 받고 그리스도를 마음에 영접하였습니다.

예수님이 하나님의 아들이시라고 하는 다른 모든 증거들은 외부적 증거라고 할 수 있습니다. 하나님께서 예수님에 대해 하신 증거이든지 선지자들이 한 증거이든지 사람들이나 예수님께서 하신 증거이든지 그 모든 것은 다 외부적 증거입니다. 그러나 성령님의 증거는 그런 외부적 증거가 아니라 사람의 마음속에 들어오셔서 증거

하십니다. 우리의 죄를 책망하기도 하시고 감동하기도 하셔서 예수께서 하나님의 아들이심을 믿도록 하십니다.

바울사도와 같은 이는 본래 예수를 믿는 사람들에 대하여 많이 알고 있었습니다. 그러나 예수를 하나님의 아들과 자기의 구주로 영접하지 않았습니다. 그는 말하기를 "그 아들을 이방에 전하기 위하여 그를 내 속에 나타내시기를 기뻐하실 때에… 아라비아로 갔다가 다시 다메섹으로 돌아갔노라"(갈 1:1-6-17) 하였습니다. 바울에게 예수님이 하나님의 아들이라고 증거 한 이는 하나님의 영이었습니다. 그 때에 불가항력으로 예수를 하나님의 아들로 받아들였습니다.

16

영혼의 부활

[요한복음 5:24-29]

바울은 에베소의 신자들에게 "죄와 허물로 죽었던 너희를 살리셨도다"(엡 2:1)라고 하였습니다. 하나님께서 사람을 창조하실 때 육신은 흙으로 만드시고 그의 생기를 코에 불어넣어 주셨습니다. 그러므로 사람은 생령이 되었다고 하였습니다. (창 2:7)

사람이 눈에 안 보이는 전기를 잡아 이용하는 것이나 우주의 이치를 깨달아 우주를 다녀온다는 것과 같은 인간의 지혜는 생령이 아니고는 가질 수 없는 지혜입니다. 그러나 바울은 이 영혼은 범죄로 인해 죽은 것이라고 하였습니다.

사람의 범죄의 역사를 보면 하나님께서 아담에게 "동산 각종 나무의 실과를 네가 임의로 먹되 선악을 알게 하는 나무의 실과는 먹지 말라 먹는 날에는 정녕 죽으리라"(창 2:16-17)고 선언하셨습니다. 그러나 뱀의 유혹을 받은 여자가 선악과를 따먹고 아담도 따먹어 범죄하게 되었습니다.

아담은 선악과를 따먹은 후에도 930년이라는 긴 기간을 살다가 죽었습니다. (창 5:5) 그것을 보면 "먹는 날에는 정녕 죽으리라"고 하신 하나님의 선언은 그대로 성취되지 않은 것같이 보여집니다.

그러나 "먹는 날에는 정녕 죽으리라" 고 하신 말씀이 성취되지 않은 것이 아닙니다. 그의 육신의 생명은 930년 후에 죽었지만 그의 생령의 생명(의와 지혜와 거룩의 성품)은 선악과를 따먹던 그날에 죽은 것입니다. 아담은 더이상 하나님과 교통할 수 없게 되었고 하나님의 뜻을 따라 살수 없게 되었습니다. 그리고 육신적으로는 시한부인생, 죽을 수밖에 없는 몸이 되었습니다. 범죄 하므로 인해 사람은 영과 육, 두 가지 죽음을 죽게 된 것입니다.

그러므로 예수님은 본문에서 영과 육, 두가지 부활을 말씀하셨습니다. 영적부활에 대해서는 "진실로 진실로 너희에게 이르노니 죽은 자들이 하나님의 아들의 소리를 들을 때가 오나니 곧 이 때라 듣는 자는 살아나리라"(25)고 하였고 몸의 부활에 대하여는 "무덤 속에 있는 자가 다 그의 음성을 들을 때가 오나니 선한 일을 행하는 자는 생명의 부활로, 악한 일을 행한 자는 심판의 부활로 나오리라"(28-29)고 하였습니다. 영혼의 부활이라는 것은 요한복음에서 사용되는 중생, 영생과 같은 의미의 말입니다.

영혼 부활의 필요성, 영혼의 부활은 왜 필요합니까?

1. 영혼의 부활이 없이는 파괴된 인격이 회복될 수가 없기 때문입니다.

만일 건물이 수리가 불가능할 정도로 노후 되었다면 새로이 건축하는 길밖에 없습니다. 만일 사람이 호흡이 끊어졌다면 약으로는 살릴 수 없고 다시 살리는 기적이 나타나야 합니다. 인생의 영적상태는 어떠합니까?

예레미야는 "만물보다 거짓되고 심히 부패한 것은 마음이라"(렘 17:9)고 하였고, 바울은 "의인은 없나니 하나도 없으며……"(롬 4:10)라고 하였고, "본질상 진노의 자녀이었더니……"(엡 2:3), "내 속 곧 내 육신에 선한 것이 하나도 거하지 아니하는 줄을 아노니 원함은 내게 있으나 선을 행하는 것은 없도다"(롬 7:18)라고 하였습니다.

이것은 이 세상에서 가장 의롭게 살아보려고 노력하던 사람들의 고백입니다. 이러한 인생이 하나님과 교통하던 본래의 사람으로 회복하려면 영적 부활이 이루어져야 합니다. 사람들 중에는 도덕적으로 살고 신앞에 떳떳하게 살아보려고 노력하는 사람들이 있습니다. 그러나 그것은 죽은 시체에 좋은 옷을 입히고 화장을 하여 아름답게 보이려는 것과 다름이 없습니다. 죽은 사람에게는 생명이 필요한 것이지 좋은 옷이나 화장이 필요한 것은 아닙니다. 그러므로 예수님은 나사로의 무덤에 가셔서 옷을 좀 좋은 것으로 입히라고 하시지 않고 나사로야 일어나 라고 외치신 것입니다. 이와 같이 파상된 영혼, 전적 타락한 영혼들을 가진 오늘의 인류에게는 교육이나 도덕적 훈련이 아닌 영혼의 부활이 필요합니다.

2. 영혼의 부활은 복된 부활이기 때문입니다.

사도요한은 계 20장에서 "이 첫째부활에 참예하는 자들은 복이 있고 거룩하도다 둘째 사망이 그들을 다스리는 권세가 없고……" (계 20:6)라고 하였습니다.

첫째 부활은 영적 부활을 가리키는데 그것은 복이 있고 거룩하다고 하였습니다. 그 이유는 이 첫째 부활이 사망에서 생명으로 옮기는 부활이며, 하나님의 자녀로 구별되는 부활이기 때문입니다. 육신 부활을 중요하게 생각하지만 육신 부활은 이미 구원 얻은 자들이 필연적으로 얻게 되는 부활입니다.

3. 둘째 사망이 그를 다스리지 못하기 때문입니다.

어떤 이들은 계 20:6의 첫째 부활을 재림 시에 있을 육신 부활이라고 보는 이들이 있지만 사도요한은 육신의 부활을 받을 때에 사망의 다스림에서 놓인다고 하지 않고 그리스도를 믿을 때에 이미 정죄를 받지않게 되며 사망에서 생명으로 옮겼다고 하였습니다. (요 5:24)

사람은 모두 아담 안에서 죽었습니다. 그러므로 영혼의 부활이 필요합니다. 그 영혼은 의와 진리와 거룩으로 창조되어야 하며 하나님과 교통하며 하나님을 즐거워하는 새 인격으로, 영생하는 생명으로, 부활해야 합니다.

어떻게 영적부활이 이루어집니까?

예수님은 이렇게 말씀하셨습니다. "내가 진실로 진실로 너희에게 이르노니 내 말을 듣고 또 나 보내신 이를 믿는 자는 영생을 얻겠고 심판에 이르지 아니하나니 사망에서 생명으로 옮겼느니라" (24) "진실로 진실로 너희에게 이르노니 죽은 자들이 하나님의 아들의 음성을 들을 때가 오나니 곧 이 때라 듣는 자는 살아나리라" (25) 위의 두 구절의 말씀을 보면 이 영적 부활은 "하나님의 아들의 소리"를 통해 이루어진다는 것이며, 그 말씀을 듣고 믿어야 한다는 것입니다.

1. 영적 부활은 "하나님의 아들의 소리" 즉 복음으로 말미암아 이루어지는 것입니다.

선지자 에스겔이 본 환상은 범죄로 인해 죽은 영혼들이 복음을 통해 다시 살아나게 될 것을 분명하게 보여주고 있습니다.

하나님께서는 성령으로 에스겔을 이끌고 해골 골짜기로 데리고 가서 골짜기에 가득한 해골들을 보이시며 "인자야 이 뼈들이 능히 살겠느냐"라고 질문 하셨습니다. 에스겔이 "주 여호와여 주께서 아시나이다"라고 대답하자 여호와 하나님은 "이 모든 뼈에게 대언하여 이르기를 너희 마른 뼈들아 여호와의 말씀을 들을지어다 주 여호와께서 이 뼈들에게 말씀하시기를 내가 생기로 너희에게 들어가게 하리니 너희가 살리라 너희 위에 힘줄을 두고 살을 입히고 가죽으로 덮고 너희 속에 생기를 두리니 너희가 살리라 또 나를 여호와인줄 알리라 하셨다 하라" 고 말씀하셨습니다. (겔 37:1-10)

에스겔이 그 말씀대로 뼈들에 대해 대언하였더니 대언할 때에 소리가 나고 움직이더니 뼈들이 연결되고 힘줄이 생기고 살이 오르고 가죽이 덮였고, 생기에 대해 예언할 때 그들은 부활하여 큰 군대가 되었습니다. 이것은 만방에 흩어진 하나님의 백성들을 복음으로 말미암아 구원하실 것을 보여주는 계시였습니다. 사람의 눈으로 볼 때 사람들은 마른 뼈와 같이 소망이 없어 보이지만 하나님께서는 복음의 능력으로 구원하시는 것입니다.

2. 영적 부활은 복음을 듣고 믿음으로 되는 일입니다.

"내 말을 듣고 또 내보내신 이를 믿는 자는 영생을 얻었고…… 죽은 자들이 하나님의 아들의 소리를 들을 때가 오나니 곧 이때라 듣는 자는 살아나리라"(24-25)하였습니다. 여기서 그 말씀을 듣는 자라는 것은 한 귀로 듣고 한 귀로 버리는 것을 의미하는 것이 아니고 청종하는 것을 의미합니다. 문둥병자였던 아람나라의 장국 나아만이 자기집 하녀로부터 이스라엘의 선지자에게로 가면 고침을 받을 것이라는 말을 듣고 선지자 엘리사에게 찾아왔을 때 선지자는 나아만에게 요단강에 가서 일곱번 몸을 잠그면 나으리라고 하였습니다. 나아만은 불쾌하게 생각하고 돌아가려다가 신하의 권유를 받고 그대로 하여 고침을 받았습니다. 나아만에게 "이스라엘의 선지자에게 가라"는 말과 "요단강에 일곱번 몸을 잠그라"는 말은 복음의 음성입니다. 그러나 나아만이 듣기만 하였다면 고침을 받지는 못했을 겁니다. 그러나 그는 그 말씀을 따라 순종하여 고침을 받았습니다. 이것이 믿음입니다.

영적 부활은 믿음으로 말미암아 이루어지는 것입니다. 그래서

"내 말을 듣고 또 나 보내신 이를 믿는 자는 영생을 얻었고 심판에 이르지 아니하나니 사망에서 생명으로 옮기셨느니라"(24)고 하였습니다.

아담의 후손 된 인류는 죄와 허물로 영적 생명이 죽었습니다. 죽은 사람은 의식도 없고 활동도 할 수 없습니다. 그와 같이 하나님께 대해서는 전적으로 무감각한 인생이 된 것입니다. 이제 사람들은 나타난 복음을 통해 예수 그리스도를 믿음으로 말미암아 새로운 생명을 얻고 영적 부활을 얻어야겠습니다.

17.

성경을 상고합시다

[요한복음 5:39]

이 세상에 책이 많이 있지만 수 천년에 걸쳐 가장 많이 읽히우고 연구되는 책은 성경뿐입니다. 두번째로 많이 읽히우는 책은 요한 번연이 저술한 천로역정인데 그 책 역시 성경의 의미를 소설화한 책입니다. 이 성경은 지난 1세기 동안 8억8천2백만 부가 팔려 매 시간마다 2천부씩 판매 되었다고 합니다. 이 성경은 이렇게 많이 판매되는 것만 아니라 많은 사람의 연구의 대상이 되고있습니다. 옛날 유대인들의 랍비들은 성경을 엄격하게 연구하여 성경의 중간 글자가 어느 자인 것까지 결정했다고 하며 성경을 읽을 때는 혹시 잘못 읽을까 하여 몇 사람의 입회 하에 읽었다고 합니다. 그리고 구약성경을 헬라어로 번역한 칠십인역은 당시 문명의 중심지였던 알렉산드리아의 유명한 학자 칠십인이 번역한 것이라고 하며 중세의 유럽 각 대학에서는 주로 성경을 연구했다고 합니다. 오늘에도 많은 신학교와 대학교, 성경학교에서 성경을 연구하고 있습니다. 그리고 그 연구는 세분화되어 사본 학자들은 성경의 사본을 연구하며 주경 신학자들은 성경을 주해하고 조직 신학자들은 성경의 사상을 조직화하며 고고학자들은 성경의 역사를 고고학적으로 증명합니다. 이 세상에서 성경보다 더 읽히우고 연구되는 책은 없습니다. 이 성경은 예수님 당시에도 열심히 상고하던 책입니다.

1. 성경을 상고하는 이유

"너희가 성경에서 영생을 얻는 줄 생각하고 성경을 상고하거니와"라고 말씀하셨습니다. 이 세상에는 수 없이 많은 책들이 있습니다. 그 책들은 각각 특수한 분야에서 읽는 사람에게 도움을 줍니다. 저는 어려서 학교에 들어가기 전에 아버지로부터 천자문을 배운 적이 있었는데 그 천자문은 한문의 기본되는 글자 1천자를 수록한 것으로서 일생을 통해 한문을 읽는데 큰 도움을 주었습니다. 문학서적은 사람에게 지식을 넓혀주며 정치학에 대한 책들은 정치에 대한 지식을 얻게 하며 과학서적은 과학적 지식을 얻게 합니다.

그러나 성경은 영생을 얻게 하는 유일한 책입니다. 이 성경은 X레이와 같이 사람들의 마음을 비추어 자신의 죄를 깨닫게 합니다. 제가 부산 성산교회에서 시무하고 있을 때의 일입니다. 어느 비오는 날 어떤 청년이 사택으로 찾아와서 무릎을 꿇고 앉으면서 목사님께서 아마 저를 알지 못하실 것입니다. 저 역시 목사님을 뵙는 것은 처음입니다. 제가 마음속으로 너무 고민을 하다가 그래도 구원의 길이 있을까 하여 교회를 찾아 왔습니다라고 하였습니다. 그 청년의 말은 이러했습니다. 자기는 일본에서 살았었는데 고등학교를 졸업할 무렵 신학을 해야겠다고 결심하고 신학 서적들을 많이 준비하였고 교회에 열심히 봉사하였다는 것입니다. 그런데 본의와 다르게 죄를 짓고 낙심되어 세상 길로 나갔고 그 후 해방과 함께 귀국하여 결혼도 하고 어느 회사엘 다니고 있다는 것입니다. 그런데 어떤 날 애기가 방안에서 성경을 가지고 놀다가 펴는데 보니 그의 눈에 띄는 것은 히브리서 6장 5, 6절, "하나님의 선한 말씀과 내세의 능력을 맛보고 타락한 자들은 다시 새롭게 하여 회개케 할 수 없나니 이는 자기가 하나님의 아들을 다시 십자가에 못 박아 현저히 욕을 보임이라"는 말씀이었다는 것입니다.

그 때부터 그 말씀을 자기 머리에서 지워버릴 수 없었고 내세의 소망이 없는 자신이 한스러워 미친 사람처럼 사흘동안 거리를 배회하던 중이었다는 것입니다. 히브리서 저자는 "하나님의 말씀은 살았고 운동력이 있어 좌우의 날선 어떤 검보다도 예리하여 혼과 영과 관절과 골수를 찔러 쪼개기까지 하며 또 마음의 생각과 뜻을 감찰하나니"(히 4:12)라고 하였습니다. 어거스틴도 젊은시절 방탕한 생활을 보내다가 로마서 13장11절 말씀에 부딪쳐서 새로운 삶을 시작했다는 것은 너무도 유명한 이야기입니다. 하나님의 말씀은 그렇게 사람의 죄를 들어내기만 하시는 것이 아니라 그 죄를 담당하고 처리하시는 예수님을 증거합니다.

그래서 예수님은 "이 성경이 곧 내게 대하여 증거하는 것이로다"라고 하셨습니다.

어떤 성경학자는 예수님을 빼면 성경은 백지만 남을 거라고 말했다고 합니다.

성경말씀은 천지창조로부터 내세까지의 모든 내용을 말씀했는데 그 중심은 그리스도입니다. 하나님께서는 아담이 타락한 직후부터 예수님이 오실 것을 예언하셨고 예수님이 누구의 후손으로 오실 것과 어느 지방에서 오실 것과 예수님은 어떤 권세를 가지신 분이라는 것과 어떤 모양으로 오셔서 어떤 일을 하실 것과 어떠한 죽음으로 죽으시고 어떻게 다시 살아나실 것에 대해서와 어떻게 재림하실 것에 대해서 말씀하고 있습니다.

그 이유는 하나님께서 인류에게 허락하신 영생을 예수그리스도로 말미암아 얻게 되기 때문입니다.

한국이 해방된 후 얼마 안되어 저는 "나는 전 일본 포로였습니다"라는 제목의 전도지를 본 적이 있습니다. 그 전도지의 주인공은 제이콥 스웨터스라는 미국 선교사인데 그 이야기는 이러했습니다. 2차대전이 치열할 무렵 스웨터스는 미 공군 B29폭격기 조종사로 활약하다가 동경상공에서 대공화포에 맞아 추락되어 포로가 되었습니다. 적의에 찬 일본 군인의 감시하에 주먹밥으로 연명할 때 일본인이 미워져서 내가 만일 놓이면 너의 나라를 쑥대밭으로 만들리라 하고 이를 갈았다고 합니다. 지성인인 그는 수용소에 들어앉아 미움이 왜 생기는가를 생각하게 되었습니다. 그러자 어릴 때 주일학교에서 선생님이 이웃을 사랑하라고 가르치신 것이 생각났습니다. 그래서 그는 감시병에게 Holy Bible을 한 권 구해 달라고 하였습니다. 그는 그 성경을 불과 며칠 동안에 창세기부터 계시록까지 독파했습니다. 그리고 그는 성경에서 중요한 진리를 발견했습니다. 성경은 예수님을 가르치는 책이라는 것과 구약성경은 예수님이 오신다는 것이고 신약성경은 그 예수님이 오셨다는 것을 가르치는 책이라고 하는 것을 깨달았다고 합니다. 그리고 그는 로마서 10장10절 "사람이 마음으로 믿어 의에 이르고 입으로 시인하여 구원에 이르느니라"는 말씀을 읽을 때 마음이 뜨거워지는 것을 느꼈다고 합니다. 그때부터 전에 밉던 일본인들이 사랑스럽고 불쌍해 보였습니다. 그는 사람들이 서로 미워하게 되는 것은 구원을 얻지 못했기 때문이라고 깨닫게 되었습니다. 그는 쑥대밭을 만들려던 일본에 복음을 가지고 오기로 결심했습니다. 그래서 그는 본국에 돌아가자마자 신학교에 입학하여 공부하고 선교사가 되어 일본에 왔습니다. 성경은 이와 같이 사람에게 영생을 주는 책입니다. 그러므로 성경을 상고해야 합니다.

2. 성경을 어떻게 상고해야 합니까?

상고(EREUNATE)라는 말은 추적한다는 말입니다. 앞서간 사람이 어디로 갔는가 발자취를 살피며 따라가는 것을 의미합니다.

① 성경을 상고하는 법은 먼저 성경을 하나님의 말씀으로 믿어야 합니다.

바울은 데살로니가 교회에 대해 "너희가 우리에게 들은바 하나님의 말씀을 받을 때에 사람의 말로 아니하고 하나님의 말씀으로 받음이니 진실로 그러하다 이 말씀이 또한 너희 믿는 자 속에서 역사하느니라"고 하였습니다.

성경이 하나님의 말씀임을 믿지 않는 어떤 학자가 3년간 연구한 후에 보니 성경의 표지만 남았더라는 이야기가 있습니다. 그 학자는 자기 머리에 맞지 않는 부분은 찢어버리곤 하였기 때문입니다.

성경을 연구한다는 것은 그것이 하나님의 말씀인지 아닌지를 연구하는 것이 아니라 성경을 하나님의 말씀으로 받고 그 성경의 의미가 무엇인지를 연구하는 것입니다. 머리가 좋은 많은 학자들이 성경이 하나님의 말씀이라는 것을 받아드리지 못하고 하나님의 말씀인가 아닌가만 연구하기 때문에 성경의 진미를 맛보지 못하고 있습니다. 그것은 맛있는 음식을 받아놓고도 영양을 분석하느라 먹지 못하는 것과 같은 것입니다.

② 성경을 많이 읽어야 합니다.

성경을 한번도 읽지 않고 연구부터 한다는 것은 잘못되기 쉬운 방법입니다. 루터는 성경 읽는 것을 사과 따는 것에 비교했습니다. 사과는 맨 처음엔 나무 전체를 흔들어 떨고 그 다음은 하나씩 따며 그 다음엔 잎새 사이에 있는 것을 하나하나 찾아서 따는 것처럼 먼저는 성경전체를 읽고 다음은 부분부분을 읽으며 연구하고 그 다음은 한 구절 한 구절을 읽어야 한다고 했습니다.

S. 죤스는 성경을 다음과 같이 읽으라고 권하고 있습니다.

a. 기대를 가지고 읽으라.

b. 진리를 전하려는 마음으로 읽으라.

c. 신약성경에 중점을 두고 읽으라.

d. 성경진리에 자신을 위탁하며 읽으라.

e. 조급하지 말고 읽으라. 꽃밭을 빨리 지나가면 좋은 꽃을 보지 못한다.

f. 뚜렷한 것을 깨닫지 못했어도 읽어야 한다라고 하였습니다. 성경을 많이 읽어야 합니다.

③ 성경을 배워야 합니다.

성경은 구약 신약을 합하여 66권밖에 안 되는 책입니다. 불교의 8만 대장경에 비하면 작은 책입니다만 이해하기 어려운 것이 많습니다. 그러므로 성경을 잘못 해석하여 탈선되는 경우가 많습니다. 어떤 이는 율법과 복음과의 관계를 잘못 이해하여 율법주의 사상을 가지게 되는 경우도 있고 어떤 이들은 복음을 잘못 이해하여 반 율법주의가 되어 방종한 생활에 빠지는 경우도 있습니다. 어떤 이들은 하나님의 사랑의 방면만을 강조하다가 만인 구원설을 주장하게 되며, 어떤 이들은 하나님의 예정을 강조하다가 전도나 기도를 불필요하다고까지 합니다. 어떤 이들은 성경의 신비성을 강조하다가 주관적 신비주의자가 되며, 어떤 이들은 성경의 도덕만을 높이 평가하다가 도덕주의로 흘러가는 경우도 있습니다. 그러므로 성경은 체계있게 배워야 합니다. 가능하다면 교역자가 아니라도 성경학교나 평신도신학 같은 데서 성경을 배우는 것이 필요하고 교회의 성경학습 반에 빠지지 않고 참석하여 성경을 배워야 합니다.

④ 성경의 의미를 알려고 노력해야 합니다.

사도행전을 보면 "베뢰아 사람은 데살로니가에 있는 사람보다 더욱 신사적이어서 간절한 마음으로 말씀을 받고 이것이 그러한가 하여 날마다 성경을 상고함으로"(행 17:11)라고 하였습니다. 베뢰아 사람들은 성경을 하나님의 말씀으로 받을 뿐 아니라 그 성경의 뜻을 알려고 노력하였습니다. 그렇게 함으로 성경의 참뜻을 깨달아 믿고 순종했고 그 결과로 믿는 사람들이 많아졌다고 합니다. 개인적으로 구원의 확신에 이르고 교회의 영적 부흥에 이르는 데는 성경을 빼어 놓을 수가 없습니다. 예수님이 십자가에 못 박히신 후 실의에 빠져서 엠마오로 가던 두 제자는 예수님께서 성경을 풀어 주실 때 마음이 뜨거워져서 예루살렘으로 다시 올라갔습니다(눅 24:31). 구원의 즐거움으로 충만하여 날마다 기쁨으로 떡을 떼던 예루살렘 교회는 성경을 배우던 교회며(행 2:42) 이방전도의 보루가 되었던 안디옥교회도 말씀을 배우던 교회입니다(행 11:26). R. Green은 영국 교회가 부흥되고 국가가 부강하던 엘리자벧 시대에 영국 국민은 책(Bible)의 사람들이 되었었다고 말하고 있습니다. 1907년 이후의 한국교회의 부흥은 사경회(성경을 공부하는 집회)로 말미암은 것이었다고 합니다.

성경은 오늘도 영생을 주는 책입니다. 이 책은 나와 이 시대를 부흥시킬 수가 있습니다. 여러분은 이 성경을 얼마나 상고하십니까?

18.

이적이 나타나는 때

[요한복음 6:1-15]

예수님의 행적을 읽어보면 많은 이적이 나타나고 있습니다. 요한복음만 보아도 물로 포도주를 만드신 일, 왕의 신하의 아들의 병을 고치신 일, 38년 된 병자를 고치신 일, 소경을 고치신 일, 나사로를 죽은 가운데서 살리신 일 등 여러가지 이적이 기록되어 있습니다. 본문에도 떡 다섯개와 물고기 두마리를 가지고 5천 여명을 먹이신 이적이 기록되어 있습니다. 독일 신학자 Bultmann은 성경에 기록된 이적들은 모두가 다 신화(myth)라고 하며 성경에서 참 하나님의 말씀을 찾아내려고 하면 성경을 비신화화(demythologization)를 해야 한다고 주장했습니다. 제가 유럽을 여행할 때 하이델베르그 고성을 구경한 일이 있었습니다. 그 성은 3, 4층 높이의 큰 성이었고 성 뜰 바위 위에 사람의 발자국이 깊이 뚫려져 있었는데 안내자는 그것이 전쟁시에 성주가 위급하여 뛰어내릴 때 생긴 발자국이라고 설명했습니다. 한국 고사에 옛날 사맹당이 일본에 건너가서 솥뚜껑을 타고 물위에 떠 있었다는 이야기도 그와 흡사한 이야기입니다. Bultmann의 말은 성경에 기록된 이적이라는 것은 그런 신화인데 사람들이 예수를 영웅시하여 그렇게 꾸며댄 말이라는 것입니다. 그러므로 그런 신화들은 다 추려내 버리고 사람의 이성이 받아들일 수 있는 말만 믿어야 한다고 합니다.

성경을 인간이 만들어낸 신화와 같이 보는 이론이 얼마나 위험한 일입니까? 그래서 Bultmann의 제자들에게는 성경은 거짓으로 가득하고 아무런 능력 없는 이야기가 되고 말았습니다. 그러나 전능하신 하나님께서 살아계시는 것을 믿는다면 그 하나님께서 초자연의 능력을 행하셨다는 것을 믿지 못할 이유가 없습니다. 우리는 살아계신 하나님을 믿습니다. 그러므로 그가 이적을 행사하실 수 있다는 것을 또한 믿어야 하겠습니다. 그러나 이적이 아무때나 사람들이 원하면 나타나는 것은 아닙니다. 바리새인들은 예수님에게 표적을 보여달라고 여러번 요구했으나 예수님은 그것을 거절하셨습니다. 오늘은 예수께서 떡 다섯개와 물고기 두마리를 가지고 5천여명을 먹이신 사실을 통해 이적이 어느 때에 나타나는가를 말씀하려고 합니다.

1. 이적은 사람의 힘으로 할 수 없을 때 나타납니다

이적이란 표적이라고도 하는데 하나님이 살아계시다고 하는 것을 사람들에게 나타내시는 일입니다. 그러므로 사람들이 할 수 있는 일에 이적을 나타내시는 것이 아니라 사람들이 이젠 할 수 없구나 하고 손을 들 때 이적을 행하십니다. 출애굽기를 보면 이스라엘 백성 앞에 홍해가 갈라지는 큰 이적이 나타났습니다. 그 때에 이스라엘 백성의 처지는 속수무책이라고 할 밖에 없는 지경에 처해 있었습니다. 앞에는 굽이치는 홍해요 뒤에는 애굽의 추격병이었습니다. 무기로 싸울 수도 없고 도망할 길도 없었습니다. 그런 때에 이적은 나타났습니다.

떡 다섯개로 5천 여명을 먹이신 이적도 역시 그런 어려운 형편에서 나타났습니다. 마 14:14-15을 보면 그 때의 형편이 잘 묘사되었습니다. 그 때에 그들이 처해있던 곳은 빈들이며 때는 저물었고 많은 병자들이 있었으며 그들은 주리고 있었습니다. 이런 어려운 때에 그들에게 이적을 나타내셨습니다. 우리는 하나님의 능력을 믿어야 합니다. 그러나 하나님께서 세우신 자연법칙은 무시하고 초자연적 능력으로만 살려는 것은 그릇된 생각입니다. 가령 병든 사람이 병원에 가서 치료 받으면 될 것인데 치료 받는 일을 금하거나 거절하던가, 쌀을 사서 밥을 지어먹으면 될 것인데 기도함으로써 배가 고프지 않기를 바라는 것 같은 일은 훌륭한 믿음같이 보이지만 옳은 믿음이라고 볼 수는 없습니다.

서울서 목회할 때의 일입니다. 어느 고학을 하는 학생이 찾아와서 자기의 의문되는 것을 이야기했습니다. 그 학생은 아주 심각한 표정을 하고 있었는데 문제는 이러했습니다. 자기가 돈 5천원이 꼭 필요하고 성경에 기도하면 주신다고 말씀하셨기 때문에 산에 올라가서 "하나님 돈 5천원을 나의 포켓에 꼭 넣어 주세요"라고 기도했다는 것입니다. "믿습니다. 아멘" 하고 손을 포켓에 넣어 보았으나 포켓에는 아무것도 들어있지 않았다는 것입니다. 만일 하나님께서 그렇게 기도할 때 자연법칙을 무시하시고 돈을 넣어 주신다면 땀흘려 일할 사람은 없어질 것이고 이 세상의 질서는 무너지고 말 것입니다. "사람이 일을 포기 할 때 하나님은 일을 시작하신다"는 말이 있습니다. 하나님께서는 사람이 할 수 없는 처지에 있을 때 이적을 나타내십니다.

2. 이적은 하나님이 하고자 하실 때에 나타내십니다

예수님께서 38년 된 병자를 고치신 후에 유대인들의 비난이 일어날 때 하신 말씀은 "아버지께서 죽은 자들을 일으켜 살리심 같이 아들도 자기의 원하는 자들을 살리느니라"(요 5:21)라고 말씀하셨습니다. 마 16:1-4말씀을 보면 유대인들은 예수님에게 표적을 보여 달라고 하였으나 예수님은 표적 보여주기를 거부하시고 요나의 표적 밖에는 보일 표적이 없다고 하셨습니다. 이적이 나타난 역사를 보면 이적이 많이 나타난 때가 있고 이적이 많지 않았던 때가 있습니다. 이스라엘 백성이 광야에 있는 동안 늘 이적 가운데서 살았지만 가나안에 들어온 후엔 이적이 그리 많지 않았습니다. 한국교회 역사를 보아도 초창기에는 이적이 많이 나타났습니다만 그 후에는 그렇게 많이 나타나지 않았습니다. 그 이유는 하나님의 원하시는 뜻에 의하여 이적을 나타내시기 때문입니다. 그러므로 만일 이적이 나타났다면 그것은 하나님께서 하신 일이요 이적이 나타나지 않았다면 그것은 하나님께서 나타내지 않은 것입니다.

베드로는 미문에 앉아있던 앉은뱅이를 일으킨 후 소동이 일어났을 때 우리가 잊어서는 안될 중요한 말씀을 했습니다. "이스라엘 사람들아 이 일을 왜 기이히 여기느냐 우리 개인의 권능과 경건으로 이 사람을 걷게 한 것처럼 왜 우리를 주목하느냐"(행 3:23)라는 것입니다. 이적은 개인의 권능이나 경건으로 나타나는 것이 아니라고 하였습니다. 그러나 오늘에는 이적이 나타났다면 그것은 어떤 개인의 권능이나 경건으로 된 일인 줄 알고 사람을 주목하는 경우가 많습니다. 물론 개인 스스로의 권능이라고는 믿지 않으나 적어도 하나님의 능력이 함께하는 사람이라고 생각하며 수많은 병자가 찾아가며 많은 금품을 헌납합니다. 또 이적을 행한다고 하는 사람들은 그렇게 사람들의 주목을 받기를 원하여 이적이 아닌 것을 이적인 것처럼 가장하는 죄도 범합니다. 그런 일은 이적이 나타난 후에도 이것이 우리 개인의 권능과 경건으로 된 것이 아니라고 주장하던 베드로와 얼마나 반대되는 일입니까?

옛날에도 그러했듯이 이적을 사모하는 사람들은 대게는 실망으로 끝나게 됩니다. 하나님께서는 모든 죽은 사람들을 다 살리지 않으시며 모든 병자를 다 고치시지 않으시기 때문입니다. "아들도 자기의 원하는 자를 살리느니라" 이 말씀을 이해할 때 하나님은 무슨 병이든지 무조건 다 고치신다고 하는 이론은 하나님의 말씀과 부합되지 않는 것임을 알 수 있습니다. 어떤 병은 나사로의 병처럼 죽을 병이 아닌 병도 있고 어떤 병은 하나님이 불러가실 병도 있습니다. 이는 하나님의 뜻에 달려있는 것입니다. 하나님의 뜻은 무엇일까요?

3. 이적은 믿을 때에 나타납니다

하나님께서 하고자 하셔야 이적이 나타나는데 하나님의 그 하고

자 하시는 뜻은 믿을 때에 나타납니다.

본문을 보면 이 절박한 상황에서 빌립에게 "우리가 어디서 떡을 사서 이 사람들로 먹게 하겠느냐" 고 질문 하셨습니다. 그렇게 질문 하신 것은 친히 어떻게 하실 것을 아시고 빌립을 시험코자 하심이라고 하였습니다. 예수님의 이 질문에 빌립은 "각 사람으로 조금씩 받게 할지라도 이백 데나리온의 떡이 부족 하리이다" 라고 대답했습니다. 그러나 안드레는 "여기 한 아이가 있어 보리떡 다섯개와 물고기 두마리를 가졌나이다. 그러나 그것이 이 많은 사람에게 얼마나 되겠삽나이까" 라고 대답하였습니다.

우리는 믿음을 시험하신 예수님의 질문에 대한 두 제자의 대답을 비교해 볼만합니다. 빌립의 대답은 수학시험에는 합격이 될만합니다. 명철한 그의 계산으로 이백 데나리온을 가져야 무리에게 조금씩 먹게 하겠다는 것입니다. 그러나 예수님은 빌립에게 수학을 테스트하신 것은 아닙니다. 믿음을 테스트하신 것입니다. 빌립의 대답은 믿음의 답안으로서는 빵점이었습니다. 그러나 안드레의 대답은 합격 권에 드는 대답이었습니다. 그가 주린 5천 여명 앞에서 떡 다섯개와 물고기 두마리를 가지고 예수님께 말씀한 것은 수학자들의 눈에는 바보 같은 말입니다. 아니 저 바보 봐, 이 많은 사람에게 그걸 말이라고 해, 그 백배 천배 있어도 안되겠는데 하며 폭소를 지을 말입니다. 그러나 믿음의 세계에서는 바로 그것이 합격할 수 있는 대답입니다. 예수님은 맹물로 포도주를 만드시지 않았습니까? 예수님은 38년 된 병자를 말씀 한 마디로 일으키시지 않으셨습니까? 그런 예수님이 떡 다섯 개를 가지고 이 무리를 먹이지 못하실 것인가, 능히 하실 수 있지 않겠는가? 이런 믿음이었습니다. 이 말씀을 들으신 예수님은 그들을 풀밭에 앉게 하시고 이적의 떡을 베푸셨습니다.

이적은 하나님께서 하고자 하셔야 합니다만 하나님의 그 뜻은 믿는 사람들을 통하여 나타나는 것이 사실입니다. 미국에 헤리(Herry)라는 보험회사 직원은 방광암으로 죽음의 선고를 받고 병원에서 퇴원했었습니다. 그는 병상에서 독실한 크리스천 친구의 카드를 받았는데 거기 담긴 성구는 "사람으로는 능치 못하나 하나님은 능하시니라"는 말씀이었습니다. 그 말씀을 믿고 기도하는 중 전신의 백혈구가 아픈 부위로 몰려 암세포와 싸우는 것을 느꼈고 며칠 후에 병에서 깨끗이 나았다고 합니다. 믿는 자에게 나타나는 기적은 지금도 살아있습니다.

4. 이적은 헌신할 때 나타납니다

"여기 한 아이가 있어 보리떡 다섯개와 물고기 두마리를 가졌나이다." 여인과 아이 외에 5천명이면 모두 합해 1만 명이 넘을 그 많은 주린 군중이 한 어린아이의 소량의 떡으로 인해 떡을 배불리 먹고 돌아갔다면 이 얼마나 놀라운 일입니까? 우리는 여기서 희생과 헌신을 볼 수 있습니다. 아이라면 가장 식욕이 왕성한 때입니다. 한 때라도 못 먹으면 참지 못하는 나이입니다. 아마 이런 경우라면 도시락을 가지고 사람 없는 곳에 가서 남몰래 먹어 버릴 수도 있었겠고 또 제자들이 예수님께 드리자고 할 때 내어놓지 않으려고 울었을지도 모릅니다. 그러나 이 아이는 그런 아이가 아니었습니다. 자기가 먹는 것을 양보했습니다. 그것을 예수님은 받으셨습니다.

다른 모든 이적은 차치하고 십자가의 이적은 가장 위대한 것입니다. 십자가로 죄 가운데 빠졌던 인생들을 수 없이 많이 구원하셨기 때문입니다. 그 이적의 배후에는 밀알이 땅에 떨어져 죽는 것 같은 예수님의 희생과 헌신이 있었던 것입니다.

제가 경북 어느 교회에 집회를 인도하였을 때에 들은 이야기 입니다. 300여명이 모이는 교회였는데 그 옆에 웅장한 벽돌 예배당을 크게 짓고 있었습니다. 어떻게 이렇게 좋은 예배당을 짓느냐고 담임목사님에게 물었더니 그 목사님의 이야기는 "우리 예배당은 비가 오면 새곤 하였으나 예배당 짓는 일은 엄두도 내지 못하였습니다. 그런데 생각밖에 이 예배당을 이렇게 크게 짓게 됐습니다. 이 예배당을 짓게 된 것은 한 새로 시집 온 젊은 여자의 믿음 때문입니다"라고 했습니다. 목사님의 말씀에 의하면 시골서 새로 시집 온 여인은 남편으로부터 금지환을 결혼신물로 받았는데 어느 주일날 헌금주머니에 "예배당 건축을 위해 사용해주세요"라는 쪽지와 함께 그 지환이 들어있었다는 것입니다. 이것을 본 장로님들과 모든 사람들이 감동되어 자원하여 헌금하므로 힘들지 않고 이 예배당을 짓게 되었다는 것이었습니다. 나는 그 높이 쌓아 올라가는 종탑을 바라보며 그 젊은 여성의 아름다움을 그려 보았습니다. 오늘도 희생이 있는 곳에는 이적이 있을 것이라 믿습니다.

예수님은 이런 어린아이 떡을 받으시사 축사하시고 떼어주셨고 그 떡은 이적의 떡이 되어 수많은 사람을 먹일 수 있게 되었습니다.

이적은 하나님의 초자연적 역사입니다. 그리고 이적은 하나님의 주권과 그 뜻에 의하여 행해지는 일입니다. 그러나 하나님의 능력의 역사가 나타난 주변을 보면 믿는 사람을 통해 헌신하는 사람들을 통해 나타났습니다.

현대인들은 돈과 과학으로 문제들을 해결해 보려고 합니다만 돈이나 과학으로 해결하지 못하는 문제가 얼마든지 있습니다. 우리는 믿음과 헌신으로 하나님의 능력을 보며 살아가십시다.

19.

어떻게 믿어야 하는가?

[요한복음 6:1-15]

지난번 이 본문에서 이적이 나타나는 때라는 제목으로 말씀 드렸습니다. 이 본문을 또 다른 각도에서 이해하는 것이 좋을 듯해서 오늘은 "어떻게 믿어야 하는가"라는 제목으로 말씀 드리려 합니다.

성경을 보면 믿는 사람들이 많지만 그 믿음의 유형이 서로 다른 것을 볼 수 있습니다. 예수님은 베드로에게 "적게 믿는 자여 왜 의심하였느냐"라고 책망하셨고 혈류병으로 앓던 여인에게는 "여자여 네 믿음이 크도다"라고 칭찬하셨습니다. 야고보서를 보면 "행함이 없는 믿음은 홀로 있어 죽은 믿음"이라 하였으니 죽은 믿음도 있습니다.

본문을 보면 빌립과 안드레, 한 어린아이, 세사람이 등장되는데 그 세사람의 믿음이 각각 다른 것을 볼 수 있습니다. 성령님께서는 이 세사람의 믿음 가운데서 어떠한 믿음을 가져야 하는가를 가르치시기를 원하고 계시는 것입니다.

빌립의 믿음

빌립은 "말을 사랑하는 사람"이라는 의미를 가진 이름으로서 쾌활하고 호탕한 남자라는 의미로 사용되는 이름입니다. 그는 처음 예수님에게 부름을 받았을 때 나다나엘에게 가서 남자답게 "와 보라"는 한마디말로 인도를 했던 제자이기도 합니다. 본문을 보면 예수님은 벳세다에서 오천여명에게 이적의 떡을 나눠주시기 전 빌립의 믿음을 시험하여 어디서 먹을 것을 얻어 이 사람들을 먹게 하겠는가고 하셨습니다. 그때까지 제자들이 보는 목전에서 많은 이적을 행하신 예수님은 빌립이 신앙적인 대답을 하기를 바라고 계셨을 것입니다.

그러나 빌립은 예수님의 기대와는 달리 "200데나리온의 떡을 가지고 조금씩 나누어주어도 부족하리이다"라고 대답하였습니다. 이것은 그의 이름처럼 사나이다움도 없고 신앙적인 말도 아니고 계산적이고 부정적인 대답입니다. 사람들은 믿음보다 계산이 앞서는 경우가 많으며, 그런 까닭에 부정적인 사람이 되어버리는 경우가 많습니다. 옛날 아브라함의 아내 사라를 보십시오. 하나님의 천사가 그의 집에 찾아와서 네가 명년이때에 아들을 낳을 것이라고 하는데도 "나도 늙고 내 주인도 노쇠하였은즉……"이라고 말하지 않았습니까?

모세가 열두 정탐꾼을 가나안에 보냈을 때에도 그러했습니다. 열두 정탐꾼은 온 가나안땅의 모든 아름다움을 보고 그 땅에서 난 포도송이까지 메고 왔지만 그중 열 정탐꾼은 그 성은 견고하고 사람은 장대하여 우리는 그 땅을 점령할 수 없다고 하여 백성들이 낙심하게 했고 그 결과 40년간 광야에서 유리하게 되었습니다.

우리는 무슨 일에나 계산이 앞서면 부정적 신앙이 되고 하나님의 일을 그릇되게 하는 경우가 많습니다. 선교사업을 하거나, 예배당을 건축하거나, 특별한 일을 할 때 빌립처럼 되지 말아야 하겠습니다.

안드레의 믿음

안드레는 베드로의 형제인데, 베드로가 안드레를 예수님께 인도한 것이 아니라 안드레가 베드로를 예수님께 인도하였습니다. 자기보다 일을 더 많이 한 베드로를 예수님께 인도한 것입니다. 사실 우리 자신은 일을 많이 못해도 일을 많이 할 수 있는 사람을 인도할 수는 있습니다. 그것은 내가 박사가 못되지만 박사아들은 둘 수 있는 것과 같습니다. 안드레는 어린아이를 인도했고 그 후 헬라인도 예수님 앞으로 인도하는 훌륭한 인도자이기도 합니다.

안드레는 예수님과 빌립의 대화를 들었을 때 "여기 한 어린아이가 있어 보리떡 다섯개와 물고기 두마리를 가졌나이다 그러나 그것이 이 많은 사람에게 얼마나 되겠삽나이까"라고 하였습니다.

안드레의 이 말은 빌립과 같이 전혀 불가능한 면만 생각하고 하는 말은 아닙니다. 어린아이의 손에 있는 몇 개의 떡을 예수님에게 말씀한 것은 그가 계산을 할 줄 몰라서가 아니라 물로 포도주를 만드시던 예수님은 이 소량의 떡으로라도 어떤 이적을 나타내실 수 있으리라는 믿음에서 한 말입니다.

안드레의 믿음은 신학교 강당이나 예배당에서 말하는 믿음이 아니라 자신의 삶의 현장에서 적용하며 나타나는 믿음입니다.

교리적으로는 예수님의 행하신 이적과 죽음과 부활을 믿는다고 하면서도 자신의 삶의 현장에서는 믿지 못하여 근심걱정하며 원망과 울분을 터뜨리는 일들이 얼마나 많습니까? 우리는 날마다 문제에 부닥치는 다급한 현실속에서 믿음을 적용하며 살아가야 하겠습니다. 그리고 빌립처럼 부정적인 면만 말하지 말고 안드레처럼 믿음의 행동, 믿음의 말을 해야 하겠습니다. 장사하면서도 믿고, 직장생활 하면서도 믿고, 학교 다니면서도 믿고, 자녀를 양육하면서도 믿어야 하겠습니다. 범사에 믿으라고 하였습니다.

어린아이의 믿음

두사람은 이름이 나타났습니다. 그러나 한 아이는 그저 한 아이라 부를 뿐 이름이 나타나지 않았습니다. 당시 유대 사람들은 여자와 아이를 인정하지 않았던 탓이기도 하겠지만 이 어린아이의 믿음만은 모든 사람들의 귀감이 되고있습니다.

예수님은 천국에서는 누가 크니이까 라고 묻는 제자들에게 한 어린아이를 불러 저희 가운데 세우시고 "돌이켜 어린아이들과 같이 되지 아니하면 결단코 천국에 들어가지 못하리라"(마 18:1-3)라고 하셨습니다.

어린아이에게는 어른들이 배워야 할 특성이 많습니다. 거짓이 없이 순진한 것, 겸손한 것, 어른들의 말을 믿고 순종하는 것과 같은 특성들입니다.

그 아름다운 특성이 이 장면에서도 나타나고 있습니다. 아마 이 어린아이는 예수님의 명성을 듣고 먼 벳세다 들로 나왔을 것입니다. 먼 들판으로 나가겠다는 아이의 말을 들은 어머니는 "얘야 너 배고프지 않게 이 도시락을 가지고 갔다가 배 고프면 꺼내먹어라 동무에게 주지말고 혼자 먹어야 해 떡이 얼마 안되니 말이야"라고 당부했을 것입니다. 그런데 예수님의 제자라는 분이 나타나서 "얘, 너 이 떡을 예수님께 드려서 여기 있는 모든 사람이 다같이 먹도록 하는 것이 어떻겠느냐 예수님은 못할 것이 없으신 분이니 말이야" 라고 하는 것입니다.

어른이었다면 "이거 왜 남의 것 빼앗아 먹으려 드는 거야" 하고 돌아섰을 것인데 이 어린이는 너무도 순진하기 때문에 "예 그렇게 하셔요" 하고 제자의 손에 도시락을 맡겼습니다. 어린아이들은 이런 순진성 때문에 속는 경우가 종종 있습니다. 그러나 이번만은 그렇지않고 그의 순진함과 순종은 하나님의 큰 역사를 일으키게 했습니다.

우리는 본문에 등장되는 세사람에 대한 기록을 통해 어떠한 믿음을 가져야 하는가를 찾아보았습니다. 빌립은 굶주린 5천 여명을 앞에 놓고 얼마치의 떡이 필요한가 계산했습니다. 그러나 계산은 할수록 부정적 생각만 가지게 할 뿐이었습니다. 장사는 계산으로 하지만 신령한 일은 계산으로 하는 것은 아니기 때문입니다. 안드레는 떡 다섯개와 물고기 두마리를 가지고는 그 많은 사람들을 먹일 수 없다는 것을 알면서도 그것을 가지고 주님의 뜻을 물었습니다. 그 이유는 떡이 많고 적음의 문제가 달려있는 것이 아니라 주님의 뜻에 달려있기 때문이었습니다. 우리도 주님의 뜻이면 떡 다섯개와 물고기 두마리로도 오천명을 먹일 수 있다는 믿음만 가진다면 못할 일은 없을 것입니다. 그리고 어린아이의 순진함과 순종은 우리가 배워야 할 특성입니다. 어른의 요청에 도시락을 내어놓으면 자기가 손해를 볼 위험이 있다는 것도 생각하지 않고 배가 고픔에도 성큼 자기 것을 내어놓은 어린아이의 선하고도 순수함, 거기에 하나님은 이적을 나타내셨습니다. 우리도 이런 믿음을 구해야 하겠습니다.

20.

믿음을 시험하시는 예수님

[요한복음 6:5-6]

"예수께서 눈을 들어 큰 무리가 자기에게로 오는 것을 보시고 빌립에게 이르시되 우리가 어디서 떡을 사서 이 사람들로 먹게 하겠느냐 하시니 이렇게 말씀 하심은 친히 어떻게 하실 것을 아시고 빌립을 시험코자 하심이라" (요 6:5-6)

지난번에는 "어떻게 믿어야 하는가"라는 제목으로 말씀드렸습니다만 오늘은 같은 본문을 가지고 또 다른 각도에서 믿음을 시험하시는 예수님이라는 제목으로 말씀하려고 합니다. 본문 5-6절을 보면 예수님은 빌립에게 "우리가 어디서 떡을 사서 이 사람들로 먹게 하겠느냐"라고 말씀하신 것은 어떻게 하실 것을 아시고 빌립을 시험하기 위해 하신 말씀이라고 기록되었습니다.

조금 후에 떡 다섯개와 물고기 두마리를 가지고 오천여명을 먹이는 이적을 행하실 예수님은 그렇게 하실 것을 미리 다 아셨다는 것입니다. 그러면서도 아무런 대책이 없는 사람처럼 어디서 떡을 사서 이 사람들을 먹게 하겠느냐고 물으신 것입니다.

사람을 시험하는 일은 시험을 받는 사람으로서는 기쁜 일이 아닙니다. 그러나 시험에 잘 합격하면 좋은 일이 나타납니다.

미스코리아를 선발하든가 가수를 선발하는 것을 보면 세심한 테스트를 하며, 학생들이 초등학교에서부터 대학까지 졸업하려면 수많은 시험을 거치게 되어있습니다. 그러나 그 시험을 잘 패스하면 업그레이드(Upgrade)가 되는 것입니다.

그래서 하나님께서는 사람을 악으로 시험하지 않으시지만 선한 목적으로 사람들을 시험하십니다. 구약성경을 보면 하나님께서 아브라함의 믿음을 시험하셨고 욥의 믿음을 시험하셨으며 또 본문에서는 빌립의 믿음을 시험하셨습니다.

1. 예수님은 빌립을 어떻게 시험하셨습니까?

"우리가 어디서 떡을 사서 이 사람들로 먹게 하겠느냐?" 라고 하셨습니다.

마태복음을 보면 제자들이 예수님에게 "이곳은 빈 들이요 때도 이미 저물었으니 무리를 보내어 마을에 들어가 먹을 것을 사먹게 하소서" (마 14:15)라고 하였다고 기록되어 있습니다. 아마 제자들이 이 말을 한 후 예수님은 "우리가 어디서 떡을 사서 이 사람들로 먹게 하겠느냐" 라고 말씀하신 듯합니다.

이 말씀을 보아 우리는 그때의 상황을 엿볼 수 있습니다. 오천 명이 넘는 많은 사람들이 예수님의 말씀을 들으려고 빈 들에 나왔다가 날이 저물었고 사람들은 시장하여 허기에 지쳐있었는데 그들을 그냥 돌아가게 하는 것은 너무나 무자비한 일이 될 것입니다. 그러나 제자들은 아무것도 가진 것이 없었습니다. 예수님은 이런 때에 제자들의 믿음을 시험하신 것입니다. 우리가 어디서 먹을 것을 사서 이 사람들로 먹게 하겠느냐? 라고 빌립에게 질문하신 것은 이런 상황에서 빌립은 어떠한 믿음의 대답을 하는가를 시험하신 것입니다. 그러나 빌립은 "각 사람이 조금씩 받게 할지라도 이백데나리온의 떡이 부족 하리이다" 라고 대답했습니다. 이 대답은 그저 현실만 보고 머리로 계산만한 대답이었습니다. 말하자면 컴퓨터식 계산이요 전능하신 예수님의 능력을 믿는 말은 아니었습니다. 그런 대답은 현실을 타개하는데 도움을 주는 것이 아니라 돈도 없고 떡도 없는 그런 상황에서는 도리어 실망과 낙심을 더해줄 뿐이었습니다.

그러나 안드레는 어느 사이엔가 한 어린아이의 떡 다섯개와 물고기 두마리를 가지고 와서 "여기 한 아이가 있어 떡 다섯개와 물고기 두마리를 가졌나이다 그러나 그것이 이 많은 사람에게 얼마나 되겠삽나이까" 라고 하셨습니다.

아마 안드레는 어린아이에게 "얘, 너 그 떡을 예수님께 드리면 어떻겠니? 그렇게 하면 예수님은 너의 그 떡을 가지고 이 많은 사람들이 다같이 먹을 수 있게 하실 수 있단다" 라고 설득했을 것이라 믿어집니다. 그렇게 하여 그 떡을 예수님에게 가져왔습니다.

안드레가 어린아이의 떡 다섯 개를 예수님께 가져온 것은 예수님이 하고자 하시면 이 떡 다섯 개를 가지고도 많은 사람을 먹일 수 있다는 믿음이 있기 때문이었습니다. 만일 안드레가 믿음이 없이 어린아이에게 그런 말을 했다면 안드레는 어린아이에게는 사기꾼이 되고 예수님에게는 바보가 될 것입니다. 그러나 안드레는 사기꾼도 바보도 아닙니다. 하나님의 능력을 믿었기 때문에 그렇게 말했습니다.

안드레가 믿었을 때 큰 역사가 나타났습니다. 우리는 가정생활을 할 때나 교회를 봉사하다가 때로는 벳세다 들에서와 같이 난처한 일들을 직면할 때가 있습니다. 예배당을 지어야 하는데 힘이 없다거나 교회의 경상비가 모자라거나 하는 경우입니다. 그런 일에 빌립처럼 계산만하지 말고 안드레처럼 믿어야 합니다. 믿음의 말과 행동 앞에서는 성벽처럼 닫겨진 문제도 해결되는 것입니다. 여리고 성도 믿음으로 돌을 때 무너지지 않았습니까?

2. 시험에 합격한 안드레

"우리가 어디서 떡을 사서 이 사람들로 먹게 하겠느냐"라고 하신말씀은 그가 친히 어떻게 하실 것을 아시고 빌립을 시험코자 하심이라고 하셨습니다.

예수님의 이 질문이 제자들의 믿음을 시험하는 말씀이었다면 빌립은 그 시험에 합격하지 못한 제자이며, 안드레와 어린아이는 믿음의 합격자들입니다. 안드레는 얼마 되지 않는 소량의 떡과 물고기로라도 하나님이 하시면 능히 많은 사람을 먹일 수 있다고 믿었으며, 어린아이는 안드레의 말을 듣고 동의하여 순종하였기 때문입니다. 그 결과로 하나님의 역사가 나타났습니다.

하나님께서는 사람의 협력 없이 독자적으로도 역사하시는 분이지만 사람들의 믿음을 통해 역사하시는 하나님이십니다. 이적이 나타난 결과는 오천여명이 먹고 남은 부스러기가 열두 바구니에 찰 만큼 풍족한 것이었습니다. 그것은 모인 무리가 한 사람도 남김없이 다 풍족하게 먹은 증거입니다. 떡을 드린 어린아이도 배부르게 먹었을 것이요 사람들은 그 어린아이와 안드레의 강한 믿음에 감동되었을 것입니다. 무엇보다 그들의 믿음은 예수님이 하나님의 아들이심을 모든 사람이 믿게 하는 결과를 가져왔습니다. 믿음의 행위는 이처럼 이적을 탄생시키며 풍성한 하나님의 은혜를 맛보게 합니다.

우리는 교회를 봉사하다가 어려운 일이 있을 때, 또 자신이 어려운 일을 당할 때, 예수님은 이런 상황에서 내가 어떻게 대처하는가를 시험하고 계신다는 것을 생각하고 믿음으로 말하고 믿음으로 행하여 시험에 합격자들이 되어야 하겠습니다.

그럴 때 우리의 믿음은 승격이 되며 하나님의 역사하심을 보게 될 것입니다.

21.

영생하도록 있는 양식

[요한복음 6:22-33]

예수님께서 떡 다섯개와 물고기 두마리를 가지고 5천여명을 먹이는 이적을 행하시게 되자 군중들은 예수님을 임금으로 추대하려 하였습니다. 그러나 그런 분위기를 보신 예수님은 혼자 산으로 떠나가셨습니다.

사람들 같으면 출세와 영달의 좋은 기회로 알아 그런 기회를 놓치지 않으려고 하였겠지만 예수님은 도리어 그들을 피해가셨습니다. 그 이유는 예수님이 오신 목적은 그들의 요구와 같이 육신의 떡을 먹이기 위한 것이 아니라 인류에게 생명의 떡을 먹이는 것이었기 때문입니다. 예수님께서 벳세다에서 이적의 떡을 사람들에게 먹이신 목적도 그 자신이 신령한 떡을 먹이는 분이심을 보여주기 위한 것이었습니다. 그러나 무리들은 그런 신령한 일에 대해서는 아랑곳 하지않고 예수님을 따라가면 육신의 떡을 먹을 수 있다는 생각에서 가버나움까지 건너가 예수님을 찾았습니다. 그때에 예수님은 그들에게 "썩는 양식을 위하여 일하지 말고 영생하도록 있는 양식을 위하여 하라"(27)고 말씀하셨습니다. 이 말씀이 중요한 까닭은 이 말씀은 사람의 삶의 패턴과 목적을 바꾸어 놓은 말씀이며 영원히 사는 길을 설명하는 말씀이기 때문입니다.

1. 여기서 예수님이 말씀한 썩는 양식은 무엇입니까

① 썩는 양식은 육신이 먹고 사는 식물입니다.

육신의 식물은 육신의 살아가는데 절대적으로 필요한 것입니다. 속담에 "수염이 석자라도 먹어야 산다"는 말도 있고 "금강산도 식후경"이라는 말도 있으며 "3일 굶고 담 안 넘어보는 사람이 없다"는 말도 있으며 "섧다고 해도 배고픈 것 이상 서러운 것은 없다"는 말도 있습니다. 한국 사람들은 옛날부터 배고픈 경험이 많아서인지 먹는데 대한 이야기가 많습니다. 우선 인사말도 아침 잡수셨습니까? 저녁 잡수셨습니까? 라는 말인 것을 보면 옛날에 우리 조상들은 한때 먹고 사는 것이 퍽 어려웠던 것 같습니다. 잠언에 손은 입을 위하여 일하느니라고 한 것을 보면 모든 일하는 동기가 먹는데 있음을 알 수 있습니다.

어떤 지방에서 홍수가 나서 집이 떠내려가게 되자 두 사람이 높은 나무에 올라가서 목숨을 건지게 되었는데 그 한 사람은 금덩이를 가지고 올라갔고 다른 한 사람은 떡을 한 덩어리 가지고 올라갔다고 합니다. 처음에는 금을 가지고 있는 사람이 자신은 홍수만 지나가면 부자로 살 것이라고 뽐냈으나 수일이 지나자 배가 고파 할 수 없이 건너편 가지에 있는 친구에게 그 금을 다 주고 떡과 바꾸어 먹었다는 것입니다. 옛날 에서가 팥죽 한 그릇에 귀한 장자권을 넘겨준 것을 보면 사람에게 식량이 얼마나 필요한가를 알 수 있습니다. 아마 지금도 식량이 없어진다면 자동차나 집, 가구 할 것 없이 모두 다 내어놓고 식량을 구입할 것입니다. 양식이 그렇게 필요하기 때문에 나라를 다스리는 임금은 백성의 빵 문제를 해결해야 했습니다. 제정 러시아가 패망한 이유는 빵 문제를 해결해주지 못했기 때문입니다.

유대인 군중들이 예수를 그렇게 열렬하게 찾은 이유도 예수님은 유대인들의 빵 문제를 해결할 수 있으리라는 기대 때문이었습니다. 오늘도 사람들은 빵을 위해서 열심히 일하는 것을 볼 수 있습니다. 어떤 이들은 예수 믿자고 하면 밥 벌어 먹어야지 언제 예수 믿을 시간이 있느냐고 하는 이도 있고 교회에 나가면 누가 밥 먹여준답니까? 하고 반문하는 사람도 있습니다.

② 이렇게 필요한 것이 양식인데 예수님은 왜 사람의 생존에 필요한 이 양식을 위해 일하지 말라고 하십니까?

그 이유는 그것이 썩는 양식이기 때문입니다. 음식물은 필요하여 먹지만 불과 3, 4시간을 지나면 다 소화되어 뒤로 내어버려집니다. 그리고 이 식물은 사람의 생명을 어느 한정된 기간만 지탱하게 할 뿐이며 영생하게 할 수는 없습니다. 만일 사람의 일하는 목적이 그 썩어 없어질 양식과, 결국 죽고 말 육체를 위한 것 뿐이라면 먹을 것만 찾다가 죽고 마는 동물보다 나을 것이 어디 있겠습니까? 그래서 예수님은 썩는 양식을 위해 일하지 말라고 하셨습니다. 이 말씀 가운데는 보다 가치 있는 것을 찾아야 한다는 의미가 있습니다.

2. 영생하도록 있는 양식

예수님은 썩는 양식을 위해 일하지 말라고 말씀하시며 적극적으로, 영생하도록 있는 양식을 위해 일하라고 말씀하셨습니다. 썩는 양식과 영생하도록 있는 양식을 대조하여 말씀하신 것입니다. 공동번역에는 이 말씀이 "영원히 살게 하며 없어지지 않는 양식" 이라고 번역되어 있습니다. 육신의 양식은 먹은 후에 몇 시간만 지나면 없어지며 또 그 양식을 먹는 사람을 오래 살게 하지도 못합니다. 그래서 먹고 또 먹어야 하기때문에 음식을 장만하느라 애매한 주부들만 큰 수고를 하게 만듭니다. 현대는 식생활 개선으로 주부들이 퍽 편리하게 되었다고 하지만 하루 세 끼 먹어야 하는 제도는 바꾸지 못하는 모양입니다. 만일 과학이 발달하여 더 좋은 음식을 만들어 한번 사먹으면 일주일이나 한 달을 안 먹어도 배고프지 않고 힘이 약해지지도 않는 음식이 나온다면 얼마나 좋겠습니까? 좀더 발전해서 한번 먹으면 일생을 살아갈 수 있을 뿐 아니라 백년이고 천년이고 더 사는 음식이 생긴다면 얼마나 좋겠습니까? 그러나 지금까지 이런 양식을 만들어내는 식품회사는 없습니다.

그런데 예수님은, 영원히 살게 하며 없어지지 않는 양식이 있다고 하시며 그 양식을 위해 일하라고 말씀하고 있습니다. 이 양식은 무엇입니까? 이 말씀을 들은 유대인들은 조상들이 먹던 만나를 상상했습니다. 만나는 그들의 조상들이 일하지 않고도 매일 아침 나가서 거두어먹은 양식으로서 참 편리한 양식임에 틀림이 없었습니다. 그러나 그 맛나는 영원히 살게 할 수는 없었습니다. 예수님은 궁금해 하는 무리들에게 "내가 곧 생명의 떡이니 내게 오는 자는 결코 주리지 아니할 터이요 나를 믿는 자는 영원히 목마르지 아니 하리라"(35)고 하셨습니다. 아마 예수님을 따르던 무리들은 이 말씀을 이해하기가 더 어려웠을 것입니다. 그 이유는 사람인 예수를 먹을 수는 없다고 생각했을 것이기 때문입니다. 그래서 그들은 "이 말씀은 어렵 도다 누가 들을 수 있느냐"(60) 라고 했습니다. 예수님께서 이루신 속죄의 역사를 이해하지 않고는 깨달을 수 없는 말씀입니다. 그래서 예수님은 "인자의 살을 먹지 아니하고 인자의 피를 마시지 아니하면 너희 속에 생명이 없느니라"(53)고 말씀하셨습니다. 예수님의 속죄는 예수님 자신의 살을 십자가에서 찢으시고 피를 흘려 그 살을 우리에게 먹이시고 그 피를 마시게 하시는 일입니다. 고대 로마 사람들은 그리스도인들이 성찬을 나눈다고 하여 사람의 피와 살을 먹는 야만인들이라고 핍박하였다고 합니다. 성찬의 떡과 포도주가 어떤 이들의 생각처럼 살과 피로 화하지는 않는다 하더라도 살과 피를 기념하는 의식은 예수님의 속죄를 더 깊이 느끼게 하는 의식인 것만은 분명합니다. 실제로 예수님의 살을 현재에 먹을 수는 없습니다만 적어도 정신적으로는 그의 살과 피를 먹는 것과 같습니다. 예수님은 인류의 죄를 대신하기 위해 사람의 몸을 입고 오셔서 자기 몸을 십자가에 내어놓아 살 찢고 피 흘려 주셨으며 우리는 그를 믿음으로 구원을 얻게 되었기 때문입니다. 광야에서 주린 대중 앞에 식탁을 베푸시듯 예수님의 살과 피는 인류의 구원을 위해 예비 된 영생을 얻게 하는 양식입니다. 그래서 예수님은 "내살은 참된 양식이요 내 피는 참된 음료로다"(55)하셨습니다.

3. 영생하도록 있는 양식을 위하여 일하라

"썩는 양식을 위하여 일하지 말고 영생하도록 있는 양식을 위하여 일하라" 하셨습니다. 우리는 썩는 양식이 어떤 것인가에 대해서와 영생하도록 있는 양식이 무엇인가에 대해서 생각하였습니다. 썩는 양식은 육신의 양식이며 영생하도록 있는 양식은 예수님 자신이었습니다. 이제 일하는 데 대해서 생각해 보아야 하겠습니다. 예수님은 썩는 양식을 위해 일하지 말라고 하셨습니다. 육신의 양식은 썩는 것이며 영생하게도 못하는 것이 사실입니다. 그러나 그것을 필요로 하는 육신을 가지고 있는 한 그것을 위해서 일하지 않을 수 없습니다. 만일 일하지 않는다면 어떤 사람은 단 하루도 살아갈 수 없는 사람도 있을 것입니다. 예수님의 말씀은 육신의 일을 하지 말라고 하신 것입니까? 예수님의 교훈을 읽어보면 노동을 천시하거나 노는 것을 장려하신 말씀은 어디서도 찾아 볼 수 없습니다. 예수님은 내 아버지께서 일하시니 나도 일한다고 하시며 하나님과 자신은 일하시는 분임을 역설하셨고 포도원 비유에는 장터에서 놀고있는 사람들을 포도원에 들여보냈다고 하셨으며 씨 뿌리는 비유에서도 가장 어려운 일인 씨 뿌리는 일, 김 매는 일, 추수하는 일을 다 말씀하셨습니다.

예수님의 사상을 가장 완전하게 받아들였다고 볼 수 있는 바울은 일하기 싫거든 먹지도 말라(살후 3:10)고 하였습니다. 그러므로 기독교를 받아들이는 민족은 부지런해지며 열심히 일하는 민족이 되게 마련입니다. 한국민족만 보아도 기독교가 들어가기 전엔 노동을 천시하는 양반사상 때문에 일하지 않다가 기독교가 들어간 후

상투를 깎고 부지런히 일하는 민족이 되었습니다. 그런데 예수님은 왜 여기서 썩는 양식을 위하여 일하지 말라고 말씀하셨습니까?

이 말씀은 썩는 양식을 삶의 목표로 삼지 말라는 말씀입니다. 우리의 삶의 목표로 삼아야 할 것은 하나님의 보내신 자를 믿는 것이 되어야 한다는 것입니다. 예수님은 소극적으로 썩는 양식을 위해 일하지 말라고 하시는 반면 적극적으로 영생하도록 있는 양식을 위해 일하라고 말씀하셨습니다. 유대인들이 이 말씀에 대해 "우리가 어떻게 하여야 하나님의 일을 하오리까" 라고 질문했을 때 예수님은 "하나님의 보내신 자를 믿는 것이 하나님의 일이니라" 고 대답하셨습니다.

이 말씀을 해석하면 영생하도록 있는 양식을 위해 일하는 것은 곧 하나님이 보내신 자 예수 그리스도를 믿는 것이라는 말씀입니다. 이 말씀에 대하여 뻬자(Beza)는 "믿음을 일이라고 불렀다" 고 했고, 토룩(Tholuck)은 "믿음 자체가 일이다" 라고 했으며 고데(Godet)는 "바울의 믿음은 야고보의 행위다" 라고 설명했습니다. 바울서신에서는 믿음과 행위(일)를 엄격하게 구분했습니다. 그러나 그것은 율법의 행위로는 구원을 얻을 수 없다는 것을 역설한 것이었습니다. 그러나 믿음은 하나님의 보내신 그의 아들을 순종으로 받아들인다는 점에서 일이라고 할 수 있습니다. 바울은 인간의 의로 구원을 얻을 수 없다는 것을 강조하였지만 믿는 일만은 해야 한다고 말씀하고 있습니다. 그것은 썩지 않는 양식을 위해 하는 가치 있는 일입니다.

어느 곳에 나이 40이나 되어 겨우 장가를 간 남자가 있었다고 합니다. 이 남자는 아내가 너무 귀하고 좋아서 돈을 벌어올 뿐 아니라 음식도 자기 손으로 다 만들어 대접하였습니다. 그러자 여자의 버릇도 점점 나빠져서 음식을 차려다 놓아도 자기 손으로 떠 먹지않아 남편이 떠서 먹여주곤 했답니다. 그런데 남편이 출장을 가서 여러날 있게 되어 퍽 걱정을 하면서 한달 먹을 밥과 반찬을 방에 차려 놓았습니다. 그래도 안 먹을 것 같아서 숟갈을 저고리 고름에 매어 두고, 꼭 때를 찾아먹으라고 당부하고 떠났습니다. 그러나 남편이 돌아와보니 굶어죽었더라는 우스운 이야기입니다.

하나님은 우리를 사랑하셔서 모든 것을 갖추어 주셨습니다. 그의 아들을 보내어 십자가에 죽게 하사 우리의 죄를 대속하게 하신 것입니다. 그리고 우리에게 요구하시는 것이 있다면 그의 아들을 믿으라는 것 뿐입니다.

사람들은 썩을 양식만을 위해 일하고 있습니다. 그것이 삶의 목표라도 되는 것처럼 생각합니다. 이제 우리는 썩지않는 양식, 즉 영원한 생명을 얻게 하는 믿음의 일을 위해 일해야 하겠습니다.

22.

예수님의 때와 사람의 때

[요한복음 7:1-12]

안식일 문제로 시작 된 유대인들의 핍박은 이적으로 떡을 먹이신 후 자신이 하늘로서 내려온 떡이라고 주장하자 더 가열되어져서 예수를 죽이려고 하는데 까지 이르게 되었습니다. 그래서 예수님은 갈릴리에 다니시고 유대지방에 다니지 아니하셨습니다. 그때에 유대인의 초막절이 되었습니다. 초막절이란 유월절, 맥추절, 초막절, 유대인의 3대 절기 중 하나로서 곡식을 다 거두어 드린 후 8일간 지키는, 오늘의 감사절과 같은 절기입니다.

유대인들은 초막절이 되면 8일간 아무런 노동도 하지 않고 축제를 행하는데 일주일간 모두가 들로 나가서 나뭇가지나 풀로 막사를 만들고 거기서 기거하며 자기들의 조상들이 집 없는 광야에서 40년간 천막생활을 한 것을 회상합니다. 그리고 마지막 날에는 예루살렘 성전 앞에 모여 실로암 못에서 물을 길어다가 붓고 1년간 먹을 양식을 주신 하나님을 찬양하며 감사한다고 합니다. 이 절기는 국가적 경절이기 때문에 수많은 유대인들이 예루살렘에 모여 들었다고 합니다.

이 절기를 앞두고 예수님의 형제들은 예수님에게 스스로 나타나기를 구하면서 묻혀서 일을 하는 사람이 어디 있느냐고 하면서 장막절에 예루살렘에 올라가라고 권면 했습니다. 아마 아직 예수님을 믿지않던 형제들은 예수님의 은거생활을 못마땅하게 여겼던 듯합니다. 형제들의 이 권면은 광야에서 마귀가 예수님에게 권면한 말과 비슷합니다. 그 때에 마귀는 예수님에게 성전 꼭대기에서 뛰어내리라고 했습니다. 그렇게 함으로서 사람들의 인기를 집중시키라는 것입니다. 말하자면 쇼맨십(showmanship)을 보이라는 것입니다. 그러나 예수님은 그런 방식으로 일하시는 분은 아닙니다. 예수님은 무리들이 왕을 삼으려 할 때는 혼자 산으로 가서 숨으셨고, 많은 사람이 모이는 초막절에는 갈릴리에 머물러 계셨습니다. 예수님의 구속사업은 선전이나 운동으로 될 일이 아니기 때문입니다. 그 일은 고요히 사람들에게 버림을 받아 죄인으로 죽어가야만 하는 일이었습니다. 그러므로 예수님은 그 형제들에게 "나의 때는 아직 이르지 아니하였거니와 너희 때는 늘 준비되었느니라" 고 대답하였습니다.

"때" 라는 말은 헬라어로 호라(ὥρα)와 카이로스(καρός) 두가지가 있는데 호라는 시간을 의미하며 카이로스는 하나님의 정하신 때를 의미합니다. 예수님에게도 우리 인생들에게도 모두 하나님의 정하신 때가 있습니다.

사람은 이 세상에서 영원히 사는 것이 아니라 그 많은 흐르고 있는 시간 중 지극히 적은 부분을 할애 받아 살고있습니다. 그리고 이 지극히 적은 시간은 영원 세계에 들어갈 준비기간으로서 이 시간을 잃어버린 사람들은 슬피 울어도 뉘우칠 수가 없게 됩니다. 예수님에게도 정하신 때가 있었습니다. 예수님은 이 자신의 때를 잘 선용하셨습니다.

1. 예수님의 때

① 예수님은 자기의 때가 어느 때인지 잘 아셨습니다.

"나의 때는 아직 이르지 아니하였거니와"라고 하셨습니다. 복음서를 보면 예수님은 여러번 때에 대해 말씀하신 것을 볼 수 있습니다. 가나의 혼인집에서 어머니 마리아로부터 포도주가 없다는 말씀을 들었을 때고 "여자여 나와 무슨 상관이 있나이까 내 때가 아직 이르지 못하였나이다"(요 2:4)라고 대답하셨습니다. 성경 해석가들은 이 때는 예수님께서 십자가를 지고 죽으시므로 하나님의 아들의 사역을 이루시는 때라고 해석하고 있습니다. 마리아는 가나의 혼인집에서 예수가 하나님의 아들이심을 나타내기를 기대하였던 것 같습니다. 그래서 예수님은 "내 때가 아직 이르지 아니하였나이다"라고 대답하셨습니다.

요 12:27 말씀을 보면 겟세마네 동산에서 "아버지여 나를 구원하여 이 때를 면하게 하여 주옵소서. 그러나 내가 이를 위하여 이 때에 왔나이다"라고 기도하셨습니다. 이런 말씀들을 보면 예수님의 때는 십자가를 지시는 때입니다. 예수님이 세상에 보내심을 받으신 목적은 십자가를 지시는 것이었습니다. 가나의 혼인집이나 유대인의 초막절은 아직 십자가를 질 때가 아니라는 것을 잘 알고 계셨습니다.

② 그 뿐 아니라 예수님은 그때를 잘 선용하셨습니다.

예수님은 마치 유능한 포수가 적당한 때에 방아쇠를 당기는 것처럼 적당한 때에 십자가를 지시러 예루살렘에 올라가셨습니다. 형제들은 아직 때가 이르지 않았는데도 예루살렘에 올라가라고 하였습니다만 아직 십자가를 질 때는 아니었기 때문에 비밀리에 예루살렘에 올라가서 성전에서 가르치셨습니다. 과실이 충분히 익어야 따게 되는 것처럼 예수님께서 십자가를 지시기 전에 모든 일들이 이루어져야 했습니다. 우선 예수님께서 말씀으로 또는 이적으로 증거해야 할 일은 다 증거하셔야 했고 무리들의 반대도 극심해져야 했습니다. 무모한 행동은 도리어 하나님의 뜻을 그릇되게 할 염려가 있었기 때문입니다. 우주 비행사들이 우주에 머무는 기간이 정해져 있는 것처럼 예수님이 하실 일과 기간은 정해져 있었습니다. 이제 총지휘자 되시는 하나님의 지시에 따라 행동해야 했습니다.

③ 그러나 때가 되었을 때 예수님은 숨거나 혹은 주저하거나 하지 않으시고 과감하게 순종하셨습니다.

예수님께서 마지막으로 예루살렘에 올라 가실 때는 용사가 전쟁터로 나가는 것 같은 모습이었습니다. 가이사랴 빌립보에서는 자기가 십자가를 지고 죽으실 것을 예언하셨고 이런 일이 미치지 않으리라고 간하는 베드로에게 "사단아 내 뒤로 물러가라" 고 꾸짖으셨습니다. 막 10:32을 보면 마가는 예수님의 예루살렘에 올라가시는 광경을 다음과 같이 설명했습니다. "예루살렘으로 올라가는 길에 예수께서 제자들 앞에 서서 가시는데 저희가 놀라고 좇는 자들은 두려워하더라" 고 하였습니다. 그때에 예루살렘의 공기는 전보다 더 험악해졌습니다. 그러나 예수님은 그들 가운데로 들어가셨습니다. 예수님은 하나님의 정하신 때에 오셔서 하나님께서 맡기신 일을 잘 감당하시고 가셨습니다. 그러므로 그로 말미암아 구원의 문이 인류에게 열려진 것입니다.

2. 사람의 때

"그러나 너희 때는 항상 준비되어 있느니라" 고 말씀하셨습니다.

1) 사람의 때도 정해져 있습니다.

바울은 아덴의 아레오바고에서 다음과 같이 설교하였습니다. "인류의 모든 족속을 한 혈통으로 만드사 온 땅에 거하게 하시고 저희의 년대(καιρός)를 정하시며 거주의 경계를 한하셨으니" (행 17:26), 바울은 천지와 만물을 창조하신 하나님을 믿지 않는 아덴 사람들에게 신은 무한하시며 인간은 조그마한 한계 속에서 살고 있다고 역설하였습니다. 동물들을 보면 각각 수명이 한정되어 있습니다. 닭은 2, 3년, 개는 15년, 코끼리는 50년, 이런 나이의 한계를 넘지 못합니다. 그와 같이 사람도 하나님이 정하신 때(καιρός)를 넘기지 못합니다. 그리고 동물들은 종류를 따라 한정된 지역이 있습니다. 물고기만 보아도 냇물에 사는 고기, 강물에 사는 고기, 바다에 사는 고기가 있습니다. 그 한계를 서로 넘지 못합니다. 사람도 그와 같습니다. 사람의 사는 연령과 환경이 한정되어져 있습니다. 사람이 젊어서 죽으면 명대로 못살았느니 약을 썼더라면 안 죽을 것을 하고 말들을 하지만 사실은 하나님의 정하신 기간대로 살다가 간 것입니다. 우리는 다 이 짧고 귀한 한 기간을 배정 받아 이 세상에 온 사람들입니다.

2) 그런데 예수님은 "너의 때는 항상 준비되어 있느니라"고 말씀하셨습니다.

예수님의 때는 십자가를 지시는 때였습니다. 그러므로 예수님은 그 때까지 괴롭고 답답해도 기다리셔야 했습니다. 무모하게 서둘러서도 안되었습니다. 그러나 우리 인생들의 때는 그것과는 다릅니다.

인생들의 때는 구원을 위해 항상 준비된 때입니다. 마태복음에 나타난 예수님의 비유의 말씀을 보면 어떤 임금이 아들을 위해 혼인 잔치를 베풀고 종들을 보내어 "내가 오찬을 준비하되 나의 소와 살찐 짐승을 잡고 모든 것을 갖추었으니 혼인잔치에 오소서"(마 22:4)하였다고 하였습니다. 그것은 하나님께서 인류를 위해 예비하신 구원입니다.

하나님께서는 임금이 아들의 혼인잔치를 위해 살진 소를 잡고 진미를 예비하여 놓고 기다리듯이 예수 그리스도로 말미암아 큰 구원을 예비하고 기다리십니다. 그래서 바울은 "하나님의 은혜를 헛되이 받지 말라… 보라 지금은 은혜 받을 만한 때요 보라 지금은 구원의 날이로다"(고후 6:1-2)라고 하였습니다. 준비되었다는 것은 사람이 스스로 준비하는 것을 의미하는 것이 아니고 하나님 편에서 준비하셨다는 것입니다.

예수님의 형제들의 때는 준비되어 있었습니다. 그들은 예수님처럼 때를 기다릴 필요가 없었습니다. 그리고 은혜시대에 태어난 모든 사람들의 때도 준비되어 있습니다. 그것은 비행기의 문은 열리고 승객들은 하나씩 탑승을 시작하고 있는 것과 같습니다. 그러므로 누구든지 나의 때가 되지 않았다고 핑계하여서는 안됩니다. 우리의 때는 항상 준비되었기 때문입니다. 그리고 나는 이미 때가 늦었다고 생각하는 것도 잘못된 생각입니다. 적어도 우리 주님께서 우리의 생명을 부르시기 전까지는 우리의 기회는 아직 남아있습니다.

그러나 우리의 때가 항상 예비 되었다는 것은 우리의 카이로스(καρός)가 다하기 전까지를 의미합니다. 여러분의 카이로스는 언제까지이겠습니까? 태어난 날은 알고 있지만 세상을 떠날 날은 아무도 알지 못합니다. 그러므로 오늘 회개할 것을 회개하십시다. 오늘 주님을 섬기십시오. 오늘이 바로 여호와를 찾을 때입니다. "지금이 곧 여호와를 찾을 때니 너희 묵은 땅을 기경하라 마침내 여호와께서 임하사 의를 비처럼 너희에게 내리시리라" (호 10:12)

23.

강물 같은 성령

[요한복음 7:37-39]

"명절 끝날 곧 큰 날에 예수께서 서서 외쳐 가라사대 누구든지 목마르거든 내게로 와서 마시라 나를 믿는 자는 성경에 이름과 같이 그 배에서 생수의 강이 흘러 나리라 하시니 이는 그를 믿는 자의 받을 성령을 가리켜 말씀하신 것이라" 유월절, 맥추절, 초막절, 이 세 절기는 유대인들의 3대 절기입니다. 유월절은 하나님께서 이스라엘 백성을 애굽에서 구원하신 일을 기념하는 절기이며 맥추절은 가나안에 들어가서 처음 익은 곡식을 거두었을 때 지킨 절기이며 초막절은 곡식을 다 거두어 들인 후에 8일간 쉬며 지키는 대 절기입니다. 초막절이 되면 유대인은 각각 자기집을 떠나 들로 나가서 나뭇가지와 풀로 초막을 만들고 7일 동안 거기 기거하며 자기들의 조상들이 광야에서 40년간 초막에 살던 일을 기념했다고 합니다. 7일이 지난 후에 그들은 예루살렘 성전 뜰에 모여 실로암 못에서 물을 길어다가 부으며 종려가지를 들고 즐거워했다고 합니다. 본문의 내용을 보면 처음에 예수님은 "나의 때가 아직 이르지 아니하였다"고 하시며 이 초막절에 올라가시지 않을 뜻을 말씀하셨으나(7:8) 명절이 중간쯤 지났을 때 성전에 올라가셔서 가르치셨고(7:14) 유대인들이 예루살렘에 다 모이는 제 8일에 "누구든지 목마르거든 내게로 와서 마시라 나를 믿는 자는 성경에 이름과 같이 그 배에서 생수의 강이 흘러 나리라" 고 외치셨습니다. 사도요한은 이 배에서 생수의 강이 흘러 나리라는 것은, 그를 믿는 자의 받을 성령을 가리킴이라고 하였습니다.

오늘은 강물 같은 성령이란 말씀으로, 성령의 성격과 성령을 어떤 사람이 받는가에 대해서와, 성령은 어느 때부터 임하시게 되었는가에 대해서 말씀하려고 합니다.

1. 성령의 성격

성령을 생수의 강이라고 하신 말씀은 성령님의 작용과 그 성격을 잘 드러내는 말씀입니다. 성령은 신이심으로 사람이 눈으로 볼 수 없는 분입니다. 그러므로 하나님께서는 성령의 사역을 사람들에게 알리시기 위해 여러 모양으로 나타내셨습니다. 때로는 성령을 불로 묘사한 곳도 있습니다. 세례요한은 "그는 성령과 불로 너희에게 세례를 주실 것이요"(마 3:11)라고 하였고 오순절에 임한 성령은 "불 같은 혀" 로 나타나셨습니다. 성령을 불로 표현한 것은 성령은 불처럼 정화시키며 사람의 열정을 일으키는 분이시기 때문입니다. 예수님은 본문에서 성령을 생수의 강으로 표현하고 계십니다. 이 말씀 역시 성령의 성격을 잘 나타내는 말씀입니다.

① 강물은 소성케 하는 것입니다.

옛날부터 인류의 문명은 강을 중심으로 하여 이루어졌습니다. 메소포타미아 문명은 유브라데스 강에서 이루어졌고, 애굽의 문명은 나일강에서 이루어졌으며 황하 문명은 황하에서 이루어졌습니다. 오늘에도 대도시들은 거의 다 강을 중심으로 하여 이루어졌습니다. 뉴욕은 허드슨 강, 런던은 템즈 강, 파리는 세느 강, 서울은 한강, 그러므로 인류의 문명은 강의 문명이라고 볼 수 있습니다. 강이 없이 메마른 곳엔 사람이 살지 못하고 강이 흐르는 곳에는 사람이 모여 살게 됩니다. 최근 뉴스를 들으면 사막뿐이어서 사람과 동물이 살 수 없었던 중앙 아프리카에 기상조건이 바뀌어 비가 자주 오면서 늪의 면적이 넓어지며 사람 살 곳이 되어간다는 것입니다. 우리의 영혼도 물을 통해 소성하는데 신령한 강물 곧 성령의 강수로서 소성합니다.

예수님 당시에 유대교와 예수님을 따르던 사람들 두 단체를 대조해보면 성령이 사람의 영혼을 얼마나 소성케 하시는가를 발견할 수 있습니다. 유대교에서는 예루살렘 시온산에 46년간 지은 웅장한 성전이 있었습니다. 그들은 잘 조직되어 있었으며 그들의 율법을 지키는 열심은 다른 사람이 따라갈 수 없었습니다. 그러나 그들의 영혼은 메마르고 있었던 것이 잘 나타나고 있습니다. 그들이 율법을 지킨다는 것은 말뿐이었습니다. 그들에게는 사랑이 메말라 있었고 교권을 무기로 삼았으며, 돈을 숭배하고 좋아했습니다. 너무나 배타적이었습니다. 이러한 분위기에서 영혼들이 살아날 수 없었습니다. 예수님의 제자들은 그런 단체에 비하면 외부적으로는 너무나 미미한 것이었습니다. 그들은 수도 얼마 안되었고 조그마한 건물조

차 없어 겨우 다락방하나를 빌려서 모임을 가진 것 뿐이었습니다. 그러나 그들에게는 기쁨이 있었고 사랑이 있었고 열심이 있었습니다. 그리고 날마다 부흥되어갔습니다. 그것은 강물 같은 성령이 그들에게 임하여 계셨기 때문입니다.

② 그런데 예수님의 이 말씀을 자세히 읽어보면 "그 뱃속에서 생수의 강이 흘러 나리라"고 하셨습니다.

이 뱃속은 사람의 인격의 가장 깊은 심층부를 의미합니다. 잠언에 말씀하기를 "웃을 때에도 오히려 근심이 있다"고 하였습니다. 사람이 기뻐한다는 것은 정도가 각각 다릅니다. 사랑하는 아들이 병들었다가 나았다면 기쁠 것입니다. 그러나 잃었다가 찾았다면 더 기쁠 것입니다. 그러나 그것이 영혼의 심층에서 나오는 기쁨은 될 수 없습니다. 이 영혼의 심층부에서부터 소성함을 얻게 하실 이는 성령뿐이십니다. 옛날 성령이 충만했던 다윗왕은 "여호와는 나의 목자시니 내가 부족함이 없으리로다"라고 하였습니다. 강단에서 생수가 흐르는 것도 좋습니다. 나의 가정에서 생수가 흐르는 것도 좋습니다. 그러나 나의 뱃속에서 흐르지 않는다면 무슨 행복이 되겠습니까?

성령은 우리 영혼심층을 적시어주며 소성케 하십니다.

③ 성령은 강물처럼 점점 커집니다.

세계에서 가장 이상한 강은 미국서부에 있는 코로라도 강입니다. 이 강은 그랜드캐넌이라는 골짜기에서 발원하여 아리조나주를 통과하여 뉴멕시코 지방에 가서는 없어지고 맙니다. 그래서 코로라도 강은 데드엔드로 끝나버립니다. 그 이유는 그 지방 토질이 모래이기 때문에 강물은 모래 밑으로 숨어버리고 만다는 것입니다.

이런 경우 외에는 어떤 강물이라도 점점 적어지는 강물은 없고 점점 커져 갑니다. 남미대륙에 흐르는 아마존 강도 북미대륙을 흐르는 미시시피 강도 시작은 조그마한 냇물에 불과하지만 마지막에는 거대한 강물이 되어 바다로 들어갑니다. 성령의 역사하심도 그러합니다. 어떤 이들은 오늘에는 성령의 역사가 별로 없다고 하며 비관적으로 보지만 사실은 그렇지가 않습니다. 성경의 예언을 보면 에스겔이 본 환상 중 성전 문지방에서 흐르는 물은 점점 더 깊어졌고, 선지자 요엘은 하나님께서 말세에 내 남종과 여종들에게 성령을 부어주겠다고 약속하셨다고 합니다. 그리고 오늘날에는 실제적으로 믿는 사람의 수가 더욱 많아지고 있으며 성령 받는 사람이 더욱 많아지고 있습니다.

2. 성령은 누가 받습니까?

① 먼저 예수님은 "누구든지"라고 말씀하고 있습니다.

이 누구든지라는 말씀은 복음의 대표적인 성구인 요한복음 3:16에도 나타나고 있습니다. 누구든지라는 말은 지위가 높은 사람이나 낮은 사람, 유식자거나 무식자, 부자이거나 가난한 사람, 건강한 사람이거나 병약한 사람, 남자이거나 여자, 어른이거나 어린아이, 동양인이거나 서양인, 흑인이거나 백인 그 누구든지를 의미하는 것입니다.

사실 기독교 외에 다른 종교들은 누구든지라는 말을 사용하지 않았습니다. 유대교만해도 하나님은 누구든지의 하나님이 아니라 아브라함의 후손 된 유대인들의 하나님으로 믿었습니다. 이 세상의 모든 종교는 다 민족적인 냄새를 풍기고 있습니다. 불교는 동양인들이 믿었고 마호멧교는 아랍인들이 믿으며 힌두교는 인도인들이 믿습니다. 그러나 예수님은 유대인 중에서 나셨지만 유대인들 보다는 다른 민족들이 더 많이 믿습니다. 오늘날 기독교를 믿지 않는 민족은 없습니다. 그 이유는 "누구든지"라는 말씀이 있기 때문입니다.

사도행전을 보면 성령강림 후 얼마 안되어 베드로는 기도하다가 하늘에서 큰 보자기가 내려오는 환상을 보았습니다. 그 속에는 각종 짐승과 곤충들이 들어있는데 일어나 잡아먹으라는 음성이 세 번 들린 후에 그 보자기가 하늘로 올리어가는 것이었습니다. 베드로는 그 의미를 잘 깨닫지 못하다가 고넬료의 가정의 청함을 받아 말씀을 전하는 중 성령이 강림하심을 보고야 그 의미를 알게 되었습니다. 하나님께서는 예수님을 어느 민족이나 차별하지 않고 보내신 것처럼 성령도 차별 없이 주십니다.

② "목 마르거든 내게로 와서 마시라" 하셨습니다.

다음으로 성령의 생수를 받는 사람은 목마른 사람입니다. 이사야는 "너희 목마른 자들아 물로 나아오라"(사 55:1)고 하였고 계시록에는 "목마른 자도 올 것이요 원하는 자는 값 없이 생명수를 받으라"(계 22:17)고 말씀하셨습니다. 하나님께서는 사람들에게 성령을 부어 주실 때에 어떤 사람의 선행이나 공로를 요구하지 않으시며 돈 같은 것은 더욱 요구하시지 않으십니다. 다만 그 사람의 마음이 영적 배고픔을 느끼며 성령 받기를 원하는 마음이 있는가를 보시고 허락하십니다. 옛날에 엘리사가 은혜를 받은 일이나 초대교회 성도들이 성령 받은 일을 생각해 보세요. 그들이 얼마나 원하고 사모하였습니까? 우리는 "나는 성령을 받을 자격이 없어, 나는 죄도 많고 하나님 앞에 의롭지 못해," 이런 생각으로 성령을 받을 수 없다고 하는 생각을 버려야 합니다. 우리가 영혼의 갈증을 느끼며 원하는 마음으로 주 앞에 나가면 그 생수를 받을 수 있습니다.

3. 성령은 어느 때에 임하십니까?

성령에 대한 요엘의 예언은 다음과 같습니다. "그 후에 내가 내 신을 만민에게 부어 주리니…"(욜 2:28).

오순절 성령강림이 있은 후 베드로는 요엘 선지의 예언을 인용하면서 "하나님이 가라사대 말세에 내가 내 영으로 모든 육체에게 부어주리니…(행 2:17)라고 하였습니다. 선지자 요엘은 그 후라는 말로 말세에 성령을 부어 주실 것을 예언하였습니다. 그러나 요한복음 저자는 "예수께서 아직 영광을 받지 못하신 고로 성령이 아직 저희에게 계시지 아니 하더라"고 설명하였습니다. 이 말씀에 예수께서 아직 영광을 받지 못하셨다는 것은 아직 십자가를 지시지 않았다는 말씀입니다. 즉 예수님이 십자가를 지고 속죄의 죽음을 죽으신 이후에야 성령이 임하실 터인데 아직은 십자가를 지시지 않았기 때문에 성령이 계시지 않았다는 말씀입니다. 이 구절이 어떤 사본에는 없다고 하여 괄호 안에 넣고 있으나 그 말씀의 내용은 성경 다른 곳에 있는 말씀과 일치합니다. 눅 12:49을 보면 "내가 불을 땅에 던지러 왔노니 이 불이 이미 붙었으면 내가 무엇을 원하리요 나는 받을 세례가 있으니 그 이루기까지 나의 답답함이 어떠하겠느냐"라고 하여 자기가 먼저 세례(십자가)를 받아야 성령이 임하시겠다고 말씀하셨습니다. 그리고 예수님은 그가 떠나가야 성령이 오실 것이라고 다음과 같이 말씀하셨습니다. "내가 떠나가지 아니하면 보혜사가 너희에게로 오시지 아니할 것이요, 가면 내가 그를 너희에게로 보내리니"(요 16:7)라고 하셨습니다.

구약시대에도 성령께서 역사하신 것이 사실이지만 만민에게 생수의 강처럼 임하시는 성령님은 예수님이 십자가를 지신 후에 나타날 일이라는 것입니다. 그 예언대로 오순절부터 성령의 시대는 문을 열었습니다. 어떤 이들은 오순절에 임하신 성령의 역사가 지금은 없다고 말하기도 하고 어떤 이들은 마지막 때의 성령만을 강조하지만 생수의 강처럼 사람들의 영혼을 소성 시키는 성령의 역사는 예수님이 십자가에 달려 죽으시사 속죄 제물이 되시고 승천하신 후부터 시작되어 지금까지 계속되고 있는 것이 분명합니다.

예수님은 초막절에, 육신적으로 받은 은혜를 인해 축제를 하고 있는 유대인들에게 누구든지 목마르거든 내게로 와서 마시라고 외치셨습니다. 그들의 전통적 종교나 의식적 행사로서 영혼이 살아날 수는 없었습니다. 그들은 예수를 믿을 때에 받는 생수의 강물을 받아야만 했습니다.

24

니고데모처럼

[요한복음 7:45-52]

니고데모라는 인물은 다른 복음에는 나타나지 않지만 요한복음에는 세 번이나 나타나고 있습니다. 맨 처음에는 밤에 예수님께 찾아와서 거듭나는 일에 대한 교훈을 들었고(요 3:1), 다음에는 산헤드린공회에서 예수님을 체포하려 할 때 예수님을 변호하였으며(요 7:51), 그 다음에는 예수님이 십자가에 죽으신 후 몰약과 침향을 가지고 예수님을 장례 하였습니다(요 19:39). 이 세 곳에 기록된 말씀은 니고데모가 예수님을 어떻게 찾아온 것과, 어떻게 증거 한 것과, 어떻게 봉사한 것을 잘 보여주고 있습니다. 이 니고데모의 발자취를 더듬어 볼 때 니고데모처럼 믿어야 한다는 감동을 일으켜줍니다.

다른 저자들이 기록하지 않은 니고데모의 행적을 사도요한을 통하여 이렇게 기록한데는 크리스찬들에게 그의 신앙생활을 본받게 하시려는 성령님의 배려가 계신 줄 믿습니다. 오늘은 성령님의 도움을 받아가며 니고데모의 생활을 살펴보기로 하겠습니다.

1. 니고데모는 예수님을 열심히 찾았습니다.

“구하라 그러면 너희에게 주실 것이요 찾으라 그러면 찾을 것이요 문을 두드리라 그러면 너희에게 열릴 것이니라” (마 7:7),

“너희가 만일 저를 찾으면 저가 너희의 만난바 되시려니와 너희가 만일 저를 버리면 저도 너희를 버리시리라” (대하 15:2)

이런 말씀들을 보면 하나님께서는 찾는 자에게 나타나시는 하나님 이십니다.니고데모가 예수님을 영접하고 믿게 된 것은 예수님을 열심히 찾았기 때문입니다. 믿는 사람들 가운데는 나도 예수님을 좀 확실히 알았으면 좋겠다, 천당과 지옥을 분명히 보았으면 좋겠다, 분명히 본다면 나는 누구보다 더 잘 믿을 것이다 이렇게 말하는 사람들을 볼 때가 있습니다. 그런 확신에 이르기를 원하면서도 예수님을 열심히 찾지 않는 것은 이상한 일입니다. 그것은 그저 나도 돈을 좀 벌었으면 좋겠다, 나도 옷도 사고 차도 사고 했으면 좋겠다고 하면서 돈을 벌지 않는 것이나 다름이 없습니다. 열심히 일하여 돈을 벌면 그 소원은 이루어 질 것입니다. 그와 같이 성경엔 “구하라 그리하면 주실 것이요 찾으라 그리하면 찾을 것이요 문을 두드리라 그리하면 열릴 것이니라” 고 말씀하셨습니다.

지금도 니고데모처럼 예수님을 찾는다면 누가 예수님을 못 만날 사람이 있겠습니까?

그러면 니고데모는 어떻게 예수님을 찾았습니까?

① 자기의 위신과 체면을 버리고 예수님을 찾았습니다.

위신이라고 하는 것은 자신의 명예에 손상되지 않게 행동하는 것입니다. 대개 신분이 낮은 사람들은 위신을 지킬 필요가 없으나 신분이 높을수록 위신을 지켜야 한다는 생각에 지배를 받습니다. 가령 길에서 구걸하는 걸인은 위신이라는 것을 세울 필요가 없기 때문에 "동전 좀 주세요" 하고 알지 못하는 사람에게도 손을 내밀지만 여러분들은 그렇게 할 수 없을 것입니다. 언젠가 한국 대통령이 일본수상과 악수하는 장면이 일간지에 게재되었는데 기자의 실수인지 모르나 한국대통령이 허리를 좀더 굽힌 사진이어서 보는 사람마다 기분이 상했습니다. 무엇 때문에 우리나라 대통령이 남의 나라 수상에게 허리를 더 굽히느냐 하는 것입니다.

지위가 높은 사람일수록 거동을 더 조심해야 하기에 위신에 대해 더 생각하게 됩니다. 그리고 위신에 대해 너무 신경을 쓰는 사람들을 저 사람 어깨에 힘을 준다, 목에 힘을 준다고 합니다. 니고데모는 어깨에 힘을 줄만한 인물이었습니다. 예수님을 찾아갈 사람은 아니라고 생각할만한 인물입니다. 그러나 니고데모는 그런 모든 위신을 버리고 예수님께 나왔습니다. 이것이 바로 니고데모에게서 배울 점입니다. 삼국지를 읽어보면 유비현덕이 중국을 통일한 후 나라를 잘 다스릴 모사를 구하다가 제갈공명을 발견하고 여러 수행원과 함께 오두막집에 사는 제갈공명을 찾아갔다고 합니다. 그러나 제갈공명은 만나 주지않고 그냥 돌려 보냈습니다. 유비현덕은 그 후 다시 찾아갔지만 제갈공명은 두 번째도 만나주지 않았고 세 번째 찾아간 유비는 집 마당에 무릎을 꿇고 애원하여 결국 승낙을 받았다고 합니다. 그것이 유비현덕의 삼고초려 입니다.

중국을 통치하는 대정치가가 자기 나라에 필요한 제갈공명을 모셔오기 위해 자기 위신을 버리고 그 앞에 꿇어 엎드렸다면 우리의 생명이요 모사이신 예수님을 모시기 위해 우리의 하찮은 위신따위 왜 못 버리겠습니까? 예수님께 나오려면 우리 어깨의 힘을 다 빼야 합니다.

② 거듭나도록 찾았습니다.

니고데모는 거듭남의 진리를 배워 거듭나는 경지에 이르기까지 찾았습니다. 처음에 니고데모는 거듭나는 것이 무엇인가 이해하지 못했습니다. 그러나 후에 그가 예수님을 증거 한 것과 봉사한 것을 보면 그가 거듭났다는 것을 알 수 있습니다. 기독교에서 말하는 신앙이라는 것은 많이 배워서 학문을 높이는 것도 아니고 수양을 많이 하여 사람들 앞에 도인처럼 보이는 것도 아닙니다. 하늘의 생명을 받아 새 생명으로 태어나는 것입니다.

옛날 이야기 가운데 이런 이야기가 있습니다. 정진사 집에 민충이라는 아들 하나가 바보여서 아무것도 모름으로 그 부인이 10년을 기한하고 글공부를 위해 절에 보냈다고 합니다. 얼마나 바보였던지 하늘천(天)을 배워주고 따지(地)를 배워주면 하늘천(天)자는 잊어먹었습니다. 10년 후 돌아가게 되었으나 천자문은 고사하고 하늘천과 따지 두 자도 읽을 수 없었습니다. 선생도 답답해서 너 집으로 돌아가 봤자 네 아내는 살지 않을 것이니 차라리 죽으라고 했습니다. 민충이가 술을 먹고 죽겠다고 누워있는데 선녀들이 내려와서 수술칼로 배를 가르더니 이런 것이 들어있으니 그렇게 미련하지 하며 더러운 것들을 집어 내버린 후 다시 봉합하고 뺨을 때려 잠을 깨웠다고 합니다. 그러자 잠이 깬 민충은 머리가 너무 명석해져서 배우지않은 학문까지 다 알게 되었다는 것입니다. 사람은 누구든지 하나님께 대해서는 바보입니다. 성령님에 의해 수술을 받고 새 생명을 얻음으로만 하나님의 자녀가 되며 하나님 나라에 들어갈 수가 있습니다. 교회에 나가는 것으로 만족하지 말고 거듭나기까지 예수님을 찾아야 합니다.

2. 니고데모는 예수님을 증거 하였습니다.

예수님에 대한 바리새인들의 비난이 점점 더해지며 산헤드린공회는 예수님을 체포하도록 하속들에게 명령했습니다. 그러나 하속들이 예수님을 체포하지 못하고 돌아왔을 때 산헤드린공회 의원들은 분개하였습니다. 그 때에 니고데모는 "우리의 율법은 사람의 말을 듣고 그 행한 것을 알기 전에 판결하느냐" 고 반박하였습니다. 니고데모의 이 말은 사람들이 예수님에 대해 하는 말만 듣고 그가 행한 일을 알아보기 전에 판결하는 일은 옳지 않다는 것입니다.

니고데모가 이렇게 예수님을 증거 하는 것을 본 그 당시 사람들은 그 용감함에 놀랐을 것입니다. 오늘에도 열심히 전도하는 사람들을 보면 특별한 사람으로 생각하기 쉽습니다만 사실은 중생한 크리스찬이라면 예수를 증거 하는 것은 당연한 일입니다. 그것은 물고기가 나자마자 물에서 헤엄치는 것이나 어린아이가 나자마자 우는 것과도 같은 자연스러운 일입니다. 니고데모가 산헤드린공회에서도 두려워하지않고 예수님을 변호할 수 있었던 것은 그가 벌써 예수님을 영접하여 구원을 받았기 때문입니다. 고 최봉석 목사님은 한국교회의 초기에 전도의 왕자로 인정 받은 분입니다. 어느 장터에서 한 여인에게 "아주머니 예수 믿고 구원 받으세요." 하며 전도했을 때 그 여자는 저는 장로부인이에요 라고 대답했다고 합니다. 그러자 최목사님은 정색을 하고 "장로부인이 전도도 안 해 이 벙어리개야." 하며 책망하는 바람에 사람들 사이로 도망쳤다는 것입니다. 참으로 믿어 구원 받았다면 전도를 하는 것이 놀라운 것이 아니라 전도를 안 하는 것이 놀라운 것입니다. 오늘과 같이 전도는 신학교에 가서 개인전도학을 배우거나 전도 세미나에 참석해야 하는 것은 아닙니다. 사마리아 여인은 언제 전도 세미나에 다녔습니까? 어린 아기는 우는 것을 학교에 가서 배우는 것이 아닙니다. 물고기는 수영 강습소에 가서 수영을 배워 헤엄치는 것이 아닙니다. 그처럼 전도는 배우는 일 이전의 것입니다. 우리가 니고데모에게서 배우자는 것은 그의 증거 한일이 독특하여서가 아닙니다. 크리스찬으로서 당연한 일이기 때문입니다.

이 당연한 일을 못하는 사람들이 얼마나 많습니까?

3. 니고데모는 예수님을 봉사하였습니다.

요한복음 19장에 이렇게 기록되어있습니다. "일찍 예수께 밤에 나아왔던 니고데모도 몰약과 침향 섞인 것을 백 근쯤 가지고 온지라 이에 예수의 시체를 가져다가 유대인의 장례법대로 그 향품과 함께 세마포로 쌌더라" (요 19:39-40)

니고데모가 예수님을 증거 한 일도 봉사라고 볼 수 있습니다. 그러나 니고데모는 그런 영적인 봉사만 아니라 자신의 재물을 드려 예수님께 봉사하였습니다. 니고데모가 예수님을 장례하기 위해 가져온 향품은 몰약과 침향 섞인 것 백 근쯤이라고 하였습니다. 저는 니고데모가 주님께 드린 이 향품에 대해 좀더 자세히 알려고 책들을 참고하였습니다. 이 몰약은 나드 기름과 같은 것인데 그것이 값비싼 향유인 이유는 아라비아에서 나는 작은 식물에서 채취하는 것이기 때문이라고 합니다. 그 식물의 진액이 떨어질 때는 노란색이지만 바위에 떨어져 오래 있으면 붉은 색으로 바뀌는데 그것은 악취를 제거하며 방부제로 사용된다고 합니다.

니고데모는 그런 귀한 향 백근(70파운드)을 예수님의 시체에 넣었습니다.

요 12장에서 마리아는 옥합을 깨고 향기름을 예수님의 발에 부었는데 그 값이 3백 데나리온에 상당하다고 한 것을 보면 니고데모의 드린 향은 계산하기 어려울 만큼 고가의 것입니다.

니고데모의 봉사는 옳은 것입니까? 마리아가 나드 한 근을 예수님의 발에 부었을 때 심지어 예수님의 제자들까지도 그 일을 비난했습니다. 그들은 그 기름을 그렇게 허비하기보다는 300데나리온에 팔아 가난한 사람을 구제하는 것이 효과적일거라고 했습니다. 그 당시 제자들은 다 도망쳤을 때니 불평을 하지는 못했지만 백 근이나 되는 향을 시체에 넣는 것을 보았다면 제자들은 기절하고 말았을 것입니다. 그러나 마리아의 한일에 대해 예수님이 하신 말씀을 보아 니고데모의 이 일에도 예수님께서 어떻게 생각하셨을까 짐작할 수 있습니다. 예수님은 제자들에게 "저를 가만 두어 나의 장사할 날을 위하여 이를 두게하라"(요 12:7)고 말씀하셨습니다. 가난한 자와 병자를 친구로 삼으시는 자비하신 예수님은 왜 그처럼 이기적이 되셨습니까? 자기를 희생하러 오신 예수님은 왜 그렇게 큰 대접을 거절하지 않으십니까? 오늘에도 이런 봉사에 대한 비난은 일어나고 있지 않습니까? 그러나 예수님께서 그런 봉사를 즐겁게 여기신 이유가 있습니다.

① 하나님의 아들에게는 그런 봉사만 아니라 그 이상이라도 해야 하기 때문입니다.

가령 걸인에게 다이아몬드를 선물한다면 옳다고 할 분은 없습니다만 왕후에게 다이아몬드를 드리는 것은 옳지 않다고 할 사람이 없을 것입니다.

봉사는 그 신분여하에 따라 귀한 것으로 해야 합니다. 구약의 다윗왕이 세상을 떠났을 때 국민들은 많은 향을 그 관에 넣었다고 했습니다.

그렇다고 하면 자기의 몸을 인류의 구원을 위해 십자가에 내어놓으신 예수님께 몰약 백 근이 많다고 할 수 있겠습니까?

② 예수님께 하는 봉사는 가장 가치 있는 일이기 때문입니다.

마리아가 옥합의 향을 드린 후 예수님은 "온 천하에 어디서든지 이 복음이 전파되는 곳에는 이 여자의 행한 일도 말하여 저를 기념하리라" (마 26:13)고 하셨습니다.

복음은 영혼을 살리는 방편입니다. 그런데 마리아의 한 일은 복음과 함께 전파되어 구원하는 일을 하였다는 것입니다.

한국 교회가 부흥하여 많은 교회들이 물질을 드려 값비싼 교회당들을 건축합니다. 한편에서는 저런 예배당 짓지 말고 공장하나

더 세운다면 국가 경제에 그만큼 보탬이 될 것이라고 비판하는 이들도 있습니다. 그러나 아무리 공장을 세워 부국이 되어도 영혼을 구원하는 일은 할 수 없는 것입니다.

그러므로 아무리 많은 물질이라도 구원하는 일을 위해 사용되는 것이라면 아까워해서는 안됩니다.

③ 그리고 주님께 대한 봉사는 그 상을 잃지 않는 것입니다.

예수님은 "또 누구든지 제자의 이름으로 이 소자 중 하나에게 냉수 한 그릇이라도 주는 자는 내가 진실로 너희에게 이르노니 그 사람이 결단코 상을 잃지 아니하리라"(마 10:42)고 하셨습니다. 그러므로 니고데모는 그러한 봉사를 하였습니다.

우리는 니고데모의 생활에서 참 성도의 모습을 발견하게 됩니다.

니고데모는 자기의 위신과 체면을 다 버리고 겸손하게 예수님을 찾았습니다. 니고데모는 많은 반대자들 가운데서 예수님을 증거 했습니다. 그리고 가장 값진 향유를 가지고 예수님을 섬겼습니다. 우리도 니고데모의 삶을 본받아야 하겠습니다.

25.

죄의 해결

[요한복음 8:1-12]

예수님이 성전에서 가르치실 때에 서기관과 바리새인들은 간음 중에 잡힌 한 여자를 끌고 와서 예수님을 시험했습니다. 그들의 질문은 모세의 율법에는 이런 여자를 돌로 치라고 하였는데 선생님은 어떻게 말하겠습니까 하는 것이었습니다. 이렇게 질문 한 것은 예수님을 고소할 조건을 얻고자 한 것이라고 하였습니다. 서기관과 바리새인들은 예수님이 구약의 율법에 대해 자유 하는 것으로 보았습니다. 안식일에 병자를 낫게 하여 집으로 돌아가게 하는 일은 모세의 율법을 어기는 것이라고 생각했습니다. 그리고 병자와 약자에 대한 그의 자비심을 볼 때 그 여자를 모세의 율법대로 돌로 치라고 하지는 않을 것이라 생각했습니다. 그러나 돌로 치지 말라고 한다면 모세의 율법을 거스르는 일이 되기 때문에 예수님을 고소할 조건이 되는 것입니다.

이때에 예수님은 몸을 굽히시고 손가락으로 땅에 글씨를 쓰시고 일어나셔서 "너희 중에 죄 없는 자가 먼저 돌을 들어 치라" 고 명령하셨습니다. 그리고 또 다시 땅에 글씨를 쓰시자 그 사람들은 양심에 가책을 받아 다 떠나가고 그 여자만 남았습니다. 이를 보신 예수님은 여자에게 아무도 너를 정죄 한 사람이 없느냐고 물으셨고, 여자가 없나이다라고 대답할 때 나도 너를 정죄하지 아니하노니 다시는 죄를 짓지 말라고 말씀하셨습니다.

로마서 5장을 보면 죄가 세상에 들어 온 후로 사망이 왔다고 하였습니다. 아담이 죄를 범한 후에 모든 사람은 죄인이 되었고 죄인이 되었으므로 죄에 대한 형벌을 받게 되었으며 죽음의 선고를 받았습니다. 그것만 아니라 죄는 가정과 사회질서를 파괴하며 마침내 사람을 영원히 멸망케 하는 것입니다.

죄를 병이라고 하면 가장 큰 병입니다. 이 죄의 문제를 해결하기 위해 나타난 것이 율법입니다. 율법은 하지 말라는 것과 하라는 것이 있으며 그 명령을 순종하지 않을 때엔 응당 벌을 받게 되어있습니다. 이스라엘 백성에게도 그런 율법이 있었지만 이 세계 어느 민족이든지 율법이 없는 민족은 없습니다.

그래서 벌금, 체형, 사형 등의 벌이 죄인에게 부과됩니다. 그러나 이런 율법으로 죄 문제를 해결한 민족은 없습니다. 법을 많이 세울수록 죄를 더 만들어내며 더 교묘한 죄를 짓게 될 뿐입니다.

죄를 해결하시는 분은 예수님 뿐이십니다. 예수님은 세상 죄를 지고 가는 하나님의 어린 양이시기 때문입니다. 이 말씀을 통해 예수님은 어떻게 죄를 해결 하시는가를 찾아보려고 합니다.

1. 예수님은 사람들이 자신의 죄를 보게 하십니다.

자신을 본다는 것은 어려운 일입니다. 우리 육신의 눈은 자신을 보게 되어 있지 않고 남을 보게 되어 있습니다. 그래서 다른 사람의 옷 입은 것, 생긴 것, 매너, 성격 등을 잘 판단합니다만 자신의 모습은 거울 앞에서야 보이므로 잘 보지 못합니다. 어떤 사람이 자녀들로 인해 성을 낸 후 거울 앞에서 보니 너무 흉칙하여 다시는 성을 내지 않기로 하였다고 합니다. 더욱 자신의 허물이나 죄를 본다는 것은 어려운 일입니다. 그래서 소크라테스는 "인생아 네 자신을 알라"는 유명한 말을 했다고 하며, 속담에 사람은 자기 허물은 뒤통수에 붙이고 남의 허물은 이마에 붙이고 다닌다는 말이 있습니다. 의사가 병명을 발견하기 전에 병자를 고칠 수 없듯이 사람이 자기의 허물을 발견하기 전에는 죄의 문제는 해결될 수가 없습니다.

본문에 등장되는 두 인물은 간음 중에 잡힌 한 여인과 그 여인을 정죄하려는 바리새인들 입니다. 모세의 율법을 범한 그 여인이 죄인이라는 것은 분명한 사실입니다. 그러나 그 여인만 정죄해버리면 죄는 해결되는 것이겠습니까? 그들이 죄없는 자는 먼저 돌을 들어 치라고 할 때 치지 못하고 다 떠나가 버린 것을 보면 그들 자신도 다 죄인이었던 것을 보여주고 있습니다. 모세의 율법에는 그런 죄인은 증인이 먼저 돌을 들어 치게 되었지만(신 17:7) 예수님은 죄 짓는 것을 보았다는 것만으로 다른 사람을 돌로 칠 수는 없고 자기자신에게 그런 죄가 없어야 남을 정죄할 수 있다는 것입니다.

참된 죄의 해결은 타인의 죄를 해결하는 데 있지 않고 나의 죄를 해결하는 데 있고 나의 은밀한 죄를 발견하는 데 있습니다. 바리새인들은 꼭 같은 죄인이면서 간음 중에 잡힌 여자를 정죄하여 돌로 치려고 하였습니다. 그들은 율법을 늘 읽고 심지어 가르치고 있었지만 그 율법으로 자기들의 죄는 깨닫지 못했습니다.

그러다가 죄 없는 자가 먼저 돌을 들어 치라고 할 때 비로소 자신의 죄들을 깨닫게 된 것입니다. 그리스도의 빛을 받기 전에는 자기의 참모습을 발견하기란 여간 어렵지 않습니다. 우리도 예수님께 나와서 자신의 허물을 발견해야 하겠습니다.

2. 용서로서 죄를 해결하십니다.

여자를 정죄하려고 모여든 바리새인들에게는 땅에 글씨를 쓰시고 일어나셔서 누구든지 죄 없는 자는 먼저 돌을 들어 이 여자를 치라고 하셨습니다. 의분에 사로잡혀 여자를 돌로 치려고 끌고 왔던 무리들은 왜 돌을 들어 치지 못하고 다 떠나가 버렸습니까? 그 이유는 그들 자신도 다 죄가 있다는 것을 깨닫게 되었기 때문이었습니다. 그들이 돌을 들어 치지 못하는 이유가 꼭 그 여자처럼 간음을 행했기 때문은 아니었습니다. 그러나 간음죄 만이 죄가 아닌 것이고 보면 그들이 돌을 들어 치지 못한 이유를 알 수 있습니다.

예수님은 아직 자신의 죄를 깨닫지 못한 사람들에게는 죄를 깨닫게 하셨습니다. 그러나 이미 죄가 드러나서 죄의 심판 직전에서 떨고있는 여인에게는 "나도 너를 정죄하지 아니하노라" 고 하셨습니다.

바리새인들은 이 여인을 정죄할 자격이 없었습니다. 그 이유는 그들 자신들도 정죄를 받아야 할 사람들이기 때문입니다.

예수님만은 능히 모든 사람을 정죄할 수 있는 분입니다. 그 이유는 예수님은 죄를 알지도 못하는 분이시기 때문입니다. 그러나 예수님은 나도 너를 정죄하지 아니하노라고 하셨습니다. 로마서 8장을 보면 "율법이 육신으로 말미암아 연약하여 할 수 없는 그것을 하나님은 하시나니 곧 죄를 인하여 자기 아들을 죄 있는 육신의 모양으로 보내어 육신에 죄를 정하사…… 율법의 요구를 이루어지게 하려 하심이니라(롬 8:3-4) 하였습니다.

그 말씀을 보면 죄인을 정죄하지 않고 용서하여 주시는 일이 그냥 되는 일이 아님을 알 수 있습니다. 임금이 죄수에게 사면을 선언할 때에는 자신에게 아무런 부담 없이 할 수 있으나 예수님의 사죄의 선언은 그런 것이 아니었습니다. 그 이유는 하나님 자신에게 공의의 성품이 있으시기 때문입니다. 그러므로 하나님 자신이 그 대가를 지불하시고 죄인에게는 정죄하지 않으신 것입니다. 예수님은 바로 그 대가를 지불하기 위해 오신 어린 양이시었습니다. 그러므로 예수님만 죄를 사해줄 수 있으신 분입니다.

3. 다시는 죄를 범하지 말라.

죄에 대한 문제를 해결하기 위해 고행을 권장하는 종교도 많이 있습니다. 그런 종교들은 과거에 지은 죄에 대해서는 별 관심이 없고 죄에서 떠난 삶을 살기위해 오랜 세월 고행과 수련을 해야 한다고 합니다. 그러나 기독교는 인생이 과거의 죄로 인해 멸망하는 것이기 때문에 과거의 죄는 예수님께 나아와 죄 사함을 받아야 한다고 합니다.

그러므로 기독교는 죄를 짓고 용서를 받는 일을 되풀이하는 종교로 오해하기 쉽습니다. 사실상 예수 믿는 사람들은 "죄 지어도 괜찮아 회개하면 되지않아?" 하며 옷을 더럽혀도 세탁기가 있다는 식으로 생각하는 이들이 믿는 사람들 중에도 적지않습니다. 그러나 성경말씀은 그러한 사상을 가장 엄하게 경계하고 있습니다. 예수님의 비유의 말씀을 보면 더러운 귀신이 사람에게서 나가 물 없는 땅으로 헤매다가 다시 돌아와서 그 집이 쓸고 수리된 것을 보고 저보다 더 악한 마귀 일곱을 데리고 들어가매 그 사람의 후환이 전보다 더 하더라고 하셨습니다(마 12:43-45). 사람이 죄를 회개하고 또다시 죄를 지으면 결국 그 전보다 더 악하게 되는 것입니다. 그래서 예수님은 다시는 죄를 범치 말라고 하셨습니다. 그러면 육신을 가진 연약한 인생이 어떻게 죄를 안 짓고 살 수 있습니까? 예수님의 이 명령은 모세의 율법과 무엇이 다른가고 생각할 수도 있습니다.

모세의 율법도 범죄하지 말라는 것이요 예수님의 교훈도 범죄하지 말라는 것입니다. 그러나 이 두 가지는 현저히 다른 것입니다.

먼저 모세의 율법은 물과 성령으로 거듭난 사람에게 주신 명령이 아니고 모든 인류에게 주신 것입니다. 그 법은 온 세상으로 입을 막게 하기 위한 것이라고 하였습니다(롬 3:19). 그러나 예수님의 명령은 예수님을 구주로 영접하여 거듭난 사람에게 하신 말씀입니다. 모세의 계명은 마치 죽은 사람에게 명령한 것과 같아서 그 명령을 준행할 수 없었습니다만 예수님의 명령은 산 사람에게 명령한 것과 같은 것입니다. 그리고 이 명령은 은혜 안에서 하신 명령입니다. 은혜 아래 있는 사람에게는 생명의 성령의 법이 역사합니다(롬 8:1-2). 우리는 죄를 안 지을 수 없는 연약에 처한 사람들입니다만 하나님의 은혜 아래서 성령님을 의지하고 살아가면 범죄하지 않을 수 있습니다. "하나님께로 난 자마다 범죄치 아니하는 줄을 우리가 아노라 하나님께로 나신 자가 저를 지키시매 악한 자가 저를 만지지도 못하느니라"(요 5:18)고 하였습니다.

인생의 가장 큰 문제는 죄의 문제입니다. 죄의 문제로 사람들은 개인적으로 불행하며 사회도 불행해집니다. 그리고 그 죄는 결국 개인과 인류를 멸망케 할 가공할 무기와도 같이 인생을 파멸로 끌고 갑니다. 이 죄를 해결하는 방도는 율법도 아니며 사회심리학 같은 것도 아닙니다. 문명이나 발달도 아닙니다.

오직 죄를 해결하는 길은 예수님께 나오는 길 뿐입니다. 예수님께 나와서 먼저 자신의 양심의 악을 깨달아야 하며 사죄를 받아야 합니다. 그리고 성령을 힘입고 살아가야 합니다. 그렇게 할 때 죄 문제를 해결하고 하나님 앞에 떳떳하게 설 수 있습니다.

26.

자유를 주시는 예수

[요한복음 8:31-36]

"자유를 달라 아니면 죽음을 달라" 이것은 식민주의 국가의 억압에서 부르짖는 레지스탕스들의 절규입니다. 미국이 독립 국가가 되기 전에도 그러한 자유를 위한 항쟁이 있었고 한국역사를 보아도 그러했습니다.

한국은 36년간 일인들의 억압과 착취 아래서 3.1운동을 비롯한 여러 번의 저항운동이 있었었고 수많은 애국자들이 죽음과 자유를 바꾸려 했습니다. 자유란 얼마나 귀한 것입니까. 때로는 자유를 위하여 수백만의 생명을 잃게 되는 경우도 있습니다. 2차대전에 잃은 생명은 2천만 명이 넘는다고 하는데 그것은 나치스주의와 일본 천황주의의 팽배해가는 것을 막으려는 자유를 위한 싸움이었고 3년 반이나 되는 전투에 수백만의 생명을 잃으면서 싸운 한국전쟁도 자유를 위한 싸움이었습니다. 그것을 보면 자유 그것은 생명과 같이 귀한 것임을 알 수 있습니다. 그러므로 우리가 만일 참 자유를 누린다고 하면 이 세상에 그 무엇과도 바꿀 수 없는 보배를 가지고 있는 것입니다.

그러나 자유가 그렇게 귀하지만 수많은 사람들이 부자유 속에서 살고 있는 것입니다. 어떤 사람들은 정치적 부자유, 어떤 이들은 경제적 부자유, 어떤 이들은 신체적 부자유, 거기다가 영적 부자유가 있습니다. 그것은 예수님이 말씀하신 "죄를 범하는 자마다 죄의 종이라" 하신 그 부자유입니다. 사람들은 그런 부자유속에 살면서도 자기의 부자유가 무엇인지 모르고 사는 사람들도 있습니다. 그것은 마치 동물원에서 난 원숭이가 조상 때부터 갇혀 있기 때문에 자기에게 자유가 없다는 것을 느끼지 못하고 그저 세상이란 이런 것이거니 하고 살아가는 것과 마찬가지입니다.

예수님은 이런 사람들에게 자유를 주시기 위해 오신 분입니다. 이사야는 예수님에 대해 예언하기를 "주의 성령이 내게 임하셨으니 이는 가난한 자에게 복음을 전하게 하시려고 내게 기름을 부으시고 나를 보내사 포로 된 자에게 자유를, 눈먼 자에게 다시 보게 함을 전파하며 눌린 자를 자유케 하고 주의 은혜의 해를 전파하게 하려 하심이라"(눅 4:18-19)고 하였고 예수님은 "아들이 너희를 자유케 하면 너희가 참으로 자유하리라"(36)고 하셨습니다. 누구나 예수님께 나오면 참 자유를 얻을 수가 있습니다.

1. 예수님이 주시는 자유는 어떤 것입니까?

자유에는 여러 가지가 있습니다.

① 정치적 자유가 있습니다.

독재자의 억압아래서 아무런 자유 없이 살다가 미국같이 자유가 보장된 나라에 와서 살게 된다면 정치적 자유를 얻은 것입니다. 미국 뉴욕 항구에는 자유의 여신상(Liberty statue)이 횃불을 높이 들고 대서양을 바라보고 있습니다. 그 여신상은 France정부가 미국독립을 축하하기 위하여 보낸 것인데 미국 국민들에게 많은 사랑을 받고 있습니다. 심지어 어떤 이들은 자유의 여신상 만세(long live liberty lady) 라고 까지 합니다. 그 이유는 종교심에서 그런 것이 아니라 그것이 자기들이 사랑하는 자유를 상징하기 때문입니다. 미국은 미합중국이라는 이름과 같이 여러 나라 민족이 모여와서 살고있는 곳입니다. 그들이 미국에 온 동기는 자유 때문이었다고 할 수 있습니다. 독재자의 압제를 견디다 못해 온 사람들, 신앙의 자유를 위해 온 사람들, 넓은 대륙에 기회가 많을 거라고 생각하여 온 젊은이들, 경제적으로 좀 좋아졌으면 하여 온 사람들, 그들은 일단 정치적으로 개인 자유가 보장된 나라에서 자유를 누리며 살고 있습니다. 어쩌면 그들은 자유를 맛보았기 때문에 자유를 더 사랑하는지 모릅니다.

② 빈곤에서부터의 자유가 있습니다.

경제는 사람을 구속할 수도 있고 자유롭게 할 수도 있습니다. 돈이 없으면 떨어진 신발을 신고 다니게 되어 있습니다. 새 신발을 살 자유를 속박합니다. 가고싶은 곳에 가지도 못하게 되며 먹고싶은 것을 먹지도 못하게 됩니다. 지구상에는 이렇게 경제적 자유가 없이 움직이지 못하는 사람들이 수없이 많습니다. 이런 빈곤에서 사람들을 해방시키자고 일어난 것이 공산주의였지만 공산주의를 한

나라들을 보면 경제적 자유를 주지 못한 것은 물론이고 정치적 자유마저 빼앗고 말았던 것을 알 수 있습니다.

③ 도덕적 자유가 있습니다.

이것은 소위 자유주의 사상가들이 주장하고있는 자유입니다. 사람의 감정과 욕망을 억제하여 도덕이니 윤리니 법률이니 할 것이 없다고 하는 그것입니다. 그래서 한때는 히피운동이 일어나 결혼이라는 것도 없이 남녀가 몰려다니며 사는 젊은이들이 많이 있었습니다. 그러나 이런 자유는 도리어 사람을 멸망으로 끌고 들어가는 것임을 알 수 있습니다. 히피들 중에는 다시 정상적 생활로 돌아온 사람들도 있지만 대개는 인생 낙오자들이 되었습니다. 그들은 알콜이나 코카인 같은 것에 중독되어버렸고 부모에게로 돌아가려니 때가 지나가 버렸습니다. 근일에는 이런 도덕적 자유의 산물로 에이즈(AIDS)라는 무서운 병이 부도덕한 사람들에게 죽음을 독촉하고 있습니다.

④ 죄에서의 자유가 있습니다.

위에서 말한 자유들은 외부적 자유라고 말할 수 있습니다. 외부적 속박에서 벗어나면 외부적 자유를 얻게 됩니다. 예수님께서 말씀하신 자유는 어떤 것입니까? 예수님이 말씀하신 자유는 영적인 자유이며 외부적인 것은 아닙니다. 현대 자유주의 신학자들은 눅 4:19의 "눌린 자를 자유케하고"라는 말씀에 근거하여 기독교의 사명은 정치적으로 억압 받는 사람들과 경제적으로 어려운 사람들을 해방시키는 것이라고 주장하고 있습니다만 본문 말씀을 보면 예수님의 주시는 자유는 그런 것이 아니라 죄에서의 자유를 말씀하고 있습니다. 정치 경제에서의 자유는 죄에서 자유를 얻은 사람들이 축복으로 받는 것이라고 말씀하십니다. "너희는 먼저 그 나라와 그 의를 구하라 그리하면 이 모든 것을 너희에게 더 하시리라"(마 6:33)는 말씀은 그런 말씀입니다.

정치도 경제도 사람의 자유를 빼앗지만 죄는 사람을 가장 혹사하며 부자유한데로 끌고 들어가는 것입니다.

① 죄는 하나님을 피하게 만듭니다.

아담이 범죄 한 후 숲속에 숨어있는 광경을 성경에서 볼 수 있습니다. 하나님은 천지를 만드시고 어디에나 계시며 어디서도 볼 수 있는 분이신데 어떻게 피할 수가 있겠습니까? 그 얼마나 어리석은 일입니까?

② 죄는 인간관계에 부조화를 이룹니다.

범죄 후 아담은 자기가 선악과를 따먹었다고 대답하지 못하고 비겁하게 내게 주신 여자 그가 따먹으라고 하여 먹었나이다 라고 했습니다. 그러므로 사람들 사이에 평화가 없어지게 합니다.

③ 죄는 양심에 고통을 줍니다.

다윗은 범죄 후에 "내가 토설치 아니함으로 내 뼈가 여름 가뭄에 마름같이 되었나이다"라고 하였습니다.

④ 죄는 습관성이 있어서 버리기가 어렵게 됩니다.

방탕의 생활, 불경건한 말, 속임, 혈기 등의 죄들을 고치기가 힘듭니다.

⑤ 죄는 멸망의 두려움을 가져다 줍니다.

그러므로 죄를 짓는 자는 다 죄의 종이라 하였습니다.

죄에서 해방을 받지 못한 사람은 왕궁에 있지만 감옥에 사는 것과 같습니다. 경제가 넉넉하여 부를 누리고 자유를 누리며 자유의 여신상 밑에서 춤을 추어도 그는 여전히 종입니다. 죄가 끄는 데로 끌려가다가 멸망하고 맙니다. 오늘의 많은 사람들은 레지스탕스처럼 자유를 외치고 있지만 자신의 죄에서 자유를 얻어야 한다는 것을 모르고 있습니다. 정치, 경제의 자유도 필요하지만 죄에서 자유를 얻는 일은 더 중요합니다.

2. 어떻게 죄에서 자유를 얻습니까?

정치적 자유를 얻으려고 하면 계속적으로 저항운동을 하면 됩니다. 경제적 자유를 얻으려면 열심히 일하면 됩니다. 도덕에서 자유를 얻으려면 히피가 되면 됩니다. 그러나 죄에서 자유를 얻으려면 어떻게 해야 하겠습니까?

본문에 말씀하시기를 "아들이 너희를 자유케 하면 너희가 참으로 자유하리라"(36)고 하였습니다. 옛날 유대인들은 노예를 산 후에 자기 소유물임을 증명하기위해 문설주에 대고 귀를 뚫었습니다. 그 후엔 아무도 능히 그 종을 놓을 수 없습니다. 그러나 희년이 될 때 주인은 놓아서 자유 하게 합니다. 미국의 흑인들은 노예로 수백 년을 지나다가 아브라함 링컨대통령이 해방시킴으로 자유를 누리고 있습니다. 그와 같이 "아들이 너희를 자유케 하면 참으로 자유하리라" 고 하였습니다.

그러면 예수님은 어떻게 죄에서 자유를 얻게 하십니까?

"너희가 내 말에 항상 거하면 참 내 제자가 되고 진리를 알지니 진리가 너희를 자유케 하리라" (31-32)하였습니다. 진리는 죄에서 자유를 얻게 한다고 말씀하셨습니다.

사도요한이 저술한 요한복음과 요한서신을 보면 "진리" 라는 말씀을 많이 사용하는 것을 볼 수 있습니다. 요 1:14에는 "우리가 그 영광을 보니 아버지의 독생자의 영광이요 은혜와 진리가 충만하더라" 하였고, 요 14:6에는 "나는 길이요 진리요 생명이니" 라고 하였으며, 요 17:19에는 "진리로 거룩함을 얻게 하려 함이니이다" 라고 했고, 요 16:3에는 "진리의 성령이 오시면 모든 진리 가운데로 인도하시리니" 라고 하였고 요 18:37에는 "진리에 대하여 증거 하려 함이로다" 하였고, 요2:1에는 "진리를 아는 모든 자" 라 했고, 요2:4에는 "진리에 행하는 자를 내가보니 심히 기쁘도다" 라고 하였습니다.

이런 말씀을 보아 진리라고 하는 것은 예수님이 이루신 구원의 도리를 의미한 것임을 알 수 있습니다. 그리고 이 구원의 도리는 바울에게와서 보다 더 이해하기 쉽게 설명되었는데 그것을 "복음진리" 라고 부른 것입니다. "그러므로 저희가 복음의 진리를 따라 바로 행하지 아니함을 보고" (갈 2:14)라고 하였고, "우리가 일시라도 복종치 아니하였으니 이는 복음진리로 너희 가운데 항상 있게 하려 함이라" (갈 5:5)하였습니다.

예수님이 이루신 구원의 길 그것은 사도요한에게는 진리이며 바울에게는 복음진리입니다. 요한은 이 진리를 예수님과 동일시했습니다. 그리고 진리를 알면 그 진리가 너희를 자유케한다고 하였습니다.

천로역정에 등장된 인물인 기독도는 장망성을 떠나 천성을 향해 갈 때 등에는 무거운 짐을 지고 한 손으로는 귀를 막고 한 손으로는 책을 펴고 천성을 향해 갔습니다. 그는 좁은 문을 통과했지만 등의 짐은 그대로 남아있었습니다. 그러나 예수님의 십자가 언덕에 도달하자 등의 무거운 짐은 풀어져 굴러가서 무덤에 들어가고 가벼운 몸을 가지게 됐습니다. 예수님은 죄에서 자유를 주시는 분입니다. 그리고 죄에서 자유를 얻은 자만 참 자유의 기쁨을 얻을 수가 있습니다. 그리고 정치적 억압에서의 자유라던가, 빈곤에서의 자유 같은 것은 이 자유를 얻은 사람들에게 주시는 하나님의 선물입니다. 우리는 다른 모든 자유보다 죄에서 자유케 되는 이 자유를 얻어야 하겠습니다. "아들이 너희를 자유케 하면 너희가 참으로 자유하리라"

27.

불행의 이유

[요한복음 9:1-5]

오늘 제가 말하고자 하는 불행은 영적인 불행이 아니라 육체적 불행 또는 금새적 불행입니다. 불행이란 같은 명사를 사용해도 영적인 불행과 육체적 불행은 차이가 있는 것입니다. 영적인 불행은 이 세상에선 행복한 것 같이 보였으나 이세상을 떠난 후 영원히 멸망에 들어가는 것이요 육체적 불행은 이 세상에서 불행한 것을 의미합니다.

누가복음을 보면 부자와 나사로의 비유가 있는데 부자는 영적으로 불행한 사람이요 나사로는 육체적으로 불행한 사람이었습니다. 육체적 불행이란 몸에 병이 있다던가, 가난하다던가, 불구의 몸을 가졌다던가, 과부와 고아 같이 남편과 부모를 잃은 사람들을 일컫는 말입니다.

육체적 불행은 영원한 불행에 비교하면 순간에 불과합니다만 우리는 육신을 가지고 있고 또 아직 오늘을 살고있기 때문에 괴로운 일이 아닐 수 없습니다.

사람들에게 불행은 왜 찾아오는 것입니까?

우리는 날 때부터 소경 된 사람에 대한 제자들과 예수님의 대화를 통해 육체적 불행이 오는 이유를 살펴 볼 수 있습니다.

1. 제자들의 견해

예수님의 제자들은 날 때부터 소경 된 사람을 보고 예수님에게 "이 사람이 소경으로 난 것이 뉘 죄로 인함오니이까? 자기오니이까? 그 부모오니이까"라고 질문 했습니다.

제자들의 질문을 보면 좀 불합리하게 느껴집니다. 날 때부터 소경 된 사람인데 언제 죄를 지을 기회가 있었기에 자기 죄 때문인가 하고 묻는 것일까 생각하게 합니다. 그러나 그 당시 유대인들의 사상을 이해하면 그들의 질문은 그리 이상하게 느껴질 수 만은 없는 질문입니다.

유대인들은 모든 불행 즉 가난, 질병, 불구, 가정의 우환 등의 불행을 모두다 범죄의 결과라고 믿어 왔습니다. 성경말씀에 그렇게 가르치고 있기 때문입니다. 모세의 계명을 보면 나를 미워하는 자에게는 아비의 죄를 자손에게 주어 3,4대까지 이르게 하고 나를 사랑하고 내 계명을 지키는 자에게는 은혜를 베풀어 수 천대까지 이르게 하겠다고 하였고, 신명기 28장에는 "네가 네 하나님 여호와의 말씀을 순종하면 이 모든 복이 네게 임하며 네게 미치리니…… 네가 만일 네 하나님 여호와의 말씀을 순종하지 아니하며 내가 오늘날 네게 명하는 그 모든 명령과 규례를 지켜 행하지 아니하면 이 모든 저주가 네게 임하고 네게 미칠 것이니……"(신 28:1-15)라고 하였기 때문입니다.

그러므로 유대인들은 누구든지 불행한 일을 당하면 일단 제 죄 때문이던가 아니면 부모가 죄를 지었기 때문이라고 판단하였으며 부모에게나 본인에게 어떤 특별한 죄가 없으면 본인이 태중에서 죄를 지었기 때문이라고 생각했습니다. 그 당시 랍비 유다는 태중 범죄론을 주장했던 사람입니다. 예수님의 제자들도 이런 사상에 영향을 받았던 것 같습니다.

그러나 모든 불행은 다 죄의 대가라고 단정하는 것은 두 가지 면에서 크게 그릇된 것이었습니다.

① 우선 그것은 율법을 잘못 적용하는 것이었습니다.

구약의 모든 계명과 율법은 그것을 읽음으로 자신이 그렇게 살게 하기 위한 것이지 그 율법으로 다른 사람을 판단하거나 정죄하라는 것은 아닙니다. 만일 그렇게 한다면 그것은 수술실에서 환자에게 사용해야 할 수술도구를 병원 밖에 나와 휘두르는 것과 같은 것입니다.

그러므로 유대인들은 그 율법과 계명으로 하나님 앞에 더 의로워지거나 겸손하여지지 못하고 다른 모든 죄 위에 남을 판단하는 죄를 한가지 더 짓게 되었던 것입니다.

해방 후 부산 어떤 교회에 은혜를 많이 끼치는 목사님이 계셨는데 몸이 불편하여 병원에 입원하자 어떤 교인이 병원을 찾아가서 목사님 무슨 죄를 지었는지 회개하라고 했다는 말이 있습니다.

현재에 당하는 불행을 다 죄의 대가이거나 결과라고 보는 견해는 자신이 남을 정죄하며 판단하는 재판장이 되게 합니다.

② 다음으로 그 불행에 대한 자신의 책임감을 가지지 못하게 합니다.

불행은 죄의 결과라고 단정할 경우 그 불행은 숙명론적인 것이며 사람의 힘으로 그 불행을 해결할 수 없다고 믿게 만듭니다. 유대인들의 사상은 그런 것이기 때문에 불행을 당한 자는 당연한 보응을 받는 것이라고 생각했습니다.

예수님의 비유에 등장되는 제사장과 레위인은 강도 만난 사람을 보고 그저 지나갔다고 했고 성전에 올라가 기도하는 바리새인은 "이 세리와도 같지 아니함을 감사하나이다"(눅 18:11)라고 하였으며 예수님께서 세리와 죄인들을 가까이 하시자 예수님을 세리와 죄인들의 친구라고 비난했습니다. 이런 말씀들을 볼 때 당시 유대 종교가들은 선민의식에서 만족했고 그들에게서 불행한 사람들에 대한 책임감이나 동정심은 찾아 볼 수 없었습니다.

유대 종교가들이 불행을 당한 사람들에 대해 그렇게 냉정했던 이유는 그들 자신에게 있었던 선민의식과 모든 불행은 죄의 결과라고 하는 숙명론적 견해 때문이었습니다.

2. 예수님의 견해

예수님은 "이 사람이나 그 부모가 죄를 범한 것이 아니라 그에게서 하나님의 하시는 일을 나타내고자 하심이니라"(3)고 말씀하셨습니다.

예수님의 이 말씀은 모든 인생의 불행을 가져온 원죄를 부인하신 것은 아닙니다. 다만 제자들의 생각처럼 본인의 죄이거나 부모의 죄 때문에 그 불행이 온 것이 아니라는 말씀입니다.

그것보다는 그 불행한일 가운데서 하나님이 하시는 일이 있고 하나님의 역사와 하나님의 사랑을 나타내시려고 그런 일이 생겼다는 것입니다. 말하자면 모든 불행의 배후에는 더 좋게 하시려는 하나님의 계획이 있다는 것입니다.

사람들은 인류의 시조 아담이 선악과를 따먹고 타락한 것은 불행한 일이라고 생각합니다. 저는 청년들을 통해 여러 번 하나님께서 왜 선악과를 만들어 따먹게 하셨느냐, 만일 선악과가 없었다면 따먹고 범죄하지 않았을 것이 아니냐고 하는 질문을 받았습니다. 그러나 우리가 "그런즉 한 범죄로 많은 사람이 정죄에 이른 것같이 의의 한 행동으로 말미암아 많은 사람이 의롭다 하심을 받아 생명에 이르렀느니라"(롬 6:18)는 말씀을 읽는다면 그 의문은 풀려지게 될 것입니다. 결국 아담의 타락도 하나님께서는 더 좋은 은혜를 주시기 위한 것이었습니다.

현세의 모든 불행은 하나님께서 좋은 일을 계획하시고 그 하시는 일을 나타내시려고 준비하신 것입니다.

① 불행한 문제를 해결해 주시므로 하나님의 역사를 나타내게 하십니다.

성경에 기록된 대부분의 이적들은 그런 것입니다. 사사시대 말기에 있었던 한나는 자녀를 두지 못했고 브닌나에게는 자녀들이 있었으며 브닌나는 자녀를 두지 못하는 한나를 격동 시키고 있었습니다. 여자로서 자녀를 두지 못하는 것이 불행한 일이지만 같은 남편을 둔 브닌나가 업수이 여기는 일은 참을 수 없는 모욕이었을 것입니다. 그는 실로의 회막에 나가서 통곡하며 서원했습니다.

이런 장면을 상상할 때 하나님은 왜 이런 일을 있게 하시는 건가 하나님은 전능하지 않으신가? 그런 생각을 하게합니다. 그러나 그 불행은 하나님이 하시는 일을 나타내시기 위해 있는 일이었습니다. 그런 불임의 고통 중에 있는 한나에게 하나님의 능력과 사랑을 보이시며 하나님께서 살아계신 것을 보이셨던 것입니다. 나사로가 죽은 일도 그와 같은 것이었습니다. 나사로가 병들었다는 보고를 들으신 예수님은 "이 병은 죽을병이 아니라 하나님의 영광을 위함 이요 하나님의 아들로 이를 인하여 영광을 얻게 하려 하심 이니라" (요 11:4)고 하셨습니다. 나사로의 죽음은 불행하다고 보지 않을 수 없었었습니다만 죽은 가운데서 다시 살게 하심으로 하나님의 영광을 드러내게 하기위한 것이었습니다. 날 때부터 소경 된 사람도 그 불행이 계속될 것이 아니었고 눈을 뜨게 됨으로 하나님과 예수님의 영광을 드러내게 하기위한 일이었습니다.

하나님께서는 지금도 일하고 계시기 때문에 사람들의 불행을 면케 하여 영광을 하나님께 돌리게 하시는 일이 많이 있습니다.

② 불행한 일 때문에 영적 유익에 이르게 하십니다.

대개의 경우 하나님께로 돌아온 사람들이나 높은 신앙의 차원에 이른 사람들을 보면 행복한 조건에서가 아니라 불행한 조건에서라는 것을 알 수 있습니다. 저는 한 전도사를 알고 있습니다. 그 분의 부인은 6.25전쟁 후 서울에서 제가 시무하던 모 교회의 집사였고 그 분은 어떤 회사를 경영하는 사장이었습니다. 나는 좋은 저택에 살고있는 그분을 심방 할 때 간혹 만난 정도였습니다. 그때 그분은 전도사가 되기는 커녕 교회에 참석하는 것도 가능할 것 같지 않았습니다. 나는 20년 후에 그 분이 전도사가 되었다는 말을 듣고 내 귀를 의심하였습니다. 그렇게 된 경위는 다음과 같았습니다. 그분은 그 후 사업에 큰 실패를 한 후 회사뿐 아니라 집까지 다 정리 하여도 오히려 빚이 남게 되었다고 합니다. 그 가정은 결국 대궐을 떠나 남의 문간방으로 전전했고 식생활마저 어렵게 되었다고 합니다. 여집사님은 우리가 이럴 것이 아니라 기도원에 올라가서 기도하자고 하여 두 분이 기도하던 중 하나님의 부르심을 받은 것입니다.

옛날 사울은 당나귀를 잃고 찾다가 사무엘을 통하여 왕이 되라는 통고를 받았듯이 세상에서 불행을 당할 때 신령한 복을 받는 경우가 많습니다.

그리고 믿는 사람이 겸손한 인격을 갖추게 되는 것도 불행의 조건 가운데서 이루어지는 것입니다. 옛날 욥은 그 많은 고통을 통과한 후 "그러므로 내가 스스로 한하고 티끌과 재가운데서 회개하나이다"(욥 42:6)라고 고백하였으며 하나님께서는 바울을 겸손케 하시기 위해 육체에 찌르는 가시를 주었다고 하였습니다(고후 12:7). 많은 사람들은 불행은 아무런 유익도 주지 못하는 것이며 숙명적으로 감수해야 하는 것이라고 생각합니다. 그러나 예수님은 그것은 하나님이 하시는 일을 나타내기 위한 것이라고 하셨습니다. 우리는 불행이라고 하는 것이 바로 하나님의 영광을 드러낼 좋은 기회이며 또한 사람들을 하나님께로 돌아오게 하며 또 하나님의 자녀들을 겸손케하는 도구라는 것을 본 장을 통해서 배울 수 있습니다.

지금 자신이 불행하다고 느끼시는 분이 계십니까? 그것은 죄 값도 아니요 우연한 것도 아닙니다. 하나님의 하시는 일을 나타내시기 위한 것입니다. 그러므로 당신의 그 불행을 통해 하나님의 뜻이 이루어지기를 기도하시기 바랍니다.

28.

일의 철학

[요한복음 9:1-7]

대개의 사람들은 일하는 것보다 노는 것을 더 좋아 합니다. 한국 사람들은 "요사이 무엇합니까" 하고 물으면 "놀고 있습니다"라는 대답을 흔히 하는데 그것은 노는 것을 부끄럽게 여기지않는 생각때문이라고 어떤 작가가 비판한 글을 읽어본 적이 있습니다.

요사이는 그런 시대는 지난 것 같습니다. 신문들은 한국 사람들이 세계에서 가장 부지런한 민족이라는 칭찬을 아끼지 않습니다. 그러나 한국 사람들이 일을 열심히 하는 것은 일이 좋아서가 아니라 놀기 위해 일한다고 보아야 하겠습니다. 그래서 열심히 일하여 어느 정도 돈을 벌면 골프채를 들고 놀러 다니던가 좀더 경제적으로 부요해지면 요트를 준비하던가 하여 여러 가지로 삶을 엔조이하는 일에 몰두하게 되는 것을 볼 수 있습니다.

사람들의 일의 철학은 "열심히 일하여 많이 벌어서 삶을 엔조이하자" 그것인 것 같습니다. 예수님은 이 세상에 계시는 짧은 기간에 항상 일하신 분이십니다. 아직 나이 어리던 틴에이저 시절에는 부모님의 일을 돕는 일을 하셨고 공적 생활에 나선 후로는 밤낮을 가리지 않고 일하셨습니다. 낮이면 사람들을 가르치며 병자들을 고쳐주셨고 밤이면 산에 올라가서 기도하셨습니다.

본문의 말씀도 보면 날 때부터 소경 된 사람을 고치시기 전에 "때가 아직 낮이매 나를 보내신 이의 일을 하여야 하리라 밤이 오리니 아무도 일할 수 없느니라" 고 말씀하시면서 땅에 침을 뱉어 진흙을 이겨 소경의 눈에 발라주시며 실로암에 보내어 고침을 받게 하셨습니다. 예수님은 왜 열심히 일하셨습니까? 예수님께서 날 때부터 소경 된 사람을 두고 제자들과 함께 하신 대화의 말씀에는 예수님의 일의 철학이 잘 나타나고 있습니다. 예수님이 일하시는 이유는 자신의 육신적 삶을 위한 것이나 육신적 쾌락을 위한 것이 아니고 "나를 보내신 이의 일" 을 해야 한다는 것이었습니다. 그리고 예수님을 보내신 하나님의 일은 예수님만 아니라 모든 크리스천들이 다 그런 목표로 일해야 하겠기 때문에 "우리" 라는 일인칭 복수 대명사를 사용하셨습니다. 우리들도 예수님의 일의 철학을 배우십시다.

1. 예수님은 모든 불행한 일은 하나님의 하시는 일을 나타내기 위한 일이라고 보셨습니다.

날 때부터 소경 된 사람에 대하여 제자들은 예수님에게 "이 사람이 소경으로 난 것이 뉘 죄로 인함이오니이까? 자기오니이까? 그 부모오니이까?" 라고 질문 했습니다.

제자들의 이 질문은 그 당시 유대인들이 가졌던 사상입니다.

유대인들은 모든 좋은 일은 하나님의 축복이요 모든 불행한 일은 하나님의 저주의 결과라고 보았습니다. 누가 건강하고 경제적으로 부요하고 자녀들도 잘 자라서 출세하게 되면 그것은 하나님의 축복을 받은 까닭이라고 보았고 그렇게 축복을 받은 이유는 그들의 조상이나 그들 자신이 의롭게 했기 때문에 그런 축복을 받는 것이라고 생각했습니다. 그와 반대로 누가 병들었던가 가난하던가 자녀들이 형통치 못하던가 하면 그것은 하나님의 저주이며 그런 저주를 받는 것은 조상이나 그 자신이 의롭게 살지 못한 까닭이라고 생각했습니다.

사실 구약성경을 보면 그런 말씀이 많이 있습니다. 십계명중 제2계명에는 "나를 미워 하는 자의 죄를 갚되 삼사대까지 이르게 하거니와 나를 사랑하고 내 계명을 지키는 자에게는 천대까지 은혜를 베푸느니라"(출 20:5-6)하셨고 신명기 28장에는 계명과 율례를 지키는 사람은 들어가도 복을 받고 나가도 복을 받으나 계명을 지키지 아니하는 자는 들어가도 저주를 받고 나가도 저주를 받으리라고 하였습니다.

유대인들에게 있어서 재앙은 계명을 범한 죄인에게 숙명적인 것이었습니다. 그들은 이 날 때부터 소경 된 사람은 부모가 죄를 안 지었다면 본인이 태중에서라도 죄를 지었기 때문에 그렇게 되었을 거라고 생각하였습니다.

이러한 인과응보의 사상은 불행에 처한 사람에게 동정심을 가지지 못하게 하는 한 원인이었습니다. 성경에 나타난 유대인들은 가슴에 열기라곤 없는 냉혈동물과도 같이 표현됩니다. 그들은 강도 만나 죽게 된 사람을 그냥 버려두고 지나간 사람들이며 대문밖의 거지 나사로를 그냥 죽게 버려두었으며 세리와 죄인과는 상종하지 않는 사람들이었습니다. 그 이유는 가난과 불행이란 그 받는 사람들에게 숙명적인 것이기 때문이었습니다. 문밖의 걸인이 구걸한다면 불쌍히 여길 필요가 없습니다. 눈먼 소경이 길을 더듬어도 그 일로 인해 마음아파 할 필요가 없었습니다. 그들이 자기 죄의 값을 치르고 있는 것이기 때문입니다. 그러나 그런 보응의 법칙이 이 세상에서 언제나 적용되는 것은 아닙니다.

전도자 솔로몬은 "헛된 날에 이 모든 일을 본즉 자기의 의로운 중에서 멸망하는 의인이 있고 자기의 악행 중에서 장수하는 악인이 있으니"(전 7:15)라고 하였습니다. 이 말씀은 의롭게 살아도 그 때문에 죽는 수도 있고 악하게 살아도 장수하는 경우도 있다는 것입니다. 그러면 계명과 율법에 계명을 지키는 자는 복을 받고 지키지 않는 자는 화를 받는다고 하신 말씀은 어떻게 해석되어야 합니까?

구약성경의 축복과 저주의 예언은 현세에서 다 성취되는 것이 아니라는 것입니다. 이 세상에서는 의를 행하고도 일찍 죽는 경우도 있고 악을 행하면서도 장수할 수도 있으나 심판 날이 있습니다.

예수님은 이 소경에 대해 어떻게 보셨습니까? 제자들의 질문에 대해 예수님은 "이 사람이나 그 부모가 죄를 범한 것이 아니라 그에게서 하나님이 하시는 일을 나타내고자 하심이니라"고 하셨습니다. 예수님은 날 때부터 소경으로 난 사람을 죄의 결과라고 하는 숙명론으로 자기위로를 받고 말던 유대인들이나 제자들과 같지 않고 바로 이 불행한 일은 하나님의 하시는 일을 나타내기 위해 생긴 일이라고 보셨습니다.

예수님은 그 사람의 과거를 물어보지 않으셨습니다. 러시아 문호 톨스토이의 3교 비교를 읽으면 다음과 같이 묘사한 것을 볼 수 있습니다. 어떤 사람이 구덩이에 빠져서 도움을 청하고 있는데 그 길로 인도의 도인 같은 사람이 지나다가 내려다보고 하는 말이 거기 빠졌으면 힘을 다해 올라와 보라고 하고 지나가 버렸고 다음에는 중국의 도인 같은 이가 지나가다가 보고는 혀를 차며 아까운 청년이 구덩이에 빠졌구먼 두 눈뜨고 무엇 보다가 거기 빠졌느냐 빠지지 말아야 할 것을 하고는 지나갔고 그 다음으로 한 유대청년이 지나가다가 보고는 불쌍히 여겨 자신이 웅덩이 속으로 뛰어 내려가더니 형제여 내 어깨와 머리를 밟고 올라가라고 하여 건져주었다는 것입니다. 톨스토이는 그 처음 사람은 석가모니요 다음 사람은 공자이며 유대청년은 예수라고 설명했습니다.

예수님은 현재의 불행 중에 있는 사람들의 원인을 찾으려는 것이 아닙니다. 그저 그 불행 속에 하나님의 뜻이 있고 나의 사명이 있다고 보셨습니다. 우리는 오늘의 국제적인 문제, 사회문제, 경제문제, 도덕문제, 종교문제에 대해 나의 할 일이 있다고 보아야 하겠습니다.

2. 나를 보내신 이의 일을 해야겠다고 하셨습니다.

성공은 일을 어떻게 하느냐에 있는 것이 아니라 무엇을 하느냐에 있다고 합니다.

그 말은 어떤 일은 아무리 열심히 해도 성공할 수 없는 일이 있고 어떤 일은 성공할 수 있는 일이 있다는 말입니다.

북미에는 베저라는 동물이 있습니다. 그 놈은 일생 구덩이만 파는 동물입니다. 구덩이는 굴을 위해 또는 먹을 것을 찾는 일을 위해 필요하기도 하지만 베저는 필요 이상의 구덩이를 이곳 저곳 계속 파고 다닙니다. 왜 불필요한 구덩이를 그렇게 파고 다니는지 알 수 없습니다.

하나님이 보실 때 사람들은 어쩌면 베저와 같다고 보실 거라 생각됩니다. 어떤 사람은 먹을 것을 위해 일한다고 하지만 먹을 것 이상의 것을 위해 일하고 어떤 이들은 열심히 일하면서도 무엇 때문에 일하는지 모르고 일을 그냥 하는 사람들도 있습니다. 전도서를 보면 "내가 또 돌이켜 해 아래서 헛된 것을 보았도다 어떤 사람은 아들도 없고 형제도 없으니 아무도 없이 홀로 있으나 수고하기를 마지 아니하며 부를 눈에 족하게 여기지 아니하면서도 이르기를 내가 누구를 위하여 수고하고 내 심령으로 낙을 누리지 못하게 하는고 하나니 이것도 헛되어 무익한 노고로다" (전 4:7-8)라고 하였습니다.

미국 사람들 중에는 워크호릭(Workholic)이라는 병을 가진 사람들이 있는데 일에 중독이 되어 몸에 병이 들어도 일을 안 할 수 없이 되는 병이라고 합니다. 이 세상에는 무엇을 해야 할지 왜 해야 할지를 모르고 일하는 사람들이 너무나 많습니다.

예수님은 나를 보내신 이의 일을 해야 하리라고 말씀하셨습니다. 예수님은 자신이 스스로 세상에 온 것이 아니요 자기를 보내신 하나님이 계시다는 것을 알고 계셨고 또 하나님은 자기의 중요한 일이 있기 때문에 그 일을 위하여 보내셨다는 것을 아셨습니다. 예수님은 마치 정부의 파송을 받은 대사가 사명을 띠고 외국에 나간 것과 같았습니다. 하나님께서는 그에게 인류를 구원하기 위해 하나님의 영광을 증거하며 십자가를 지라고 하는 대 사명을 맡기신 것을 알고 계셨습니다.

누구를 위해 일해야 하며 무엇을 위해 일해야 하는가? 하는 것은 예수님처럼 나를 보내신 이가 계시다라는 것과 나에게도 사명을 주어 이 세상에 보내셨다는 것을 깨닫게 될 때 알게 되는 문제입니다.

3. 한정된 시간에 그 일을 해야 한다는 것입니다

"때가 아직 낮이매 나를 보내신 이의 일을 하여야 하리라 밤이 오리니 그때는 아무도 일할 수 없느니라" (4)

간호사나 의사시험을 본 이들의 이야기를 들어보면 수백가지의 문제를 한정된 시간에 풀어야 하기 때문에 문제를 이해했어도 미처 답을 쓸 시간이 없어 답을 못쓰는 경우가 많다는 것입니다.

인생의 날은 영원이라는 것에 비교해 볼 때 밤의 한 경점에 불과한 것입니다. 그래서 모세는 "주의 목전에는 천년이 지나간 어제 같으며 밤의 한 경점 같을 뿐임이니이다" (시 90:4)라고 하였고 야고보는 "너희 생명이 무엇이뇨 너희는 잠깐 보이다가 없어지는 안개니라" (약 4:14)고 하였습니다.

제가 미국 온 후에 저와 가깝게 지내던 목사님이 계셨습니다. 그 분은 50대 초반의 나이였지만 당뇨와 고혈압으로 고생하였습니다. 어떤 날 그는 "나는 앞으로 오래 살아야 5년 정도일 것이고 그렇지 않으면 3년 정도 살거라" 고 하며 "5년 정도 더 살게 된다면 구신약 성경 대소지를 완성하고 가야겠다" 고 하였습니다. 나는 그 말을 그리 심각하게 듣지 못했는데 그 목사님은 정말 3년 만에 한국 어느 교회에서 설교하신 후 돌아가셨습니다. 사람은 시간을 분배 받아 세상에 왔다가 가는 나그네입니다. 그 기간이 끝나면 아무도 일할 수 없습니다. 그리고 그 분배된 시간마저도 일할 수 없는 때가 많습니다. 어린 시절은 대부분 일하지 못하고 지나며 장성한 후에도 병들 때와 주위에 어려운 일이 생길 때는 일하지 못합니다. 그렇게 보면 인생의 낮은 참으로 짧습니다.

이 짧은 시간에 정신 차리지 않으면 하나님의 일을 해야겠다는 생각을 가졌다고 해도 못하고 맙니다. 그래서 예수님은 밤과 낮으로 하나님이 맡기신 일을 하셨습니다.

일을 많이 하고 열심히 한다고 하여 하나님 앞에 설 때에 칭찬을 듣는 것은 아닙니다. 일의 철학이 있어야 합니다. 나를 보내신 하나님께서 원하시는 일이 무엇인가를 발견하고 일해야 합니다. 나를 보내신 이의 뜻만 이루어드린다면 그 사람에겐 반드시 상이 따라옵니다.

"내가 선한 싸움을 싸우고 나의 달려갈 길을 마치고 믿음을 지켰으니 이제 후로는 나를 위하여 의의 면류관이 예비 되었으므로 주 곧 의로우신 재판장이 그 날에 내게 주실 것이니 내게만 아니라 주의 나타나심을 사모하는 모든 자에게니라" (딤후 4:7-8)

29.

영의 눈을 뜨십시다

[요한복음 9:39-41]

예수님은 날 때부터 소경 되었던 사람을 진흙을 이겨 눈에 발라주며 실로암 못에 가서 씻으라고 하여 고침을 받게 하셨습니다.

밝은 햇빛도, 부모님의 사랑의 얼굴도, 자신의 모습도 보지 못하고 일생을 살아온 장님이 예수님의 능력으로 고침을 받았을 때 그 기쁨은 비길 데가 없었을 것입니다.

그러나 이 일이 바리새인들에게는 기쁜 일이 될 수는 없었습니다. 자기들이 없이 하려고 하는 예수님을 통해 그런 역사가 나타나는 것은 그들에게는 불리한 일이 아닐 수 없었습니다. 그들은 고침을 받은 사람을 불러서 어떻게 고침을 받았는가, 당신은 그 사람을 어떤 인물로 보는가 등의 질문을 하였습니다. 그러나 고침을 받은 사람이 예수님에 대해 강하게 변호하자 바리새인들은 그를 출교하고 말았습니다.

이 때에 예수님은 소경 되었던 사람을 성전에서 만나 자기가 인자이신 것을 알리신 후 "내가 심판하러 이 세상에 왔으니 보지 못하는 자들은 보게 하고 보는 자들은 소경 되게 하려함이니라" 고 말씀하셨습니다.

이 말씀은 예수님이 이 세상에 오신 목적은 영적으로 보지 못하는 사람들을 보게 하기 위하여 오셨고 자신들이 보는 자들이라고 생각하는 자들, 즉 영적으로 소경이라는 것을 모르고 자신들이 보는 자인 줄로 아는 사람들은 소경이 되어 보지 못하게 하기 위하여 오셨다는 것입니다.

요한복음의 모든 이적들은 그 이적이 나타내는 의미가 있습니다. 물로 포도주를 만드신 이적은 예수님이 구원의 즐거움을 주시기 위해 오신 분임을 의미하며, 5병2어의 이적은 예수님이 참 양식이 되심을 보여 주기 위한 것이었습니다. 9장에서 날 때부터 소경된 자를 눈뜨게 하신 것은 원죄로 인해 영적으로 어두워진 인생들의 눈을 뜨게 하시는 예수님이심을 보여 주시는 이적입니다.

1. 영안이란 어떤 것입니까?

사람에게는 육신의 눈이 있습니다. 육신의 눈은 사물 그대로를 보는 눈입니다. 크고 작은 것, 넓고 좁은 것, 희고 붉은 것 등을 다 식별할 수 있는 눈입니다.

사람에게는 또 다른 눈이 있습니다. 그것은 지식의 눈입니다. 배우지 않은 사람은 글을 보아도 그 의미를 알 수 없습니다. 문맹이라고도 하며 까막눈이라고도 합니다. 어떤 글을 모르는 신사가 기차를 타고 가면서 신문을 거꾸로 들고 있어서 맞은편에 앉은 분이 왜 신문을 거꾸로 보느냐고 하니 선생님이 읽으시라고 그렇게 했다고 대답을 했다는 우스운 말이 있습니다.

그러나 사람에게는 또 다른 눈이 있습니다. 그것은 영의 눈이라는 것입니다. 이 눈은 신령한 것을 보는 눈입니다. 일제시대의 일본에 이와바시 다께오라는 꿈 많은 청년이 있었습니다. 그는 대학에 들어갈 준비를 하는 중 불행하게도 두 눈이 멀었습니다. 그가 눈에 빛을 잃었을 때 온 세상은 무너지는 것 같았습니다. 그는 이런 상태로 살아서 무엇하겠는가 하여 고민하다가 그 해가 끝나는 밤 제야의 종이 울릴 때 자결하기로 결심했습니다. 마침 그날 밤에 어머님이 자기 방에 와계셨고 시간이 되어 종은 울렸습니다. 이와바시 다께오는 어머님에게 당신 방으로 가시라고 권면 했지만 어머님은 무슨 예감을 느꼈던지 가시지 않았습니다. 그때에 다께오는 정중히 어머님에게 불효를 사과하고 거사를 하려고 칼을 꺼냈습니다. 놀란 어머님은 아들의 손을 붙잡고 "애야 나도 네 심정 다 안다 그러나 네가 죽으면 나는 어떻게 하니 나도 죽을 수 밖에 없다, 너 나를 위해 좀 더 살아 줄 수 없니" 하며 울었습니다. 효성이 있던 다께오는 홀로 남을 어머님을 생각하고 "예, 어머니 그러면 저는 이제부터 어머님을 위해 살아드리겠습니다"고 하며 칼을 놓았습니다. 다께오는 앞 못 보는 몸으로 무료히 하루하루 지나다가 점자를 배워 성서공회에서 출판한 점자성경을 읽기 시작했습니다. 그는 성경을 읽어가는 중 큰 빛을 발견했고 신학을 한 후 사방에 복음을 전하러 다니는 목사가 되었습니다.

다께오는 육신의 눈은 멀었습니다. 그러나 그의 영의 눈은 열려 하나님의 영광을 볼 수 있었고 인생이 어디서 와서 어디로 가는지도 알 수 있었습니다. 그러므로 자기만 아니라 많은 사람들을 하나님께로 인도 할 수 있었습니다.

예수님은 사람의 육신의 눈이 어두운 것 보다 영의 눈이 어두운 것을 인해 더욱 탄식 하셨습니다. "눈은 몸의 등불이니 그러므로 네 눈이 성하면 온 몸이 밝을 것이요 눈이 나쁘면 온 몸이 어두울 것이니 그러므로 네게 있는 빛이 어두우면 그 어두움이 얼마나 하겠느뇨" (마 6:22-23)

"화 있을진저 소경 된 인도자여 너희가 말하되 누구든지 성전으로 맹세하면 아무 일 없거니와 성전의 금으로 맹세하면 지킬지라 하는 도다 우맹이요 소경들이여 어느 것이 크뇨 그 금이냐 금을 거룩하게 하는 성전이냐" (마 23:16-17)

"네가 말하기를 나는 부자라 부요하여 부족한 것이 없다 하나 네 곤고한 것과 가련한 것과 가난한 것과 눈 먼 것과 벌거벗은 것을 알지 못하도다" (계 3:17)라고 하셨습니다. 예수님이 오신 목적은 육신의 눈을 뜨게 하는 것보다 사람들의 영혼의 눈을 뜨게 하시려고 오신 것입니다. 육신의 눈이 어두워 부모의 얼굴을 못 보며 만물을 보지 못하는 것도 괴로운 일이라면 영의 눈이 어두워 하나님의 얼굴을 보지 못하고 신령한 세계를 보지 못하는 것이 얼마나 더 괴로운 일이겠습니까?

2. 영안이 어두워진 이유

사도바울은 모든 인류는 다 죄인이라고 선언하면서 "파멸과 고

생이 그 길에 있어 평강의 길을 알지 못하고 저희 눈앞에 하나님을 두려워함이 없느니라"(롬 3:16-18)라고 하였습니다. 아담으로부터 지금까지 모든 사람들은 죄로 인하여 그 영의 눈이 어두워져 있습니다.

날 때부터 소경 된 사람에 대해 제자들이 질문 하였을 때 예수님은 "이 사람이나 그 부모가 죄를 범한 것이 아니라"고 하셨습니다. 그 대답은 모든 불행은 부모의 죄 때문이거나 자신의 죄 때문에 생기는 것이라는 유대인들의 사상에 반대하는 말씀입니다. 그러나 아담이 선악과를 따먹은 원죄 때문에 불행이 왔다는 것을 부인 하신 것은 아닙니다. 죄는 사람의 영안을 어둡게 하는 것입니다.

인류의 시조 아담은 선악과가 보암직하고 먹음직하고 지혜를 얻을 만큼 탐스러워 보였을 때 그 선악과를 따먹으면 어떠한 불행이 오게 되리라는 것을 알지 못했습니다.

사람들은 죄를 행동으로 옮기기 전에 영의 눈이 어두워지는데 그 이유는 죄의 정욕이 마음을 어둡게 하기 때문입니다.

가인은 아벨에 대한 질투와 분노 때문에 그가 선을 행하면 기뻐 받아주실 하나님도 보이지 않았고 동생을 죽이는 일이 어떻게 큰 죄이며 어떠한 불행을 가져올 것이라는 것을 보지 못했습니다. 에서는 식욕 때문에 눈이 어두워져서 장자의 명분을 헌 신발처럼 경히 여겼습니다. 이방 선지자 발람은 물욕과 명예욕에 눈이 어두워져서 발락왕의 청탁을 받고 이스라엘백성을 저주하기위해 나귀를 타고 떠나갈 때 나귀는 하나님의 천사를 보고 가지 않으려 했으나 발람은 그 천사를 보지 못했습니다. 이스라엘 군인 아간은 물욕에 눈이 어두워져서 여리고성의 재물은 하나님께 바친 것 이라는 것과 그것을 취할 때 어떠한 형벌이 있을 거라는 것을 알지 못했습니다.

이스라엘의 사사 삼손은 정욕으로 눈이 어두워져서 들릴라에게 자기의 힘의 비밀을 폭로하여 자기가 하나님과 파약할 때에 어떤 결과가 온다는 것을 알지 못했습니다. 영의 눈이 어두운 그는 결국 육신의 눈까지 뽑히는 결과에 이른 것입니다.

다윗은 정욕으로 눈이 어두워 자기의 사랑하는 충신 우리아의 아내를 취하고 우리아를 전선에 보내어 죽게 하였습니다. 그는 그런 일의 결과로 어떠한 형벌을 받게 되리라는 것을 알지 못했습니다. 그래서 회개한 후 다윗은 "여호와 내 하나님이여 나를 생각하사 응답하시고 나의 눈을 밝히소서 두렵건대 내가 사망의 잠을 잘까 하오며 두렵건대 나의 원수가 이르기를 내가 저를 이기었다 할까 하오며 내가 요동될 때에 나의 대적들이 기뻐할까 하나이다"(시 13:3-4)라고 하였습니다.

옛날이나 지금이나 죄는 사람의 영의 눈을 어둡게 하는 것입니다. 죄로 인해 사람들은 영적으로 소경들이 되었습니다.

3. 어떻게 영안을 뜰 수 있습니까?

이제 본문의 말씀을 다시 한번 읽어 보십시다.

"예수께서 가라사대 내가 심판하러 이 세상에 왔으니 보지 못하는 자는 보게 하고 보는 자들은 소경 되게 하려함이라"(39)고 하셨습니다. 요한복음 9장에서 예수님은 눈을 뜨게 하시는 자로 나타나셨습니다.

예수님은 죄로 인해 어두워진 사람들의 영의 눈을 밝히시기 위해 이 세상에 오셨습니다. 날 때부터 소경 된 사람을 고쳐주신 것은 이 영의 눈을 밝게 함이 필요한 것과 예수님은 영안을 뜨게 하실 수 있는 분이심을 보여주기 위해 하신 일입니다. 바울은 "주께로 돌아가면 그 수건이 벗어지리라"(고후 3:16)고 하였습니다. 예수님만이 사람의 영의 눈을 밝혀 주실 수 있습니다.

그러나 예수님은 모든 소경을 다 고쳐주시는 것이 아니라고 말씀하십니다. 보지 못하는 자들은 보게 하며 보는 자들은 소경 되게 함이라 하셨습니다. 보지 못하는 자는 볼 수 있게 되지만 보는 자들은 도리어 소경이 된다는 것입니다. 이 말씀을 들은 바리새인들은 "우리도 소경인가"라고 했고 예수님은 "너희가 소경 되었다면 죄가 없으려니와 본다고 하니 너희 죄가 그저 있느니라"고 대답하셨습니다. Calvin은 이 소경 되는 것은 자신의 죄를 시인하는 자요 본다고 하는 것은 자신의 병에 대해 둔감하여 하나님의 은혜를 업신여기는 자들을 가리킨다고 하였습니다.

예수님으로부터 영의 눈을 뜨게 되는 사람은 누구입니까? 날 때부터 소경 된 사람처럼 자기가 소경 된 것을 인정하는 사람입니다. 그 소경은 자신이 소경임을 시인했습니다. 그리고 고침을 받기를 원했습니다. 그러므로 땅에 침을 뱉어 진흙을 이겨 눈에 발라주어도 불평하지 않았습니다. 실로암못에 가서 씻으라 할 때 그대로 순종하였습니다.

바리새인들은 본다고 하는 사람들입니다. 율법에 대해 하나님을 믿는 일에 대해 천년이상 경험해오고 연구해왔다고 생각했습니다. 그들은 영안이 어두우면서도 어두운 줄 모르는 사람들이었습니다.

회개하려고 하지도 않고 믿으려 하지도 않았습니다. 그러므로 그들의 죄는 사함을 받지 못하게 되고 여전히 소경으로 있을 뿐이었습니다. 그러나 자기의 죄를 시인하고 회개하고 예수님께 돌아오면 신령한 눈을 뜨게 됩니다. 어느 안과 병원에서 개안수술을 받은 청년이 사물을 분명히 보게 되었는데 소감이 어떠한가고 묻는 기자의 질문에 "새로운 세상에 태어난 것 같습니다"라고 대답했습니다. 우리의 육신의 눈도 얼마나 필요합니까? 앞을 못보고 살던 과거와 앞을 보게 된 현재는 정말 다른 세계일 것입니다. 사랑하는 아내의 얼굴과 자녀의 얼굴, 피어나는 꽃봉오리, 아침에 떠오르는 태양, 이 모든 것이 신기하지 않겠습니까?

우리의 영의 눈도 마찬가지입니다. 하나님도 알지 못하고 어디로 가야 할지 무엇을 해야 할지 알지 못하던 사람이 갈 길을 분명히 알고 해야 할 일도 분명히 알게 되는 것은 영의 눈을 뜬 증거입니다. 우리도 다 예수님께 나아가 눈 밝음을 받기 위해 보는 자로 자처하지말고 보지 못하던 소경처럼 보지 못하는 것을 아는 자가 되어야 하겠습니다.

30.

양의 우리의 문

[요한복음 10:1-11]

프랑스 신학자 고데(Godet)는 본 장의 비유를 세 부분으로 나누어 설명했습니다. 1-6까지는 목자가 양을 인도하여 내는 장면을 연상하신 것이요, 7-10까지는 정오에 양 떼를 몰고 와서 꼴을 먹게 하는 것을 연상하신 것이며, 11절부터는 저녁때의 목장을 연상한 말씀이라는 것입니다.

해석가들은 본 장의 내용을 목자 되신 예수님에 대한 비유로 해석하는 경향이 있습니다만 1-10절까지의 내용을 읽어보면 예수님은 목자라는 것을 강조하시는 것이 아니라 양의 우리의 문이라고 하십니다.

1-2절에서 양의 우리의 문에 대하여 말씀하시고 7절에서는 "나는 양의 문이라"고 설명하셨습니다. 그러므로 이 부분은 예수님 자신이 목자라고 주장하는 것으로 보는 것보다 양의 우리의 문이라고 하시는 것으로 보아야 합니다.

목장의 양의 우리의 문은 대단히 중요한 역할을 합니다. 양의 우리의 문은 여러 곳에 있는 것이 아니라 한 곳에만 있습니다. 제가 얼마 전 브라질 상파울로(Sao paulo)의 어느 공원엘 들어갔었습니다. 그 공원엔 본래 여러 곳에 문이 있었는데 다 잠그고 한 곳에만 문이 열려 있었습니다. 그렇게 한 이유는 도둑들이 여자들의 핸드백 등을 훔쳐 도망하기 때문에 그렇게 했다는 것입니다. 양의 우리의 문도 여러 곳에 있는 것이 아니고 하나밖에 두지 않습니다. 그래서 예수님은 양의 우리의 문이라고 말씀했습니다. 그렇게 함으로 도적이나 강도 또는 이리 같은 양을 해치는 것들을 막기 위한 것이며 참 목자들만 그 문을 통해 들어오게 하기위한 것입니다. 그리고 양의 우리의 문에는 꼴과 물을 항상 준비해두어 양들이 들어가며 나올 때 꼴을 먹게 하는 곳이기도 합니다.

예수님은 양의 우리의 문의 중요함을 보시고 그것으로서 예수님 자신의 중요성을 설명하신 것입니다.

1. 양의 우리의 문은 목자가 반드시 들어가야 하는 문입니다

"양의 우리의 문으로 들어가지 아니하고 다른 데로 넘어가는 자는 절도요 강도며 양의 우리의 문으로 들어가는 자가 양의 목자라"

① 문으로 들어가는 자가 양의 목자라 하셨습니다.

양을 훔쳐가는 절도나 강도인가 아니면 양을 먹이며 유익하게 하는 목자인가 하는 것은 양의 우리의 문으로 들어가는가 아니면 다른 데로 넘어가는가 하는 것으로 식별할 수가 있습니다. 그 이유는 절도나 강도는 남몰래 양을 훔쳐야 하기 때문에 정정당당하게 양에게 올 수가 없기 때문입니다. 저의 어릴 때 기억입니다만 중국에서 아버님이 큰 농장을 경영하여 창고에 많은 곡식을 저장해 두었는데 어떤 날 아침에 창고 문을 열고 들어가니 밖으로 향한 벽이 뚫어져있었습니다. 많은 곡식을 잃었던 것은 물론입니다. 도적은 문으로 들어오지 못하고 뒷벽을 뚫고 들어와서 가져갔습니다.

하나님은 예수님을 양의 우리의 문으로 세우셨습니다. 그러므로 양들에게 나아가 양을 인도하는 목자들은 누구나 다 예수님을 통해서 가도록 하셨습니다. 예수님으로 말미암아 양들에게 접근하지않고 자기 임으로 접근하는 사람들은 양을 도둑질하던가 양을 죽이려는 도적과 강도와 같은 것입니다. 그래서 예수님은 "나보다 먼저 온 자는 다 절도요 강도니 양이 듣지 아니하였느니라" (8)고 하셨습니다.

문으로 들어가는 것은 예수님을 영접하여 성령으로 거듭남을 의미하는 것입니다. 양을 인도하는 목자들은 양을 인도하기 전에 먼저 자신이 예수님을 영접하고 예수님 안에서 사명을 발견해야 합니다.

② 문으로 들어가는 자는 양의 목자이기 때문에 그러한 목자에게는 다음과 같은 특전이 따라옵니다.

a. 문지기는 문을 열어줍니다. 이 문지기는 성령님이십니다. 그리스도를 참으로 영접한 목자가 양에게 접근할 때에는 반드시 성령님의 역사가 함께합니다. 베드로가 고넬료의 가정에 갔을 때에 성령님이 말씀 듣는 무리에게 나타나셨고 바울이 빌립보에 갔을 때 성령께서는 루디아의 마음을 열어 바울의 말을 청종케 하셨습니다.

지금도 참으로 예수님으로 말미암아 일꾼 된 사람들에게는 성신께서 함께하시며 역사하시게 됩니다.

b. 그리고 그 목자는 양들의 이름을 각각 불러낸다고 하였습니다. 양의 음성을 듣고 따라가는 것은 성령님이 양들에게 역사함이요 목자가 양의 이름을 불러내는 것과 앞서가는 것은 성령께서 목자에게 역사하시는 증거입니다. 이렇게 해서 양 무리를 인도하게 하십니다.

그러므로 참 목자들의 특징은 양의 문이 되신 예수님을 통과한 사람입니다. 그 사람에게 성령님은 역사하여 신령한 지혜로 양 떼를 인도하게 하시며 또 양 떼의 마음을 열어서 목자를 따라가게 하십니다. 예수님을 영접하여 물과 성령으로 거듭나고 성령의 인도를 받는 하나님의 일꾼이라면 반드시 양이 있게 마련이고 그 양들은 따라오게 마련입니다.

그러나 예수님께 나간 경험 없이 양에게 나가려 할 때 양은 듣지 아니합니다. 언젠가 D.L.Moody는 팔레스타인에서 양치는 자기 친구를 찾아가 양이 과연 주인의 음성을 알아보는가를 시험했다고 합니다. 무디가 친구의 옷을 바꾸어 입은 후 비슷한 소리로 양들에게 접근하자 양들은 기웃거리며 쳐다보더니 다 도망했고, 그때 그 친구가 양을 다시 부르니 양들은 하나씩 다시 모였다고 합니다. 하나님께서는 이리에게 이빨을 주고 말에게 다리를 주었지만 양에게는 귀를 주었습니다.

그와 같이 신령한 양들도 예수님을 만난 목자와 그렇지않은 목자를 구별할 수 있는 귀가 있습니다.

2. 양 우리의 문은 양이 반드시 들어가야 하는 문입니다.

"내가 문이니 누구든지 나로 말미암아 들어가면 구원을 얻고 또 들어가며 나오며 꼴을 얻으리라" (9)

위에서 예수님은 목자에게 있어서 가장 중요한 것은 양의 우리의 문으로 들어가는 것이라고 말씀했습니다. 본 절에서는 그 문으로 들어가는 것은 양에게도 절대적으로 필요하다고 말씀하십니다. 그 이유는

① 그 문으로 들어가야 구원을 얻기 때문입니다.

양이라는 동물은 온순하고 깨끗한 동물이며 그런 이유로 하나님의 성전에서 제물로 사용됐던 동물이요 사람에게 밀크와 양모를 제공하는 크게 유익한 동물입니다. 그러나 양은 이리, 절도, 강도 같은 자기를 해하는 원수들에게는 아무런 대항할 능력이 없습니다. 그 위에 양 떼가 있는 곳엔 이리와 절도, 강도가 항상 따라다닙니다. 아마 양을 보호하는 목자와 양의 우리가 없다면 양은 얼마가지 않아 다 없어질 것입니다.

양의 문은 양을 보호하며 구원합니다. 그 양이 일단 양의 우리의 문안으로 들어서면 그 모든 위험에서 보호를 받기 때문입니다. 밖에는 이리의 우는 소리가 들리지만 양 무리는 편히 누워 새김질을 하며 밤을 지냅니다.

예수님은 모든 믿는 사람들의 피난처입니다.

이 세상엔 우리 육신의 생명을 위협하는 많은 질병과 위험도 적지 않습니다만 그보다 더 많은 적이 우리의 영혼을 멸하려고 하고

있습니다. 그러나 우리가 예수님 안에 거하면 안심할 수 있습니다. 그 누구도 그리스도안에 있는 하나님의 사랑을 끊을 자가 없기 때문입니다.

② 들어가며 나오며 꼴을 얻기 때문입니다.

이제 목장의 광경을 한번 생각해보십시다. 양의 우리의 문에는 항상 신선한 꼴과 물이 준비되어있습니다. 그렇게 꼴을 준비해두는 이유는 양 떼를 따라가지 못하는 어린양이나 병든 양을 위해서와 목장이 풍성하지 못하던가 목장이 거리가 멀어서 또다시 꼴이 필요할 때를 위해 예비 된 꼴입니다. 만일 이 꼴이 없다면 어린양과 병든 양이 주리게 될 뿐 아니라 건강한 양이라도 먼 길을 걸어왔을 땐 주리게 될 것입니다. 그러나 목자들은 그 양의 필요를 알고있기 때문에 양의 문에는 항상 신선한 꼴을 준비해둡니다.

예수님은 양의 우리의 문처럼 항상 풍성한 꼴을 제공해주시는 분이십니다. 예수님은 "내가 곧 생명의 떡이니 내게 오는 자는 결코 주리지 아니 할 터이요 나를 믿는 자는 영원히 목마르지 아니하리라" (요 6:35)고 하셨습니다.

예수님의 소원은 양으로 생명을 얻고 또 얻어 풍성한 삶을 살게 하려는 것이기 때문입니다. 본 장에서 예수님은 자기는 양의 우리의 문이라 하셨습니다. 이 문은 목자나 양이 다 같이 출입해야 하는 문입니다. 여기서 예수님은 양 떼의 지도자들에게와 양 떼에게 무엇이 필요한가를 교훈해주고 있습니다. 양 떼의 지도자(양의 목자)에겐 양 떼를 먹이려는 의욕과 양 떼에 대한 지식, 양을 치는 방법론 같은 것들도 필요하겠습니다. 그러나 그보다 더 중요한 것은 양의 우리의 문으로 들어가는 것입니다. 그의 보혈 안에서 새로워지며 예수님 안에서 사명도 발견하는 것입니다. 같은 사기그릇 위에 그린 그림이라도 열처리를 한 그림과 열처리를 하지 않은 것은 다릅니다. 이와 같이 예수님을 영접한 사역자와 예수님을 영접치 아니한 사역자는 다릅니다.

예수님을 영접한 자에겐 성령께서 앞서서 역사하시고 양들도 그를 따르게 됩니다. 그러므로 예수님을 대행하여 양을 먹이는 하나님의 일꾼들은 자신이 먼저 양에게 나가기 전에 양의 우리의 문 되시는 예수님께 나가 문지기 되시는 성령님의 인도를 받도록 해야 합니다.

그리고 이 비유는 성도들이 어떻게 풍성한 영적 삶을 살 수 있는가를 잘 보여줍니다. 성도들은 예수님을 통해 구원을 얻을 뿐 아니라 주님과 계속적인 교제로서 날마다 신령한 꼴을 먹으며 풍성한 삶을 살아야 한다는 것입니다.

31.

선한 목자 예수

[요한복음 10:7-18]

본 장의 비유를 보면 목장의 주변에는 절도와 강도, 이리, 삯꾼, 목자, 문지기, 선한 목자가 있습니다.

목장은 교회를 가리키는데 교회의 주변에는 이러한 여러 종류의 사람들이 있습니다.

① 절도와 강도가 있습니다.

절도와 강도는 도적질하고 죽이고 멸망시키려는 것 뿐이라고 하였습니다. 이 절도와 강도는 어떤 인물입니까? 예수님은 "나보다 먼저 온 자는 다 절도요 강도니 양들이 듣지 아니하였느니라"(8)고 하셨습니다. 나보다 먼저 온 자는 예수님으로 말미암지않은 유대종교의 지도자들이며, 예수님을 온전히 영접하지않고 자기 스스로 교회의 일꾼 된 사람들입니다.

② 이리가 있습니다.

이리는 성도를 핍박하며 교회를 흩어버리는 이단과 박해자들입니다. 예수님은 제자들을 파송하시면서 "내가 너희를 보냄이 양을 이리 가운데 보냄과 같도다"(마 10:16)라고 하셨고 바울은 에베소의 장로들을 권면 할 때 "내가 떠난 후에 흉한 이리가 너희에게 들어와서 그 양 떼를 아끼지 아니하며"(행 20:29)라고 하였습니다. 교회의 주변에는 이런 이단과 박해자들도 뒤좇고있습니다.

③ 삯꾼이 있습니다.

삯꾼은 자기 품삯을 위해 일할 뿐이요 양을 사랑하지 아니하며 이리가 오던가 하여 생명의 위험을 느낄 때는 도망하고 맙니다. 교회에는 이러한 직업의식으로 일하는 일꾼들도 있습니다. 이런 일꾼들은 평안할 때는 교회를 봉사하지만 어려운 환난이 오면 도망합니다.

④ 문지기가 있습니다.

문지기는 목자와 양이 서로 대할 수 있게 문을 여는 일을 합니다. 이처럼 교회에는 성령께서 계셔서 목자는 양에게 나갈 수 있게 하며 양들은 참 목자를 따를 수 있도록 역사하십니다.

⑤ 목자가 있습니다.

문지기의 인도를 받아 양을 불러내며 양을 이끌고 목장으로 나가서 양을 먹이는 사람들입니다. 이들은 예수님을 중심하고 일하는 참된 일꾼입니다.

⑥ 선한 목자가 있습니다.

본문의 말씀처럼 선한 목자는 양을 위하여 목숨을 버리는 목자입니다. 다윗은 아버지의 양을 칠 때 사자와 곰이 오므로 그 입을 찢어 죽였다고 했습니다. 어떤 목자는 맹수와 더불어 싸우다가 짐승에게 죽임을 당하는 경우도 있다고 합니다. 이런 선한 목자가 없이 양 무리는 살아갈 수가 없습니다. 이 선한 목자는 예수님을 가리킵니다. 오늘은 양 무리 주변에 있는 여러 인물 중에서 선한 목자이신 예수님에 대하여 말씀 드리겠습니다.

1. 선한 목자 예수님은 양을 잘 아십니다.

요 10:27말씀을 보면 "내 양은 내 음성을 들으며 나는 저희를 알며 저희는 나를 따르느니라" 고 하셨습니다.

희랍어에서는 사랑이라는 것이 여러 가지 말로 표현되는 것처럼 안다는 것도 여러 가지 말로 표현되고 있습니다. 철학이나 과학적 지식을 나타낼 때는 수니에마이라는 말을 사용하며, 마음의 눈으로 무엇을 안다고 할 때는 오이다라는 말을 사용하며, 상대적으로 서로 앎을 의미할 때는 기노스코라는 말을 사용합니다.

예수님께서 그의 양 된 믿는 사람들을 안다고 하시는 것은 지식적으로 안다는 말씀이 아니라 부모와 자식이 서로 알고 목자와 양이 서로 아는 것과 같은 상대적인 관계에서 서로 아는 것을 의미하는 것입니다.

심리학자들의 말을 빌리면 갓난아기는 2-3주만 되어도 어머니의 음성을 분별할 수가 있다고 합니다. 그래서 울다가도 어머니의 말소리가 들리면 울음을 그친다고 합니다. 어린 아기는 어머니의 나이나 이름을 모릅니다. 어머니가 미인인지 못났는지도 모릅니다. 공부를 많이 한 여자인지 공부를 못한 여자인지도 모릅니다. 그러나 그가 어머닌 줄 알고 있습니다. 어머니가 애기를 아는 것도 마찬가지입니다. 어머니는 애기가 무슨 말을 하여서 아는 것이 아닙니다. 그러나 어머니는 애기가 울면 저 놈 배고프구나, 기저귀를 적신 모양이구나 하며 애기의 형편을 알며 요구가 무엇인지를 압니다.

목자와 양의 앎도 상대적인 앎입니다. 양은 목자의 이름도 모르며 목자의 나이도 모릅니다. 그러나 그가 나의 목자임을 알고 나의 삶이 그에게 달려있다는 것을 알고 있습니다. 목자도 역시 그런 식으로 양을 압니다. 목자는 그 양의 생리가 어떠하며 양이 무엇을 원하고 있는가를 잘 알고 인도합니다.

우리의 선한 목자 예수님은 우리를 잘 아십니다. 시편 103장을 보면 "동이 서에서 먼 것 같이 우리 죄과를 우리에게서 멀리 옮기셨으며 아비가 자식을 불쌍히 여김 같이 여호와께서 자기를 경외하는 자를 불쌍히 여기시나니 이는 저가 우리의 체질을 아시며 우리가 진토임을 기억하심 이로다"(시 103:12-14)라고 하였고 예수님은 그의 제자들에게 기도할 때에 이방인과같이 중언부언 하지 말라고 하시면서 "고하기전에 너희에게 있어야 할 것을 하나님 너희 아버지께서 아시느니라"(마 6:8)고 하셨습니다.

하나님께서는 우리의 구한 것만 주시는 것이 아니라 구하기 전에 우리의 필요를 아시고 채워주시는 분이시라는 것입니다. 만일 하나님께서 우리의 사정을 모르시고 매일매일 구하는 것밖에 주시지 않는다면 문제는 큽니다. 여러분은 아침에 일어나자마자 공기와 물과 햇빛과 기타 모든 것을 늘 구해야하겠기 때문입니다. 그러나 우리의 선한 목자 예수님은 우리의 형편을 다 알고 계시기 때문에 필요를 따라 채워주시는 것입니다.

2. 선한 목자 예수님은 양을 앞서 가셨습니다.

"자기 양을 다 내어놓은 후에 앞서가면 양들이 그 음성을 아는 고로 따라오되……"(요 10:4), 1-2에서 예수님은 문으로 표현되었기 때문에 문맥으로 보아 4절의 목자는 예수님 자신이라고 보는 것보다 예수님으로 말미암아 양을 먹이는 그의 일꾼들이라고 봄이 더 자연스럽습니다. 그러나 선한 목자의 특성은 여기서도 나타나고 있습니다. 그것은 양 무리의 앞서간다는 것입니다.

소나 말을 치는 것과 양을 치는 것은 근본적으로 다릅니다. 소나 말은 빨리 달리는 훈련된 말을 타고 무서운 채찍으로 몰고 갑니다. 만일 다른 방향으로 가는 소나 말이 있을 땐 사정없이 채찍으로 때려야 합니다. 말하자면 떼의 방향을 잡는 것은 목자의 채찍입니다. 그러나 양을 치는 것은 그렇게 하지 않고 목자가 그리 빠르지 않은 걸음으로 양을 부르며 자기가 원하는 곳으로 가면 양 떼는 그 목자를 보고 따라가게 마련입니다. 양의 목자는 안내자와도 같이 양들의 갈 길을 인도합니다. 1946년의 일입니다. 저의 부친과 저는 한국이 해방된 다음해인 그 해 2월에 밤을 틈타서 38도선을 넘어 남한쪽으로 왔습니다. 기차를 통해 남한엘 가본 일은 있었지만 육로로 밤중에 38도선을 넘는다는 것은 모험이 아닐 수가 없었습니다. 그때 벌써 38도선에는 소련군과 북한 경비대들이 지키고 있었습니다. 우리일행은 약 30명 되었는데 지리를 아는 안내자 한 사람을 앞세우고 그를 따라 넘어왔습니다. 약 10리쯤 되는 그 거리를 오는 동안 우리는 안내자에게 완전히 복종했습니다. 가다가 안내자가 엎드리라고 손짓하면 땅에 엎드리고, 가자고 하면 가고, 뛰라고 하면 뛰어갔습니다. 우리는 그때처럼 안내자를 고맙게 여겨본 적이 없습니다. 어두운 밤에 총탄이 날아가는 그 38도선을 안내자 덕분에 무사히 넘어올 수 있었습니다. 마태복음 9:36을 보면 "무리를 보시고 민망히 여기시니 이는 저희가 목자 없는 양과 같이 고생하며 유리함이라" 하였습니다. 하나님을 떠난 인생들은 칠흑의 밤중에 38선을 넘으려는 사람들이 갈 바를 모르는 것과도 같습니다. 이런 우리 길 잃은 양들을 위해 예수님은 나타나서서 앞서가시며 우리를 따라오라고 하셨습니다. 이제 우리는 앞서가신 예수님만 따라가면 우리의 목적지에 도달할 수가 있습니다.

3. 선한 목자 예수님은 양을 위해 목숨을 버리셨습니다.

"도적이 오는 것은 도적질하고 죽이고 멸망시키려는 것 뿐이요 내가 온 것은 양으로 생명을 얻게 하고 더 풍성히 얻게 하려는 것이라 나는 선한 목자라 선한 목자는 양들을 위하여 목숨을 버리거니와" (10:10-11)

예수님은 여기서 도적과 또 그와 반대되는 선한 목자를 대조적으로 설명하고 자신이 선한 목자 이심과 선한 목자의 희생을 설명하십니다.

도적에게는 양을 유익하게 하려는 생각이 없습니다. 그저 자기의 사욕을 위해 양을 훔쳐가며 죽일 뿐입니다. 그러나 선한 목자이신 예수님은 양이 생명을 얻고 더 풍성히 얻게 하는 것이 그의 소원이었습니다. 그리고 예수님은 그의 양들의 풍성한 삶을 위해 자기의 목숨을 십자가에서 희생하셨습니다. 대만이 개화되기 전에 일입니다. 대만의 원주민들은 자기들의 절기가 될 때 사람의 머리를 베어 제사하는 악습이 있었습니다. 오공이라는 추장은 이 야만적 행사를 극구 반대하였으나 부족 대표들이 그의 말을 듣지 않았습니다. 그 악습을 자기의 주장으로 고칠 수 없는 것을 안 오공은 부족 대표들에게 정말 그렇게 할 것이라면 내일 밤 붉은 옷과 붉은 모자를 쓰고 동구 밖으로 지나가는 사람을 잡아 목을 베어오라고 부탁했습니다. 그날 밤 베어온 머리로 제사를 하려고 했을 때 추장들은 그 머리가 자기들의 존경하는 오공의 것임을 알고 통곡했습니다. 그때부터 수많은 사람을 죽이던 악습은 물러가고 말았다고 합니다. 오공은 대만인들의 악한 습관을 없애기 위해 대신 죽은 것입니다.

바울은 고린도후서에서 이렇게 말하고 있습니다. "하나님이 죄를 알지도 못하신 자로 우리를 대신하여 죄를 삼으신 것은 우리로 하여금 저의 안에서 하나님의 의가 되게 하려 하심이니라" (고후 6:21). 양 떼에게 악한 이리와 도적들이 달려드는 것처럼 죄에 대한 심판은 다가오고있었습니다. 그럴 때 예수님은 선한 목자처럼 자신을 십자가에 희생하시므로 그의 백성들을 멸망에서 구원하셨습니다.

이 세상에는 우리 믿는 사람들을 해하려는 원수들이 많이 있습니다. 때로는 이리와 같은 박해자들이 일어나기도 하며 도적과 같은 이단들이 양을 끌고 가려 하기도 하며 혹은 양을 사랑하지않는 삯꾼들이 양 떼를 버리기도 합니다. 그러나 우리에게는 선한 목자 예수님이 계십니다. 그 분은 어머니가 아기를 알듯이 우리를 참으로 아십니다. 그리고 우리의 길을 인도하십니다. 그 분은 이미 우리를 위해 목숨을 버리기까지 하셨습니다. 이 선한 목자 예수님은 지금도 우리를 먹이고 계십니다.

32.

참 목자가 됩시다

[요한복음 10:1-6]

10장 1-2에서는 "양의 우리의 문으로 들어가지 아니하고 다른 데로 넘어가는 자는 절도요 강도요 문으로 들어가는 이가 양의 목자라" 고 말씀하셨고 7절에는 "나는 양의 문이라" 고 선언하셨습니다.

문이 예수님 자신이라고 본다면 그 문으로 들어가는 목자를 예수님이라고 말할 수는 없습니다. 그러므로 문으로 들어가서 양을 불러내는 목자는 예수님으로 말미암아 교회를 인도하는 작은 목자들이라고 봄이 옳은 줄 압니다. 성경말씀은 하나님의 백성의 인도자들을 목자라고 말하고 있습니다.(겔 34:2, 벧전 5:2).

그러므로 예수님은 베드로에게 "내 양을 치라" 고 말씀하셨습니다(요 21:16). 목사라는 말은 이 목자라고 하는 말에서 유래된 것입니다. 예수님은 승천하셨고 이 세상에는 보이는 목자가 필요하기 때문에 교회의 인도자들을 세우셨습니다. 예수님도 목자시며 또 그의 후계자들도 목자라고 불렀기 때문에 사도베드로는 그 둘을 구별하기 위하여 예수님을 "목자장" 이라고 하였습니다.(벧전 5:4) 하나님의 부르심을 받고 그의 양을 먹일 특권을 받은 사람 이라고 해도 그는 엄연히 목자장 되시는 예수님의 감독 하에 있는 것입니다. 그러므로 목자장의 뜻을 따라 양을 쳐야 하며 목자장이 나타나실 때에 면류관을 받도록 해야 합니다.

저는 이 본문을 읽으며 오늘에 목자들인 교회의 인도자들에게 주시는 교훈이 크다고 믿습니다.

그저 목사나 장로가 되었다고 하여 명예스러운 직분으로 알아 들뜬 맘을 가진다던가 지도자가 되었다고 하여 내 생각대로 무엇을 할 수 있다던가 해서는 안될 일입니다. 우리는 예수님을 대행하여 양을 먹이는 중대한 사명을 맡은 자들이며 또한 목자장 되시는 예수님이 위에서 보고 계신다는 것을 생각하며 선한 목자 되시는 예수님을 모방해야 하겠습니다.

이제 교회의 지도자 된 여러분들은 저와 함께 예수님의 교훈이 우리에게 무엇을 말씀하고 있는가를 찾아보십시다.

1. 문으로 들어가는 목자가 되어야 합니다.

양의 우리로 들어가는 자가 다 목자는 아닙니다. 절도와 강도가 양의 우리 안에 들어가는 경우도 있고 울타리에 구멍이 있다면 이리도 들어가는 수가 있습니다.

그러나 절도, 강도, 이리와 목자는 우리에 들어가는 방법이 아주 다릅니다. 이리는 구멍으로 들어가고 절도와 강도는 담을 넘어 들어가며 목자는 양의 우리의 문으로 들어갑니다. 이 비유가 보여주는 것은 교회를 인도하는 사람은 누구든지 예수님으로 말미암아야 한다는 것입니다. 예수님으로 말미암음은 두 가지로 볼 수 있는데 그 하나는 예수님으로 말미암아 구원을 받는 것이요, 다음은 소명을 받는 것입니다. 요 3:16을 보면 "하나님이 세상을 이처럼 사랑하사 독생자를 주셨으니 이는 저를 믿는 자마다 멸망치 않고 영생을 얻게 하려 하심이니라"고 하셨습니다. 요 14:6에는 "내가 곧 길이요 진리요 생명이니 나로 말미암지 않고는 아버지께로 올 자가 없느니라"고 하셨습니다. 이 두 곳 말씀은 모두다 예수님만 구원의 길이 되신다는 것을 강조하고 있습니다.

양의 목자는 자신이 먼저 회개하고 예수님을 구주로 영접한 자라야 합니다. 자신이 회개하고 그리스도를 영접하지 않고 양 우리에 접근하는 사람은 양을 절취하려는 도적과도 같습니다.

그리고 예수님으로 말미암아 부르심을 받은 자라야 합니다. 바울은 로마에 있는 그리스도인들에게 자기는 "예수 그리스도의 종 바울은 사도로 부르심을 받아 하나님의 복음을 위하여 택정함을 입었다"고 하였습니다. (롬 1:1) 그의 부르심을 받은 경험은 너무나 확실했습니다. 그가 아그립바왕 앞에서 한 증언을 보면 예수님께서 그에게 "일어나 네 발로 서라 내가 네게 나타난 것은 곧 네가 나를 본 일과 장차 내가 네게 나타날 일에 너로 사환과 증인을 삼으려 함이니"(행 26:16)라고 하셨다고 하였습니다. 모든 사역자가 다 바울과 꼭 같은 소명의 경험을 한다고 말할 수는 없습니다. 그러나 주님의 부르심을 받지 않으면 목자가 될 수는 없습니다.

어떤 이들은 신학 외에 다른 공부를 하는 길이 막혔다거나 이런 일 저런 일을 해도 잘 안 되는 것을 보고 하나님께서 목사가 되라고 하신다고 믿는 이들도 있고 어떤 이는 자기의 지식이나 웅변술 같은 것을 믿고 목회자가 되려는 이도 있지만 그런 외부적 이유가 부르심이라고 볼 수는 없습니다. 주님의 부르심은 자신이 예수님 앞에 완전히 굴복한 후 성령의 은사로 말미암아 되어지는 일입니다.

2. 문지기의 안내를 받아야 합니다.

"문지기는 그를 위하여 문을 열고 양은 그의 음성을 듣나니"(3)라고 하였습니다.

목자를 예수님으로 보는 이들은 이 문지기를 세례요한이라고 하는 이도 있습니다. 그러나 이 문지기는 성령님이라고 보는 것이 옳은 해석인줄 압니다.

문지기의 본분은 양 우리의 문으로 들어오는 사람이 목자인가 아닌가를 구별하여 목자이면 문을 열어 양 떼에게 접근하게 하고 목자가 아니면 문을 열어주지 않아 양과 접촉하지 못하게 하는 일입니다.

성령님은 충실한 문지기십니다.

사람들은 누가 참 목자인지 아닌지를 구별할 수 없을 때가 많습니다. 그러나 성령님은 누가 참 예수님으로 말미암은 목자인가 아닌가를 알고 계십니다. 그래서 예수님으로 말미암아 목자가 된 사람 앞에서 성령님은 문을 열어주십니다.

국제성서신학대학 브라질 분교에서 된 일을 하나 소개합니다.

86년도에 졸업한 졸업생 중 ○○○ 라고 하는 여학생이 있었습니다. 그는 모든 사람이 다 어렵다고 하는 브라질 원주민 선교를 위해 폴투게를 열심히 공부하며 많은 기도로 준비하고있었습니다. 사실 브라질에는 선교에 대한 비전을 가진 이들이 많지만 원주민 선교가 어렵기 때문에 물질적으로 후원하는 정도로 선교를 도울 뿐이었습니다. 저는 ○○○ 여전도사의 결심은 대단한 것이며 꼭 해야 할 일이라고 생각했지만 연약한 여자로서 어떻게 그 일을 할 수 있을까 걱정했습니다. 그러나 87년 졸업식에 갔을 때 ○○○ 전도사는 원주민 백 여명을 믿게 하여 교회를 이루고 제2차로 교회를 설립하고있다는 말을 들었습니다. 참된 사명감에서 일하는 그에게 성신님은 문을 열어주셨습니다.

옛날 빌립보에서 전도하던 바울에게 함께하셔서 루디아의 마음을 열어 바울의 말을 청종케 하신 성령님은 지금도 그의 참 목자들 앞에서 문을 열고 계심을 알 수 있습니다.

3. 양을 알아야 합니다.

"그가 자기 양의 이름을 각각 불러 인도하여 내느니라"(3) "내 양은 내 음성을 들으며 나는 저희를 알며"(27)라고 하였습니다. 어머니는 누구보다도 애기의 마음과 요구를 잘 압니다. 그렇기 때문에 애기를 잘 양육할 수 있습니다. 목자는 비록 동물과 관계된 직책이지만 양의 사정과 양의 요구를 누구보다 잘 알아야 목자의 자격이 있습니다.

하나님의 양 무리를 치는 신령한 목자는 양 떼의 영적요구가 무엇인가를 알아야 합니다.

어떤 이민교회의 목사님은 한국에서 새로 이민 온 교인을 위해 아파트를 얻는 일을 도와주고 차를 사는 일과, 심지어 자녀가 학교에 입학하는 일, 장보는 일까지를 다 도와주었는데 정착이 되자 몇 달 안되어 다른 교회로 가버려 배신감을 느낀다고 하는 말을 들었습니다. 그와 반대의 경우도 있습니다. 어떤 목사님은 교인의 이민생활에 편의를 보아주지도 못했고 가까이 대해주지도 못했지만 매주일에 전해주는 말씀이 자기영혼에 크게 유익하다는 것을 발견하고 그 교회에 나가는 교인이 있습니다. 교회를 찾아 나가는 사람들은 하나님의 양이라고 보는 것이 옳습니다. 그러나 그 양의 깊은 요구는 목사님의 친절이나 편리를 보아주는 것이 아니라 자기영혼이 먹고 살 꼴을 찾고 있다는 것을 잊어서는 안됩니다. 만일 이런 영적 요구가 없고 그 요구를 채울 수 없다면 사람들이 교회에 나오는 것은 무의미한 것입니다.

교인 중에는 그런 신령한 요구보다 목사의 친절이나 교회의 사랑이나 교회를 통한 명예 같은 것에 더 관심이 있는 사람들도 있지만 그런 사람들도 영적요구가 없어서가 아니라 영적요구를 아직 발견하지 못한 것 뿐입니다. 그런 외형적인 것만 찾는 사람들은 얼마 안가서 신앙생활의 회의를 느끼게 됩니다. 그 이유는 그런 외부적인 것을 가지고 영의 요구를 채우지 못하기 때문입니다. 그러므로 목자들은 예수님께서 세베데의 두 아들의 요구를 옳지 않다고 말씀하신 것처럼 그런 이들의 잘못을 가르쳐주고 영적필요를 찾게 해야 그 양에게도 희망이 있습니다. 모든 양 떼의 요구는 참 꼴을 먹고자 하는 것이며 그 꼴을 통해서만 양이 풍요해질 수가 있습니다. 목자

된 우리들은 이 신령한 꿀을 얻기 위해 얼마나 애써 기도해야 하겠습니까?

4. 목자는 양보다 앞서가야 합니다

"자기 양을 다 내어놓은 후에 앞서가면 양들이 그의 음성을 아는 고로 따라오되"(4)

양들이 앞서가는 자를 따르는 힘은 놀라울 정도입니다. 앞에 가는 양에게 지름대를 놓아 뛰어넘게 하면 뒤에 오던 양들은 그 지름대를 치운 뒤에도 그곳에 와서는 모두 뛰어넘는다고 합니다. 그만큼 양은 자기 스스로 분별하는 것보다 모방으로 행동합니다.

그와 같이 목사가 어떠한가에 따라 교인도 그러하게 됩니다. 목사님이 기도를 많이 하는 목사일 경우 교인들도 기도를 많이 하게 되며 목사님이 성경을 많이 읽으면 교인들도 그렇게 됩니다. 목사님이 지적인 설교를 늘 하면 교인들도 지적인 면이 발달하게 됩니다. 이런 말을 할 때에 저는 저의 마음에 깊은 책임감을 느끼며 부족을 깨닫습니다. 나의 교회의 모든 성도들은 나 정도밖에 성장하지 못한다는 것인가? 반드시 그렇다고 할 수는 없지만 참 두려운 일입니다. 속담에 그 아버지에 그 아들이라는 말이 있듯이 교인들은 목사의 복사판이라고 보아 무방할듯합니다. 그렇다면 이 중대한 사명을 어떻게 감당할 수 있겠습니까?

그러므로 목자 된 사람은 바울의 말과 같이 겸손하게 그리스도를 본받아갈 것 뿐입니다.

5. 양을 위해 희생해야 합니다

"나는 선한 목자라 선한 목자는 양들을 위하여 목숨을 버리거니와………"(11-12)

옛날 야곱은 라반의 양을 치던 일을 다음과 같이 설명했습니다. "내가 이 이십년에 외삼촌과 함께 하였거니와 외삼촌의 암 양들이나 암 염소들이 낙태하지 아니하였고 또 외삼촌의 양 떼의 수양을 내가 먹지 아니하였으며 물려 찢긴 것은 내가 외삼촌에게로 가져가지 아니하고 스스로 그것을 보충하였으며 낮에 도적을 맞았던지 밤에 도적을 맞았던지 내가 외삼촌에게 물어내었으며 내가 이와 같이 낮에는 더위를 무릅쓰고 밤에는 추위를 당하며 눈 붙일 겨를도 없이 지내었나이다"(창 31:38-39)

야곱의 이 말에는 그가 목자로서 한 희생을 잘 나타내고 있습니다. 그는 양 떼가 약하여 낙태하지 않기 위해 좋은 꼴을 항상 준비했습니다. 도적을 맞거나 물려 찢긴 양은 자기가 책임졌으므로 짐승에게 물려가지 않도록 애썼을 것입니다.

그렇게 하기위해 추위와 더위를 가리지 않고 잠도 잘 자지 못했습니다. 신령한 양 떼를 먹이는 우리는 야곱에게서 배울 바가 많습니다.

바울은 신령한 양 떼를 위해 야곱처럼 희생한 목자입니다. 그는 그의 당한 고난을 다음과 같이 말하고 있습니다. "내가 수고를 넘치도록 하고 옥에 갇히기도 더 많이 하고 매도 수 없이 맞고 여러 번 죽을 번 하였으나 유대인들에게 사십에 하나 감한 매를 다섯번 맞았으며 세 번 태장으로 맞고 한번 돌로 맞고 세 번 파선하는데 일

주야를 깊음에서 지냈으며 여러 번 여행에, 강의 위험과 강도의 위험과 동족의 위험과 이방인의 위험과 시내의 위험과 광야의 위험과 바다의 위험과 거짓 형제 중의 위험을 당하고 또 수고하며 애쓰고 여러 번 자지 못하고 주리며 목마르고 여러 번 굶고 춥고 헐벗었노라 이 외의 일은 고사하고 오히려 날마다 내 속에 눌리는 일이 있으니 곧 모든 교회를 위하여 염려하는 것이라 누가 약하면 내가 약하지 아니하며 누가 실족하게 되면 내가 애타하지 않더냐……… 다메섹에서 아레다왕의 방백이 나를 잡으려고 다메섹 성을 지킬새 내가 광주리를 타고 들창문으로 성벽을 내려가 그 손에서 벗어났노라" (고후 11:23-32)

이적과 기사가 따르는 위대한 사도바울이 굶고 춥고 헐벗었다는 사실은 읽는 사람의 눈시울이 젖게 만듭니다. 어머니의 희생을 통해 어린아이가 자라듯이 목자의 희생을 통해 양 떼가 자라는 것이 사실입니다.

신령한 목장도 마찬가지 입니다. 모든 좋은 일의 배후에는 기도의 모습이 있다고 하던 무디의 말과 같이 진정한 영적 부흥 뒤에는 작은 목자들의 눈물, 땀, 피, 헐벗음, 굶주림이 있었습니다.

오 주님! 그런데 왜 나는 아직도 좋은 옷, 좋은 차, 좋은 집, 많은 봉급을 원하고 있습니까. 그런데 왜 나는 평범한 잠을 자기를 원하며 맛있는 음식을 먹기를 좋아합니까?

주여 나도 양을 위해 목숨을 바치신 주님의 발자취, 바울의 발자취를 따라가게 하시고 당신의 목장에 눈물과 땀을 흘리고 당신의 양 떼를 위해 희생할 수 있게 하옵소서.

33.

양을 배우십시다

[요한복음 10:1-9]

하나님은 목자, 예수님은 목자, 우리는 양이라 하셨습니다. 어떤 경우에는 교회의 지도자를 목자라고 말씀한 곳도 있으나 하나님 앞에는 다 양입니다.

우리 성도들을 하나님의 양이라고 하시는 이유는 목자가 양 떼를 사랑하는 것처럼 하나님께서 우리를 사랑하시며 우리는 그의 사랑을 받는다는 것을 의미합니다.

하나님께서 그의 백성들을 사랑하시는 것은 부모가 자식을 사랑하는 것과도 같고 목자가 양을 사랑하는 것과도 같습니다. 목자에게 있어서는 양 떼가 자기의 삶의 전부입니다.

시편 23편을 보면 양 떼에 대한 목자의 사랑을 잘 나타내고 있습니다.

① 양을 푸른 풀밭과 잔잔한 냇물로 인도하시고

② 사망의 음침한 골짜기에서도 돌보아주시고

③ 선함과 인자하심이 평생 그를 따른다고 하였습니다.

본 장에서는 목자는 양을 위해 목숨을 버린다고 하였습니다. 예수님은 그렇게 하셨습니다.

그러므로 우리는 주님의 양이 되어야 하겠습니다. 목자는 양으로 알고 기르는데 이리가 된다던가 호랑이가 되어서는 안됩니다. 본문의 목자와 양에 대한 비유는 선한 목자 되시는 예수님에 대한 비유로도 되며 그의 교회를 위해 일하는 지도자들에 대한 비유도 되지만 그의 양 떼 된 교회에 대한 비유도 되는 것입니다.

1. 양은 정결한 동물입니다

레위기 11장을 보면 하나님께서는 이스라엘 백성들에게 정결한 동물과 불결한 동물을 구별하여, 정결한 동물만 먹게 하였는데 바로 양과 같은 동물을 먹을 수 있다고 하였습니다.

양은 모양이 희고 깨끗하며 먹는 것도 잡식하지 않고 깨끗한 꼴만 먹으며 다니는 곳도 더러운 데 다니지 않습니다. 아마 구약시대에 양을 제물로 삼은 것은 그 때문인 것 같습니다.

우리 믿는 사람들은 양이니만큼 깨끗해야 합니다. 성도는 두 가지 방법으로 깨끗해 질 수 있습니다.

① 어린양의 피로 깨끗하여 집니다.

사도요한은 환상 중에 셀 수도 없는 큰 무리가 흰 옷을 입고 보좌와 어린양 앞에서 찬양하는 것을 보았는데 그들은 “큰 환난에서 나오는 자들인데 어린양의 피에 그 옷을 씻어 희게 하였느니라”(계 7:14)고 하였습니다. 동물인 양은 유전적으로 깨끗한 동물이 됩니다만 신령한 양은 유전으로 되는 것이 아니고 변화로 되는 것입니다. 이것은 돼지가 양이 되는 것과 같은 것입니다. 사도행전을 보면 베드로는 피장이 시몬의 집에 우거할 때에 기도 중 환상을 보았습니다. 큰 보자기가 하늘에서 내려왔고 그 안에는 많은 불결한 짐승과 곤충들이 있었는데 일어나서 잡아먹으라는 음성이 들렸습니다. 베드로가 "무론 속되고 깨끗치 않은 것은 입에 대지 아니하였나이다"라고 고백하자 "하나님께서 깨끗케 하신 것을 사람이 속되다 말라"고 하시는 말씀을 들었습니다. 어린양 예수의 피로 씻는 것은 하나님이 깨끗하게 하시는 방법입니다. 전능하신 하나님께서 깨끗하게 하시는 것이므로 아무리 추악하고 더러운 사람이라도 깨끗하여질 수 있습니다. 사람들은 철저한 회개라던가 훌륭한 믿음이 우리를 깨끗케 하는 것으로 착각하기 쉽습니다. 철저한 회개나 믿음이 사람을 깨끗케 한다고 한다면 그 누가 완전한 회개를 했다고 말할 사람이 있겠습니까?

더러운 죄인이 깨끗하게 되는 것은 하나님의 능력으로 하시는 것입니다. 하나님께서는 "오라 우리가 서로 변론하자 너희 죄가 주홍 같을지라도 눈과 같이 희어질 것이요 진홍 같이 붉을지라도 양털같이 되게 하리라"(사 1:18)고 하셨습니다.

② 다음으로는 깨끗함을 보전함으로써 정결하여 집니다.

그리스도인들은 과거에 더러웠습니다. 그런 사람들이 어린양의 피로 인해 속죄함을 받아 깨끗하게 되었습니다. 그러나 또 다시 죄를 짓고 또 씻음을 받는, 그런 일을 반복 하는 것은 아닙니다. 그렇게 하는 사람은 하나님의 아들을 다시 십자가에 못박아 현저히 욕을 보이는 일이라고 하였습니다(히 6:4-6). 도리어 깨끗함을 받은 성도는 그 옷을 지켜야 한다고 가르치고 있습니다. 사대교회에는 몇 명이 그 옷을 더럽히지 않았다고 했고(계 3:4) "깨어 자기 옷을 지켜 벌거벗고 다니지 아니하며 자기의 부끄러움을 보이지 아니하는 자가 복이 있도다"(계 16:15)라고 하였습니다. 우리가 깨끗한 양처럼 되려면 어린양 예수님의 보혈로 죄 씻음을 받고 그 깨끗함을 보전하는 생활을 해야 합니다.

2. 양처럼 순해져야 합니다

성경말씀은 양의 온순함을 여러 가지로 설명하고 있습니다. 이사야 53:7말씀에는 도수장으로 끌려가는 어린양과 털 깎는 자 앞에 잠잠한 양을 말씀하고 있고 예수님은 그의 제자들을 파송하시면서 "내가 너희를 보냄이 양을 이리 가운데 보냄과 같도다"(마 10:16)라고 하였습니다. 동물들을 보면 육식 동물들은 공격 무기인 날카로운 이빨과 발톱이 있고 힘이 있으며 초식 동물들도 빠른 다리라던가 뿔, 혹은 힘 같은 자기방어의 수단이 있습니다. 그러나 양만은 자기방어를 할 수 있는 아무런 무기가 없습니다. 뿔이 있다고는 하지만 구부러져 사용가치가 없고 다리가 있으나 빨리 달리도록 되어 있지 않습니다. 몸은 왜소하고 약합니다. 거기다가 성품이 너무 온순하여 도수장에 내려가면서도 소리 한번 지르지 않고 온몸을 벌거숭이로 만드는 털 깎는 자 앞에서도 아무 소리도 하지 않습니다. 예수님은 그와 같다고 이사야는 예언하였습니다. 예수님도 속죄하는 어린양이시었기 때문입니다. 양의 성품은 솜처럼 부드러움 그것입니다. 그렇기 때문에 양에게는 목자가 있어 자기가 자기를 보호하는 것보다 훨씬 안전하게 보호합니다.

교회 안에는 세가지 형태의 교인들이 있다고 볼 수 있습니다. 기회만 있으면 다른 사람을 공격하고 한번도 남에게 져본 일이 없는 동물계의 챔피언 호랑이 같은 사람, 먼저 공격하지 않으나 타인이 공격해오면 절대로 양보하지않는 불굴의 들소와 같은 사람, 남이 공격해오고 잡아먹어도 아무 소리 않고 눈을 감아버리는 어린양 같은 사람, 그러나 양 같은 사람은 그리 흔하지가 않습니다. 그리고 그런 신자들은 영육간 축복을 받습니다.

3. 양처럼 분별해야 합니다

"자기 양을 다 내어놓은 후에 앞서가면 양들이 그의 음성을 아는 고로 따라오되 타인의 음성은 알지 못하는 고로 타인을 따르지 아니하고 도리어 도망하느니라"(4-5). 양에게는 적을 방어할 수 있는 뿔이나 이빨이 없습니다. 도망할 수 있는 빠른 다리도 없습니다. 그런데 어떻게 생존해 갈 수가 있습니까? 하나님께서는 그에게도 생존할 수 있는 기능을 주신것입니다. 그것은 목자의 음성과 타인의 음성을 분별하는 예민한 청각입니다. 하나님께서 호랑이에게는 이빨, 소에게는 뿔을 주셨으나 양에게는 귀를 주셨습니다.

양의 우리의 주변과 목장에는 절도와 강도도 있고 이리와 삯꾼도 있습니다. 그들은 양을 유혹하려고 목자와 비슷한 음성으로 양을 부르지만 양은 음악가와 같은 예민한 귀를 가지고 목자의 음성과 다른 사람의 음성을 구별합니다.

사람은 귀로 음성을 잘 분별하지 못하여 어려움을 당하는 일이 있습니다. 옛날 이삭은 야곱의 음성을 알아차리지 못하고 장자의 축복을 빌어 주었다고 합니다. 여기 로스엔젤레스서의 일인데 어느 아파트에서 "여보 문 열어요" 해서 여 주인이 "누구요" 하니 "나야" 하고 대답하는 통에 조금 이상했으나 문을 열었다가 강도를 당한 일이 있다고 합니다.

양이 만일 음성을 분별 못한다면 절도나 강도의 소리를 듣고 따라가서 죽고 말 것입니다. 하나님의 양들은 하나님의 말씀을 분별하고 따라가야 합니다. 바울은 부활을 부인하는 후메내오와 빌레도에 대해 말씀할 때 "네가 진리의 말씀을 옳게 분변하며 부끄러울 것이 없는 일군으로 인정된 자로 자신을 하나님 앞에 드리기를 힘쓰라"(딤후 2:15)고 하였습니다.

미국 어느 교회에서 된 일입니다. 교회의 중직자들은 영광스러운 부활절을 괴로움으로 지내고 뿔뿔이 흩어져 버렸습니다. 그 이유를 들어보면 다음과 같습니다. 목사님의 부활절 메시지는 부활을 전하는 것이 아니라 부활을 부인하는 것이었다는 것입니다. 그 목사님의 말로는 예수님의 부활을 맨 처음 보았다고 전한 사람은 일곱 귀신이 들렸던 막달라 마리아가 아니냐 그렇다면 귀신들려서 이런 환상 저런 환상을 보았다는 여자의 말을 어떻게 믿겠느냐고 했다는 것입니다.

평소에 저는 교인들이 섬기던 교회를 쉽게 떠나는 것은 옳지않은 일이라고 생각했으나 그런 경우라면 떠나야 할 이유가 된다고 생각되었습니다. 왜냐하면 그런 사상은 바울의 말씀처럼 독한 창질과 같이 사람들의 영혼을 죽이는 것이기 때문입니다.

말세에 이와 같은 일들은 더욱 많아질 것이기 때문에 성도들에게 말씀을 분별하는 능력이 더해져야 하겠습니다. 이런 분별력을 얻기 위해 말씀을 배우고 성령의 충만함을 받는 것이 필요합니다. 그 이유는 말씀을 알고 성령의 충만을 받아야 그런 일을 분별할 수 있기 때문입니다. 신령한 것은 영적으로야 분별할 수 있다고 하였습니다.

4. 양처럼 목자를 따라가야 합니다

"양을 다 내어놓은 후에 앞서가면 양들이 그의 음성을 아는고로 따라 오되"(4)라고 하였습니다. 양은 목자의 음성을 분별합니다. 그리고 일단 목자라고 판단이 된 후에는 목자를 따라 갑니다. 목자가 험한 길을 가면 양도 그 길로 따라가고 평지로 가면 양도 그 길로 따라갑니다. 그렇게 해야 양은 꼴도 먹고 냇물도 마실 수 있기 때문입니다.

신령한 양도 마찬가지입니다. 계 14:4을 보면 어린양과 함께 시온산에선 14만 4천명은 "어린양이 어디로 인도하든지 따라가는자"라고 하였습니다. 하나님의 양들은 하나님의 아들 예수님의 인도하는 데로 따라가야 합니다. 그렇게 함으로만 영이 살 수 있고 또 풍요한 삶을 살게 됩니다.

예수님을 따라가는 방법은 무엇일까요. 목자 되시는 예수님을 따라가려면 목자 되신 예수님을 따라간 사람들의 뒤를 따라가면 됩니다. 술람미 여인이 목자인 자기의 연인을 찾아 헤맬 때 예루살렘 여자들은 "여인 중에 어여쁜 자야 네가 알지 못하겠거든 양 떼의 발자취를 따라 목자들의 장막 곁에서 너의 염소새끼를 먹일지니라" (아 1:8)라고 지시하였습니다.

목자를 찾는 술람미에게 양 떼의 발자취는 중요한 역할을 하는 것이었습니다. 그래서 바울은 "내가 그리스도를 본받는 자 된 것 같이 너희는 나를 본받는 자 되라" (고전 11:1)하였고, 히브리서에는 "하나님의 말씀을 너희에게 이르고 너희를 인도하던 자들을 생각하며 저희 행실의 종말을 주의하여 보고 저희 믿음을 본받으라" (히 13:7)고 하였습니다. 하나님의 참 양들은 자기 영혼을 인도하는 보이는 목자에게 최대의 신뢰와 최대의 복종을 하였습니다.

절세의 효부라 불리우는 모압 여인 룻은 사실 효부라기보다는 믿음의 사람이었습니다. 그가 시모 나오미를 따라 베들레헴에 돌아온 것은 단순한 효성때문이 아니라 믿음 때문이었습니다. 룻은 나오미가 자기 영혼의 목자라는 것을 깊이 믿고 있었습니다. 그것은 그의 고백에 분명히 나타나고 있습니다. "룻이 가로되 나로 어머니를 떠나며 어머니를 따르지 말고 돌아가라 강권하지 마옵소서 어머니께서 가시는 곳에 나도 가고 어머니께서 유숙하시는 곳에서 나도 유숙하겠나이다. 어머니의 백성이 나의 백성이 되고 어머니의 하나님이 나의 하나님이 되시리니…" (룻 1:16)라고 하였습니다.

룻은 하나님을 섬기는 시모 나오미를 따라가는 것만이 자기가 믿음의 생활을 할 수 있는 길이라고 판단하고 자기의 친정과 조국을 버리고 희망조차 없어보이는 시모를 따라갔습니다. 이러한 따라

감이 있었기에 그는 다윗의 증조모가 될 수 있었습니다.

참으로 영육간 복을 받는 하나님의 양들마다 룻과 같이, 보이는 목자들에게도 신뢰를 바치며 순종하는 것입니다. 여러분들은 자기의 목자에게 룻처럼 신뢰와 존경을 가지고 있습니까? 그것이 참 사는 길입니다.

5. 문으로 출입해야 합니다.

"내가 문이니 누구든지 나로 말미암아 들어가면 구원을 얻고 또는 들어가며 나오며 꼴을 얻으리라"(9)고 하셨고 10장 2절에서는 "문으로 들어가는 이가 양의 목자라"고 하여 목자는 반드시 문으로 들어가야 한다고 하였습니다. 그런데 9절에서는 목자만이 아니라 양들도 그 문으로 들어가야 한다고 말씀하고 있습니다.

여기서 문은 예수님 자신이었습니다. 모든 양을 치는 목자들은 누구나 가릴 것 없이 다 예수님으로 말미암아야 합니다. 그러나 목자만 예수님으로 말미암으면 되는 것이 아닙니다. 양들도 예수님으로 말미암지 않으면 안됩니다. 오늘날 교인들 중에는 목사는 구원의 확신이 있어야 하고 주님과 늘 교제하는 경건한 사람이길 바라면서도 자신은 그래야 한다는 생각을 하지 않는 이가 많습니다. 교인들은 세속적 삶을 살아도 목사만 경건하면 체면이 선다는 식인 것 같습니다. 결혼식장에서 신부는 잘 차려 입어야지만 하객들은 잘 입을 필요가 없지 않느냐 하는 식으로 목사와 교인들을 구별합니다. 그러나 교회에 있어서는 목사가 혹시 하객이 될 수 있을지언

정 교인들이 하객이 될 수는 없습니다. 그들 자신이 그리스도를 맞을 신부입니다.

그렇기 때문에 목자가 출입하는 문에 양도 출입해야 합니다. 하나님의 양은 목자의 음성을 분별하고 따라가는 것만 아니라 양의 우리의 문이 되시는 예수님과 끊임없이 교제를 가져야 합니다.

양의 문에는 항상 부드러운 꼴과 마실 물을 준비해둔다고 합니다. 목장이 좋지 못해서 양들이 꼴을 충분히 먹지 못했을 경우와 병약하거나 어려서 떼를 따라가지 못하는 양을 위해 준비해두는 것이라고 합니다.

양이 목장의 꼴에만 의지한다면 주릴 수가 있을 것입니다. 그러나 양의 우리의 문으로 자주 출입하면 주리지 않습니다. 그 이유는 거기는 신선한 꼴이 항상 준비되어있기 때문입니다. 그와 같이 성도들이 자기의 영적 욕구를 강단이나 목사에게만 의존한다면 주리게 될 것입니다만 양의 문 되신 예수님께 항상 나아가면 주리지 않습니다. 그러므로 하나님의 양들은 풍성한 삶을 살기위해 문 되신 예수님께 항상 나아가야 하겠습니다.

34.

예수님의 사랑을 받는 사람들

[요한복음 11:1-16]

한 나라의 임금은 그 나라 시민들을 다 사랑합니다. 그러나 모든 사람들을 꼭 같이 사랑한다고 말할 수는 없습니다. 그 많은 시민들 중에서 자기의 가정을 더 사랑할 것이고 자기의 가족 중에서도 더 사랑하는 사람이 있을 것으로 생각됩니다. 그와 같이 하나님께서는 자기 형상대로 지으신 모든 인류를 사랑하실 것이 확실합니다. 그러나 그 가운데서 하나님의 사랑을 더 받는 사람들이 있습니다.

요한복음 3:16에 "하나님이 세상을 이처럼 사랑하사 독생자를 주셨으니……"라고 하신 말씀에는 하나님의 보편적인 사랑이 나타난 것입니다. 하나님께서는 온 세상사람 누구에게든지 독생자 예수를 믿을 수 있는 기회를 주신 것입니다. 그러나 하나님의 사랑이 거기에 그치는 것은 아닙니다. 그의 독생자를 영접하여 믿는 사람들에 대한 사랑이 다르며 또 믿는 사람들 중에서도 그의 계명을 지키는 사람에 대한 사랑이 다른 것입니다.

예수님께서 세상에 계시는 동안 많은 사람이 예수님의 사랑을 받았지만 그 중에서 나사로의 가정은 예수님의 사랑을 더 많이 받은 가정입니다. 나사로와 그의 누이들에 대해 성경은 이렇게 가르치고 있습니다.

"보시옵소서 사랑하시는 자가 병들었나이다"(3) "예수께서 본래 마르다와 그 동생 나사로를 사랑하시더니"(5) "이에 유대인들이 말하되 보라 그를 어떻게 사랑하였는가 하며"(36) 예수님의 사랑을 많이 받은 사도요한을 제외하고는 예수님께서 한 개인이나 가정에 대해 이렇게 사랑하셨다는 기록은 없습니다.

사랑을 받아 본 사람이라야 남을 사랑할 줄 안다는 말이 있듯이 사도요한은 예수님의 사랑을 특별히 많이 받았던 사람으로서(요 13:23, 19:26) 예수님의 사랑을 누가 가장 많이 받고 있는가에 대해 관심을 두었고 또 예수님이 우리를 사랑하셨듯이 우리가 서로 사랑해야 한다고 가르치고 있습니다.

사도요한은 사랑이란 몸의 피와 같이 없어서는 안 되는 중요한 것이며 삶의 본질이요 인생이 살아가는데는 예수님의 사랑이 절대적으로 필요한 것으로 보았습니다.

그리고 나사로와 마르다와 마리아처럼 예수님의 사랑을 특별히 많이 받을 수 있어야 한다는 것을 가르쳐주고 있습니다.

피가 말라가듯이 삶의 본질인 사랑이 메말라 가는 세상에서 나사로의 가정처럼 예수님의 사랑을 받고 또 사랑을 베푸는 여러분이 되시기 바랍니다.

1. 나사로의 가정은 어떻게 예수님의 사랑을 받을 수 있었습니까?

나사로의 가정에서 받은 사랑은 시민들이 자애 깊은 왕의 사랑을 받는 그런 사랑이 아닙니다. 적어도 임금의 자녀들이 임금으로부터 받는 사랑과 같은 그러한 사랑입니다. 모든 인류를 사랑하시는 그런 사랑을 받는데 머물지 않고 특별한 사랑을 받으려는 우리는 나사로가 예수님의 사랑을 어떻게 그렇게 많이 받을 수 있었는가를 연구하지 않을 수가 없습니다.

① 요 13:1을 보면 이런 말씀이 있습니다. "유월절 전에 예수께서 자기가 세상을 떠나 아버지께로 돌아가실 때가 이른줄 아시고 세상에 있는 자기 사람들을 사랑하시되 끝까지 사랑 하시니라"

속담에 "팔이 안으로 굽는다"는 말이 있듯이 사람들은 자기의 것을 남의 것보다 더 사랑하게 되어있습니다. 저는 얼마 전 세계적으로 양부모를 소개해주는 월드비전(World vision)에서 양자녀를 입양하라는 통지를 받았습니다. 나의 자녀들이 다 성장했으니 이제는 불쌍한 아이를 도와야겠다는 생각이 나서 편지회답을 하였더니 월드비전 사무실에서는 아이의 사진과 함께 이 아이는 당신의 아이입니다 하는 문구와 그 아이의 이름과 주소를 적어 보냈습니다. 그 아이는 인도네시아의 어느 촌락에 사는 투이 쥬리아닝기쉬라는 아이였습니다. 저는 그 아이의 사진을 접하자 너무 가엾고 불쌍한 생각이 들어서 눈물이 왈칵 쏟아져 나왔습니다. 그런 경험은 저 혼자만은 아닐 것입니다. 로스엔젤레스 공항은 많은 한국 고아들이 양부모를 만나는 곳입니다. 목격자들의 이야기를 들으면 양부모들은 평생 처음 보는 한국의 어린 고아를 받아 안고 울지않는 사람이 없다고 합니다. 육적으로 아무런 관계도 없는 아이지만 나의 아들과 딸이 될 때 사랑은 가게 마련입니다.

요 1:12절에 "영접하는 자 곧 그 이름을 믿는 자들에게는 하나님의 자녀가 되는 권세를 주셨으니" 하셨습니다. 하나님께서는 이 세상 모든 사람들을 사랑하시지만 그의 보내신 아들 예수 그리스도를 영접하여 하나님의 자녀가 된 사람들을 더 극진히 사랑하십니다.

예수님의 극진한 사랑을 받으려고 하면 이처럼 예수님을 믿음으로 영접하여 예수님의 백성이 되어야 합니다. 사람들은 하나님께서 믿는 사람이나 믿지 않는 사람을 같이 취급하시는 것으로 생각하지만 결코 그런 것이 아닙니다. 여러분들은 남의 아이와 내 아이를 같이 취급하십니까?

② 요 14:21에는 "나의 계명을 가지고 지키는 자라야 나를 사랑하는 자니 나를 사랑하는 자는 내 아버지께 사랑을 받을 것이요"라고 하였습니다. 하나님은 그 해를 악인과 선인에게 비취게 하시며 비를 의로운 자와 불의한 자에게 내리우시는 사랑의 하나님이시지만 그를 사랑하는 사람을 더욱 사랑하시는 분이십니다. 구약 성경을 보면 하나님을 사랑하여 그 계명을 지킨 왕들이 복을 받은 것을 볼 수 있습니다. 다윗왕, 요시야왕, 히스기아왕 같은 인물들은 그런 사람들입니다. 나사로의 누이 마리아는 예수님의 말씀을 사모하였다고 합니다(눅 10:39). 그것은 예수님의 계명을 사랑한 것이며 또 예수님을 사랑한 것입니다.

③ 나사로의 가정이 예수님의 사랑을 받은 또 다른 이유는 그들이 예수님을 섬기는 사람들이었기 때문입니다. 예수님은 "사람이

나를 섬기면 내 아버지께서 저를 귀히 여기시리라"(요 12:26)고 하셨습니다.

복음서에는 나사로의 가정에서 예수님을 대접하는 장면이 두 번이나 기록되어 있습니다(눅 10:39, 요 12:2). 성경에 기록된 것은 두 번 뿐이지만 그들은 예수님을 자주 모시고 봉사했을 듯합니다. 오늘도 예수님은 이러한 사람들을 더 사랑하시리라 믿습니다.

2. 사랑을 받는 자들의 축복은 어떠한 것이었습니까?

옛날 야곱의 아들들이 베냐민을 데리고 애굽에 내려왔을 때 총리대신이 된 요셉은 베냐민에게 식물과 옷을 다른 형제에게보다 5배나 더 주었다고 하였습니다(창 43:34, 45:22). 아무리 구두쇠라도 사랑하는 아내나 자녀에겐 다 내어놓게 됩니다. 사랑이 많으신 하나님의 사랑을 받는 자 된다면 무엇을 아끼시겠습니까? 예수님의 사랑을 받던 나사로의 가정에 베푸신 축복은 실로 큰 것인데 그것은 주님께 사랑을 입은 우리들의 받을 축복의 예표입니다. 그 축복은 어떤 것입니까?

① 예수님이 함께하심 입니다.

예수님은 나사로와 그 가정을 사랑하시기 때문에 그들과 자주 함께 하셨습니다. 주님의 사랑을 받을 때 우리에게도 주님께서 함께 하시겠다고 약속하셨습니다. "예수께서 대답하여 가라사대 사람이 나를 사랑하면 내 말을 지키리니 내 아버지께서 저를 사랑하실 것이요 우리가 저에게 와서 거처를 저와 함께 하리라"(요 14:24)라고 하셨습니다.

우리라는 이 말씀은 하나님의 3위를 의미하는 말씀입니다. 3위 하나님께서 그들에게 함께 하시겠다는 말씀입니다. 바울은 고린도 교회에 "은사는 여러 가지나 성령은 같고 직임은 여러 가지나 주는 같으며 역사는 여러 가지나 모든 것을 모든 사람 가운데서 역사하시는 하나님 같으니"(고전 12:4-6)라고 하여 3위 하나님께서 어떻게 교회와 성도들 가운데 오셔서 역사하시는가를 말씀하고 있습니다.

○○○ 여전도사에 대한 이야기입니다. 그와 그의 가정은 1.4후퇴 때에 부산으로 피난 와서 제가 봉사하고있던 부산 성산교회 마당에 가마니를 치고 살던 가정입니다. 그때 ○○○ 전도사는 두 아이를 거느린 평신도였고 성남이 엄마로 통했습니다. 그의 남편은 그때까지 믿지 않고 있었습니다.

오랜 세월이 지난 후 인천 어떤 교회에서 집회를 인도할 때 여전도사가 된 성남이 엄마를 만나게 되어 그 동안의 이야기를 들었습니다.

남편은 그 후 예수님을 영접하고 성경학교를 졸업한 후 전도사로 일하다가 세상을 떠나서 자기가 남편의 뒤를 이어 전도사가 되었다고 하며 남편의 마지막 목회를 이야기했습니다. 마지막으로 섬긴 교회는 경기도 어느 시골 교회였는데 교인은 몇 명 뿐이고 너무 가난하여 때를 넘길 때가 많았다고 합니다. 그런 중에도 단둘이서 남편은 설교하고 자기는 들으며 새벽기도회를 계속했는데 남편은 한 사람을 놓고 마치 수백 명 앞에서 외치듯이 외치더라고 합니다. 그러더니 놀랍게도 이 동리 저 동리에서 사람들이 몰려와서 예배당이 가득차는 부흥을 보았고 남편이 세상을 떠난 후 그 양 무리를 버리고 떠날 수 없어서 자기가 인도하다가 지금은 인천으로 와서 교회를 시무하고 있다는 것입니다. 하나님께서는 주님을 사랑하는 사람들에게 은사와 여러 가지 역사로 함께하십니다.

② 예수님의 사랑을 받는 사람이 받는 축복은 하나님께서 기도를 들어주시는 것입니다.

고대 메데바사왕 아하수에로는 그의 사랑하는 왕후 에스더가 왕앞에 찾아 들어갔을 때 심히 사랑스러워서 금홀을 그에게 내어 밀며 "그대의 소원이 무엇이며 요구가 무엇이뇨 나라의 절반이라도 그대에게 주겠노라" (에스더 5:2-3)라고 하였습니다.

에스더가 임금의 마음을 움직인 것은 결코 임금을 못 견디게 졸라대거나 설득될 수 있는 이유를 잘 설명하는데 있은 것이 아닙니다. 그의 청원은 간단하였습니다. 그러나 그 거대한 요청은 그의 한마디 말에 응답되었습니다. 에스더는 그 비결이 어디 있는가를 잘 안 사람입니다. 즉 임금의 사랑을 받아야 자기의 요구를 얻을 수 있다는 것을 알았습니다. 그래서 나라의 반이라도 주겠다고 하는 허락을 받고도 더 한층 사랑을 받을 수 있도록 임금을 잔치에 초청하였습니다. 왜 그런고 하면 아무리 간절히 요구해도 임금의 사랑을 못 받는다면 요청을 들어주지는 않겠기 때문이었습니다.

오늘날 그리스도인들은 하나님의 사랑을 입도록 하는데는 신경을 안 쓰고 억지를 부리는 식으로 기도하는 것을 많이 봅니다. 성경 말씀엔 간절히 기도를 하라고 했지만 먼저 하나님의 사랑을 입도록 되어야 한다는 것입니다.

예수님의 사랑을 받던 나사로의 누이들은 오라비가 병들었다고 보고하자 예수님은 그들에게 가셔서 이미 죽은 나사로를 살려주셨습니다.

③ 사랑하는 자를 부활 시키십니다.

"우리 친구 나사로가 잠들었도다 그러나 내가 깨우러 가노라" (11:11), 예수님은 사랑하는 친구 나사로를 무덤에 그냥 두지 않으시고 다시 살리셨습니다. 하나님의 사랑을 입은 사람들이 받는 축복은 기도할 때에 응답해주는 것만 아니라 그를 마지막 날에 부활시키시는 것입니다. 우리 인생은 다 육신을 입고있기 때문에 한번씩 나사로처럼 죽어야 하고 무덤에 묻혀야 합니다. 그러나 예수님의 사랑을 받는 사람들을 예수님은 그냥 두시지 않습니다. 예수님은 약속대로 구름을 타고 오셔서 죽은 자들을 일으키시고 그들을 아버지의 나라로 옮겨가십니다.

사람들은 사랑을 좋아합니다. 그래서 사람들은 사랑을 찾고 있습니다.

그러나 예수님의 사랑은 참으로 귀한 것입니다. 예수님의 사랑을 받던 나사로의 가정이 얼마나 행복했습니까? 에스더가 아하수에로왕의 사랑을 받듯이 예수님의 사랑을 받기만 하면 그 이상 행복한 것은 없습니다.

여러분, 예수 그리스도를 영접하여 하나님의 사랑을 받게 되었습니까? 그렇다면 그의 계명을 지켜 한층 더 큰 사랑을 받고 주님을 잘 섬김으로 더 한층 사랑을 받아 "나사로를 사랑하시더니" 하는 말씀이 여러분에게 적응되시기 바랍니다.

35.

안 되는 일이 더 잘되는 일

[요한복음 11:1-16]

예수님이 요단강 부근에 계실 때 베다니의 나사로는 병들어 죽게 되어 그의 누이들이 사람을 예수님께 보내어 고쳐주시기를 청했습니다. 그러나 예수님은 그 요청을 들으시고도 "이 병은 죽을병이 아니라 하나님의 영광을 위함이라"고 하시며 계시던 곳에서 이틀을 더 유하시고 내려가시는 도중에 또 이틀을 더 지나 나사로가 죽은 지 나흘이나 된 후에야 베다니에 도착하셨습니다.

마르다와 마리아의 편에서 보면 오라비의 병을 고쳐달라고 사람을 보냈는데 예수님이 속히 오시지 않아 오라비가 죽고 말았으니 그 고통이 얼마나 컸겠으며 예수님이 얼마나 원망스러웠겠습니까 일이 그렇게 될 때 잘못되었다고 말하지않을 수는 없을 것입니다. 그래서 마르다는 예수님을 만나자마자 "주께서 여기 계셨더면 내 오라비가 죽지 아니하였겠나이다"라고 원망 섞인 말을 하였습니다.

그러나 예수님은 "내가 여기 있지 아니한 것을 너희를 인하여 기뻐하노니 이는 너희로 믿게 하려함이라"(15)고 하셨습니다. 예수님께서 나사로에게 일찍 가시지 않은 것은 도리어 유익하게 되는것이며 잘되는 일이라고 말씀하셨습니다.

1. 성경에 나타난 인물들의 역사를 보면 사람이 볼 때 잘 안 되는 일로 보여지는 일이 결과적으로 더 잘되는 일로 전환된 경우가 많이 있습니다. 당장에는 안 되는 일처럼 보였으나 시간이 지나서 보면 더 잘되었고 육적으로는 잘못된 것 같았으나 영적으로 크게 유익하게 되는 것입니다.

1) 야곱의 열한번째아들 요셉을보면, 요셉은 정직하고 근면하며 하나님을 두려워하는 청년이었지만 처음에는 일이 잘못되어가고 있었습니다.

형들의 잘못을 아버지에게 말한 것이 옳지 않은 일은 아니었지만 그 일로 인해 형들에게 미움을 받게 되어 애굽으로 팔려가게 되었고 보디발의 집에서 신용을 얻어 좀 편할 만 하게 되니 애매한 누명을 쓰고 감옥에 갇히게 되었습니다. 하는 일마다 되는 일이 없는 것 같았습니다. 그러나 그의 후 년을 보면 젊은 날의 잘 안된 것 같은 일로 인해 영예롭고 좋은 일들이 기다리고 있었던 것을 볼 수가 있습니다. 그가 형들에게 미움을 받아 애굽으로 팔려가지 않았더라면 보디발의 집에 종이 될 수 없었을 것이고 보디베라가 그에게 누명을 씌우지 않았다면 애굽 감옥에 갇히지 않았을 것입니다. 그리고 애굽 감옥에 갇히지 않았더라면 애굽의 총리대신이 될 수는 없었을 것입니다. 그것을 보면 하나님은 안 좋은 일을 통해 좋은 일에 이르게 하시는 하나님이심을 알 수 있습니다.

2) 동방의 의인 욥은 하나님의 은혜로 많은 부와 자녀들을 두고있었지만 일이 안되기 시작했습니다.

집이 무너져 자녀들이 압사했고 양 떼를 외국인들이 몰아갔습니다. 그리고 몸에는 악한 창질이 생겨 견딜 수 없게 되고 아내마저 그를 저주했으며 친구들은 와서 벌받았다고 충고를 해댔습니다. 되는 일이라고는 하나도 없었습니다. 그러나 그가 시련을 다 통과한 후 하나님은 그에게 전에 가졌던 것 보다 배나 더 주셨습니다. 그것만 아니라 욥은 그 시련 중에서 하나님을 더 많이 알게 되어 "전에는 내가 하나님을 귀로 들었삽더니 이제는 눈으로 보나이다"(욥 42:5)라고 고백할 수 있게 되었습니다.

우리 믿는 사람들에게는 일이 잘될 때도 있고 때로는 기도한대로 받을 때도 있습니다만 그와 반대로 일이 안되며 기도는 했으나 그대로 응답되지 않는 경우도 있습니다. 그러나 그렇게 안 되는 일이 도리어 잘 되는 일이라는 것을 믿어야 합니다.

2. 나사로의 죽음은 어떻게 좋은 일이 되었습니까?

젊어서 죽은 사람을 보면 사람들은 혀를 차며 그것참 안됐는걸 하며 애도를 표합니다. 아마 나사로의 죽음에 대해서도 그렇게 말했을 것입니다. 그러나 나사로의 죽음은 하나님의 영광과 사람에게 모두 큰 유익을 가져오는 사건이 된 것입니다.

1) 먼저 4절 말씀을 보면 예수님은 이렇게 말씀하고 계십니다.

"이 병은 죽을 병이 아니라 하나님의 영광을 위함이요 하나님의 아들로 이를 인하여 영광을 얻게 하려함이라" 고 하셨습니다.

나사로의 죽음은 하나님과 그 아들 예수님이 영광을 얻으시게 되는 죽음이라는 말씀입니다. 나사로의 죽음을 통해 하나님께서 영광을 받으시게 되는 이유는 그를 살리시므로 하나님의 살아계심과 예수님이 하나님의 아들이심이 증거 되었기 때문입니다.

2) 그것만 아니라 나사로의 죽음과 부활로 말미암아 제자들의 믿음이 더욱 돈독해지게 되었습니다.

예수님은 "내가 거기 있지 아니한 것을 너희를 위하여 기뻐하노니 이는 너희로 믿게 하려함이라" (15)고 하셨습니다. 제자들은 야이로의 딸을 살리신 일과 나인성 과부의 아들을 다시 살리신 일을 목격하였지만 이번처럼 이미 무덤에 묻혀 냄새가 나는 사람을 살리신 것은 아니었습니다. 회생의 희망이 없는 사람을 살리셨기 때문에 그를 살리신 예수님의 능력이 큰 것을 더욱 믿게 되었을 것입니다.

3) 45절 말씀에는 "마리아에게 와서 예수의 하신 일을 본 많은 유대인이 저를 믿었으나" 라고 하여 나사로의 부활로 인해 많은 유대인들이 예수를 믿게 되었다고 하였습니다. 나사로의 죽음은 하나님께 영광이 되었고 예수님은 하나님의 아들이시라는 사실이 증거 되었습니다. 그리고 아직 부활의 신앙이 확실하지 못했던 제자들에게 믿음을 확고하게 하는 유익을 주었으며 또 많은 유대인들이 예수를 믿게 되는 결과를 가져왔습니다.

나사로의 가정에도 큰 유익이 되었습니다. 나사로가 죽은 가운데서 다시 살아났을 때 나사로와 그 누이들의 기쁨은 무엇으로 표현할 수가 없었을 것입니다. 그런 기쁨을 가지게 된 것만 아니라 그들이 예수님에 대해 가지게 된 믿음은 달라졌을 것입니다. 그들의 믿음은 오라비 나사로가 죽기 전에 기도하면 나을 것이라고 하는 믿음이었습니다. 그러나 이제는 예수님은 부활이요 생명이심을 믿게 되었습니다. 나사로의 죽음은 잘 안 되는 것 같은 일이었지만 도리어 하나님께나 자신들에게나 이 세상에 더 잘되는 일이 되었습니다. 저는 언젠가 어떤 교회의 집회를 인도한 후 그 교회의 장로님 댁으로 초청을 받은 적이 있었습니다. 좋은 집과 고급차를 가지고 계신 장로님은 그날 오찬을 위해 요리사까지 초빙하였다고 하였습니다. 장로님은 식사도중 그가 미국 와서 겪었던 어려움을 이야기하였습니다. 그는 좋은 미국 직장에서 남부럽지않은 생활을 하다가 비즈니스에 뛰어들었지만 재산을 몽땅 다 잃어버리고 일어설 여력이 없이 되었었다고 합니다. 그때 그 장로님 부부는 우리가 하나님 앞에 먼저 바로 서고 하나님의 도움을 구하기로 하자고 의논한 후 방에 들어가 여러 달 동안 구약 욥기를 읽었다고 합니다. 장로님 내외분이 욥기를 읽으며 깨달은 것은 하나님께서는 사람을 연단 시켜 하나님 앞에 바로 세우신 후에 복을 주신다는 것이었습니다. 그래서 그 동안 평안하게 살면서도 하나님 앞에 가까이 하지 못한 죄를 회개하였다고 합니다. 그러던 중 한 집에 계시면서도 믿지 않던 장모님이 회개하게 됐고 뜻하지 않았던 한 지인으로부터 사업을 같이 하자는 제안을 받았고 그 사업이 날로 번창하게 되어 오늘에 이르게 되었다고 하였습니다. 그 장로님은 안 되는 일로 인해 더 잘되는 것을 체험한 케이스입니다. 그 안 되는 일로 인해 한 영혼이 구원을 받았고, 본인들은 욥기를 통해 말할 수 없는 심오한 진리를 더 발견하게 됐고 사업은 전보다 더 나은 것을 하게 되었습니다.

우리의 삶 속에는 안 되는 일이 많이 있습니다. 어떤 경우에는 그것을 위해 기도하지만 응답은 더디고 일은 실패로 끝나는 경우도 있습니다. 그렇게 되는 이유는 하나님의 계획하신 바가 있기 때문이며 하나님의 생각은 우리의 좁은 생각과는 다르기 때문입니다. 마르다와 마리아는 "주께서 여기 계셨더면 내 오라비가 죽지아니하였겠나이다"라고 원망 섞인 말로 예수님을 맞았으나 예수님은 보다 큰 축복을 준비하고 계셨던 것입니다.

"우리가 알거니와 하나님을 사랑하는 자 곧 그 뜻대로 부르심을 입은 자들에게는 모든 것이 합력하여 선을 이루느니라"(롬 8:28)고 하셨습니다.

36.

이것을 네가 믿느냐?

[요한복음 11:17-27]

"예수께서 가라사대 나는 부활이요 생명이니 나를 믿는 자는 죽어도 살겠고 무릇 살아서 나를 믿는 자는 영원히 죽지 아니하리니 이것을 네가 믿느냐"

오늘은 본장에서 예수님과 마르다의 대화에 나타난 마르다의 신앙과 예수님께서 마르다에게 하신 말씀을 통해 우리가 어떠한 믿음을 가져야 할 것인가를 배우려고 합니다.

믿음은 마음에 위치합니다. 그래서 "마음으로 믿어 의에 이르고" 고 보면(롬10:10)라고 하였습니다. 사람의 마음은 잘 알 수 없는 것이고 보면 믿음도 다른 사람들이 잘 알 수 없는 것이기도 합니다. 그러나 사람의 마음이 말과 행동으로 나타나듯이 믿음도 말과 행동에 나타나게 됩니다.

마르다는 평소에 예수님을 잘 봉사하였습니다. 그러나 그것만으로 그의 믿음을 잘 알 수는 없습니다. 그러나 마르다에게 그의 오라비 마사로가 병들어 죽는 어려운 일이 닥쳐왔을 때 그의 믿음은 나타났습니다. 믿는 우리들도 마찬가지입니다. 평온하고 무사할 때는 믿음이 좋은지 잘 알 수 없지만 어려운 일들에 직면할 때 믿음이 나타나는 것입니다.

1. 마르다의 믿음은 어떠 하였습니까?

오라비 나사로가 병들어 예수님을 초청했던 마르다는 초조하게 기다리다가 오라비가 죽어 장사하게 됐고 그후에 찾아오신 예수님을 보고 원망섞인 어조로 "주께서 여기 계셨더라면 내 오라비가 죽지 아니 하였겠나이다. 그러나 나는 이제라도 주께서 무엇이든지 하나님께 구하시는 것을 하나님이 주실 줄 아나이다"하고 하였습니다. 그러나 예수님이 "네 오라비가 다시 살리라"고 말씀하시자, 마르다는 "마지막날 부활에는 다시 살 줄 내가 아나이다"라고 대답하였습니다. 그때 예수님은 "나는 부활이요 생명니이 나를 믿는 자는 죽어도 살겠고 무릇 살아서 나를 믿는 자는 영원히 죽지 아니하리니 이것을 네가 믿느냐?"라고 다시 질문하시자 마르다는 "주여 그러하외다 주는 그리스도시요 세상에 오시는 하나님의 아들이신 줄 내가 믿나이다"라고 대답하였습니다. 그러나 마르다는 예수님이 무덤에 가셔서 돌을 무덤에서 옮겨 놓으라고 말씀하시자 "죽은 지가 나흘이나 되었으며 냄새가 나나이다"라고 믿음없는 대답을 하였습니다.

이 대화에서 우리는 마르다의 신앙을 엿볼 수가 있습니다.

① 마르다는 병들거나 어려운 일이 있을 때 예수님의 도움이 필요하다는 것을 믿었습니다.

② 그리고 마지막 날 부활할 때는 죽었던 사람들이 다 부활한다는 것도 믿었습니다.

③ 그는 예수님을 그리스도라고 고백하였습니다.

④ 그러나 마르다는 예수님께서 나사로를 살리기 위해 돌을 옮겨 놓으라고 하시자 "주여 죽은지가 나흘이 되었으며 냄새가 나나이다"라고 하였습니다. 마르다는 하나님의 능력을 믿는다고 했고 부활을 믿고 예수님이 그리스도이심을 믿는다고 하였으나 예수님께서 현재적으로 죽은 나사로를 살리실 수 있다고 하는 믿음은 없었습니다. 그러므로 돌을 옮길 수가 없었습니다.

한 스님에 대한 이야기가 있습니다.

어떤 스님이 금강산 구룡폭포 위에서 나무아미타불을 부르다가 폭포를 내려다 보는 것을 보고 한산양군이 그 이유를 물었다고 합니다. 그 승려의 말은 여기서 나무아미타불을 만번만 부르고 폭포에 뛰어 내리면 신선이 되어 극락에 간다고 해서 10년을 뛰어 내리려 하는데 막상 내려다보면 너무 무서워서 뛰어내리지 못한다고 하였습니다. 그러자 산양군은 그것 참 말입니까 물은 후 나무아미타불 부르고 뛰어 내렸다는 이야기입니다. 결단을 강조하는 말일듯합니다.

믿는 사람들이 관념적으로 교리적으로만 믿고 확신과 결단없는 믿음은 마르다의 믿음과 같은 믿음입니다.

2. 예수님이 원하시는 믿음은 어떤 것입니까?

"나는 부활이요 생명니이 나를 믿는 자는 죽어도 살겠고 무릇 살아서 나를 믿는 자는 영원히 죽지 아니하리니 이것을 네가 믿느냐?"

① 예수님이 우리가 가지기를 원하시는 믿음은

예수님은 부활이요 생명이시라는 것을 믿는 것입니다. 주석가 반즈(Barnes)는 "이 말씀은 예수님 자신이 부활하시는 분일뿐 아니라 사람들을 부활시키시는 분이시요, 자신이 생명을 가지신 것만 아니라 다른 사람에게 생명을 주시는 분이시라는 의미라" 고 하였습니다(Barnes 주석).

예수님은 로마군인들이 십자가에 못박아 죽인후 3일만에 부활하셨습니다. 그러나 자신이 부활하는 것으로 끝나지 않고 그를 믿는 모든 사람들을 부활시키십니다.

예수님은 범죄로 인해 죽은 영혼들을 자신이 부활시키시는 일에 대해 다음과 같이 말씀하셨습니다. "진실로 진실로 너희에게 이르노이 죽은자들이 하나님의 아들의 음성을 들을 때 때가 오나니 곧 이때라 듣는자는 살아나리라" (요5:25). 그리고 죽은 몸을 다시 살리시는 일에 대해 "이를 기이히 여기지 말라 무덤속에 있는자가 다 그의 음성을 들을 때가 오나니 선한 일을 행한자는 생명의 부활로 악한 일을 행한 자는 심판의 부활로 나오리라" (요5:28,29). 사도바울은 예수님이 죽은자들을 다시 살리실 일에 대해 다음과 같이 말씀하셨습니다.

"그러나 각각 차례대로 되리니 먼저는 첫열매인 그리스도요 다음에는 그리스도 강림하실 때에 그에게 붙은자요..."(고전15:23). "주께서 호령과 천사장의 소리와 하나님의 나팔로 친히 하늘로 좇아강림하시리니 그리스도 안에서 죽은자들이 먼저 일어나고"(살전4:16).

예수님이 생명되시며 또한 사람들에게 생명을 얻게 하시는 일에 대해 사도요한은 다음과 같이 말씀하셨습니다.

"태초부터 있는 생명의 말씀에 관하여는 우리가 들은바요 눈으로 본바요 주목하고 우리손으로 만진바라 이 생명이 나타내신바 된지라 이 영원한 생명을 우리가 보았고 증거하여 너희에게 전하노니 이는 아버지와 함께 계시다가 우리에게 나타내신바 된 자니라"(1요1:1-2).

예수님은 도적이 오는 것은 도적질하고 죽이고 멸망시키려는 것 뿐이요 내가 온 것은 생명을 얻게 하고 더 풍성히 얻게 하려는 것이라(요10:10)고 하셨습니다. 예수님은 부활이시며 우리를 부활 시키시는 분이십니다. 그리고 영원한 생명이시며 그 영원한 생명을 우리에게 주시는 분이십니다.

② 예수님을 믿으면 죽어도 살고 살아서 믿는자는 영원히 죽지 않는 것을 믿으라고 하셨습니다.

예수를 믿는다는 것은 영적부활을 의미하는 것입니다. 사도바울은 에베소교회에 보내는 편지에서 "또 함께 일으키사 그리스도 예수안에서 함께 하늘에 앉히시니..."(엡2:6)라고 하였습니다. 그러므로 예수님을 믿는사람은 육신은 죽어도 일으키심을 받은 영혼의 생명은 계속하여 사는 것입니다.

어떤 사람들은 죽은자를 잔다고 하였으니 죽으면 잠자는 자처럼 무의식 상태에 있다가 부활할 때에 살아난다고 주장하지만 성경의 가르침과는 다른 주장입니다.

사도바울은 사람의 몸을 장막에 비교했습니다. 사람이 장막에서 나올때 분명한 의식을 가지고 장막을 나서듯이 분명한 의식을 가지고 육의 장막을 떠나게 될 것입니다.

그리고 살아서 믿는 사람은 영원히 죽지 아니하리니 이것을 네가 믿느냐? 라고 하셨습니다.

예수를 믿어 영적부활을 받은 사람에게 죽음은 더이상 죽음이 아닙니다. 이전의 죽음은 육신의 소멸이요 영혼은 영영한 저주에 들어가는 죽음이었습니다. 그러나 거듭난 영혼에게는 죽음은 보다 영광스러운 나라로 들어가는 관문일 뿐이기 때문입니다.

마르다는 표면적으로 볼때 성도로서 손색이 없는 여성이었습니다. 그많은 믿지 않는 사람들 가운데서 예수를 믿었습니다. 그리고 열심히 봉사하였습니다. 그는 하나님의 능력도 믿었습니다, 마지막 날의 부활도 믿었고 예수님을 하나님의 그리스도라고 고백도 했습니다.

그러나 그에게는 예수님이 부활이요 생명이시며 예수안에는 죽음이 없다는 믿음이 없었습니다. 그러므로 오라비 나사로가 죽은 가운데서 다시 산다는 사실을 믿지 못했습니다.

예수님은 오늘의 신자들에게도 "나는 부활이요 생명니이 나를 믿는 자는 죽어도 살겠고 무릇 살아서 나를 믿는 자는 영원히 죽지 아니하리니 이것을 네가 믿느냐?" 라고 말씀하고 계십니다.

37.

마리아의 신앙

[요한복음 11:17-35]

나사로의 가정 식구들은 예수님의 사랑을 받은 사람들입니다. 그리고, 예수님의 사랑을 받았던 사람들은 예수님을 영접하여 하나님의 자녀가 된 사람들이요 하나님의 말씀을 사모하는 사람들이며 예수님을 섬기는 사람들이었습니다.

오늘은 마리아의 신앙에 대해 말씀하려고 합니다. 신약성경은 나사로의 누이 마리아에 대해 세 번 기록하고 있는데 언제나 마르다와 그 동생 마리아라고 하여 두 사람을 대조적으로 말씀하고있습니다. 그리고 언제나 마리아는 마르다보다 훌륭한 믿음을 가졌던 것으로 설명되고 있습니다. 하나님께서는 이런 말씀을 통해 마리아와 같은 믿음을 가지라고 교훈하시는 것을 알 수 있습니다. 마리아의 믿음은 어떠하였습니까?

1. 하나님의 말씀을 사모하는 믿음입니다(눅 10:38-42)

마리아에 대한 기록이 처음으로 나타난 곳은 누가복음 10장입니다. 그 본문을 보면 예수님은 길 가시다가 마르다와 마리아의 영접을 받아 그 집에 들어가셨는데 마리아는 예수님의 발아래 앉아 말씀을 듣고 마르다는 분주하게 음식을 준비하였습니다. 동생 마리아가 자기의 준비하는 일을 도와주지 않는 것을 본 마르다는 예수님에게 "내 동생이 나 혼자 일하게 두는 것을 생각지 아니하시나이까"라고 항의하였습니다. 그러나 예수님은 마르다의 의견에 동의하지 않으시고 "마르다야 마르다야 네가 많은 일로 염려하고 근심하나 그러나 몇 가지만 하든지 혹한가지만이라도 족하니라 마리아는 이 좋은 편을 택하였으니 빼앗기지 아니하리라"(눅 10:42)라고 하셨습니다.

마르다는 예수님을 대접하기위해 분주하였으나 마리아는 말씀을 듣는 일에 열중하였는데 예수님은 마리아가 도리어 좋은 편을 택했다고 칭찬하셨습니다.

하나님의 자녀들에게는 봉사할 일이 많습니다. 물질을 가지고 바치는 일, 교인들 중 약한 자와 병든 자를 살피는 일, 교역자들이 가정을 방문할 때 마르다처럼 영접하는 일, 교회당을 돌보며 관리하는 일 그리고 요사이는 차편이 없는 신자들의 편리를 보아주는 일등 수없이 많은 봉사할 일들이 있습니다. 그러나 그 모든 것들보다 더 좋은 편은 하나님의 말씀을 배우는 일입니다. 그 이유는 먼저 하나님의 말씀을 배움으로 자신의 영혼이 자라나며 예수님을 더 잘 섬길 수 있게 하기 때문입니다.

요12:1-3을 보면 마르다는 예수님이 자기집에 오실 때마다 봉사를 했습니다. 그러나 마리아는 3백 데나리온이나 되는 고가의 향유를 예수님께 부을 수가 있었던 것입니다. 그가 그런 희생과 봉사를 할 수 있었던 것은 말씀을 배워 구속의 도리를 깨달았기 때문입니다.

말씀을 배움이 좋은 편이 되는 또 다른 이유는 말씀을 배워 진리를 깨닫는 것이 예수님을 대접하는 일이 되기 때문입니다. 요 4장을 보면 예수님은 사마리아 여인과 오랜 대화 끝에 사마리아여인은 자기와 대화를 나눈 분이 메시아라는 것을 깨닫고 물동이를 버려두고 마을로 가서 전도를 하였고 그 사이에 음식을 가지고온 제자들에게 예수님은 "내게는 너희가 알지 못하는 먹을 양식이 있느니라…… 나의 양식은 나를 보내신 이의 뜻을 행하며 그의 일을 온전히 이루는 것이니라"(요 4:32,34)고 하셨습니다. 마리아는 자신의 영혼이 성장하며 예수님께 기쁨을 드리는 좋은 편, 즉 말씀을 배우는 편을 택했습니다.

2. 마리아에게는 예수님을 움직이는 기도가 있었습니다.

요 11장을 보면 나사로가 병들었을 때 연락을 받은 예수님은 나사로가 죽어 무덤에 장사지낸 후에 나타나셨습니다. 그러나 일이 그렇게 된 것은 나사로를 통해 하나님의 영광을 더욱 드러내시기 위한 것이었습니다.

우리는 때때로 기도하여도 일은 최악의 사태로 기울어지는 경우가 있습니다. 그러나 하나님께서는 도리어 그런 처지에서 영광을 받으시려는 계획이 있다는 것을 믿어야 합니다. 예수님이 나사로의 집에 가셨을 때 마르다와 마리아 두 자매는 비통한 심정으로 예수님께 대화를 나누었습니다. 저는 이 대화가 격식을 갖추지않은 기도라고 생각합니다. 이 대화의 장면을 보면 마르다와 마리아는 그 자세와 말이 서로 다르다는 것을 발견할 수 있습니다.

① 마르다와 마리아는 예수님을 대하는 자세가 달랐습니다

마르다는 예수님이 오신다는 말을 듣고 곧 나가 맞았으나 마리아는 집에 앉아있었습니다(11:20). 얼마 후에 선생님이 오셔서 너를 부르신다는 말을 들은 후 급히 일어나 예수님께 갔습니다(11:28). 마리아의 이 행동은 예수님께 대한 성의가 부족해서가 아니라 주님의 부르심을 기대하는 자세였던 것 같습니다.

② 다음으로 마르다는 예수님의 발 앞에 엎드리지 아니하였으나 (11:20-21) 마리아는 예수님의 발 앞에 엎드렸다(11:32)고 하였습니다.

③ 마르다는 믿음 없는 말을 두 번이나 하였습니다.

그는 "그러나 나는 이제라도 주께서 무엇이든지 하나님께 구하시는 것을 하나님이 주실 줄 아나이다"(11:22)라고 말하고도 "네 오라비가 다시 살리라" 하시니 "마지막 날 부활에는 살 줄을 내가 아나이다"(11:24)라고 하며 현재에 다시 산다는 것은 믿지 않았습니다. 그리고 무덤에 이르러 "돌을 옮겨놓으라"고 하실 때 마르다는 "주여 죽은 지가 나흘이 되었으매 벌써 냄새가 나나이다"(11:49)라고 하였습니다. 그 말 역시 마르다는 예수님이 지금이라도 다시 살리실 수 있다는 것을 믿지 못한 것을 보여줍니다. 그러나 마리아는 "주께서 여기계셨더면 내 오라비가 죽지 아니하였겠나이다" 라고 하며 울은 후 마지막 부활에 다시 살 것이라든가 죽은 지가 너무 오래되었다던가 하는 말을 일체하지 않고 예수님만 따랐을 뿐입니다.

마르다의 갈팡질팡하는 말은 예수님에게 아무런 감동도 주지 못했습니다. 그러나 마리아의 겸손과 애통과 기대 속에서 가지는 침묵 그것은 예수님의 마음을 움직였고 예수님도 함께 우시게 하였습니다.

주님의 부르심을 기대하는 마음 주님의 발아래 엎드리는 자세, 비통한 눈물의 기도, 주님의 처분을 기다리는 침묵, 기도자들은 이런 것들을 본받아야 한다고 생각됩니다.

3. 마리아는 보다 큰 봉사를 했습니다(요 12:1-3)

유월절 엿새 전 베다니 나사로의 집에서는 예수님을 위해 잔치를 베풀었습니다. 그렇게 한 이유는 예수님이 나사로를 죽은 가운데서 살리셨고 예수님은 이 세상에 더 계시지 않을 것이라는 예감 때문이었을 것입니다. 거기는 예수님과 예수님의 제자들과 죽은 가운데서 살아난 나사로가 함께 하였고 마르다는 전과같이 음식을 만드는 일을 하였습니다. 그때 마리아는 지극히 비싼 향유 나드 한 근을 가져다가 예수의 발에 붓고 자기 머리털로 그의 발을 씻으니 향유 냄새가 집에 가득하게 되었다고 하였습니다.

이 향유는 아라비아 사막에서 자라나는 식물에서 채취하는 것으로서 향이 발산되지 않기 위해 아라바스터(雪花石膏)에 보관하며 한번 사용하려면 아라바스터를 깨고 부어야 한다고 합니다.

마리아는 어떻게 이런 고가의 향유를 가지고 있었을까? 유대인에게는 이런 향을 어머니가 가장 사랑하는 딸에게 전해주는 풍속이 있었다고 합니다. 그렇다면 마리아의 향유는 어머니에게서 받은 소중한 보물이었습니다. 이것을 깨뜨려 예수님의 발에 부었던 것입니다.

마리아는 왜 이런 고가의 향유를 예수님의 발에 부었겠습니까? 그의 깊은 믿음때문이라고 밖에 설명할 도리가 없습니다.

자매 마르다의 빈축을 사가면서도 예수님의 발아래서 말씀을 배운 마리아, 오라버니 나사로가 죽었을 때도 하나님의 능력을 믿으며 왈가왈부하지 않고 침묵을 지키던 마리아 예수님은 자기의 구주시며 인류를 구원하기위해 오신 분이시며 또 그의 말씀대로 대신 십자가에 못 박혀 죽으실 예수님이심을 아는 마리아에게는 아라바스터가 아까울 것이 없었습니다.

예수님이 구주이심을 아직 모르는 제자들은 마리아의 하는 일을 비난했으나 예수님은 그 행위를 칭찬하셨습니다. 그 이유는 그것이 구원 얻은 성도들에게 있어야 할 일이기 때문입니다.

예수님의 무릎 아래서 진지하게 말씀을 배우는 마리아, 오라비가 죽었을 때 당황하지 않고 예수님만 바라보는 마리아, 그리고 예수님이 생명의 구주이심을 알고 자기의 가장 귀한 아라바스터를 깨트려 예수님에게 부은 마리아의 신앙은 형제를 원망하고 교리적으로는 부활을 믿으나 현재에 부활의 능력을 믿지 못하고 갈팡질팡하며, 예수님에 대한 봉사는 음식을 대접하는 그 이상은 할 수 없었던 마르다의 믿음보다 한층 더 고귀하게 비쳐집니다. 교회안에는 마르다같은 신자들이 얼마든지 있습니다, 그러나 하나님께서 마리아의 신앙을 성도들의 신앙의 사표로 보여주고 있습니다.

38.

마리아의 봉사

[요한복음 12:1-8]

유월절 엿새 전에 나사로의 집에서는 예수님을 위해 잔치를 베풀었습니다. 이 잔치는 마르다와 마리아가 그 오라비 나사로를 죽은 가운데서 다시 살리신 은혜에 대한 보답으로 베푼 잔치라고 생각됩니다.

그러나 예수님이 그의 사역을 거의 끝내고 십자가를 지실 일을 며칠 앞두고 베푼 잔치이니 예수님께 대한 송별연과도 같은 잔치였습니다.

마르다는 늘 하던 것과 같이 잔치의 여러 가지 일을 보고, 죽었다가 살리심을 받은 나사로는 예수와 함께 앉은 자들 중에 있었습니다. 이것은 교회의 모습과도 같은 모습입니다. 교회는 멸망에서 구원 받은 성도들이 예수님을 모시고 섬기는 곳이기 때문입니다. 이 자리에서 마리아는 지극히 비싼 향유를 예수님에게 부었습니다. 마리아의 이 일로 인해 가룟유다는 이 향유를 삼백 데나리온에 팔아 가난한 자들을 구제하지 않고 왜 허비하느냐고 꾸짖었습니다만 예수님은 도리어 "가만두어 나의 장사할 날을 위하여 이를 두게 하라"고 말씀하셨습니다. 마태복음을 보면 "내가 진실로 진실로 너희에게 이르노니 온 천하에 어디서든지 이 복음이 전파되는 곳에는 이 여자의 행한 일도 말하여 저를 기념하리라"(마 26:13)고 하였습니다. 사도요한이 본문을 통해 나타내려고 하는 것은 마르다의 봉사나 죽었던 나사로를 소개하려는 것이 아니라 마리아의 아름다운 봉사를 소개하려고 함이라는 것을 알 수 있습니다. 본문의 내용을 드라마에 비교한다면 마리아는 주연자요 마르다나 나사로는 조연자와도 같은 위치에 있음을 알 수 있습니다.

마리아는 어떻게 이 연회장에서 중심인물이 될 수 있었습니까? 그 이유는 마리아가 모든 그리스도인들이 배워야 할 진정한 봉사를 하였기 때문입니다.

1. 사랑으로 봉사했습니다

마리아는 "마리아는 지극히 비싼 향유 곧 순전한 나드 한 근을 가져 다가 예수의 발에 붓고"라고 말씀하고 있습니다

1) 이 나드기름은 나도스타체이스 자라만시(Nardostachys Jaramansi)라고 하는 인도 산 식물에서 채취하는 기름으로서 고대 문명인들이 사용하던 향료인데 귀족들이 자기집에 오는 귀빈에게 조금씩 발라주는 귀한 향품이라고 합니다. 마리아는 3백 데나리온의 값이 되는 그런 고귀한 향품을 예수님에게 부은 것입니다.

마리아의 형편을 보면 언니 집에 기숙하는 독신녀처럼 보이는 여자인데 어디서 그런 고귀한 향품을 구했을까 하는 생각을 하게합

니다. 해석가들은 두 가지로 설명하는데 하나는 마리아가 푼푼이 모은 돈으로 그 향품을 준비했을 것이라는 해석과 다른 하나는 유대풍속에 그런 향유는 어머니가 가장 사랑하는 딸에게 전해주는 것이라는 해석이 있습니다. 어떻게 준비되었던지 그것은 마리아에게 가장 귀한 것이었습니다. 마리아는 자기의 가장 귀한 것을 예수님께 드린 것입니다. 마리아가 그런 향품을 어디서 구했는가 하는 것보다 어떻게 드렸는가 하는 것이 더욱 중요합니다.

눅 7:47을 보면 죄인인 한 여인이 예수님께 나와서 울며 눈물로 그 발을 적시고 자기 머리털로 씻고 그 발에 입맞추고 향유를 부었다고 하였습니다. 예수님을 청했던 바리새인 시몬이 그 일로 예수님을 비난할 때 예수님은 시몬에게 "이는 저의 사랑함이 많음이라 사랑을 받은 일이 적은자는 적게 사랑하느니라" 고 대답하셨습니다.

하나님께 봉사한 사람들을 보면 재물이 많아서가 아니라 재물이 없어도 하나님을 사랑하는 마음이 있는 사람들이었습니다. 구약에 나타난 사르발 과부가 그런 사람이었고, 신약성경에 기록된 렙돈 두 푼을 바친 과부도 그런 사람이었습니다.

하나님께 바치는 것은 재물이 얼마나 많으냐에 달려있는 것이 아니라 얼마나 하나님을 사랑하느냐에 달려있음을 알 수 있습니다.

2. 겸손하게 봉사했습니다

마리아는 그 향유를 예수님의 발에 붓고 머리털로 그 발을 씻었

습니다

마 26:7을 보면 "매우 귀한 향유 한 옥합을 가지고 나와 예수의 머리에 부으니"라고 하여 요한복음과 마태복음이 서로 다르게 기록하고 있습니다. 이런 것을 관점의 차이라고 말할 수 있습니다. 아마 마리아는 향유를 가지고 와서 유대인의 풍속대로 먼저 예수님의 머리에 붓고 남은 부분을 발에 부었을 듯합니다. 마태는 관점에 따라 머리에 부은 것만 기록했고 사도요한은 발에 부은 것을 기록했습니다. 그 이유는 두 저자가 강조하려는 점이 서로 다르기 때문입니다. 사도요한은 여기서 마리아의 겸손을 강조하고있는 것입니다.

마리아가 예수님께 붓는 향유는 최상급의 것, 즉 나드기름이었습니다. 그 기름은 귀빈에게나 한 방울 떨어뜨려주는 것입니다. 그런 고귀한 향유는 예수님의 머리에 부어도 손색이 없을만한 것입니다. 그러나 마리아는 그런 것을 예수님의 발에 부었습니다. 마리아는 그 향유가 비록 사람에게는 귀한 것이지만 하나님의 아들에게는 볼 것 없는 것이라고 생각했습니다. 그것은 세례요한이 예수님 앞에서 나는 그의 신을 풀기도 감당치 못하겠노라고 하던 겸손한 마음과 같은 마음의 표현입니다. 그리고 마리아는 자신의 귀중한 여자의 머리털을 풀어 그의 발을 씻었습니다. 이것은 자신의 전부를 다 바치는 희생과 겸손을 나타낸 일입니다. 우리는 나에게 가장 귀하지만 하나님앞에는 심히 부족하다고 생각하는 이런 겸손을 배워야겠습니다.

나는 어떤 교회에서 일어난 이야기를 들었습니다. 예배당을 새로 구입하여 새 의자를 놓게 되었는데 목사님은 의자를 자기가 담당하겠다는 한 직원의 말을 듣고 공장에 가서 의자들을 주문했다고 합니다. 그러나 의자를 담당하겠다던 직원은 의자색깔이 자기가 원치 않는 것이라고 하며 의자 값을 지불하기를 거절했다는 것입니다. 그 목사님은 할 수 없이 자신이 그 값을 담당하게 됐고 그것을 갚느라 여러 해 고생을 했다는 것입니다. 이 얼마나 방자한 봉사입니까?

어떤 이들은 교회를 봉사하며 내가 없으면 안 된다는 자만심을 가지기도하고 어떤 이는 봉사하다가 사람들이 알아주지 않는다고 시험에 들기도 합니다.

봉사가 좋지만 겸손하게 봉사하지 않으면 타인에게도 자신에게도 하나님나라에도 유익이 없습니다.

3. 예수님의 장사를 생각하며 한 봉사입니다

"저를 가만두어 나의 장사할 날을 위하여 이를 두게 하라"(7)

예수님은 마리아가 예수님의 발에 향유를 부은것을 자신의 장사할 날을 위하여 이를 두게 하라고 하셨습니다. 요한복음을 보면 마리아가 예수님의 발에 기름을 부은 행위는 유대인들이 귀빈을 접대하는 것과는 아주 다른 것이었습니다. 손님을 영접하는 예절이었다면 예수님의 머리에 기름을 붓는 것으로 끝났어야 했는데, 마리아는 발에 기름을 붓고 그 다음엔 머리털로 씻었습니다. 이점에 대해 주석사 레온 모리스(Leon Mosses)는 라이트풋(Leghtfoot)과 칼빈(Calvin)이 발에 부었다는 것은 전신에 부은 것을 의미한다고 하는 말을 인용했습니다(I.L.N.T) 마리아가 예수님의 발에 기름을 붓고 머리털로 기름을 바른 것입니다. 그러므로 향유냄새가 온 방안에 가득하게 되었습니다. 그리고 마리아가 그렇게 한 것은 수일후에 십자가에 못박혀 죽으실 예수님을 생각하고 엠밤(embalm)을 한 것입니다. 마리아는 수일후에 인류의 죄를 위해 돌아가실 예수님의 몸을 생각하며 그 귀하신 몸에 고귀한 향유를 부어 존경과 감사를 돌렸습니다. 마리아는 어떻게 그런 예지를 가졌겠습니까? 아마 그것은 그가 예수님을 통해 진리의 말씀을 배웠기 때문이었을 것입니다.

하나님께 대한 봉사는 사람들이 생각하는 자선과는 아주 다른 의미를 가지고 있습니다. 자선은 내세의 상을 생각하지 않으면서도 하는 사람들이 많이 있습니다. 내가 넉넉하니 남에게 나누어야 한다는 생각과 사회에서 얻은 것이니 사회에 돌려야 하겠다는 생각으로 하기도 하며 명예와 사람들의 칭찬을 기대하며 하기도 합니다. 그러나 믿는 사람들의 봉사는 그런 동기에서 하는 것은 아닙니다. 예수님은 "사람들에게 보이려고 그들 앞에서 의를 행치 않도록 주의하라 그렇지 아니하면 하늘에 계신 너희 아버지께 상을 얻지 못하느니라" (마6:1)라고 하셨습니다.

마리아의 사랑, 마리아의 겸손, 마리아의 존경과 감사 그것이 봉사의 동기가 되어야겠습니다.

39.

심판 받은 마귀

[요한복음 12:31-36]

요한복음에는 마귀가 심판을 받았다는 말씀이 두 번나 옵니다. 한번은 본문 31절에 "이 세상에 심판이 이르렀으니 이 세상 임금이 쫓겨나리라" 고 하였고 다른 한곳은 요 16:11에 "심판에 대하여라 함은 이 세상 임금이 심판을 받았음이니라" 고 하였습니다. 이 세상 임금에 대하여는 세 번 말씀하였는데 12:31, 14:30, 16:11에 각각 설명하고있습니다.

마귀를 "이 세상 임금" 이라고 부르는 이유는 아담이 타락한 이후 마귀는 이 세상 사람들의 마음과 생각을 지배하고 있기 때문입니다. 엡 2:2에 "그 때에 너희가 그 가운데서 행하여 이 세상 임금을 좇고 공중의 권세 잡은 자를 따랐으니 곧 지금 불순종의 아들들 가운데서 역사하는 영이라" 고 하였습니다. 마귀는 아담의 타락이후 하나님께 불순종하는 모든 사람들을 지배하고있습니다. 예수님은 이 무서운 마귀, 이 세상 임금이 심판을 받고 쫓겨나리라고 하셨습니다. 그 말씀은 예수님께서 오셔서 죄인들을 대신하여 십자가를 지시고 속죄하시므로 마귀의 세력이 꺾일 것을 가리키는 말씀입니다. 우리는 이 말씀을 통해 이 세상 임금이라고 불리 우는 마귀의 세력이 어떻게 큰 것인가와 또는 이 세상 임금이 쫓겨났다는 것이 무엇을 의미하는가를 이해해야 하겠습니다.

1. 이 세상 임금 마귀의 정체

성경말씀은 하나님에 대해 분명하게 가르칠 뿐 아니라 마귀에 대해서도 분명하게 가르치고있습니다. 성경말씀이 가르치고있는 마귀의 정체는 다음과 같습니다.

1) 마귀는 "자기의 지위를 지키지 않고 처소를 떠난 천사"(유 6)라고 하였습니다. 마귀는 "가장 높은 구름 위에 앉아 지극히 높은 자와 비기리라"(사 14:14)고 하였다고 가르치고 있습니다. 그것을 보면 마귀는 하나님의 지으심을 받은 천사로서 스스로 높아져 하나님의 자리에 앉으려는 교만한 영이었음을 알 수 있습니다. 그런 이유로 하나님 앞을 떠나 유리하며 하나님의 대적이 된 영입니다.

2) 마귀는 사람을 미혹하여 타락하게 하였습니다. 마귀는 아담과 하와를 미혹하였는데 가장 간교한 뱀을 통해 가장 유약한 여자에게 접근하여 하나님의 명령을 거역하게 하였습니다(창3:1).

3) 계 20:3을 보면 마귀는 만국을 미혹하였다고 하였습니다.

마귀는 아담과 하와를 미혹하던 수법으로 온 천하의 사람들을 미혹하여 타락하게 하므로 서로 미워하게 하고 속이며 음란하며 우상숭배 하게합니다. 그러므로 자연인(거듭나지 않은 사람)으로서는 이 마귀의 유혹을 받지않는 사람은 없고 그 유혹을 이기는 사람도 없습니다.

4) 마귀는 일단 자기의 미혹에 빠진 사람들에게 번뇌와 고통을 줍니다.

삼상 16:14을 보면 이스라엘왕 사울이 악귀에 사로잡혀 괴로워하는 것을 볼 수 있습니다. 하나님의 영은 사람에게 평안을 주시지만 마귀의 영은 고통과 증오와 불안을 가져다줍니다.

5) 마귀는 사람을 멸망케 합니다.

"도적이 오는 것은 도적질하고 죽이고 멸망시키려는 것 뿐이요" (요 10:10)라고 하였습니다. 마귀는 사람들이 정욕에 이끌려 가게하며 마침내 영과 육이 멸망하게 합니다.

6) 마귀는 사람들을 하나님 앞에 참소(비난)합니다.

마귀는 의인 욥을 비난하였습니다.(욥 1:9) 그리고, 포로생활에서 돌아온 대제사장 여호수아를 비난하였습니다.(스 3:1) 요한번연의 천로역정을 보면 마왕 아불르온은 기독도의 잘못된 것을 지적하며 너 같은 자가 천성엘 어떻게 갈 수 있느냐고 비방하였다고 합니다. 지금도 마귀는 그런 비난으로 사람들이 낙심하게 하며 하나님께 나오지 못하게 합니다. 나의 친척 중 한 분이 있었습니다. 그분은 한때 고등성경학교에 다니며 열심히 신앙생활 하던 분인데 청년

때 유혹에 빠져 오랜 세월 타락한 생활을 하였습니다. 나는 그분에게 과거의 신앙을 다시 회복하자고 권면 하였습니다. 그러나 그분의 대답은 나는 죄를 너무 많이 지어서 구원 못 얻는다고 하였습니다. 마귀는 그를 타락시킬 뿐 아니라 그가 하나님께 돌아갈 수 없도록 비난하고 있었습니다. 마귀는 인간의 힘으로는 대적할 수 없는 세상 임금입니다. 그러나 이 세상 임금은 하나님의 아들 예수님으로 말미암아 심판을 받았습니다. "하나님의 아들이 나타난 것은 마귀의 일을 멸하려 하심이라"(1요 3:8)고 하셨습니다.

2. 이 세상 임금 마귀는 어떻게 심판을 받았습니까?

그리스도가 오셔서 마귀를 멸망시키리라는 것은 아담이 타락한 직후부터 예언되었습니다. 그때에 하나님께서는 "내가 너로 여자와 원수가 되게 하고 너의 후손도 여자의 후손과 원수가 되게 하리니 여자의 후손(그리스도)은 네 머리를 상하게 할 것이요 너는 그의 발꿈치를 상하게 할 것이니라"(창 3:15)라고 하셨습니다.

메시아에 대해 가장 많이 예언한 이사야는 "그 날에 여호와께서 그 견고하고 크고 강한 칼날로 날랜 뱀 리워야단 곧 꼬불꼬불한 뱀 리워야단을 벌하시며 바다에 있는 용을 죽이시리라"(사 27:1)라고 하였습니다. 예수님은 "먼저 강한 자를 결박하지 않고 강한 자의 집에서 세간을 늑탈 할 수가 없느니라" 고 말씀하셨습니다. (마 12:29) 그 말씀은 예수님이 마귀를 결박하시는 능력을 가지고 결박하신다는 말씀입니다. 예수님은 마귀를 결박하셨기 때문에 마귀에게 포로 된 사람들을 놓아주실 수 있었습니다. 예수님은 어떻게 마귀를 결박하셨습니까? 사도바울은 골로새교회에 보내는 편지에 "정사와 권세를 벗어버려 밝히 드러내시고 십자가로 승리하셨느니라"(골 2:15)고 하셨고 히브리서의 저자는 "자녀들은 함께 혈육에 속하였으매 그도 또한 한 모양으로 혈육에 함께 속하심은 사망으로 말미암아 사망의 세력 잡은 자 곧 마귀를 없이 하시며 또 죽기를 무서워하므로 일생에 매여 종 노릇 하는 모든 자들을 놓아주려 하심이니"(히 2:14)라고 하였습니다.

예수님께서 마귀를 결박하신 것은 그의 속죄의 죽음으로 하신 것입니다.

십자가로 말미암은 구속으로 마귀의 세력이 꺾인 일에 대하여 사도요한은 "세상 임금이 심판을 받은 것이라"고 하였고(요 12:36) "하늘에서 땅으로 쫓겨났다"고도 하였고(계 12:9) "결박하여 무저갱에 던져 잠갔다"(계 20:2)고도 하였습니다.

예수님이 십자가 지시기전과 후의 마귀의 세력은 현저히 다르다는 것을 성경말씀은 다음과 같이 설명합니다.

① 십자가 이전 마귀는 천사들의 회에 참석할 수 있었지만(욥 1:6) 십자가 이후엔 마귀는 하늘에서 땅에 내어 쫓겼다고 하였습니다.(계 12:9)

② 십자가 이전에는 마귀가 온 세상을 미혹하였으나(계 12:9) 십자가 이후에는 복음이 전파되므로 온 세상을 미혹할 수 없게 되었습니다.

③ 십자가 이전에 마귀는 성도라도 참소할 수 있었으나(계 12:10) 십자가 이후에는 믿는 사람을 참소할 수 없게 되었습니다.

그 이유는 예수님의 피가 그들의 죄를 씻었고 죄 값을 지불하셨기 때문입니다.

④ 십자가 이전에 마귀는 사람들을 지배하였으나 십자가 이후에 마귀는 믿는 사람들을 감히 만지지도 못한다고 하였습니다.(1요 5:18)

⑤ 십자가를 믿기 전에는 사람들이 마귀를 대항할 수 없었습니다. 그러나 십자가를 믿은 후에는 마귀를 명하여 내어 쫓을 수 있습니다. 예수님은 "믿는 자들에게는 이런 표적이 따르리니 곧 저희가 내 이름으로 귀신을 쫓아내며 새 방언을 말하며 뱀을 집으며 병든 자에게 손을 얹은 즉 나으리라"(막 16:17-18)

8.15해방 되던 해의 일입니다. 평북 곽산교회에서는 대성회가 열려 밤과 낮으로 집회가 계속되고 있었습니다. 야간 집회 중 한 여자는 마귀에게 붙잡혀 강단으로 올라가 예수님이 오시니 다들 강단으로 올라와 맞으라고 소리질렀습니다. 예배를 인도하던 사회자는 그것이 마귀의 역사인줄 알고 그 여자를 끌고 내려와 성도들 가운데 엎드리게 하고 온 교우들이 부르짖어 기도하게 하였습니다. 그때 그 여인은 죽은 것같이 되더니 얼마후 마귀가 떠나가고 정상으로 돌아왔습니다. 마귀가 그렇게 복종하는 것은 예수님께서 이미 십자가로 세상임금 마귀를 정복하셨기 때문입니다.

그러나 마귀가 심판을 받았다는 것은 마귀가 이 세상에서 없어진 것을 의미하는 것은 아닙니다. 마귀는 예수님께서 재림하여 불못에 던지기 전에는 이 세상에 여전히 존재합니다. 믿지않는 세계에는 마귀는 더 많이 역사합니다. 사도베드로는 마귀가 우는 사자와 같이 삼킬 자를 찾아 다닌다고 하였습니다.(벧전 5:8) 그러나 그리스도의 보혈을 믿고 진리에 서있는 하나님의 자녀들은 악한자가 만지지도 못합니다.(1요 5) 그 이유는 그리스도의 십자가가 우리의 피난처와 방패가 되기 때문입니다.

40.

씻음을 받읍시다

[요한복음 13:1-11]

유월절 전날 밤의 일입니다. 예수님은 식사하시던 자리에서 일어나셔서 겉옷을 벗고 허리에 수건을 두르시고 대야에 물을 떠 다가 제자들의 발을 하나씩 씻으시고 수건으로 씻으셨습니다.

이때에 베드로는 황송한 생각에서 "주여 제 발을 씻기시나이까?"라고 하였고 예수님은 "내가 하는 일을 지금은 알지 못하나 이후에는 알리라"고 말씀하셨습니다. 베드로가 또다시 "제 발을 절대로 씻기지 못하시리이다"라고 대답하자 예수님은 심각한 어투로 "내가 너를 씻기지 아니하면 네가 나와 상관이 없느니라"라고 대답하셨습니다.

이 말씀은 신령한 의미를 가진 말씀입니다. 즉 사람들은 때묻은 발과 같은 더러운 죄를 예수님의 보혈로 씻음을 받아야 한다는 것입니다.

1. 내가 너를 씻기지 아니하면 네가 나와 상관이 없다 하셨습니다.

제자 베드로는 예수님의 부르심을 받고 모든 것을 버리고 따라왔으며 3년이라는 긴 세월을 예수님과 같이 다니며 예수님께 수종들었습니다. 그리고 "주는 그리스도시오 살아계신 하나님의 아들이시니이다"라는 신앙고백까지 한 관계였습니다. 그러나 씻음을 받지 않으면 예수님과 상관이 없다고 말씀하셨습니다.

신자가 죄 씻음을 받는 것은 그만큼 중요한 것입니다. 우리는 예수님의 이 말씀을 다음과 같이 적용해 볼 수 있습니다. "아무리 네가 믿은 지가 오래됐고 교회 봉사도 많이 했고 직분도 받아서 봉사하지만 네가 죄 씻음을 받지않으면 나와는 상관이 없느니라"라고 말입니다.

산상보훈에서 하신 말씀을 보면 "그 날에 많은 사람이 나더러 이르되 주여 주여 우리가 주의 이름으로 선지자 노릇하며 주의 이름으로 귀신을 쫓아 내며 주의 이름으로 많은 권능을 행치 아니하였나이까 하리니 그때에 내가 밝히 말하되 내가 너희를 도무지 알지 못하니 불법을 행하는 자들아 내게서 떠나가라"고 하시겠다고 하였습니다.(마 7:22-23)

우리 믿는 사람들이 이 세상에서는 예수님과 가장 관계가 깊은 것같이 보이다가 하나님 앞에 설 때에는 상관없는 자로 나타나지 않아야 하겠습니다. 그렇게 되지않으려면 죄 씻음을 받아야 한다고 하였습니다.

죄 씻음을 받아야 예수님과 관계가 성립되는 이유는 무엇입니까?

① 죄 씻음을 받아야 예수님 안에 거할 수가 있기 때문입니다.(요 15:3)

어린아이가 옷과 손을 더럽혔을 때 어머니는 그 아이의 몸을 씻고 옷을 갈아 입히기 전에는 절대로 품에 안으려고 하지않습니다. 그 이유는 어머니가 아이를 사랑하지 않아서가 아니라 품에 안기울 자격이 없기 때문입니다. 그와같이 예수 그리스도께서 우리를 사랑하시는 것과 우리가 예수 안에 들어가는 것은 별개의 문제입니다. 예수님은 항상 우리를 사랑하고 계십니다. 또 우리는 사랑을 받고 있습니다. 그러나 죄 씻음을 받지않았다면 예수님 안에 거할 수는 없습니다.

② 깨끗하게 씻음을 받아야 천국에 들어갈 수 있기 때문입니다.

계시록을 보면 종려나무가지를 들고 어린양 앞에서 찬송을 부르는 많은 무리들은 어린양의 피에 그 옷을 씻어 희게 한 사람들이었고(계 7:14) 시온산의 어린양과 함께선 14만 4천은 여자로 더불어 더럽히지 아니하고…그 입에 거짓말이 없고 흠이 없는 자들이더라고 하였습니다.(계 14:4,5)

천당은 이 세상과 같이 온갖 죄인이 섞여서 사는 곳이 아니라 예수님의 피의 씻음 받은 자들만 들어가는 구별된 곳입니다.

2. 죄 씻음을 어떻게 받습니까?

예수님께서 "내가 너를 씻기지 아니하면 네가 나와 상관이 없느니라"고 말씀하실 때에 베드로는 자기가 사양했던 것이 잘못된 것인줄 깨닫고 예수님과 상관을 더 깊게 가지려는 생각에서 "발만 아니라 손과 머리도 씻어 주옵소서"라고 대답하였습니다. 그러나 그때 예수님은 "이미 목욕한 자는 발만 씻어도 깨끗하니라"고 대답하셨습니다. 이 말씀은 제자 베드로는 이미 목욕한 자이기 때문에 발만 씻어도 된다는 말씀입니다.

이 말씀이 보여주는 것은 우리 그리스도인들은 목욕하는 것과 발씻는 것, 두 가지 씻음이 필요하다는 것을 보여줍니다.

1) 첫째로는 목욕을 해야 한다고 말씀하십니다.

고전 6:11을 보면 "너희 중에 이와 같은 자들이 있더니 주 예수 그리스도의 이름과 우리 하나님의 성령 안에서 씻음과 거룩함과 의롭다 하심을 얻었느니라"고 하였고 디도서 3:5에는 "중생의 씻음과 성령의 새롭게 하심으로 하셨나니"라고 하였습니다. "목욕"은 중생의 씻음을 의미합니다.

예수님은 베드로가 그 시간이전에 이미 목욕을 했다고 말씀하십니다. 그는 아마 세례요한이 회개하라고 외칠 때 회개하였을 것이며 예수님의 교훈과 성령의 역사로 거듭나는 경험을 가졌을 것입니다. 모든 그리스도인은 목욕하는 것과 같은 중생의 씻음을 받아야 합니다.

2) 발을 씻어야 합니다.

당시의 유대인들은 먼지가 날리는 길에 발등이 드러나는 샌달을 신고 다녔다고 합니다. 그러므로 날마다 발을 씻어야 했다고 합니다. 발씻는 것은 날마다의 짓는 죄를 회개하는 것을 의미합니다.

어떤 이들은 죄 안 짓고 못사는 세상이며 또 지을 것인데 그럴 바에야 회개할 것이 무엇이냐고 하는 이들도 있습니다. 그러나 그런 생각은 발이 또 더러워질 터인데 무엇 하려고 씻겠는가 하는 생각과 같은 것입니다.

문화인과 미개인의 차이는 잘 씻고 씻지 않는데 있습니다. 우리는 영적 미개인이 되지 말고 부지런히 씻어야 합니다. 동물 중에 라쿤(너구리)은 가장 많이 씻는 동물입니다. 우리는 너구리처럼 자꾸만 씻어야 합니다.

3. 이 말씀을 통해 한가지 더 생각해야 할 것은 죄를 씻으시는 분은 예수님이시라는 사실입니다.

1) 예수님은 친히 대야에 물을 떠 다가 제자들의 발을 하나하나 씻어주셨습니다.

너희들 발을 각각 씻어라고 명령하시든가 물만 떠다 놓고 각자에게 맡기지 않으시고 어머니가 어린아이에게 하듯 일일이 그 발을 친수로 씻어주셨습니다.

그것은 예수님께서 우리의 죄를 친히 씻어주실 것을 교훈하고 있습니다. 예수님은 우리가 거듭나기 위해 말씀으로 가르치셨습니다. 그리고 십자가에 친히 달리시사 보혈을 흘려 주셨습니다. 그리고는 우리를 변화시키시는 성령을 보내주셨습니다. 우리가 죄를 회개하는 것이지만 거듭나는 것이 우리 스스로가 하는 것은 아닙니다. 예수를 믿게 되는 것이나 회개하는 것이 알고 보면 하나님 편에서 우리에게 믿을 마음을 주셔서 믿는 것이며 성령으로 감동하셔서 회개하게 되는 것입니다.

2) 예수님이 우리를 씻어주실 때 그저 우리는 발을 내밀고 어린아이들이 하듯이 맡겨버리면 됩니다.

어떤 아이들은 제 힘으로 발을 씻겠다고 하지만 때는 여전히 남아있는 아이들이 있고 어떤 아이들은 자기는 노력하지 않으나 때가 없이 깨끗이 씻은 아이도 있습니다. 깨끗하게 씻는 아이는 대야에 발을 넣고 어머니가 하라는 대로 맡겨버리는 아이입니다.

거듭남과 회개가 나의 힘으로 되는 것은 아닙니다. 그저 주님의 말씀에 순종하고 주님이 하라 하시는 대로 다 맡길 때 회개도 믿음도 거듭남도 되는 것입니다.

예수님은 지금도 말씀과 보혈과 성령으로 우리의 영혼의 때, 죄를 씻기고 계십니다. 다만 주님 앞에 다 맡기고 순종하는 신자들이 되어야 합니다.

41.

서로 발을 씻깁시다

[요한복음 13:12-20]

"내가 주와 또는 선생이 되어 너희 발을 씻겼으니 너희도 서로 발을 씻기는 것이 옳으니라"(14)

예수님은 만찬자리에서 제자들의 발을 씻기시며 두 가지 교훈을 말씀하셨습니다.

① 첫째는 내가 너를 씻기지 아니하면 네가 나와 상관이 없느니라고 하셨고

② 다음으로는 너희도 서로 발을 씻기는 것이 옳으니라고 말씀하셨습니다.

부래더랜(Brotheren) 교파에서는 예수님의 하신 말씀을 문자적으로 실천해야 한다고 하며 세족식(洗足式)을 거행한다고 합니다. 그러나 서로 발을 씻기라는 말씀은 실제로 발을 씻기라는 말씀보다 더 큰 교훈을 주시는 말씀이라는 것을 알 수 있습니다. 이 말씀을 주의 깊게 음미하여보면

1. 서로 다른 사람의 죄를 용서하라는 말씀입니다.

1) 예수님은 제자들의 발을 씻기셨습니다.

그러나 그것이 유대풍속에서 하던 것처럼 단순히 먼지나 때를 씻는 행위만은 아니었습니다. 베드로의 발을 씻기시며 "내가 너를 씻기지 아니하면 네가 나와 상관이 없느니라" 고 하셨고 베드로가 그러시다면 내 손과 머리도 씻겨 주옵소서 라고 말하자 "이미 목욕한자는 발밖에 씻을 필요가 없느니라" 고 말씀하신 것을 보면 발을 씻는다는 것은 남의 죄를 용서하는 의미가 있다는 것을 알 수 있습니다. 예수님께서 제자들의 발을 씻어주신 것은 제자들의 모든 죄를 용서해주신다는 의미가 있습니다. 더러운 발을 씻는다는 것이 얼마나 불쾌한 일이겠습니까? 그러나 예수님은 발보다 더 더러운 우리의 죄를 더럽다고 하지 않으시고 용서해 주셨습니다.

2) 그렇게 발을 씻으신 후에 "너희도 서로 발을 씻기는 것이 옳으니라"고 말씀하셨습니다.

바울은 에베소교회에 대해 "서로 인자하게 하며 불쌍히 여기며 서로 용서하기를 하나님이 그리스도 안에서 너희를 용서 하심과 같이 하라" (엡 4:32)고 하셨습니다. "사랑의 원자탄" 이라는 책을 보면 고 손양원 목사님이 여수, 순천폭동 때 자기의 아들 동신이와 동인이를 죽인 이재선이라는 학생을 용서해주는 장면이 나옵니다. 손 목사님은 당시 군 당국에 수감되어있는 재선이를 구출하기위해 선교사님들까지 동원하였다고 합니다. 손 목사님이 아들들을 죽인자를 구출하려는 이유는 그가 어린나이에 알지 못해서 그렇게 한 것이고 그냥 버려두면 그는 지옥 갈 것이니 내가 내 아들대신 그를 양자로 삼아 훌륭한 사람 만들겠다는 것이었습니다. 그가 석방되어 손 목사님의 집을 찾아왔을 때 마침 빨래터에 떠나 계셨던 사모님은 재선이가 왔다는 딸의 전갈을 받고 집으로 들어올 때 가슴이 울렁거리고 다리가 휘청거려 허둥지둥하며 빨래터를 겨우 돌아왔다고 하는 대목은 눈물없이 읽을 수 없는 부분이었습니다. 내가 살기 위해 너를 죽여야 한다는 골육상쟁의 와중에서 손 목사님의 그 사랑은 결코 이 세상에서는 찾아보기 어려운 사랑, 즉 독생자를 십자가에 못박은 죄인들을 용서하신 하나님의 사랑에 감동된 사람만 행할 수 있는 사랑이라고 느껴집니다. 우리는 형제의 조그마한 잘못도 용서하지 못하는 경우가 얼마나 많습니까? 우리는 서로 때묻은 형제의 발을 씻겨야 하겠습니다.

2. 다음으로 이 말씀은 겸손히 낮아지라는 의미를 가지고 있습니다.

예수님은 "내가 주와 선생이 되어 너희 발을 씻겼으니 너희도 발을 씻기는 것이 옳으니라" 고 하셨습니다. 유대나라 풍속에 손님이 오면 대야에 물을 떠서 발을 씻겨주는데 그 일은 종들이 하는 일이라고 합니다. 그러나 예수님은 주도되고 선생도 되시면서 비천한 종들이 하는 일을 친히 하시며 "너희도 서로 발을 씻기는 것이 옳으니라" 고 하셨습니다. 이 말씀은 우리 믿는 사람들이 예수님을 본받아 낮아져야 한다는 것을 가르치고있습니다.

1) 앤드류 머레이(Andrew Murray)는 그리스도인들이 겸손히 낮아져야 할 이유를 다음과 같이 말했습니다.

① 인간은 피조물이기 때문에 겸손해야 하며

② 죄인이기 때문에 겸손해야 하며

③ 선을 행했다고 하더라도 은혜로 된 것이기 때문에 겸손해야 한다는 것입니다.

성 프랜시스(ST. Francisco)는 어떤 날 그의 제자가 "선생님! 선생님은 자신을 어떤 사람이라고 보십니까?"라고 묻자 "나는 이 세상에서 가장 악한자이다"라고 대답하였다고 합니다. 이 말에 놀란 제자가 선생님 그것은 외식이 아닙니까? 이 세상에는 강도도 있고 많은 악행자들이 있는데요 라고 반문하자 프랜시스는 "하나님께서 내게 주신 은혜를 강도에게 주셨다면 그는 나보다 훨씬 더 좋은 일을 했을 걸세"라고 대답했다는 것입니다. 바울사도는 "남을 나보다 낫게 여기라"(빌 2:4) 하였습니다. 사실 우리가 다른 사람보다 선을 더 행했다고 하더라도 그것은 하나님께서 힘주셔서 한 일이지 내 힘으로 한 것은 아닙니다. 그래서 사도바울은 "나의 나 된 것은 하나님의 은혜로 된것이니"(고전15:10)라고 하였습니다.

2) 그리스도인들은 낮아질 때 은혜를 더 받습니다.

자연계의 물의 흐름을 보면 높은 데서 낮은 데로 흘러 들어가며 깊은 곳일수록 더 많은 물이 고이는 것을 볼 수 있습니다. 그와 같이 하나님은 "교만한자를 물리치시고 겸손한자에게 은혜를 주신다"(약 4:6)고 하셨습니다. 예수님을 보면 그는 하나님과 동등 될 자격이 있으셨으나 동등 됨을 취할 것으로 여기지 아니하고 자기를 비어 종의 형상을 입고 끝까지 낮추시므로 하나님께서 그를 지극히 높이셨다고 하셨습니다. 우리는 이런 겸손을 배워야 하겠습니다.

3. 이 "서로 발을 씻기라"는 말씀은 서로 봉사하라는 말씀입니다.

1) 발을 씻기는 일은 유대풍속에 손님을 대접하는 일이며 봉사였습니다.

창 18:1을 보면 아브라함이 천사들에게 발씻을 물을 드렸고 눅 7:44을 보면 바리새인 시몬은 예수님께 발씻을 물을 드리지 않았다고 했고, 딤전 5:10에는 참 과부는 성도의 발을 씻는다 하였습니다.

2) 봉사란 은혜 받은 사람이 대가를 받지않고 자기를 희생하여 섬기는 것입니다.

사도시대의 도르가는 사람들의 옷을 지어주었고, 고넬료는 백성을 구제했으며, 가이오는 손님들을 많이 대접했다고 기록되어 있습니다.

봉사할 때 은혜가 있고 기쁨이 있습니다. 프랑스의 칼멘수도원에는 평신도수도사 니콜라스. 허만(Nicolas. Herman)이라는 사람이 있었다고 합니다. 그는 절뚝발이이며 수도원에서 요리를 만드는 요리사로 봉사했는데 허만은 항상 기쁨이 충만한 가운데서 그런 봉사생활을 하므로 소문이 널리 퍼지게 되어 프랑스 왕 루이XII가 그를 보려고 방문하기까지 했다고 합니다. 다른 사람을 섬기는 것은 복된 일입니다. 봉사함으로써 남을 섬기려고 이땅에 오신 예수님을 배우게 되며 하나님 아버지께 귀히 여김을 받게 됩니다.

예수님이 마지막 밤 만찬자리에서 가르치신 "너희도 서로 발을 씻기는 것이 옳으니라" 고 하신 이 말씀은 기독교 정신을 대표하는 말씀입니다.

대부분의 교회들은 문자 그대로의 세족식을 가지지는 않습니다. 그러나 외형적 세족식은 하지않는다 해도 우리는 그 깊은 의미를 깨달아 실천해야 하겠습니다. 어쩌면 타인의 잘못을 용서하는 일이 더러운 발을 씻는 것보다 더 힘든 일일수도 있습니다. 그러나 그렇게 하라고 하셨습니다.

종과 같이 겸손해져야 하겠습니다. 교만은 은혜의 분위기를 해치며 은혜를 받지 못하게 하는 원인이 됩니다. 그리고 섬김을 받으려 하지 말고 남을 기쁘게 섬겨야 하겠습니다. 그렇게 할 때 은혜가 더할 것입니다.

42.

새 계명

[요한복음 13:31-35]

예수님은 마지막 만찬을 나누시는 자리에서 여러 가지 중요한 것을 교훈 하셨습니다. 제자들의 발을 씻기며 사죄와 겸손의 필요성을 강조하셨고 새 계명을 지켜야 한다고 말씀하셨습니다.

오늘은 예수님이 말씀하신 새 계명에 대해 말씀하며 은혜를 나누겠습니다.

1. 새 계명은 무엇을 의미합니까?

표면적으로 보면 옛 계명이 있고 또 다른 새 계명이 있다고 하는 말씀인 것처럼 보여집니다. 그러나 이 새 계명이란 이전에 없었던 계명을 의미하는 것은 아닙니다. 여기서 가르치는 사랑의 계명은 사실상 구약시대에도 있었습니다. 십계명의 첫4계명은 하나님을 사랑해야 한다는 계명이요 다음에 나오는 6계명은 사람을 사랑하라는 계명입니다.

1) 여기서 새 계명이라고 하는 것은 갱신(renew)한 계명이라는 말씀입니다.

운전 면허라든가 서류 같은 것이 시효가 지나면 갱신을 해야 하는 것과 같이 구약시대에 이스라엘 백성에게 주셨던 율법가운데 있는 사랑의 계명은 율법시대가 지남에 따라 갱신할 필요가 있었던 것입니다.

옛날 모세는 시내산에서 계명의 두 돌비를 받아 산에서 내려오다가 그 백성들이 우상을 만들어 숭배하는 것을 보고 분노하여 돌비를 산 아래로 던져 깨트려버리고 다시 40일간 금식한 후 돌비를 다시 받아 내려왔습니다.(출 32:19, 34:1) 그것은 하나님의 계명이 신약시대에 와서 갱신될 것에 대한 예표입니다. 이 계명이 전에 없었던 계명이 아니기 때문에 사도요한은 "내가 새 계명을 쓰는 것이 아니라 처음부터 가진 옛 계명이니…… 다시 내가 새 계명을 쓰노니"(1요 2:7-8)라고 하였습니다.

예레미야는 이 새 계명에 대해 예언하기를 "그 날 후에 내가 이스라엘 집에 세울 언약은 이러하니 곧 내가 나의 법을 그들의 속에 두며 그 마음에 기록하여 나는 그들의 하나님이 되고 그들은 내 백성이 될 것이라"(렘 31:33)고 하였고, 사도바울은 "너희는 우리로 말미암아 나타난 그리스도의 편지니 이는 먹으로 쓴 것이 아니요 오직 살아계신 하나님의 영으로 한 것이며 또 돌비에 쓴 것이 아니요 오직 육의 심비에 한 것이라"(고후 3:3)하였습니다. 옛 계명이 갱신되어야 하는 이유는 사람들이 완악하여 돌비에 쓴 계명을 지키지 못하기 때문이었습니다. 그러므로 하나님께서는 예수그리스도로 말미암아 새 언약을 세우시며 성령으로 그들의 마음에 계명을 새겨

주시겠다는 것입니다. 그러므로 이 새 계명은 율법시대에 하던 것 같이 사람의 노력으로 지키는 것이 아니라 성령으로 거듭난 사람들이 마음으로부터 지키는 계명입니다.

2) 새 계명의 내용은 "너희가 서로 사랑하라"는 것입니다.

예수님께서 "너희가 서로 사랑하라"고 하신 말씀에는 두 가지 의미가 있습니다.

① 믿는 사람들은 형제애를 가지라는 것입니다. 믿는 사람들은 유대인들과 같이 육신적 혈연이 있는 것은 아닙니다. 때로는 민족적 배경이 다를 수도 있습니다. 그러나 예수 그리스도의 피로 말미암아 죄사함을 받고 한 하나님의 자녀가 되었으니 예수님 안에서 가까워진 형제들입니다. 그러므로 형제애를 가져야 한다는 것입니다.

② 그리고 모든 형제를 사랑하라는 것입니다. 본문에 대한 영역을 보면 서로 사랑하라고 할때 each other가 아닌, one another라고 하였습니다. 영어로는 "서로"라고 할 때 each other라는 말과 one another라는 말 두 가지가 있습니다. each other는 한 사람이 다른 한 사람을 사랑하는 부부간의 사랑과 같은데서 사용하는 말이며 one another는 한 사람이 다른 여러 사람들을 사랑하는데 사용하는 말입니다. 사람들은 어떤 사람만 사랑하고 모든 사람을 사랑하지 못하는 경우가 많습니다. 그런 사랑은 편벽된 사랑이 되며 얼마안 가서 식어지게 되는데 그 이유는 그 사랑이 성경적이 아니기 때문입니다. 예수님의 새 계명은 each other의 사랑이 아니라 one another의 사랑입니다. 교회 안에서 지식이나 경제적 수준이 같다

든가 취향이 맞는다고 하여 each other의 사랑으로 사랑하기가 쉽습니다. 그러나 그런 사랑은 도리어 교회의 분파를 조성하는 경우가 많습니다.

3) 새 계명이 가르친 사랑의 표본은 예수님이시라는 것입니다.

예수님은 "내가 너희를 사랑한 것같이 너희도 서로 사랑하라" 하셨습니다. 반즈(Barnes)는 예수님이 제자들을 사랑하신 사랑에 대해 설명하기를 그 사랑은 그들을 불러주신 사랑이며, 가르쳐주신 사랑이며, 부족한 것을 이해해주신 사랑이라고 하였습니다.

사도요한은 말하기를 "사랑은 여기 있으니 우리가 하나님을 사랑한 것이 아니요 오직 하나님이 우리를 사랑하사 우리 죄를 위하여 화목제물로 그 아들을 보내셨음이니라 사랑하는 자들아 하나님이 이같이 우리를 사랑하셨은즉 우리도 서로 사랑하는 것이 마땅하도다"(1요 4:10-11)라고 하였습니다. 하나님의 사랑은 사람의 입이나 붓으로 표현할 수 없는 사랑입니다. 그리고 우리가 알아야 하는 것은 예수님께서 제자들을 사랑하신 사랑은 이 넓고 큰 하나님의 사랑과 같은 사랑이라는 것입니다.

새 계명을 지키는 자가 누구입니까? 십자가에 나타난 하나님의 사랑에 감격하여 형제를 사랑하는 사람입니다.

2. 새 계명을 지킬 때 나타나는 결과

"너희가 서로 사랑하면 이로써 모든 사람이 너희가 내 제자인줄 알리라"(35)고 하였습니다.

그리스도인들은 예수님을 이 세상에 알리려고 많은 노력을 하고 있습니다. 선교사를 파송하기도 하며, 사회봉사를 하기도 하며, 매스컴을 이용하여 전파하기도 합니다. 그렇게 하는 이유는 예수를 알게 될 때 믿게 되고 구원을 얻게 되기 때문입니다. 모름지기 말해서 전도를 외치지 않는 교회는 한 교회도 없습니다.

그러나 서로 사랑하는 것 이상으로 전도의 효과를 거둘 수 있는 것은 없습니다. 초대교회는 환난과 핍박 중에 있었지만 사람들이 교회로 몰려왔는데 그 이유는 그들 가운데 사랑이 있었기 때문입니다. 초대교회 신자들은 그들의 공동체를 위해 자기들의 소유를 내어놓았고 자기 것을 조금이라도 제 것이라 하는 자가 없더라(행 4:32)고 하였습니다.

안디옥교회의 신자들은 예루살렘교회가 경제적 어려움에 빠졌다는 소식을 듣고 연보를 거두어보냈고(행 11:27-30) 마게도냐교회들은 심한 가난 가운데서도 힘에 지나도록 기쁨으로 연보했다고 했습니다.(고후 8:1-5) 그것은 다 그리스도안에 있는 형제애의 결과였습니다.

로마시대의 교회들도 사랑이 넘치는 교회였습니다.

토룩(Tholuck)은 고대교회에 대해 불신자들은 말하기를 "기독교인들은 어떻게 저렇게 서로 사랑하는가 남을 위해 죽을 준비가 되어있으니"라고 하였다고 하였습니다.

페릭스(Felix)는 말하기를 이방인들은 기독교인에 대해 "그들은 서로 알기도 전에 사랑한다"라고 했다고 했고, 털툴리안(Tertullian)은 "그렇고말고 이것은 그들이 믿지않는 이들에게 충격을 주지 않을 수 없다. 그 이유는 그들은 서로 미워하며 죽이려고 하는데 우리는 형제라고 부르기까지 하니 거짓으로 꾸며대는 것으로 밖에 안보일 것이다"라고 했습니다.

루시안(Lucian)은 "그들에게 법을 준 자는 그들은 형제자매라고 가르치고있다"라고 했습니다. 그러한 사랑은 많은 사람의 마음에 그리스도를 보여주었습니다. 예수님은 이렇게 말씀하십니다. "나의 계명을 가지고 지키는 자라야 나를 사랑하는 자니 나를 사랑하는 자는 내 아버지께 사랑을 받을 것이요 나도 그를 사랑하여 그에게 나를 나타내리라"(요 14:21)

"사람이 나를 사랑하면 내 말을 지키리니 내 아버지께서 저를 사랑하실 것이요 우리가 저에게 와서 거처를 저와 함께 하리라"(요 14:23)라고 하였습니다.

여러분은 이 사랑의 계명을 지키고있습니까? 만일 우리가 이제라도 이 사랑의 계명을 지킨다면 사람들은 우리를 통해 예수님을 보게 될 줄로 믿습니다.

43.

서로 사랑합시다

[요한복음 13:34-35]

지난번에는 예수님이 말씀하신 새 계명에 대해 설명하였습니다. 새 계명은 본래부터 있었던 사랑의 계명을 갱신하는 계명이라고 말씀 드렸습니다.

오늘은 서로 사랑하라는 말씀을 중심하고 말씀하려 합니다.

예수님은 "새 계명을 너희에게 주노니 서로 사랑하라 내가 너희를 사랑한 것같이 너희가 서로 사랑하라"고 하셨습니다. 이 서로 사랑하라는 것은 형제애(brotherly love)를 가리키는 것입니다. 하나님을 사랑하라는 것이 아니라 형제를 사랑하라는 말입니다. 예수님은 이 자리에 계신 여러분들에게 하나님을 사랑하기 전에 형제를 사랑하라고 말씀하고 계십니다.

아마 여러분들에게 하나님을 사랑합니까 묻는다면 '아멘' 이라고 대답하실 것이라고 믿습니다. 그러나 형제를 사랑하십니까 묻는다면 그렇게 쉽게 대답이 나오지 않을 것입니다. 믿는 사람들이 하나님을 사랑한다는 것은 거짓이 아닙니다. 그분들은 많은 시간과 물질을 드려 교회를 섬기고 있으며 하나님이 독생자를 주신일에 대해 감격하고 있습니다. 그러나 아이러니 하게도 형제는 잘 사랑하지 못합니다. 어떤 경우에는 한 교회에 출석하면서도 마음이 막혀 서로 인사도 주고받지 않으며 형제를 비방하기도 합니다. 형제가 어려울 때 도울 생각도 가지지않습니다. 그러면서도 나는 하나님은 사랑해 그러니 하나님은 나의 모든 것을 용서하실 거야 라고 위로를 받고있습니다.

그러나 성경말씀은 형제에 대해서야 어떠하든지 하나님만 사랑하면 된다고 하지는 않았습니다. 사도요한은 "보는바 그 형제를 사랑치 아니하는 자가 보지 못하는바 하나님을 사랑할 수가 없느니라" (1요 4:20)고 하였습니다. 그 말씀이 주장하는 것은 형제를 사랑하지 않고 하나님을 사랑한다는 것은 사실상 거짓이라는 말씀입니다.

1. 형제사랑은 어떠한 것입니까?

예수님은 "내가 너희를 사랑한 것 같이 너희가 서로 사랑하라" 고 말씀하고 계십니다. 예수님의 사랑은 한마디로 말해서 희생적사랑, 즉 의지적 사랑입니다. 저는 결혼 주례 때마다 부부는 감정적으로만 사랑하지말고 의지적으로 사랑해야 한다고 권면하곤 합니다. 감정적 사랑은 상대방을 사랑할 수 있으나 결점을 덮어 줄 수는 없습니다. 그러나 의지적 사랑은 상대방의 부족이 나타나도 나의 감정을 억제하고 사랑하는 사람입니다.

의지적 사랑에는 소극적인 면과 적극적인 면이 있습니다. 고린도전서 13장에는 주로 사랑의 소극적인 면을 많이 말씀하고있습니다. 소극적인 면이라는 것은 타인에 대해 하지않아야 할 일들입니다.

① 오래 참고 온유해야 한다고 했습니다. 내게 대해 거스리는 일과 괴로운 일이 있어도 잘 참아내는 것입니다.

② 투기하는 자가 되지 아니하며 라고 했습니다. 투기는 다른 사람의 잘되는 것을 질투하는 일인데 남에게 지지않으려는 경쟁심과 비교의식에서부터 생기는 마음입니다.

③ 자랑하지 아니하며 라고 하였습니다. 무엇이든지 내게 있는 것을 자랑하면 없는 사람은 마음이 괴롭게 됩니다. 그러므로 형제를 아끼는 사람은 자기자랑을 하지 말아야 합니다.

④ 교만하지 않으며 라고 하였습니다. 교만하면 상대방을 업신여기게 되어 기분을 상하게 합니다.

⑤ 무례히 행치 아니하며 라고 하였습니다. 타인의 기분이 상하게 하는 말과 행동을 하지않는 것입니다.

⑥ 자기의 유익을 구치 아니하며 라고 하였습니다. 자기의 유익만 생각하면 이웃이 손해를 당하게 됩니다. 가령 버스를 탈 때나 비행기를 탈 때 음식을 사먹을 때 나의 유익만 생각하고 줄을 서지 않고 새치기를 하면 타인에게는 기분을 상하게 하는 일이 됩니다. 무슨 일에든지 자기 유익만 구하는 것은 사랑이 아닙니다.

이런 것들은 다 사랑의 소극적인 면입니다. 그리고 사랑에는 적극적인 면이 있습니다.

① 바울은 "우리 강한 자가 마땅히 연약한 자의 약점을 담당하고……"(롬 15:1)라고 말씀했고, 사도베드로는 "사랑은 허다한 죄를 덮느니라"(벧전 4:8)라고 하였습니다.

사도바울이나 베드로의 이 말씀은 믿는 사람들은 형제가 아직 믿음이 연약하여 부족한 점이 있을 때 그 형제의 약점을 담당하라는 말씀입니다.

믿음이 약한 형제들은 다른 사람에게 고통을 주는 경우도 있을 수 있습니다만 그 형제의 약점을 덮어주어야 합니다. 그것이 사랑입니다. 이것은 치리기관에서 치리해야할 죄를 덮어주라는 말씀은 아닙니다.

② 형제가 어려울 때 도와주는 일입니다. 사도야고보는 다음과 같이 말씀했습니다. "만일 형제나 자매가 헐벗고 일용할 양식이 없는데 너희 중에 누구든지 그에게 이르되 평안히 가라, 더웁게 하라, 배부르게 하라 하며 그 몸에 쓸 것을 주지 아니하면 무슨 이익이 있으리요"(약 2:15-16)라고 하였고 사도요한은 "자녀들아 우리가 말과 혀로만 사랑하지 말고 오직 행함과 진실함으로 하자"(1요 3:18)고 말씀하셨습니다.

이런 말씀들은 그 당시 믿는 사람들이 형식적으로 사랑하는 체하면서 참된 사랑을 베풀지 못하는 것을 책망하는 말씀입니다. 사랑은 베푸는 것이며 베풀려고 하면 희생이 따르는 것입니다.

2. 형제사랑의 필요성

성경말씀은 하나님의 사랑에 대해 중점적으로 가르치고있습니다. 성경의 대표적 구절은 "하나님이 세상을 이처럼 사랑하사 독생자를 주셨으니 이는 저를 믿는 자마다 멸망치 않고 영생을 얻게 하려 하심이니라"(요 3:16)고 하신 말씀입니다. 하나님의 사랑이 아니었다면 영생도 천국도 있을 수가 없습니다.

그러나 그 다음으로 강조하는 것은 믿는 사람들의 사랑입니다. 바울은 "내가 사람의 방언과 천사의 말을 할찌라도 사랑이 없으면 소리 나는 구리와 울리는 꽹과리가 되고…"(고전 13:1)라고 말씀하고 있습니다.

기독교는 사랑의 종교입니다. ① 하나님께서 사람을 사랑하신 것을 믿는 종교이며 ② 사람들이 서로 사랑하는 종교입니다. 그러므로 그리스도인들은 사랑의 종교를 믿는 사람답게 사랑의 사람이 되지않으면 안됩니다. 이제 저는 그리스도인들이 서로 사랑하지 않으면 안 되는 이유는 성경말씀을 들어 몇 가지 상고해보겠습니다.

1) 1요 3:14을 보면 "우리가 형제를 사랑함으로 사망에서 옮겨 생명으로 들어간 줄을 알거니와 사랑치 아니하는 자는 사망에 거하느니라"고 말씀했습니다.

기독교의 형제사랑은 도덕적 차원을 넘어서서 구원의 차원에서 설명해야 하는 것입니다. 형제를 사랑하지않고 미워하는 사람이 구원을 얻었다고 할 수가 없다고 하는 것은 구원이란 하나님의 사랑을 깨닫고 자신의 무정함과 미움 같은 데서 건짐을 받고 하나님의 사랑이 그 속에서 온전케 되는 것(1요 2:5)이기 때문입니다.

2) 다음으로 형제사랑을 실천해야 할 이유는 서로 사랑할 때 하나님이 우리 안에 거하시기 때문입니다.

"어느 때나 하나님을 본 사람이 없으되 만일 우리가 서로 사랑하면 하나님이 우리 안에 거하시고"(1요 4:12)라고 말씀하셨습니다. 하나님의 임재를 체험하는 감격과 기쁨은 서로 막힌 것이 있는 사람들에게는 있을 수 없습니다. 필자는 어떤 교회를 시무 할 때 집사님 한 분과 마음이 잘 통하지않는 것을 느끼고 기도하던 중 조용히 그 집사님을 만나 나의 부족을 자복하고 풀은 후 은혜가 회복되는 경험을 한적이 있습니다. 서로 사랑해야 하나님이 우리 가운데 계신다고 하였습니다.

3) 예수님은 그의 제자들에게 "너희가 서로 사랑하면 이로써 모든 사람이 너희가 내 제자인줄 알리라"(요 13:35)고 하셨습니다.

사람들은 제자들이 서로 사랑하는 것을 보고 그들이 예수님의 제자인 것을 알게 되리라는 것입니다. 형제사랑은 구원을 얻은 증표가 될 뿐 아니라 다른 사람으로부터 존경과 인정을 받게 되어 그들의 영혼을 구원하는 전도의 일을 하게 된다는 것입니다.

4) 마지막으로 형제사랑은 심판대 앞에 설 때 담대하게 한다는 것입니다.

"이로써 사랑이 우리에게 온전히 이룬 것은 우리로 심판 날에 담대함을 가지게 하려함이라"(1요 4:17)고 하셨습니다. 사랑을 실천한 사람은 심판 날에도 담대합니다. 그 이유는 사랑은 하나님의 율법의 완성이기 때문입니다.(롬 13:10) 형제사랑의 가치는 큰 것입니다. 형제애를 가질 때 사망에서 생명으로 옮기는 것이며 하나님께서 우리 안에 거하시고 모든 사람이 우리를 그리스도의 제자인줄 알게 되며 심판대 앞에 설 때도 담대하게 됩니다.

여러분! 여러분은 형제와 막힌 것은 없습니까? 형제를 멀리하거나 비판하지는 않습니까? 그런 것들을 다 회개하고 예수님이 우리를 사랑하시듯이 서로 사랑하십시다.

44.

가룟유다의 멸망

[요한복음 13:21-30]

예수님은 만찬을 나누시던 자리에서 "너희 중 하나가 나를 팔리라"고 말씀하셨습니다. 이것은 가룟유다를 두고 하신말씀이지만 제자들은 누구를 두고 하신 말씀인지 알지 못했기 때문에 심히 근심하며 그 사람이 누구니이까라고 질문 하였습니다. 예수님은 "내가 한 조각을 찍어다가 주는 이가 그니라"고 하며 한 조각을 찍으셔다가 가룟시몬의 아들 유다에게 주셨다고 기록되어 있습니다. 그리고 마태복음의 기록을 보면 예수님은 "인자는 자기에게 대하여 기록된 대로 가거니와 인자를 파는 그 사람에게는 화가 있으리로다 그 사람은 차라리 나지 아니하였더면 좋을 뻔 하였느니라"라고 하셨다고 기록되어 있습니다. 이 세상에 나지 않았던 편보다 못한 인생은 어떠한 인생이겠습니까? 우리는 흔히 눈뜨고 볼 수 없는 불구자로 태어나 부모에게 큰 고통을 주며 자신도 불행한 그런 사람을 볼 때 차라리 나지 않았던 편보다 못하지 않은가고 생각합니다. 그러나 그런 불행가운데서 산다고 하여 나지 않은 편이 나았겠다고 속단키는 어렵습니다. 그 이유는 내세가 있기 때문입니다.

나사로는 문전 걸식하며 병들어 고생하였으니 자기에게나 타인에게 아무런 유익을 주지 못하는 존재였지만, 그가 죽으매 천사들에게 받들려 아브라함의 품에 들어갔습니다. 현세의 삶이 비록 고통스럽지만 내세에 가기 위한 것이라면 나지않은 편보다는 훨씬 나은 생이 될 것입니다.

예수님께서 가룟유다에 대해 그 사람이 나지 아니하였더면 좋을 뻔 하였도다 라고 말씀하신 것은 그의 미래는 멸망이기 때문에 하신 말씀입니다. 우리는 다 이 세상에서 지금 살고있는데 가룟유다와 같이 나지 않았던 편만 못한 사람은 되지 말아야 겠습니다. 우리는 찬송도 "유다 같이 안되기를 진심으로 진심으로오"라고 부르고 있습니다.

가룟유다는 왜 멸망하게 되었습니까?

어떤 이는 택함을 받지 못한 자이기 때문이라고 합니다만 그의 삶을 볼 때 왜 멸망 받게 되었는가를 알 수 있습니다.

1. 그는 예수님의 가치를 알지 못했습니다.

어떤 아버지가 아들을 위한 선물로 돌들을 파는 집에 가서 좀 좋아보이는 돌을 10불을 주고 샀는데 사다 놓고 보니 좀 이상해서 감정한 결과 그것은 큰 사파이어 덩어리여서 200만 불을 받고 팔았다고 합니다. 그러나 그것은 200만불 자리가 아니라 1200만 불의 값이 나가는 것이었다고 합니다. 아무리 좋은 것이라 해도 가치를 모르면 휴지로 여기게 됩니다. 가룟유다가 은 30에 예수님을 팔은 것을 보면 유다는 예수님의 가치를 알지 못한 것이 분명합니다.

1) 예수님은 어떠한 분입니까?

이사야는 "기묘요 모사요 전능한 하나님이시오 영존하시는 아버지"라고 하였고(사 9:6) 베드로는 "주는 그리스도시오 살아계신 하나님의 아들이시니이다"(마 16:16)하였고 "생명의 주"(행 3:15)라고 하였고 예수님은 자신을 "밭에 감추인 보화"(마 13:44)라고 하셨습니다. 오늘에도 그리스도인들이 예수님의 가치를 알지 못하면 언제든지 지극히 작은 것과도 바꿀 수 있게 됩니다.

2) 유다는 어찌하여 예수님의 가치를 알지 못했습니까?

가룟유다는 그저 12제자 중 외곽으로 도는 그런 인물은 아니었습니다. 예수님의 일행의 재정을 맡은 요직에 있었습니다. 이런 직분을 맡았던 까닭에 누구보다 예수님을 더 가까이 모실 수 있었습니다. 예수님은 가룟유다에게 한 조각을 주며 "네가 하는 일을 속히 하라"고 하셨지만 제자들은 유다가 돈궤를 맡았으므로 명절에 우리의 쓸 물건을 사라 하시는지 혹 가난한 자들에게 무엇을 주라하시는 줄로 생각하더라고 한 말씀을 보면 가룟유다는 다른 제자들보다 더 예수님에게 가까이한 제자였다는 것을 알 수 있습니다. 그럼에도 불구하고 예수님을 확실히 알지 못했습니다. 그 이유는 하나님의 성령으로만 예수님을 알 수 있기 때문입니다. 그래서 예수님은 베드로가 "주는 그리스도시오 살아계신 하나님의 아들이시니이다"라고 고백하셨을 때 "이를 네게 알게 하신 이는 혈육이 아니요 하늘에 계신 아버지시니라"(마 16:17)고 하셨습니다. 성령님만 예수님을 바로 알게 하십니다.(고전 2:8) 가룟유다는 3년이나 예수님을 따라다녔으나 예수님이 누구신지 몰랐습니다. 사파이어 덩어리를 돌덩이로 생각한 것과 같은 것입니다. 그러므로 성령을 구해야 합니다.

2. 물욕에 사로잡혀 있었습니다.

조금 전에 나지않은 편이 더 나을 사람은 이 세상에서 불행한 자가 아니라 사후에 영원한 멸망에 들어가는 자라고 말씀드렸습니다. 가룟유다는 예수님의 제자였는데 왜 그렇게 되었습니까?

그것은 작은 물욕으로 말미암아 그런 불행에 이르게 된 것입니다. 요 12장을 보면 "그는 도적이라 돈궤를 맡고 거기 넣은 것을 훔쳐감이러라"(12:6)라고 하였습니다. 그 말씀을 보면 가룟유다는 예수님의 일행의 재정을 맡은 자로써 훔쳐 다가 사사롭게 쓴 일이 있었던 것 같습니다. 아담이 물욕으로 선악과를 따먹은 것과 같이 작은 물욕이 자라나 마침내 선생을 파는데 까지 이르게 한 것입니다.

1) 사도야고보는 "욕심이 잉태한즉 죄를 낳고 죄가 장성한즉 사망을 낳느니라"(약 1:15)고 말씀했습니다. 속담에 바늘도둑이 소도둑 된다는 말이 있듯이 죄는 점점 자라며 마침내 죽음에까지 끌고 갑니다.

이스라엘 군대 중 한 사람 아간은 물욕으로 인해 처형되었고 게하시는 물욕으로 인해 문둥병이 생겼으며 아합왕은 물욕으로 인해 의로운 나봇을 죽이고 포도원을 빼앗았으나 나봇의 피를 핥은 개들이 아합왕의 피를 핥게 되었습니다. 가룟유다는 처음에 물욕으로 전대의 돈을 사사로이 가져 가던 것이 습관이 되어 예수님을 파는 죄를 지었습니다. 어떻게 작은 물욕이라고 경히 여길 수 있겠습니까?

2) 요 13장을 보면 "마귀가 벌써 시몬의 아들 가룟유다의 마음에 예수님을 팔려는 생각을 넣었더니"(13:2)라고 하신 말씀이 있습니다. 이 말씀을 보면 마귀는 물욕을 일으켜 예수를 팔려는 마음을 갖게 했다고 합니다. 모든 불의의 방법으로 물질을 취하려는 생각은 마귀가 주는 생각입니다. 그래서 바울은 "무릇 그리스도 예수의 사람들은 그 육체와 함께 정과 욕심을 십자가에 못 박았느니라"(갈 5:24)고 하였습니다.

그러므로 우리 그리스도인들은 욕심에 사로잡히지 말고 자기 정과 욕을 십자가에 못박는 삶을 살아야 합니다.

3. 가룟유다의 세 번째 실패는 회개의 기회를 놓치고 만 것입니다.

범죄한 인간에게 회개의 기회를 주신다는 이 사실은 하나님의 자비와 사랑입니다. 십자가의 강도에게 회개의 기회를 주지 않으셨다면 그는 지옥 가고 말았을 것입니다. 강도에게 회개의 기회를 주신 하나님은 가룟유다에게도 기회를 주셨습니다. 어떻게 회개의 기회를 주셨습니까?

1) 만찬을 잡수실 때 예수님은 "너희 중 하나가 나를 팔리라" 고

하시고 제자들이 각각 내니이까라고 묻자 예수님은 "내가 한 조각을 찍어다 주는 그가 나를 팔리라" 고 하며 조각을 찍어서 가룟유다에게 주었습니다. 이 얼마나 노골적이며 모욕적입니까? 예수님이 이렇게 하신 것은 가룟유다가 회개하기 위해 하신 일입니다. 이것은 유다의 회개할 기회였습니다. 그러나 유다는 예수님의 하시는 말씀이 자기와는 무관한 것처럼 생각하면 밖으로 나가버린 것입니다.

그가 그때에 회개하였었더면 유다의 그 후의 일은 달라졌을 것입니다. 그러나 유다는 회개할 기회를 놓치고 말았습니다. 밖에 나간 그는 제사장의 무리에게 둘러 쌓였기 때문입니다.

2) 하나님의 자녀와 비자녀의 차이는 무엇이겠습니까? 꼭 같은 세상에 나서 선악을 꼭 같이 경험한 사람들입니다. 꼭 같이 범죄 한 사람들입니다. 그러나 구원 얻는 사람과 멸망하는 사람이 다른 것은 구원 얻는 사람은 기회가 올 때 죄를 회개하는 것이요 멸망하는 사람은 기회가 와도 회개하지 않는 것입니다.

사람이 이 세상에 사는 동안 성공할 수 있는 기회가 꼭 세 번 온다고 하는 말이 있습니다. 그 기회를 놓치면 성공할 수 없다고 합니다. 미국 격언에는 "기회란 다시 오지 않는다" 고 하는 말이 있습니다. 회개도 기회가 있습니다. 내가 정신이 맑은 상태로 살아있는 이 시간이 회개의 기회입니다. 그리고 주님이 나를 향해 "내가 조각을 찍어주는 자가 곧 그니라" 고 하시며 나의 회개를 독촉하시는 때가 회개의 기회입니다. 주님의 충고와 책망의 말씀을 듣고 문을 여시기 바랍니다. 자기 선생을 죽는데 팔아 넘기고 마침내 목메어 곤두박질하다가 죽고 영영한 어두움에 들어간 가룟유다, 저 유다 같이 되기를 원하는 사람은 한 사람도 없을 것입니다.

그의 삶을 보면 예수를 모르면서 예수를 믿는다고 하였고 물욕에 사로잡혀서 양심에 가책되는 일을 했고 회개의 기회를 주었지만 회개하지 않았습니다. 가룟유다의 그런 행동은 나지 않았던 편보다 못한 비극에 이르게 했습니다.

가룟유다의 이 사건이 우리의 귀감이 되어야 하겠습니다.

45.

십자가와 영광

[요한복음 13:31-32]

"저가 나간 후에 예수께서 가라사대 지금 인자가 영광을 얻었고 하나님도 인자를 인하여 영광을 얻으셨도다 만일 하나님이 저로 인하여 영광을 얻으셨으면 하나님도 자기로 인하여 저에게 영광을 주시리니 곧 주시리라" (31-32)

가룟유다는 예수님이 주시는 떡 조각을 받은 후 밖으로 나갔습니다. 유다는 아마 제사장과 예수를 체포하려는 무리들과 모의하기 위해 나갔으리라고 생각됩니다. 이제 예수님이 십자가를 지시기위해 체포되는 시간은 아주 가까이 다가오고 있었습니다.

이때에 예수님은 "지금 인자가 영광을 얻었고 하나님도 인자를 인하여 영광을 얻으셨도다" 라고 말씀하셨습니다.

오늘날에 십자가는 구원의 심볼이며 많은 사람이 사랑하는 대상이 되어있습니다. 교회 건물 위에나 강대상 전면에 십자가의 심볼이 붙어 있다고 해도 끔찍하게 생각하거나 무섭게 생각하는 사람은 없습니다. 그러나 2천년 전 십자가에 대한 일반의 인식은 현대인의 인식과는 판이한 것이었습니다. 십자가는 로마나라가 죄수들을 처형하는 형틀입니다. 그때 로마는 세계각국을 지배하고 있었고 반정부 세력을 진압하기 위해서는 가혹한 형벌이 필요했습니다. 그래서 일벌백계의 교훈을 주기위해 죄인들을 사람들이 다 볼 수 있는 곳에서 십자가에 못박아 죽였습니다. 사형수가 십자가에 못 박히면 그 고통은 형언할 수가 없다고 합니다. 물과 피가 흘러나와 목 마르며 즉시 죽어지지도 않고 어떤 경우에는 약 3일간 살아있으며 고통을 한다고 합니다. 예수님은 이런 십자가를 지셔야 했습니다.

그러면서도 예수님은 그 십자가를 영광이라고 하면서 기뻐하셨습니다.

그리스도인들은 예수님께로부터 이 진리를 배워야 하겠습니다. 그 이유는 예수님과 같이 우리에게도 몫에 태인 십자가가 있기 때문입니다. 예수님은 "나를 따라 오려거든 자기를 부인하고 제 십자가를 지고 나를 좇을 것이니라" 고 말씀하셨습니다. 우리는 이 말씀을 읽으면서도 나에게 고통의 십자가가 올 때에 기뻐하며 십자가를 지기보다는 십자가를 피하거나 다른 사람에게 맡겨버리는 경우가 많습니다. 십자가는 어찌하여 영광인가를 배워 우리도 그 십자가를 지는 성도가 되어야 하겠습니다.

1. 의를 위한 십자가는 그 자체가 영광입니다.

사도베드로가 하신 말씀이 생각납니다. "죄가 있어 매를 맞고 참으면 무슨 칭찬이 있으리요 오직 선을 행함으로 고난을 받고 참으면 이는 하나님 앞에 아름다우니라" (벧전 2:20)고 하였습니다.

이 말씀을 볼 때 고난을 당한다고 하여 모든 고난이 다 수치스러운 것이 아니라는 것을 알 수 있습니다. 그 받는 고난이 어떤 고난인가에 따라 수치스러운 고난도 있고 영광스러운 것도 있습니다. 가령 남의 집 담을 넘다가 감옥에 갇혔다고 하면 부끄러워 얼굴을 들 수 없는 일이지만 과거 애국자들처럼 나라를 찾기 위해 감옥에 갇혀 고생한다면 무엇이 부끄럽겠습니까? 중국 하얼빈 역에서 일본사절 이등방문을 저격하고 순국한 안중근 의사가 무엇이 부끄러웠겠습니까? 그는 감옥에 갇혀서도 담대하게 일본의 잔학성을 규탄하였습니다.

예수님의 십자가는 자기 백성을 저희 죄에서 구원하시기 위한 십자가였습니다. 그러므로 영광스러운 십자가입니다.

우리가 지는 십자가도 그것이 하나님의 말씀을 지키기 위해, 또는 선을 행하다가 지게 되는 십자가일 때 그것은 부끄러운 것이 아니라 영광스러운 것입니다.

2. 십자가를 질 때 하나님께서 영광을 받으십니다.

"지금 인자가 영광을 얻었고 하나님도 인자를 인하여 영광을 얻으셨도다"

사랑이 많으신 하나님께서 그의 둘도 없는 독생자를 세상에 보내어 무지한 인간들의 손에 붙잡혀 십자가에 못 박혀 죽게 하시고 그 십자가를 인해 영광을 얻으셨다는 것은 너무나 큰 모순이며 이해할 수 없는 일처럼 보여집니다. 그러나 기독교의 진리가 바로 여기에 있습니다. 사람으로서는 자기의 아들이 그런 고통의 죽음을 당할 때 영광스럽게 여길 사람은 없을듯합니다. 그러나 하나님께서는 그럴 이유가 있었습니다. 그 이유는 요 3:16에 잘 나타나 있습니다. "하나님이 세상을 이처럼 사랑하사 독생자를 주셨으니 이는 저를 믿는 자마다 멸망치 않고 영생을 얻게 하려 하심이니라" 고 하는 것입니다.

하나님은 그의 독생자를 사랑하시지만 죄 가운데서 멸망하게 된 인류를 역시 사랑하셨기 때문에 그의 아들을 내어주어 십자가를 지게 하신 것입니다. 그것은 작은 아들이 물에 빠져 허우적거릴 때 큰 아들을 강물에 들여보내어 구원하게 하신 것과 같은 것입니다. 자기 생명을 돌보지않고 강물에 뛰어들어 동생을 구원하는 것을 보는 아버지는 나의 장한 아들이라고 하며 기뻐하지 않을 수 없을 것입니다.

우리도 예수님과 같이 하나님의 교회와 복음의 증거를 위해 십자가를 질 때 하나님께서는 영광을 받으시게 됩니다.

3. 십자가는 보상이 있기 때문에 영광스러운 것입니다.

"만일 하나님이 저로 인하여 영광을 얻으셨으면 하나님도 자기로 인하여 저에게 영광을 주시리니 곧 주시리라"(32)고 하였습니다. 예수님은 그 수치와 고통의 십자가를 달게 지는 자신에게 하나님께서는 영광을 곧 주실 것이라고 예견하셨습니다. 하나님은 십자가를 지신 예수님에게 어떠한 보상을 주셨습니까? 사도바울은 하나님께서는 예수 그리스도께서 십자가를 지신 대가로 주신 영광에 대해 다음과 같이 설명하고 있습니다. "이러므로 하나님이 그를 지극히 높여 모든 이름 위에 뛰어난 이름을 주사 하늘에 있는 자들과 땅에 있는 자들과 땅 아래 있는 자들로 모든 무릎을 예수의 이름에 꿇게 하시고 모든 입으로 예수 그리스도를 주라 시인하여 하나님 아버지께 영광을 돌리게 하셨느니라"(빌 2:9-11)

하나님께서 십자가를 지신 대가로 그에게 주신 상급은 말로 다 할 수 없이 큰 영광이었습니다. 하늘과 땅에 있는 모든 권세를 다 그에게 주신것입니다. 그리고 그 영광과 권세는 일시적으로 지나가 버리는 것이 아니라 영원한 것입니다.

예수님은 십자가를 지시기 직전에 십자가는 영광이라고 말씀하셨습니다.

자신에게도 영광이요 하나님께도 영광이라고 말씀하셨습니다.

십자가는 우리 그리스도인들에게도 영광입니다. 십자가 없인 부활도 없고 영광도 없습니다. 얼마 전 KBS의 효부를 표창하는 프로가 나온 적이 있습니다. 그 효부는 7남매의 맏며느리로서 시동생들을 하나같이 양육하여 결혼시켰고 중풍으로 누워있는 시부모를 하루같이 대소변을 가려주며 봉양해왔다는 것이었습니다. 시누이에게 올케를 사랑하느냐고 물으니 올케가 필요하다면 내 신장이라도 떼어주고 싶다고 하였습니다. 7남매의 맏며느리로서 자기 십자가를 묵묵히 지고간 효부에게는 보상이 있었습니다. 형제의 사랑을 받으면 온 국민이 우러러보게 되는 것이었습니다.

십자가에는 영광이 따라옵니다. 우리도 주님을 위해 내 몫에 태인 십자가를 달게 지고가야 하겠습니다.

46.

근심을 예수님께 맡깁시다

[요한복음 14:1-6]

마지막 밤 예수님께서 "내가 가는 곳에 네가 지금은 따라올 수 없으나 후에는 따라오리라" 고 말씀하실 때 베드로는 "내가 지금은 어찌하여 따를 수 없나이까 주를 위하여 내 목숨을 버리겠나이다" 라고 대답하였습니다. 그러나 예수님은 "네가 나를 위하여 목숨을 버리겠느냐 내가 진실로 진실로 너희에게 이르노니 닭 울기 전에 네가 세 번 나를 부인하리라" 고 대답하셨습니다.

이 말씀으로 인해 베드로와 제자들이 근심하고 있을 때 예수님은 "너희는 마음에 근심하지 말라 하나님을 믿으니 또 나를 믿으라" 고 말씀하셨습니다.(찬송 487합창)

독일 백작 진젠돌푸는 대서양 파도 위에서도 두려워하지 않는 모라비안교파 신자의 모습을 보고 회개하고 믿음을 얻게 되었다고 합니다. 믿는 사람과 믿지 않는 사람의 차이점은 이 세상 사람들이 근심할 때에 근심하지 않는 것입니다.

1. 먼저 근심의 조건과 근심의 결과를 살펴보기로 하겠습니다.

1) 찬송가에 있는 것과 같이 모든 사람은 다 근심이라는 중한 짐을 가지고 살고 있습니다.

그런데 그 근심의 조건들을 보면 별로 필요 없는 근심이 많이 있습니다.

① 예수님이 마 6:25에 말씀하신 것과 같이 무엇을 먹을까 무엇을 마실까 하는 근심이 가장 많고

② 내일에 닥쳐올지 모르는 일, 즉 베드로가 하는 근심과 같은 근심입니다. 내일의 사업이 잘 안되지는 않을까, 자녀가 공부를 잘 못하지는 않을까, 직장에서 해고되지는 않을까 혹은 병이 나지는 않을까 하는 근심입니다.

③ 죽음의 문제로 인한 근심도 있습니다. 죽으면 어떻게 하나 하는 근심, 죽으면 어디로 가나 하는 근심들입니다.

어떤 사람이 늘 근심하는 사람의 근심을 분석해본 결과는 다음과 같은 것이었습니다. 근심할 필요가 없는 근심 92%, 그런 일이 일어날듯하지 않은 것을 인한 근심 40%, 변할 수 있는 것에 대한 근심 30%, 타인의 비판으로 인한 근심 12%, 자신의 건강으로 인한 근심 10%, 8%만이 근심할만한 근심이라는 것입니다. 우리 그리스도인들은 나머지 8%도 주님께 맡기면 되는 것입니다.

2) 이런 근심은 짧은 인생을 더욱 고통스럽게 만듭니다.

① 근심은 정신력을 약화시켜 정신무력증에 빠지게 합니다. 근

심의 결과로 나이는 많지 않으나 의욕도 없고 희망도 없이 나날을 보내는 사람이 많습니다.

② 근심은 육신의 질병을 가져옵니다.

소화불량, 불면증, 공포증, 심장병, 기타 여러 가지 질병을 얻게 됩니다.

2차 대전 당시 미군은 일본과 독일에서 35만 명이 전사했는데, 근심하다가 심장병으로 죽은 사람은 100만 명이라고 합니다. 정신 신체학자 알버렛즈는 말하기를 위장병은 대개 근심 많은 자에게 생긴다고 합니다.

③ 근심은 믿음에 손해를 끼칩니다. 마태복음 13장의 비유를 보면 근심 있는 마음은 가시밭과 같아서 말씀의 씨가 자라지 못한다고 했습니다. 이 세상 근심은 철학자 키에르케고르의 말과 같이 죽음에 이르는 병입니다.

2. 근심을 벗어버리는 방법

1) 현대의 정신의학에서는 사람들의 정신적 질환을 치료하기위해 여러 방면으로 시도하고있습니다.

① 그 첫째 방법은 상담을 통한 치료라고 합니다. 정신질환을 앓는 사람은 누구도 해결해 줄 수 없는 문제로 혼자서 고민하다가 생기기 때문에, 환자로 하여금 입을 열어 말하게 하는 것이 필요하다는 것입니다. 상담자는 대화를 연결할 수 있는 고리만 만들어주면 자기 스스로 문제를 풀어 바로 설 수 있다고 합니다.

② 다음으로는 물리적 치료법입니다. 정신적으로 불완전한 사람을 운동이나 마사지 등을 통해 신경을 이완시키는 치료입니다.

③ 그 다음은 약물치료 입니다. 신경안정제 같은 것을 복용 시켜 우울증과 공포증을 덜어주는 방법입니다.

④ 마지막으로는 전지요법이라고 합니다. 환경을 바꾸면 새로운 환경에 접촉하므로 치료를 받는다는 것입니다.

정신의학을 전공하지 않은 나로서는 그 이상 더 말할 수는 없으나 그런 방법이 근심과 걱정을 하지 않게 할 수는 없으리라고 생각됩니다.

2) 예수님은 "너희는 마음에 근심하지 말라 하나님을 믿으니 또 나를 믿으라"라고 말씀하십니다.

① 근심걱정에서 벗어나려면 먼저 인생을 창조하시고 인생의 필요를 위해 만물을 준비하신 하나님을 믿어야 합니다.

산상보훈에서 예수님은 "목숨을 위하여 무엇을 먹을까 무엇을 마실까 몸을 위하여 무엇을 입을까 염려하지 말라 목숨이 음식보다 중하지 아니하며 몸이 의복보다 중하지 아니하냐 공중의 새를 보라 심지도 않고 거두지도 않고 창고에 모아 들이지도 아니하되 너희 천부께서 기르시나니 너희는 이것들보다 귀하지 아니하냐"(마 6:25-26)라고 말씀하셨습니다. 일제말엽, 어느 가난한 전도사의 이야기입니다. 식량은 떨어지고 애들은 배고프다고 우는데 대책이 없어서 기도하다 죽으리라고 생각하고 숲속으로 들어가 기도하는데 새 한 마리가 나뭇가지에 앉아 내려다보며 짹짹거리고 있더랍니다. 그리고 그 새소리는 전도사에게 "나는 작은 새이지만 이 눈 속에서 굶어죽지 않는데 당신은 하나님의 종이라면서 왜 죽는다고 합니까?" 라고 충고하는 소리 같더랍니다. 전도사님은 그럼 그렇지 우리 가족이 굶어죽겠나 하며 일어나 집에 돌아오니 대청마루 위엔 뜻하지 않은 쌀 포대가 놓여있었다고 합니다. 하나님께서는 때를 따라 도와주십니다. 그 하나님께서는 이 세상 뿐 아니라 내세에서도 살 수 있게 준비하셨습니다. 그래서 예수님은 "내 아버지 집에 있을 곳이 많으니 그렇지 않으면 너희에게 일렀으리라" 고 하셨습니다.

② 예수 그리스도를 믿어야 합니다. 예수님은 "하나님을 믿으니 또 나를 믿으라" 고 말씀하십니다. 기독교와 이방종교의 다른점은 이방종교는 유일신을 믿는 종교라고 해도 예수를 믿지 않는 것이요, 기독교는 하나님을 믿으며 아울러 예수 그리스도를 믿는 것입니다. 예수를 믿어야 하는 이유는 다음 구절이 설명하고 있습니다.

"내가 너희를 위하여 처소를 예비하러 가노니 가서 너희를 위하여 처소를 예비하면 내가 다시 와서 너희를 내게로 영접하여 나 있는 곳에 너희도 있게 하리라" (2-3)

예수님을 믿어야 하는 이유는 예수님은 처소를 예비하시는 분이시기 때문입니다. 이 말씀은 예수님께서 천당을 예비하기위해 가신다는 말씀으로 이해하는 이들이 많습니다. 한때 사람들을 현혹케 했던 펄시. 코리라는 영국목사는 그렇게 설명하며 자기가 천당엘 가 보았는데 천사들이 천당의 콘도미니움을 한창 짓는 중이더라고 하였습니다. 만일 그렇다면 "내 아버지께 복 받을 자들이여 나아와 창세로부터 예비 된 나라를 상속하라" (마 25:34)고 하여 천당은 창세로부터 예비 되었다고 한 말씀을 어떻게 설명할 수 있습니까? 그리고 펄시. 코리의 그런 말은 본문 2절에 "내 아버지 집에 있을 곳이 많도다"라는 말씀과도 일치되지 않습니다.

그러면 예수님이 "내가 너희를 위하여 처소를 예비하러 가노니" 라고 하신 말씀은 무엇을 의미합니까? 주경신학자 박윤선 박사는 다음과 같이 설명합니다. "여기 처소란 말은 헬라 원어로 토포스(Topos)인데 그것은 2절의 "거할 곳"이란 말인 모나이(Monai)와 다르다. "거할 곳"은 전부터 아버지 집에 있어온 것이고, "처소"는 그 본래 있던 모나이(거할 곳)에 신자들이 수용될 자리를 의미한다. 그러므로 "처소를 예비"하신다 함은 그 본래 있던 "거할 곳"에 그들이 가 있을 수 있도록 모든 수속을 이행하심이다. 그 수속은 그리스도께서 그들의 죄를 대신 담당하시고 죽으셨다가 부활승천하심이다"(박윤선, 요한복음 주석)라고 하였습니다.

하나님은 우리를 위해 있을 곳을 준비하신 분이시오 예수님은 그 있을 곳에 들어갈 수 있도록 하시기 위해 십자가에 죽으셨다가 부활하신 분이십니다. 그러므로 하나님을 믿고 그의 아들 예수 그리스도를 믿어야 합니다.

근심과 걱정은 자기 스스로나 어떤 의학적 방법으로는 벗어날 수 없습니다. 다만 현세와 내세에서까지 나를 위해 모든 것을 준비하신 하나님을 믿고 또 나를 위해 모든 죄를 담당하신 예수님을 믿음으로 벗어날 수 있습니다.

47.

당신은 왜 크리스천이 되어야 합니까?

[요한복음 14:1-6]

과학자 뉴튼(Newton)은 사과가 떨어지는 것을 보고 왜?라는 질문을 던지다가 만유인력을 발견했다고 합니다.

믿지 않는 사람은 말할 것도 없지만 믿는 사람들 가운데도 자신이 왜 크리스천이 되어야 하는가 하는 문제에 대한 해답이 확실하지 않은 사람들이 많이 있습니다. 어떤 이는 그저 나의 환경이 크리스천을 만들었다고 생각하기도 하며, 어떤 이들은 기독교가 모든 종교 중에 가장 나아보여서 기독교를 믿는다고 생각하는 이도 있습니다. 왜?라는 물음에 대답이 분명치 않은 것은 아직 기독교인으로서 아이덴티티가 분명치 않다는 것을 의미합니다.

본문의 말씀 "너희는 마음에 근심하지 말라 하나님을 믿으니 또 나를 믿으라" 이 말씀은 우리가 왜 기독교인이 되어야 하는가 하는 문제를 풀어주는 말씀입니다.

크리스천이란 말은 옛날 안디옥에서부터 시작된 기독교인들에 대한 칭호인데, 하나님을 믿고 또 예수를 믿는 사람을 가리키는 말입니다. 유대종교나 마호멧교를 믿는 사람은 하나님은 믿지만 크리스천이라고 말할 수는 없습니다.

그러므로 크리스천이 된다고 할 때 부딪히는 문제는 왜 나는 신을 믿어야 하는가 하는 문제와 왜 많은 종교 중에서 예수를 믿어야 하는가 하는 것입니다.

1. 우리가 먼저 생각해야 할 것은 우리는 왜 하나님을 믿어야 하는가 하는 문제입니다.

1) 하나님을 믿는 이유는 하나님이 믿지 않는 자에게는 벌을 내리기 때문에 믿는 것은 아닙니다.

세계인구 중 종교인이 비 종교인보다 더 많다는 통계가 나왔다고 합니다만, 아직 아무 종교도 갖지 않는 사람들이 많이 있습니다. 그들은 교회나 절이나 어떤 종교단체에도 가입하지 않았고 경전을 읽거나 기도를 드리지도 않습니다. 그러나 하나님은 그들을 벌하지 않으십니다. 무신론자 인거솔(Ingersol)은 무신론을 강의하며 하나님이 있다면 그 하나님이 5분내에 나를 죽이기를 허락한다고 말한 후 5분이 지나자 내가 죽지 않았으니 하나님은 없다고 말했다고 합니다. 그래서 그 당시 어떤 성직자는 '하나님의 인내를 5분으로 제한하려 하는가' 하고 응수했다고 합니다.

하나님을 믿는 것은 즉각적으로 벌을 주던가 병을 주던가 하기 때문에 믿는 것은 아닙니다. "하나님은 그 해를 악인과 선인에게 비취게 하며 비를 의로운 자와 불의한 자에게 내리심이니라"(마 5:45)고 하셨습니다. 하나님은 자기를 거스리는 사람에게 당장 벌을 내리시는 조급한 폭군과 같은 분이 아닙니다. 사도베드로는 "주의 약속은 어떤 이의 더디다고 생각하는 것 같이 더딘 것이 아니라 오직 너희를 대하여 오래 참으사 아무도 멸망치 않고 다 회개하기에 이르기를 원하시느니라"(벧후 3:9)라고 하였습니다.

2) 사람이 신을 믿게 되는 이유는 그런 외부적 징벌 때문이 아니라 사람의 인격 속에 있는 성품 때문입니다.

사도바울은 말하기를 "이는 하나님을 알만한 것이 저희 속에 보임이라"(롬 1:19)고 하였습니다. 여자아이들은 어릴 때부터 아기를 기르는 흉내를 하며 자라납니다. 그 이유는 그 여아의 성품이 그렇게 되어있기 때문입니다. 그와 같이 사람에게는 누구를 막론하고 영혼이 있고, 그 영혼은 자기의 창조주이시며 자기보다 훨씬 초월하신 하나님을 믿고자 하는 성품이 있습니다.

쿠바(Cuba)는 1959년 카스트로(Castro)가 집권한 후 기독교를 없이하려고 성경을 판매하지 못하게 하였다고 합니다. 그러나 하바나의 거의 전 시민은 미국에서 방송하는 T.W.R종교방송을 듣고 있다고 합니다. 참호 속에서는 무신론자가 없다는 말이 있습니다. 어떤 무신론자가 무신론을 강의하기 위해 배를 타고 대서양을 건너가다가 풍랑을 만나 기도했다는 말은 유명한 이야기입니다.

티모데(Timothey) 목사는 그가 17세 때에 댄스홀에 갔던 일이 있었는데 지옥 갈 것 같은 생각이 들어 울었다고 합니다.

아무리 방탕한 생활을 하는 자이거나 무신론을 주장하는 자라고 해도 그가 사람인 이상 그 속에 심겨져 있는 종교성을 지워 버릴 수는 없습니다. 그래서 사람은 한때 하나님을 멀리 떠났다가도 탕자처럼 회개하게 됩니다. 그러므로 신을 찾는 성품이 있는 사람이 신을 찾아 믿는 것은 역리가 아니라 순리입니다.

2. 크리스천이 되는데 두 번째 문제는 왜 크리스천이 되어야 하는가 하는 것입니다.

1) 예수님은 "하나님을 믿으니 또 나를 믿으라"고 하셨습니다.

이 말씀은 기독교를 일반종교나 유대교, 이슬람 종교, 기타 유일신 종교와 구분하는 말씀입니다.

이 세상에는 여러 가지 종교가 있고 그 종교들 가운데는 많은 영향을 끼친 종교들도 많은데, 왜 기독교를 믿어야 하는가 하는 것입니다.

한국민족은 고대로 불교와 유교의 영향을 많이 받아온 민족입니다. 그러므로 기독교가 정착하기까지 많은 박해를 받아야 했습니다. 순교를 당하기도 했고 가문에서 쫓겨나기도 했습니다.

신을 믿는 성품이 있다면 어떤 종교이든 믿으면 되지 왜 기독교를 꼭 믿어야 하는가 하는 문제는 필연적으로 따라옵니다.

이에 대한 대답은 하나님의 성품 때문이라고 말할 수 있습니다.

하나님의 성품은 거룩하시기 때문에 죄인이 성결케 되기 전에는 하나님께 나갈 수가 없습니다. 다윗은 말하기를 "여호와의 산에 오를 자 누구며 그 거룩한 곳에 설 자가 누군고 곧 손이 깨끗하며 마음이 청결하며 뜻을 허탄한데 두지 아니하며 거짓 맹세치 아니하는 자로다"(시 24:3-4)라고 하였고 "주는 죄악을 기뻐하는 신이 아니시니 악이 주와 함께 유하지 못하며 오만한 자가 주의 목전에 서지 못하리이다"(시 5:4)라고 하였습니다.

2) 하나님를 믿는 사람이 예수를 믿어야 하는 이유는 예수님을 통해서만 죄 사함을 받게 되고 하나님과 교통 할 수 있게 되기 때문입니다.

사람이 죄 사함을 받아야 하나님 앞에 설 수 있다는 것과, 피흘림을 통해서만 속죄함을 받을 수 있다는 것은 인간이 타락한 직후부터 보여준 하나님의 계시입니다. 범죄 한 후 숲속에 숨어있는 아담에게 하나님께서 짐승을 잡고 그 가죽으로 옷을 지어 입혀준 사실은 그리스도로 말미암은 속죄의 예표라고 합니다.

구약시대에는 하나님의 백성들이 하나님 앞에 나갈 때 소나, 양이나, 비둘기 같은 제물로 속죄제를 드려야 했습니다.

그러나 소와 양, 비둘기의 희생으로는 사람의 죄를 사할 수 없었고, 다만 미래에 나타나실 예수님의 희생에 대한 예표가 될 뿐이었습니다.

이 진리는 히브리서에서 밝히 말씀하고 있는데 "그러므로 하늘에 있는 것들의 모형은 이런 것들로써 정결케 할 필요가 있었으나 하늘에 있는 그것들은 이런 것들보다 더 좋은 제물로 할찌니라"(히 9:23)라고 하였고 "그러나 이 제사들은 해마다 죄를 생각하게 하는 것이 있나니 이는 황소와 염소의 피가 능히 죄를 없이 하지 못함이라 그러므로 세상에 임하실 때에 가라사대 하나님이 제사와 예물을 원치 아니하시고 오직 나를 위하여 한 몸을 예비하셨도다 전체로 번제함과 속죄제는 기뻐하지 아니 하시나니 이에 내가 말하기를 하나님이여 보시옵소서 두루마리 책에 나를 가리켜 기록한 것과 같이 하나님의 뜻을 행하러 왔나이다"(히 10:4-7)라고 기록되어있습니다.

그 말씀의 뜻은 동물로 드리는 제사는 죄를 생각나게 할 뿐이요 죄를 완전하게 속할 수는 없기 때문에 죄와 흠이 없는 고귀한 그리스도의 피로 속죄하셨다는 말씀입니다. 피는 생명이며 생명을 죽여 제사하는 것은 사람의 생명을 속하기 위한 것입니다. 그러나 동물의 생명으로 사람의 생명을 속할 수는 없는 것입니다. 그러므로 죄와 흠이 없으신 예수님의 생명을 속죄제물로 주신것입니다.

히브리서의 저자는 "염소와 황소의 피와 및 암 송아지의 재로 부정한 자에게 뿌려 그 육체를 정결케 하여 거룩케 하거든 하물며 영원하신 성령으로 말미암아 흠 없는 자기를 하나님께 드린 그리스도의 피가 어찌 너희 양심으로 죽은 행실에서 깨끗하게 하고 살아계신 하나님을 섬기게 못하겠느뇨"(히 9:13-14)라고 하였습니다.

하나님은 거룩하신 분이십니다. 그러므로 사람이 죄 사함을 받고 성결하게 되어 하나님의 자녀가 되기를 원하십니다. 그러므로 누구든지 하나님을 믿으려 할 때 예수를 또한 믿어야 합니다. 그 이유는 하나님께서 그것을 원하시기 때문입니다.

예수 그리스도를 믿음으로 죄 사함을 받게 되고 하나님의 자녀가 되는 특권을 받으며 하나님이 함께하시는 축복을 받는 것입니다.

우리는 왜 하나님을 믿어야 합니까? 나 자신의 요구 때문입니다. 왜 예수를 믿어야 합니까? 하나님의 요구이시기 때문입니다.

그래서 예수님은 "하나님을 믿으니 또 나를 믿으라"고 말씀하고 계십니다.

48.

하나님을 믿으니 또 나를 믿으라

[요 14:1-1]

"너희는 마음에 근심하지 말라 하나님을 믿으니 또 나를 믿으라"(요 14:1) 이 말씀은 예수님이 십자가를 지시기 몇일 전에 제자들에게 하신 말씀입니다. 이적과 기사를 행하시는 예수님을 따라가면 좋은 일이 있을 것으로 생각하고 막연하게 예수님을 따라왔던 제자들은 자기들의 스승이 십자가를 지고 죽으실 것이라고 하는 사실을 알게 되었을 때 말할 수 없는 실망과 근심으로 떨고 있었을 것입니다.

그때에 예수님은 "너희는 마음에 근심하지 말라 하나님을 믿으니 또 나를 믿으라"고 말씀하셨습니다. 이 말씀은 제자들에게 위로와 힘이 되는 말씀이었을 것이라고 믿어집니다.

그러나 이 말씀은 단순한 위로의 차원을 넘어 기독교 신앙의 핵심이 되는 말씀입니다. 즉 기독교 신앙은 하나님을 믿고 또 예수님을 믿는 신앙이며, 하나님을 믿고 예수님을 믿을 때 모든 근심과 걱정은 없어진다는 것입니다.

1. 예수님의 교훈을 보면 하나님을 믿을 뿐 아니라 예수님 자신을 믿어야 한다는 것입니다.

예수님이 바리새인 니고데모와 대화하신 말씀을 보면 "모세가 광야에서 뱀을 든 것 같이 인자도 들려야 하리니 이는 저를 믿는 자마다 영생을 얻게 하려 하심이니라"(요 3:14-15)라고 하셨고, 이어서 "하나님이 세상을 이처럼 사랑하사 독생자를 주셨으니 이는 저를 믿는 자마다 멸망치 않고 영생을 얻게 하려 하심이니라" (요 3:16)라고 하셨으며, 유대인들이 우리가 어떻게 하여야 하나님의 일을 하오리까라고 물었을 때도 "하나님의 보내신 자를 믿는 것이 하나님의 일이니라" (요 6:29)라고 하셨고 "내 아버지의 뜻은 아들을 보고 믿는 자마다 영생을 얻는 이것이니" (요 6:40)라고 하셨으며 "나와 아버지는 하나이니라" (요 10:30)고 하셨습니다.

이 모든 말씀이 가르치는 것은 하나님을 믿는 것과 같이 예수님을 믿어야 한다는 말씀입니다. 그런 말씀을 볼 때 기독교 신앙은 유대종교나 일반 종교와 같이 유일신(3위1체가 아닌 유일신)을 믿는 종교가 아니라는 것을 알 수가 있습니다. 기독교의 신앙은 유일신을 믿는 신앙이면서도 하나님의 본체는 하나이시지만 그 위는 성부, 성자, 성신이신 3위1체의 하나님을 믿는 신앙입니다.

오늘날 종교들을 보면 모든 것이 다 신이라고 믿는 범신론이 있고, 고대 희랍인들과 같이 여러 신을 믿는 다신론도 있지만 유일신론을 믿는 종교도 있습니다. 유대교는 예수를 부인하는 유일신교이며, 모슬렘교도 알라신만 믿는 유일신 종교입니다. 그런 종교들은 하나님을 믿는다고 하므로 기독교와 유사해보이지만 근본적으로 다른 종교입니다. 예수 그리스도를 부인하는 종교는 진정한 의미의 하나님을 믿는 종교라고 볼 수 없습니다. 그 이유는 하나님을 나타내신 분은 예수님 이시기 때문입니다. 사도요한은 "본래 하나님을 본 사람이 없으되 아버지 품속에 있는 독생하신 하나님이 나타내셨느니라" (요 1:18)라고 하셨습니다.

그럼에도 불구하고 현대에 일어나고 있는 교회연합운동은 기독교와 다른 종교의 연합을 도모하고있습니다. 그것은 W.C.C(World Council of Church)의 동향을 보아 알 수 있습니다. 1938년 인도 마드라스에서 모였던 W.C.C대회에서는 "하나님은 기독교가 아닌 다른 종교들 가운데에도 항상 존재한다" 고 하였고, 1961년 인도 뉴델리에서 모인 대회에서는 "그리스도께서 세계에 빛을 비추시고 있는 것과 마찬가지로 타 종교들도 세계에 빛을 발하고있다" 고 하였고, 1968년 스웨덴 웁살라대회에서는 하나님께로 갈 수 있는 길이 그리스도 이외의 타 종교에도 있다" 고 하였고, 타 종교에 대해서는 "다른 신앙들" (Other Faith)라고 불렀으며, 1977년에는 "비록 모슬렘교도 들은 자기들이 믿는 신을 '알라' 하고 부르고, 기독교 신자들은 '아버지' 라 부르고 있으나 양쪽이 믿고 있는 신은 같은 하나님이라" 고 주장하였습니다.(라보도, 현대에큐메니칼 운동과 동향, p.47-51)

그러나 W.C.C의 일꾼들이 아무리 다른 종교와 기독교를 동일시 하려고 해도 그렇게 할 수 없는 이유는 예수님께서 "하나님을 믿으니 또 나를 믿으라" 고 말씀하셨기 때문입니다.

2. "우리가 예수를 믿어야 하는 이유는 무엇입니까?" 만일 이런 질문을 받는다면 우리는 다음과 같이 대답할 수 있습니다.

1) 성경말씀에 그렇게 가르치셨기 때문입니다.

요 10:33을 보면 예수님께서 "나와 아버지는 하나이니라" 고 말씀하신 후 유대인들은 돌을 들어 예수님을 치려고 하면서 "선한 일을 인하여 우리가 너를 돌로 치려는 것이 아니라 참람함을 인함이니 네가 사람이 되어 자칭 하나님이라 함이로라" 고 하였습니다.

유대인들의 입장에서 본다면 그럴 만도 할 것 같습니다. 자기들은 하나님은 홀로 한분이라고만 믿어왔는데, 예수라는 분이 나타나서 자기가 하나님과 일체이니 나를 믿으라고 하니 그런 망령된 일이 어디 있겠습니까? 그러나 그것은 유대인들이 성경을 잘못 이해한 까닭에 생긴 결과입니다.

① 구약성경을 보면 하나님이 유일하신 하나님이시라는 것은 1위1체의 하나님이시라는 것이 아니고 3위1체의 유일하신 하나님이시라는 말씀이었습니다.

우선 창세기 1:1에 "하나님" (Elohim)이라고 하는 히브리어 단어가 나오는데 그 말은 복수명사 즉 "신들" 이라는 말씀입니다. 그리고 하나님께서는 자기를 말씀하실 때 "나" 라는 1인칭 단수명사를 사용하지 아니하시고 "우리" 라고 하는 1인칭 복수명사를 사용하셨는데(창 1:26, 3:22, 11:7) 그것도 하나님은 3위1체임을 보여주는 말씀입니다. 그리고 요 1:1에는 "태초에 말씀이 계시니라 이 말씀이 하나님과 함께 계셨으니 이 말씀은 곧 하나님이시니라" 라고 하였는데 그 말씀은 성자 예수님이 화육하시기 전에 말씀으로 하나님과 함께 계셨다는 것을 의미하는 말씀입니다.

② 구약성경의 예언들은 모두다 예수 그리스도를 예언하고 있습니다. 창 3:15에는 이런 예언이 나옵니다. "내가 너로 여자와 원수가 되게 하고 너의 후손도 여자의 후손과 원수가 되게 하리니 여자의 후손은 네 머리를 상하게 할 것이요 너는 그의 발꿈치를 상하게 할 것이니라" 이 말씀은 인류의 시조 아담과 하와가 범죄 한 직후의 예언으로서 여인의 후손 되시는 예수 그리스도가 뱀으로 상징되는 마귀의 머리를 상할 것이라는 첫 예언이라고 하여 "원시복음" 이라고 불리우는 말씀입니다. 하나님께서는 벌써 오래 전 인류가 타락하자마자 예수님을 보내어 마귀의 일을 멸하실 것을 예언하셨습니다.

시 2:7-9말씀을 보면 "내가 영을 전하노라 여호와께서 내게 이르시되 너는 내 아들이라 오늘날 내가 너를 낳았도다… 네가 철장을 가지고 저희를 깨뜨림 이여 질그릇 같이 부수리라 하시도다" 라고 하였고, 이사야는 예수님에 대해 예언하기를 "이는 한 아기가 우리에게 났고 한 아들을 우리에게 주신바 되었는데 그 어깨에는 정사를 메었고 그 이름은 기묘자라, 모사라, 전능하신 하나님이라, 영존하시는 아버지라, 평강의 왕이라 할 것임이라" (사 9:6)고 하였습니다. 이런 말씀들은 다 장차 오실 메시아는 사람으로 오시지만 또한 하나님이시라는 예언입니다.

2) 예수를 믿어야 하는 두 번째 이유는 예수님을 통해서 죄 사함을 받고 구원을 얻기 때문입니다.

사람들이 중풍병자를 예수님에게 메어왔을 때 예수님은 그 중풍병자에게 "소자야 안심하라 네 죄 사함을 받았느니라"고 말씀하셨습니다. 서기관들은 그렇게 말씀하시는 예수님을 보고 이 사람이 참람하다고 하였으나 예수님은 "인자가 세상에서 죄를 사하는 권세가 있는 줄을 너희로 알게 하려 하노라"고 하시며 중풍병자에게 "네 침상을 가지고 집으로 가라"고 하여, 중풍병자가 일어나서 집으로 가게 하셨습니다. 그 사건이 보여주는 것은 ① 병을 고치는 것보다 죄 사함을 받는 일이 더 시급하다는 것과 ② 예수님은 사람들의 죄를 사하는 권세가 있으시다는 것입니다.

예수님이 그러한 권세를 가지신 것은 예수님은 하나님께서 인류를 위해 예비하신 속죄제물 이시며(히 10:5), 십자가를 지심으로 그 일을 완성하신 분이시기 때문입니다. 그래서 사도베드로는 유대 백성들과 관원들 앞에서 "다른 이로서는 구원을 얻을 수 없나니 천하 인간에 구원을 얻을만한 다른 이름을 우리에게 주신 일이 없음이니라"(행 4:12)고 하였습니다. 예수 없이는 죄 사함을 받을 수 없고 구원을 얻을 수 없습니다.

3) 예수를 믿어야 할 세 번째이유는 예수를 믿음으로 성령을 받을 수 있기 때문입니다.

예수님은 자기의 구속사역을 마쳐갈 무렵 내가 가면 다른 보혜사를 너희에게 보내어 주겠다고 약속하셨습니다. 그분은 우리 믿는 사람들과 함께 하시며 위로도 하시며 갈 길을 인도하시며 열매를 맺게 하시며 능력을 얻어 복음을 전파하게도 하실 것이라고 하셨습니다. 예수님이 승천하신후 그 예언대로 성령님은 강림하셔서 믿는 사람들에게 경건한 생활을 하게하시며 능력으로 하나님의 일을 하게 하셨습니다.

그런데 그 성령님은 독자적으로 임하신 것이 아니고 예수님의 속죄의 죽음과 밀접한 관계를 가지고 강림하신 것입니다. 예수님은 성령강림에 대해 다음과 같이 말씀하셨습니다. "내가 불을 땅에 던지러 왔노니 이 불이 이미 붙었으면 내가 무엇을 원하리요 나는 받을 세례가 있으니 그 이루기까지 나의 답답함이 어떠하겠느냐"(눅 12:49-50)

그 말씀을 보면 예수님이 오신 목적은 성령의 불을 땅에 던지러 오셨는데 그 성령의 불은 십자가의 피세례가 있은 후에 임하겠으니 그때까지 주님의 답답함은 크다고 하는 말씀입니다.

성령님은 예수님이 십자가에 못 박혀 속죄하신 후에 임하셨습니다. 그리고 개인적으로는 십자가에 못 박히신 예수님을 믿을 때 받게 됩니다. 그러므로 우리는 담대히 예수 없이는 성령을 받을 수 없다고 말할 수 있습니다.

4) 예수 없이는 부활의 소망도 없습니다.

예수님은 나사로의 죽음으로 슬퍼하는 마르다에게 "나는 부활이요 생명이니 나를 믿는 자는 죽어도 살겠고 무릇 살아서 나를 믿는 자는 영원히 죽지 아니하리니 이것을 네가 믿느냐"(요 11:25-26)라고 말씀하셨고 본문에서도 "내 아버지 집에 있을 곳이 많도다 그렇지 아니하면 너희에게 일렀으리라"(2) 라고 하였습니다.

이 예수님은 십자가에 못 박혀 죽으시고 장사한지 사흘 만에 영광스럽게 부활하셔서 우리에게 부활의 소망을 가지게 하셨습니다.

기독교가 구원의 도이며, 성령님이 역사하시는 도이며, 내세의 소망을 가지는 도가 되는 이유는 예수를 믿는 종교이기 때문입니다. 예수를 믿는 일을 제외한다면 구원도 성령의 역사도 내세의 소망도 없어지고 맙니다. 그러므로 예수 없이 하나님만 믿어도 된다고 하던가, 예수를 안 믿는 이방 종교와 더불어 하나님이라는 공통 분모에서 하나의 교회를 이루어 나가려는 사상은 다 그릇된 사상입니다.

49.

길이요 진리요 생명이신 예수

[요 14:6]

"내가 곧 길이요 진리요 생명이니 나로 말미암지 않고는 아버지께로 올 자가 없느니라"(14:6)

본 장 1절에서 예수님은 너희는 마음에 근심하지 말라 하나님을 믿으니 또 나를 믿으라고 하시며 죽음에 이르는 병인 근심을 믿음으로 물리치라고 권면 하셨습니다.

그리고 근심하지 말아야 할 이유를 말씀하셨습니다. 근심하지 말라 하나님을 믿으니 또 나를 믿으라고 하시며 죽음에 이르는 병인 근심을 믿음으로 물리치라고 권면 하셨습니다.

그리고 근심하지 말아야 할 이유를 말씀하셨습니다. 근심하지 말아야 할 이유는 내 아버지 집에 있을 곳이 많기 때문이라는 것입니다.

모든 그리스도를 믿는 사람들의 소망은 "내 아버지의 집" 곧 천당입니다.

어떤 책을 보니 사람의 희망이란 것은 어떤 행복을 찾아 길을 떠난 사람이 저 산 넘어 행복이 있다는 말을 듣고 넘어가서 물으니 또 저 산을 넘으면 행복이 있다고 하여 또다시 산을 넘어 물으니 또 저 산을 넘어 행복이 있다고 하여 가다가 날이 저물어 가지 못하고 마는 것과 같다고 하였습니다. 그 말은 사람에겐 행복이 있다는 소문은 있으나 행복을 누린 사람은 없다는 말인 것 같습니다. 그러나 믿는 사람들에게는 그렇지 않습니다. 믿는 사람들은 저 산너머 행복이 있다고 하는 것과 같은 막연한 것을 찾는 사람들이 아니라 확실한 천당을 바라보며 찾아가는 사람들입니다.

미국에 와 본일이 없는 사람이 이민을 온다면 그 사람은 미국을 본 일이 없지만 미국에 오는 일이 막연한 것은 아닙니다. 그 이유는 미국에서 온 초청장도 받았고 미국의 지도도 보았기 때문입니다. 그와 같이 믿는 사람들에게 천당이 확신 되는 이유는 계시가 있고 성령을 보내셨고 예수님이 그곳에서 오셨다가 그곳으로 가셨고 앞서간 성도들이 그곳에 가셨기 때문입니다.

예수님은 이 천당을 말씀하신 후 "나는 길이요 진리요 생명이니 나로 말미암지않으면 아버지께로 올 자가 없느니라" 고 말씀하셨습니다.

이 말씀은 미국에 오려면 미국 정부의 비자(VISA)가 있어야 하는 것과 같이 예수님으로 말미암아서만 천당엘 갈 수 있다는 말씀입니다. 그것은 노아의 구원이 방주를 통해 이루어진 것과 같은 것입니다. 노아시대 사람가운데는 인간적으로 고명한자와 능력 있는 자와 선한자도 있었을 것이지만 방주로 말미암지않고는 구원을 얻지 못했습니다. 그와 같이 오늘의 구원은 예수님으로 말미암지 않고는 얻을 수 없습니다.

왜 예수님으로 말미암아서만 천당엘 갈 수 있습니까? 그 이유는 천당 가려면 길과 진리와 생명, 이 세가지가 있어야 하는데 예수님 자신이 바로 길과 진리와 생명이 되시기 때문입니다.

1. 예수님은 길이십니다.

속담에 "길이 아니면 가지 말라"는 말이 있습니다. 길이 없이는 갈수가 없는데 예수님은 길이라 하셨습니다. 얼마 전 까지만 해도 미국과 중국은 냉전상태에 있었기 때문에 중국으로 가는 길은 막혀 있었습니다. 중국은 죽의 장막(bamboo curtain)이라고 하는 보이지 않는 장막을 쳐놓고 있었습니다. 아무도 자유롭게 중국에 들어갈 수는 없었습니다. 그러다가 등소평시대에 와서 미국대통령 리처드 닉슨(Richard. Nixon)과 등소평은 미국과 중국의 길을 열게 되었고 그 후로 무수한 사람들이 왕래하게 되었습니다. 북한으로 가는 길도 그렇게 열리게 되기를 바랍니다.

인간이 타락한 이후 하나님께로 가는 길은 막혀 있었습니다. 하나님께서는 범죄 한 아담과 하와를 에덴동산에서 쫓아내시고 다시 들어올 수 없도록 그룹들과 두루도는 화염검을 두어 지키게 하셨다고 하였습니다.(창 3:24)

이사야는 말하기를 "여호와의 손이 짧아 구원치 못하심도 아니요 귀가 둔하여 듣지 못하심도 아니라 오직 너희 죄악이 너희와 너희 하나님 사이를 내었고 너희 죄가 그 얼굴을 가리워서 너희를 듣지 않으시게 함이니……"(사 59:1-2)라고 하였습니다.

인간이 범죄 한 이후 하나님께로 나가는 길은 사실상 막혀져 있었습니다. 그러다가 예수 그리스도로 말미암아 그 길이 열렸습니다. 히브리서 저자는 말하기를 "그 길은 우리를 위하여 휘장 가운데로 열어 놓으신 새롭고 산 길이요 휘장은 곧 저의 육체니라"(히 10:20)고 하였습니다.

하나님의 아들 예수께서 오셔서 죄인들을 대신하여 십자가에 죽으시므로 하나님께로 가는 길 천당 가는 길이 열린 것입니다. 예수님이 십자가에서 운명하실 때 성전 휘장이 찢어져 둘이 된 것은 바로 하나님께로 가는 길이 열렸음을 선포하는 사건입니다. 예수님은 천당 가는 길입니다.

2. 예수님은 진리이십니다.

1) 천당은 진리를 믿음으로 가는 곳입니다.

희랍의 리챠왕은 철학자 솔론을 궁으로 초청하여 궁중의 영화를 구경 시킨 후 솔론에게 이 세상에서 누가 가장 행복한자인가를 물었다고 합니다. 솔론은 철학자 탈레스는 청렴하고 청빈과 덕을 쌓았으니 탈레스가 가장 행복하게 느껴진다고 대답하자 그러면 두 번째는 누가 행복하냐고 묻자 솔론은 어떤 지방에 효자가 있는데 그 효자가 행복한자라고 하자 왕은 화를 냈는데, 그 후 리챠왕은 페르샤국과 전쟁하다가 패전하여 포로생활을 하며 "솔론의 말은 진리였어"라고 수긍했다고 합니다.

"진리"란 참을 의미합니다. 만고불변의 참을 말한다면 그것은 진리입니다.

그러나 진리에는 여러 가지가 있습니다. 하나에 하나를 보태면 둘이 된다는 수학적 진리도 있습니다. 사람은 늙으면 죽는다는 자연법칙의 진리도 있고 부모를 공경하는 것과 같은 도덕적 진리도 있습니다. 그러나 그보다 차원이 높은 구원의 진리가 있습니다. 사람이 구원을 얻으려고 하면 일반적 진리를 앎으로 되는 것이 아니라 구원의 진리를 알고 믿어야 합니다.

2) 예수님께서 심문을 받기 위하여 빌라도의 법정에 섰을 때 빌라도는 네가 왕이 아니냐고 질문 했고, 예수님은 진리에 대하여 증거하기 위해 이 세상에 왔노라고 하시자 빌라도는 진리가 무엇이냐? 라고 반문하였습니다(요18:37).

빌라도는 로마의 법률은 알았고 정치와 군사학은 알았지만 구원의 진리는 알지 못했습니다.

지금도 과학, 문학, 정치, 경제, 예술 등의 모든 지식이 있지만 구원의 진리를 모른 이들 즉 진리가 무엇이냐? 라는 질문을 하는 이들이 많이 있습니다.

예수님은 구원의 진리이십니다. 그가 속죄 제물이 되어 십자가에 죽으신 후 부활하셨고 그를 믿음으로 죄 사함 받는다는 것은 진리입니다. 그의 가르치신 교훈이 진리이며 그의 삶이 진리입니다. 그러므로 이사야는 예언하기를 "보라 내가 택한 보배롭고 요긴한 모퉁이 돌을 시온에 두노니 저를 믿는 자는 부끄러움을 당치 아니하리라" (벧전 2:6)고 하였습니다.

3. 예수님은 생명이십니다.

모든 생물에는 생명이 있습니다.

땅 위에 사는 생명체들을 보면 다음의 몇 가지를 발견할 수 있습니다. ① 모든 생명은 그 수명이 각각 다르다는 것과 ② 모든 생명체들은 각기 환경이 다르다는 것과 ③ 모든 생명은 서로 가치가 다르다는 것입니다. 생명 중에는 하루밖에 못사는 하루살이가 있고 만년을 산다는 거북이도 있습니다. 바다에 사는 생명도 있고 산에 사는 생명도 있습니다. 파리같이 천하고 볼 것 없는 생명도 있고 사람같이 고상한 생명도 있습니다. 그러나 인간의 생명이 아무리 고귀하다고 해도 영원히 살수는 없고 천당에서 살기에는 부적절합니다. 그래서 바울은 말하기를 "혈과 육은 하나님 나라를 유업으로 받을 수 없고 또한 썩은 것은 썩지 아니한 것을 유업으로 받지 못하느니라" (고전 15:50)고 하였습니다.

그러므로 인간은 그 속에 예수님의 생명을 받는 것이 필요합니다.

예수님의 생명은 어떠한 생명입니까? 예수님의 생명은 시간으로 계산할 수 없는 영원한 생명입니다. 예수님의 생명은 하늘에서 내려 왔고 하늘에서 사시는 생명이며 예수님의 생명은 죄에 오염되지 않은 고귀하고 성결한 생명입니다.

그리고 사람의 생명은 남에게 줄 수 없는 생명이지만 예수님의 생명은 남에게 줄 수 있는 생명입니다. 마치 오병이어가 떼어먹어도 남은 것이 열 두 광주리에 가득하듯이 만민에게 나눠주어도 남음이 있는 생명입니다. 그래서 예수님은 "내가 온 것은 양으로 생명을 얻게 하고 더 풍성히 얻게 하려는 것이라" (요 10:10)고 하셨습니다.

이 생명은 아들인 예수를 믿을 때 받게 됩니다. 그래서 사도요한은 "아들을 믿는 자는 영생이 있고……" (요 3:36)라고 하였습니다. 한국이화대학총장으로 오랫동안 재직하였던 여성교육가 고 김환란 박사는 병중에 있을 때 그의 제자들에게 "내 맥박이 멎었다고 죽은 것으로 알지 말라 주님은 보다 큰 생명과 상을 나에게 주신다 이제부터 나는 더 사랑할 것이다" 라고 하였다고 합니다.

예수님은 영생하시는 생명이십니다.

천당은 어디에 있다고 말할 수는 없습니다. 그것은 개미가 미국이 어디 있다고 말할 수 없는 것과 같습니다. 그러나 천당은 확실히 있습니다. 천당은 내 아버지의 집이며 그곳에서 그리스도가 오셨고 또 그 사명을 다하신 후 그곳에 가셨습니다. 앞서간 성도들이 그곳에 가셨으며 우리도 장차 갈 것입니다. 그 천당은 예수님으로 말미암지 않으면 갈 수 없습니다. 그 이유는 예수님은 길도 되시고 진리가 되시며 생명이 되시기 때문입니다.

50

믿는 사람의 특권

[요한복음 14:1-20]

특권이라는 것은 다른 사람이 누리지 못하는 것을 누리는 것을 의미합니다. 본문을 보면 믿는 사람만 누리는 수많은 특권이 있음을 알 수 있습니다.

우리가 이 특권들을 안다고 하면 감사하지 않을 수 없습니다. 우리는 이 특권을 발견하고 감사하며 그 특권을 누려야 하겠습니다.

1. 천당 갈 수 있는 특권이 있습니다.

예수님은 제자들에게 "내 아버지의 집에 거할 곳이 많도다 그렇지 않으면 너희에게 일렀으리라 내가 너희를 위하여 처소를 예비하러 가노니 가서 너희를 위하여 처소를 예비하면 내가 다시 와서 너희를 내게로 영접하여 나 있는 곳에 너희도 있게 하리라"(2-3)라고 하셨습니다.

천당에 가는 것은 믿는 사람에게 주신 특권입니다.

미국은 전쟁을 많이 한 나라입니다. 그래서 전쟁영화나 전쟁에 얽힌 이야기가 많습니다. 어느 전쟁터에서 일어난 일인데 어떤 병사가 적군의 총탄에 맞아 쓰러져 있었습니다. 전우가 도와주려 하자 이 부상병은, 전우에게 나에게 하늘가는 길을 좀 가르쳐달라고 애원했습니다. 그 전우는 다른 전우에게서 성경을 얻어다가 요한복음 3장 16절을 읽어주었습니다. 몇 번이고 더 읽어달라고 하여 반복하였습니다. 그러자 그 부상병은 그 성구를 암송하는중 공포에 사로잡혔던 얼굴이 환하게 밝아지며 "아! 이제 나는 천당 가는 길을 발견했다"고 속삭였습니다. 전우가 무슨 유언이 없느냐고 묻자 집에 계신 나의 어머니와 동생에게 "내가 천당 간다고 전해주세요"라는 말을 남겼다고 합니다.

한국이 낳은 신앙가요 신학자이신 고 박윤선 박사는 그의 임종시에 그의 가족들이 로마서 8장을 읽어드릴 때 아멘 아멘을 계속하며 즐거워하다가 세상을 떠나셨다고 합니다. 믿는 사람들이 그런 확신으로 죽음을 맞는 이유는 그들의 죄를 예수님이 이미 담당하셨고 하나님께서는 그들을 영접하고 계시는 것을 알기 때문입니다. 이 세상에서 살다가 죽을 때에 천당에 가는 특권은 믿는 사람만 받는 특권입니다.

2. 하나님을 확실히 알 수 있는 특권입니다.

예수님의 제자 빌립은 "주여 아버지를 우리에게 보여 주옵소서 그리하면 족하겠나이다"라고 예수님께 요청하였습니다. 그때에 예수님은 "빌립아 내가 이렇게 오래 너희와 함께 있으되 네가 나를 알지 못하였느냐 나를 본 자는 아버지를 보았거늘 어찌하여 아버지를 보이라 하느냐"라고 반문하셨습니다.

교회밖에는 물론이지만 교회에 다니는 사람들 가운데도 하나님을 의심하는 사람들이 의외로 많습니다. 때로는 하나님이 계신 것 같다가도 어떤 때는 안계신 것같이 느껴집니다. 그래서 하나님을 한번 보았으면 좋겠다고 생각합니다. 그런 사람들은 빌립과 같이 하나님을 한번 보기만 한다면 철저하게 믿겠다고 생각합니다.

그러나 하나님을 보겠다는 그러한 사고방식이 얼마나 어리석은 생각인가를 예수님의 말씀을 통해 깨달을 수가 있습니다. 그 이유는 하나님은 예수님 안에서 그들과 동행하고 계시기 때문입니다. 속담에 '업은 아이 찾는다'는 말이 있습니다만, 빌립은 화육하신 하나님과 함께 먹으며 함께 걸으면서도 그 분이 하나님인줄 모르고 아버지를 보여달라고 한 것입니다.

예수님 자신은 제2위 되시는 하나님 자신이시며 하나님이 사람이 되신 신인(God-man)이십니다. 그러므로 그의 가르치심은 하나님의 말씀이며 그의 행하신 이적은 하나님의 이적입니다. 믿는 사람들이 어느 다른 종교를 믿는 사람보다 하나님을 더 확실히 알 수 있는 것은 바로 예수님이 하나님이시기 때문입니다.

미국에서 어떤 비즈니스맨은 진리가 무엇일까? 진리만 깨닫는다면 그것 위해 내 모든 것을 희생하겠는데 라고 하다가 예수님자신이 진리이신 것을 깨닫고 믿은 후 목사가 되어 크게 일하고 있습니다.

오늘도 많은 사람들이 회의의 숲속에서 고민하는데 하나님을 확실히 알고 의지하는 것은 축복이 아닐 수 없습니다. 이것 역시 믿는 사람이 가지는 특권입니다.

3. 위대한 일을 할 수 있는 특권이 있습니다.

"나를 믿는 자는 나의 하는 일을 저도 할 것이요 또한 이보다 큰 것도 하리니 이는 내가 아버지께로 감이니라" (12)

믿는 사람들의 또 다른 특권은 예수님이 하신 일보다 더 큰 일도 할 수 있겠다는 것입니다. 예수님의 하신 일은 예수님이 이 세상 계실 때 행하신 모든 이적들입니다. 믿는 사람들은 그런 일들을 할 수 있고 그 이상의 큰일을 할 수 있다는 말씀입니다. 사도들이 행한 이적은 예수님이 행하신 이적과 비교할 수 있는 큰 이적들이었습니다. 이런 이적은 복음이 전파되는 곳마다 지금도 나타나고 있는 이적들입니다.

그리고 그보다 더 큰 것도 하리라고 말씀했습니다. 주석가 반즈(Barnes)는 "더 큰 것" 이란 일의 결과를 의미한다고 했습니다. 믿는 사람들의 일의 결과는 예수님의 사역보다 더 크게 나타난 경우가 많이 있습니다. 베드로는 하루에 3천명을 회개 시켰고, 찰스. 피니는 80만 명을 믿게 하였으며, D.L.무디는 50만 명을 믿게 하였고, 데빗도손장로는(Equip the saints를 저술한 분) 싱가폴에서 수년사이에 수 천명을 그리스도에게 돌아오게 하였으며 빌리그레험목사는 수없이 많은 사람을 예수님께 인도하고있습니다. 성도여러분 우리도 할 수 있습니다. 그 이유는 예수님은 우리 믿는 사람들에게 큰 일을 할 수 있는 특권을 주셨기 때문입니다.

4. 기도하면 받을 수 있는 특권이 있습니다.

"너희가 내 이름으로 무엇을 구하든지 내가 시행하리니…"(13) 라고 하셨습니다. 동서의 냉전당시 백 만부의 성경을 중국에 보급한 브라더 앤드루스(Brother Andrews)의 기도의 체험을 보면 그는 작은 일부터 큰 일을 모두 기도로 이루어나갔습니다.

그는 영국에 유학할 때 빨래비누를 사기위해 7센트가 필요했는데 5센트 밖에 없어서 "주여 5센트 밖에 없는데요"라고 하며 기도하던 중 5센트라도 가지고 나가보아라 하는 깨달음이 와서 거리에 나가니 7센트 하던 비누를 5센트에 세일을 하므로 사서 빨래를 했다고 합니다. 그는 기도로 중국과 구 소련의 수많은 성경을 보급하는 큰 일을 했습니다.

예수님은 떡을 달라 하면 돌을 주고 생선을 달라 하면 뱀을 주고 알을 달라 하면 전갈을 줄 아비가 어디 있겠느냐고 말씀하셨고, 사도요한은 "그를 향하여 우리가 가진바 담대한 것이 이것이니 그의 뜻대로 무엇을 구하면 들으심이라"고 하였습니다. 무슨 일이든지 예수님의 이름으로 하나님께 나가서 기도하면 들어주시는 놀라운 특권은 믿는 사람만 가지는 특권입니다.

5. 성령을 받을 수 있는 특권입니다.

17절을 보면 "저는 진리의 영이라 세상은 능히 저를 받지 못하나니 이는 저를 보지도 못하고 알지도 못함이라 그러나 너희는 저를 아나니 저는 너희와 함께 거하심이요 또 너희 속에 계시겠음이라"고 말씀하셨습니다. 성령을 받을 수 있는 특권은 믿는 사람만 가지는 특권입니다. 눅 11:13을 보면 "너희가 악할찌라도 좋은 것을 자식에게 줄줄 알거든 하물며 너희 천부께서 구하는 자에게 성령을 주시지 않겠느냐"라고 말씀하셨습니다.

예수님은 기도해야 한다는 것을 강조하신 후 기도하는 자에게는 좋은 것을 주신다고 말씀하시고 성령을 주시지 않겠느냐고 말씀하신 것을 보면 성령은 우리 믿는 사람에게 가장 좋은 선물이라는 것을 알 수 있습니다. 그 이유는 성령은 구원을 확증해주시는 분이시며 지혜의 근본이시며 능력의 원천이시기 때문입니다.

미국군대에 복무한 사람에게는 여러 가지 특전이 있다고 합니다. 공부를 할 때 학비를 면제해주는 일, 집을 살 때 저이자 혜택을 주는 일, 기타 많은 혜택이 있다고 합니다. 나라를 위해 목숨을 아끼지 않고 병역의무를 다했으니 특전을 받을만합니다.

그러나 우리 믿는 사람이 이상과 같은 특전을 받게 되는 것은 우리의 노력때문은 아닙니다. 그저 우리위해 십자가를 지고 죽으신 예수님을 믿는 그 한가지 이유로 우리에게 주시는 특권들입니다. 이 특권들을 누리는 성도들이 됩시다.

51.

보혜사 예수님

[요 14:16]

"내가 곧 길이요 진리요 생명이니 나로 말미암지 않고는 아버지께로 올 자가 없느니라"(14:6)

요 14장 전반부에서는 예수님 자신에 대해 설명하셨지만 16절부터는 성령에 대해 말씀하십니다. 요한복음은 성령이 오실 것을 예언한 책이요 사도행전은 성령이 임하신 것을 기록한 책입니다. 그러므로 성령의 충만을 받으려면 요한복음을 통해 성령을 받을 준비가 되어야 합니다.

예수님은 성령이 오실 것을 예언하시면서 또 다른 보혜사를 너희에게 주실 것이라고 말씀하셨습니다.

보혜사(paracletos)는 옆으로 부른다는 의미를 가진 말로서 돕는 자, 위로자, 대언자라는 뜻이 있습니다. 마치 어린아이를 데리고 가는 어머니가 항상 옆에 따라가며 길을 잘못가면 부르고 냇물을 건널 때는 붙잡고 건네주며 넘어져 울 때는 일으켜주고 위로해주고 아버지의 꾸지람을 들을 때는 대변해주는 것과 같은 그런 일을 하는 분을 의미합니다.

그런데 본문을 보면 성령을 또 다른 보혜사라고 하였습니다. 이 말씀은 성령님이 보혜사 이시지만 성령이 오시기전에도 보혜사가 계셨다는 말씀이며 예수님 자신이 보혜사라는 말씀입니다.

예수님은 믿는 사람들을 위해 하나님께 대언하시는 파라크레토스(paracletos) 이십니다.

오늘 저는 제2의 보혜사이신 성령님에 대해 말하기 전에 첫 보혜사이신 예수님에 대해 말씀하려고 합니다.

예수님은 "네가 아직 오십도 못되었는데 아브라함을 보았느냐" 라고 질문 하는 유대인들에게 "아브라함이 나기 전부터 내가 있느니라" 고 말씀하신 적이 있습니다.(요 8:57-58)

예수님의 기원은 마리아에게서 출생하셨던 때가 아니라 영원 전부터 계신 분입니다. 그리고 전부터 계신 예수님의 행적을 더듬어 보면 예수님은 보혜사와 같은 일을 하셨음을 알 수 있습니다.

1. 구약성경을 보면 믿음의 조상들은 하나님도 아니요 천사도 아닌 신기한 인격과 대면하는 일이 종종 있었고 그분은 어려울 때 도와주시고 위로하시고 인도하시는 일을 하셨습니다.

1) 아브라함은 이상한 인물을 여러 번 대면하였습니다.

창 14:17-18을 보면 아브라함이 그돌라오멜왕을 이기고 돌아오는 도중 살렘왕 멜기세덱은 떡과 포도주를 가지고 나와 아브라함에게 축복하였는데, 그는 지극히 높으신 하나님의 제사장이었다고 기록되어있습니다. 멜기세덱은 어떠한 인물입니까?

어떤 분들은 멜기세덱은 하나님의 아들 예수 그리스도와 방불한 고대에 살던 사람이라고 해석하는 이들이 있습니다. 그러나 예수님이 아니면서도 예수님과 방불한 인물이 또 하나 있다는 것은 성경과 교리에 어긋나는 주장입니다. 그 이유는 엄밀한 의미의 하나님의 아들은 하나밖에 없는 독생자 예수뿐이기 때문입니다.(요 3:16) 히 7:3을 읽어보면 멜기세덱에 대해 다음과 같이 기록되어있습니다. "그 이름을 번역한즉 첫째 의의 왕이요 또 살렘 왕이니 곧 평강의 왕이요 아비도 없고 어미도 없고 시작한 날도 없고 끝도 없어 하나님 아들과 방불하여 항상 제사장으로 있느니라" 고 하였습니다. 이 말씀은 멜기세덱이 예수님 자신이라는 심증을 더욱 굳혀줍니다.

첫째로 멜기세덱이 난 시작도 없고 생명의 끝도 없다고 하신 말씀은 그분이 예수님이시라는 것을 보여주며 다음으로는 그 분은 항상 제사장으로 있다는 말씀도 그분이 예수님이심을 보여줍니다. 어떤 이들은 생각하기를 하나님의 아들과 방불하다고(3) 하였으니 하나님의 아들과는 다른 실존임을 의미하는 것이 아니냐고 하지만 이 방불이라는 말은 아포모이오메노스(apomoiomenos)인데 그 의미는 "그 안에 있는 것을 나타낸다" 는 의미이며 별개의 것을 의미하는 것이 아닙니다. 멜기세덱은 예수님을 나타내는 인물, 즉 예수님이 그런 모양으로 나타나신 것입니다. 화육하시기 전 예수님은 전쟁에 지친 아브라함에게 떡과 포도주를 가지고 찾아와 축복하셨습니다.

2) 또 다른 경우는 하나님께서 소돔성을 심판하시기 직전에 일어난 일입니다.

그때 세 사람이 아브라함에게 나타났으며 그들은 사라에게 아들을 얻으리라고 하는 예언을 한 후 그들중 두 사람(천사)은 롯이 사는 소돔성으로 갔고 한 분은 남아서 아브라함과 대화를 계속하였는데 아브라함으로 더불어 대화를 한 분은 여호와라고 하였습니다.(창 18:2, 16, 19:1) 그 분은 도성인신하시기전 예수님이라고 보여집니다. 예수님은 보혜사로 계셔서 아브라함에게 아들을 약속하시고 그의 기도를 들으셨습니다.

3) 사사기를 보면 삼손의 아버지 마노아에게 나타난 천사는 그가 아들을 낳을 것을 예언하고, 당신의 이름이 무엇인가고 하는 질문에 "어찌하여 이를 묻느냐 내 이름은 기묘니라"(사사 13:18)고 하였습니다. 이사야서 9:6을 보면 기묘라고 하는 이름은 예수님의 이름인데 그렇게 대답한 것을 보아 그 사자는 화육 전 예수님이시었음을 알 수 있습니다.

4) 다니엘서를 보면 다니엘의 세 친구 사드락, 메삭, 아벳느고는 느부갓네살왕이 만든 금 우상에게 절하지 않다가 풀무불에 던짐이 되었을 때 세 사람을 던졌으나 풀무불 속에는 네 사람이 다녔다고 했고 그 넷째의 모양이 신들의 아들의 모양과 같다고 하였습니다.(단 3:35) 신성으로 계시는 예수님이 생명을 내어놓고 신앙의 절개를 위해 풀무불 가운데 들어간 세 청년과 함께 하셨던 것입니다. 화육 이전에 계신 제 2위 되시는 예수님은 피곤한 아브라함에게 떡과 포도주를 가지고 대접하셨고 그의 기도를 들어주셨으며 환난가운데 있는 성도들과 함께 하셨습니다.

2. 예수님은 화육 후 이 세상에 계실 때도 보혜사의 일을 하셨습니다.

조금 전 보혜사를 자애 깊은 어머니에 비교했습니다만 예수님의 생애는 자애 깊은 어머니가 아들을 위해 희생하는 삶과 같은 생애였습니다.

1) 비천한 자들에게 복음을 전하셨습니다.

어떤 목사님은 교회를 개척할 때 가장 부한 도시 사람이 많이 모일 수 있는 대도시를 선택했다고 하지만 예수님은 사역을 시작하실 때 갈릴리 해변으로 사서서 비천한 어부들을 제자로 부르셨고 천민들의 땅으로 이름나있는 갈릴리 지방을 그의 선교지로 삼으셨습니다. 그 이유는 부한 자보다는 가난한자에게 위로가 더 필요하고 건강한자보다는 병든 자에게 위로가 더 필요하기 때문이었습니다.

예수님은 그들의 모든 병과 약한 것을 고쳐주셨습니다.

2) 예수님은 보혜사처럼 사람들의 갈 길을 인도해주셨습니다. 그의 3년간의 생애의 절반은 사람들을 가르치는데 보내셨습니다. 산에 올라가서 가르치셨고 바닷가에서 가르치셨고 집에서도 가르치시고 들에서도 가르치셨고 길가면서도 가르치셨고 식탁에서도 가르치셨고 병자를 놓고 가르치셨고 이적을 행하고 가르치셨습니다. 그의 가르침의 내용은 구원과 삶에 대한 것이었습니다.

3) 예수님의 생애는 남을 도와주는 생애였습니다. "인자가 온 것은 섬김을 받으려 함이 아니라 도리어 섬기려 하고 자기 목숨을 많은 사람의 대속물로 주려 함이니라" 고 말씀하셨습니다.(마 20:28)

예수님은 병든 자를 고쳐주셨고 떡을 떼어 주린 자를 먹이셨으며 제자들의 발을 씻어주셨고 친히 십자가를 지시사 속죄의 피를 흘려 우리를 구원하셨습니다.

이런 일련의 그의 삶은 그가 이 세상에서 모든 사람들에게 보혜사와 같은 일을 하셨다는 것을 잘 보여줍니다.

3. 보혜사처럼 우리를 변호해주십니다.

요한1서 2:1을 보면 "만일 누가 죄를 범하면 아버지 앞에서 우리에게 대언자가 있으니 곧 의로우신 예수 그리스도시라"고 하셨습니다. 대언자라는 말은 보혜사(paracletos)라는 말입니다. 예수님은 승천하신 후에도 하나님 우편에 계시면서 우리의 보혜사 즉 대언자가 되어주신다는 말씀입니다.

마치 아들이 실수하여 아버지의 징계를 받게 될 때 자애 깊은 어머니가 만류하며 변호해주듯이 변호해주신다는 것입니다. 보혜사 예수님은 사역에 있어서 제 2의 보혜사이신 성령님과 다른 면도 있습니다. 사람의 몸을 입고 이 세상에 오셨고 십자가에서 속죄의 죽음을 죽으셨다가 3일만에 부활하여 승천하셨습니다. 그런 일들은 예수님에게만 맡겨진 일입니다. 그러나 예수님께서도 우리를 불러주시고 도와주시고 위로하시고 대언하는 일을 하시는 분입니다.

보혜사 예수님은 승천하신 이후에도 파라크레토스로서 우리가 범죄 할 때 대언해주신다고 말씀하고있습니다.

우리는 교리적으로 예수님의 십자가의 보혈은 믿는 사람들의 과거, 현재, 미래의 죄까지 다 사하셨다고 믿습니다. 그것은 기독교의 진리입니다. 예수님의 피가 우리의 미래의 죄까지 담당하셨기에 우리의 구원은 변할 수 없는 것입니다.

그러나 죄 사함의 과정은 우리를 위한 예수님의 대언이 있습니다. 우리가 약하여 범죄 할 때마다 예수님은 그의 이루신 공로를 가지고 하나님께 대언하여 주십니다. 우리는 이 보혜사 예수님의 은혜로 구원을 얻었습니다.

52.

보혜사 성령에 대한 약속

[요한복음 14:15-24]

예수님 자신은 보혜사이십니다. 그러나 또 다른 보혜사가 계십니다. 예수님은 자기의 사역이 거의 끝나 갈 무렵 "내가 아버지께 구하겠으니 그가 또 다른 보혜사를 너희에게 주사 영원토록 너희와 함께 있게 하시리라" 고 말씀하셨습니다.

사람이 구원을 얻는 것은 예수 그리스도를 믿음으로 말미암아 얻는 것이지만 그들의 구원을 완성시키기 위해서는 다른 보혜사 즉 성령님의 사역이 필요합니다. 그래서 예수님은 다른 보혜사를 보내 주실 것이라고 말씀하셨습니다.

잠시 후 제자들은 예수님이 약속하신대로 보혜사 성령님이 임하시는 것을 목격하였습니다. 오늘은 보혜사 성령은 어떠한 일을 하시는가를 살펴보도록 하겠습니다.

1. 본 장에서 설명되는 보혜사 성령님의 사역을 보면

1) "영원토록 너희와 함께 있게 하시리니"라고 말씀하셨습니다.

보혜사 성령님은 한번 우리에게 오시면 천당에 이르기까지, 아니 천당에 간 후에도 영원토록 우리를 떠나지않고 함께 계시는 분이시라고 말씀하셨습니다.

예수님은 제자들에게 구원자요 위로자였습니다. 그러나 예수님이 제자들과 함께 계시는 기간은 3년이라는 짧은 기간에 불과했습니다. 그러나 성령 보혜사는 믿는 사람들을 떠나지 않고 영원히 함께하시는 분이십니다. 인생에겐 동반자가 필요합니다. 그리고 내가 존경하고 사랑할 수 있는 사람이라면 더욱 그러합니다. 내가 어릴 때의 일입니다. 나에게는 내가 좋아하는 사촌형이 있었는데 방학때면 우리집에 와서 함께 놀며 지낼 때는 시간이 언제 지나가는지 알 수 없었습니다. 그러다가 돌아가고 나면 어딘가 허전한 기분이 들었습니다.

우리는 부모와 형제가 함께 지내는 때도 있습니다만 그것도 잠깐 지나가버리고 고아와 같이 외롭게 살아가야 하는 날이 더욱 많아집니다. 부부가 백년가약을 맺고 살지만 어느날엔 가는 짝 잃은 기러기가 되고 맙니다.

그래서 옛 시인은 "저기 저기 저 달 속에 계수나무 밝혔으니 옥도끼로 찍어내고 금 도끼로 다듬어서 초가삼간 집을 짓고 천년만년 살고지고"라고 시를 읊었습니다.

그런데 이 외로운 인간들에게 하나님께서는 보혜사 성령을 보내셔서 영원토록 함께 있게 하신다고 하셨으니 이 얼마나 큰 축복입니까?

6.25전쟁 후 독신으로 월남하여 지내신 장로님을 교회에서 함께 모신 일이 있었습니다. 어떤 분이 그 장로님에게 장로님은 식구가

몇입니까라고 물으면 언제나 둘입니다라고 그 장로님은 대답하곤 했습니다. 단출해서 좋겠습니다라고 말하면 예 좋아요라고 대답하는 것을 보았습니다. 그 장로님이 둘이라는 것은 예수님과 자기, 둘이라는 말이었습니다. 그 장로님은 항상 얼굴에 미소를 띄고 있었습니다. 누구든지 성령을 마음에 모시고 사는 사람은 그러한 외롭지 않은 삶을 살 수 있습니다.

2) 그는 진리의 영이시며, 우리 믿는 사람들을 진리가운데로 인도하시는 영이시라고 하였습니다.(17, 16:13)

26절에는 "보혜사 곧 아버지께서 내 이름으로 보내실 성령 그가 너희에게 모든 것을 가르치시고 내가 너희에게 말한 모든 것을 생각나게 하시리라"고 말씀하셨습니다. 성령님은 신령한 지혜를 열어 예수님이 가르치신 진리를 깨닫게 하는 일을 하신다는 것입니다.

다니엘서를 보면 느부갓네살왕은 교만하다가 저주를 받아 왕궁에서 쫓겨나서 소처럼 풀을 먹고 7년을 지냈으나, 그가 하늘을 우러러볼 때 총명이 돌아와 다시 왕위에 오르게 되었다고 기록되어 있습니다.(단 4:28-33) 하나님께서 지혜를 주지 않으시면 사람은 동물로 전락할 수밖에 없습니다. 그리고 하나님께서 그의 성령으로 지혜를 주실 때 하나님의 진리를 깨달을 수 있게 됩니다.

예수님의 제자들을 보면 예수님께서 그렇게 여러 번 십자가의 죽음과 부활을 예언하셨지만 깨닫지 못하다가 성령이 임하신 후에 그들은 진리를 깨닫고 예수님의 죽음에 대해 "모든 선지자의 입을 의탁하사 자기의 그리스도의 해 받으실 것을 미리 알게 하신 것을 이와 같이 이루셨느니라"(행 3:18)고 하였습니다. 독일에 가보면 일반 교회와 달리 교회 종탑에 장닭의 모형을 세운 루터교를 쉽게 볼 수 있습니다. 그 이유를 물었더니 그것은 베드로의 닭이라 부르는 것인데 베드로가 닭 우는 소리를 듣고 회개하였기 때문이라고 했습니다. 베드로는 예수님을 3번이나 부인하고도 깨닫지 못하다가 닭 우는 소리를 듣고 예수님이 하시던 말씀이 생각나서 회개하였습니다. 보혜사 성령님은 베드로의 닭처럼 예수님의 교훈을 생각나게 하며 회개하게 하십니다.

사도행전 2장을 읽어보면 성령 충만한 베드로의 설교를 들은 무리들은 자신들의 죄를 깨닫고 형제들아 우리가 어찌할꼬 하며 회개하였습니다. 이러한 회개는 성령님의 역사 하심으로 되는 일이며 모든 사람들에게 이러한 깨달음과 회개가 필요합니다.

3) 하나님과 연합하게 하십니다.

"그 날에는 내가 아버지 안에, 너희가 내 안에, 내가 너희 안에 있는 것을 너희가 알리라"(20)고 하셨습니다.

성부, 성자, 성신의 3위1체의 교리는 모든 정통 교회들이 믿고 있는 교리입니다만, 이 본문을 보면 좀 어폐가 있을는지 몰라도 믿는 사람을 포함하여 4위1체임을 깨닫게 하는 말씀입니다. 그 이유는 성령님이 임하시는 그날에는 내가(예수님) 아버지 안에, 너희가 내 안에, 내가 너희 안에 있는 것을 너희가 알리라고 하셨기 때문입니다.(20)

그렇게 우리가 예수님 안에 있도록 만드시는 분은 바로 성령님이십니다.

우리는 성령 안에서 독생자를 주신 하나님의 사랑이 얼마나 큰가를 깨닫게 되며 자기를 희생하신 예수 그리스도의 은혜가 어떠함을 깨닫게 됩니다. 그 하나님은 우리의 모든 약점을 아시면서도 우리를 그의 사랑의 품에 두셨음을 알게 됩니다. 그러므로 우리는 미안하거나 불편한 마음으로 하나님을 대할 필요가 없습니다. 그리고 장래에 올 어떤 일로 인해 하나님을 떠나게 될까 하는 염려조차 할 필요가 없습니다. 그 이유는 아비가일의 말과 같이 우리는 하나님의 생명싸개 속에 감추인바 되었기 때문입니다(삼상 25:29).

"누가 우리를 그리스도의 사랑에서 끊으랴"(롬 3:35)고 한 바울의 노래는 바로 이런 관계를 깨닫는 데서 부르게 된 노래입니다. 우리도 성령으로 말미암아 이러한 관계를 인식해야 하겠습니다.

2. 우리는 어떻게 보혜사 성령을 받을 수 있습니까?

1) 보혜사를 보내어 주심

"내가 아버지께 구하겠으니 그가 또 다른 보혜사를 너희에게 주사…"(16) 보혜사 성령은 우리를 고아와 같이 버려두지 않고 영원히 우리와 함께 하시는 분 그리고 우리를 진리가운데로 인도하시는 분이며 하나님과 예수님과 연합하게 하시는 분이십니다. 그리고 그 보혜사가 우리에게 오시기 위해 예수님은 구하시겠다고 말씀하셨습니다.

우리가 보혜사 성령님에 대해 알아야 할 것은 보혜사가 "오신다"(16:7)는 것과 "성령을 받는다"(행 19:2)는 것은 서로 다르다는 것입니다.

보혜사를 "주신다", "오신다"는 말씀은 하나님께서 예수님을 대행자로 이세상에 보내시는 것을 가리킴이요, 받는다는 것은 개인적으로 성령을 영접하는 것을 의미합니다. 육신의 몸을 입은 예수님은 이 세상에 오셨습니다. 그러나 예수님을 믿음으로 영접하는 사람은 그리 많지 않았습니다. 그와 같이 다른 보혜사이신 성령님은 오순절에 이 세상에 오셨지만 성령을 받은 사람들은 그리 많지 않습니다. 본문이 가르치는 것은 성령이 이땅위에 오셔서 성령의 시대가 시작될 것을 의미하는 것입니다.

지금은 성령의 시대입니다. 그 이유는 성령님은 예수님이 말씀하신대로 오순절에 이미 강림하셨기 때문입니다. 우리는 지금 성령시대에 살고 있습니다. 그러나 아무리 성령시대에 살아도 자신이 성령을 받지 않는다면 성령님과 관계가 없습니다.

2) 그러면 우리가 어떻게 성령을 받을 수 있습니까?

① 예수님은 "저는 진리의 영이라 세상은 능히 저를 받지 못하나니 이는 저를 보지도 못하고 알지도 못함이라 그러나 너희는 저를 아나니 저는 너희와 함께 거하심이요 또 너희 속에 계시겠음이라"(17)고 말씀하셨습니다.

예수님은 이 본문에서 세상과 믿는 사람들을 확실하게 구별하시며 세상은 능히 저를 받지 못하고 너희(믿는 사람)만 저를 받을 수 있다고 말씀하십니다.

그리고 사도베드로도 그의 설교를 들은 무리들이 마음에 찔려 "형제들아 우리가 어찌할꼬"라고 부르짖을 때 "너희가 회개하여 각각 예수 그리스도의 이름으로 세례를 받고 죄 사함을 얻으라 그리하면 성령을 선물로 받으리니……"(행 2:37-38)라고 하여 성령을 받기 위해서는 먼저 죄를 회개하고 예수를 믿어야 한다고 증거하고 있습니다. 만일에 누가 자기의 과거의 모든 잘못된 행위를 회개하고 예수를 믿는 사람이 있다면 그 사람은 일단 성령을 받을 그릇이 준비된 것입니다.

② 성령을 받기 위해서는 구해야 합니다. 예수님은 "너희가 악할찌라도 좋은 것을 자식에게 줄줄 알거든 하물며 너희 천부께서 구하는 자에게 성령을 주시지 않겠느냐"(눅 11:13)라고 하셨고 "예루살렘을 떠나지 말고 내게 들은바 아버지의 약속하신 것을 기다리라"(행 1:4)고 하셨으며 그 말씀대로 기도하던 제자들은 성령의 충만함을 받았습니다.

그리고 바울은 에베소에서 성령에 대해 알지 못하는 신자들을 만나 그들을 위해 기도하므로 성령을 받게 하였습니다.(행 19:6) 우리 믿는 사람은 성령을 받을 그릇이 되어 있지만 기도하지 않고는 성령의 충만을 받을 수 없다는 것을 보여주고 있습니다.

③ 사랑의 계명을 지켜야 합니다.

"너희가 나를 사랑하면 나의 계명을 지키리라 내가 아버지께 구하겠으니 그가 또 다른 보혜사를 너희에게 주사 영원토록 너희와 함께 있게 하시리니"(15-16)

"사람이 나를 사랑하면 내 말을 지키리니 내 아버지께서 사랑하실 것이요 우리가 저에게 와서 거처를 저와 함께 하리라"(14:23)

"어느 때나 하나님을 본 사람이 없으되 만일 우리가 서로 사랑하면 하나님이 우리 안에 거하시고 그의 사랑이 우리 안에 온전히 이

루느니라" (1요 4:12)

이런 말씀들을 보면 믿는 사람들이 성령 충만한 생활을 하려면 서로 사랑해야 한다는 것을 알 수 있습니다.

옛날 사울왕은 성령의 충만을 경험했었지만 다윗을 미워하므로 성령은 떠나시고 악귀가 붙어 고통을 당했던 것을 볼 수 있습니다. 어떤 경우에는 은혜생활을 잘 하던 사람이 형제와 불화하고 미워하다가 성령님이 떠나시고 마는 경우도 있습니다.

우리는 보혜사 성령을 받아야 합니다. 예수님은 우리를 고아와 같이 버리지 않기 위해 성령을 보내시겠다고 하셨습니다. 사실 하나님을 떠나서 사는 모든 세상사람은 고아이며 성령을 받지 못하고 사는 신자들도 엄밀한 의미에서 고아입니다. 그리스도인의 위로와 사랑과 지혜와 능력은 모두다 성령을 받음으로 얻게 되는 것입니다.

지금은 성령의 시대입니다. 내가 성령을 받지 못하는 원인이 무엇인가를 살펴보고 보혜사 성령을 모셔드리십시다.

53.

예수님이 주시는 평안

[요한복음 14:25-31]

"평안을 너희에게 끼치노니 곧 나의 평안을 너희에게 주노라 내가 너희에게 주는 것은 세상이 주는 것 같지 아니하니라"(27)

예수님은 평안을 너희에게 끼치노라고 하시며 내가 너희에게 주는 것은 이 세상이 주는 것과 같지 아니하다고 말씀하셨습니다.

"평안"은 인생의 추구하는 최대의 목표입니다. 어린아이부터 어른과 노인에게 이르기까지 모두가 다 원하는 바입니다. 그것을 위해 공부도 하고 그것을 위해 일도 하며 그것을 위해 건강도 관리합니다.

유대인들의 첫 인사는 "샬롬(평안)"이며 한국 사람들의 인사는 "안녕하십니까"이며 미국인들의 인사는 "하우아유"인데 다 평안을 묻는 말입니다. 그러나 이 평안이 그리 쉽게 오는 것은 아닙니다. 아이들이 말을 잘 안 들어도 평안이 없어지고 장사가 잘 안되어도 평안이 없어지며 건강이 나빠져도 평안이 없어지며 사람에게서

귀에 거슬리는 말만 들어도 평안이 없어집니다. 그래서 상대방이 평안하냐고 물을 때 "평안합니다"라고 대답하지만 속으로는 평안하지 않은 경우가 많습니다.

그런데 예수님은 우리에게 평안을 끼쳐주노라고 말씀하고 계십니다. 그리고 예수님이 주시는 평안은 이 세상이 주는 것과 같지 않다고 하셨습니다.

예수님은 이 말씀 가운데서 이 세상이 주는 평안과 자신이 주시는 평안과를 구별하시며 예수님이 주시는 평안은 이 세상이 주는 평안보다 아주 크며 탁월하다는 것을 가르치고 계십니다.

오늘은 이 세상이 주는 평안과 예수님이 주시는 평안이 어떻게 다른가를 생각하며 은혜를 나누겠습니다.

1. 이 세상이 주는 평안

이 세상이 주는 평안이란 이 세상에서 얻을 수 있는 것들을 통해 누리게 되는 모든 평안입니다.

가령 여자들이 미모를 타고 태어났다면 거기서 주는 위안이 있습니다. 두뇌가 우수하게 태어났다면 그것이 주는 기쁨이 있고 건강이 있다면 그것이 주는 위안이 있고 돈을 많이 벌었다면 재물이 주는 위안이 있고 지위나 명예를 얻었다면 그것이 주는 위안이 있고 좋은 자녀나 가정을 갖고 있다면 그것이 주는 평안이 있습니다.

사람들은 이런 평안을 얻으려고 오늘도 애쓰고 있습니다. 그러나 예수님이 주시는 평안은 그런 종류의 평안이 아니라고 말씀하십니다. 그 이유는 그런 것들이 주는 평안은 진정한 평안이 아니기 때문입니다.

이 세상이 주는 평안은 일시적인 것입니다. 성 프랜시스의 일화가 있습니다. 그는 아시스의 뒷산 동굴에서 수도생활을 할 때, 어떤 날 아침 동굴서 나와 멀리 보이는 동리의 지붕 굴뚝에서 올라오는 연기를 보고 있는 동안 나도 저렇게 가정을 이루고 살았더면 하는 생각이 들었다고 합니다. 프랜시스는 눈덩이를 빚어 아내를 만들고 아이들을 만들었다고 합니다. 그러나 조금 후 아침 햇빛에 눈사람 아내의 눈이 떨어지고 아이의 코와 팔이 떨어져 볼모양이 없어지는 것을 본 프랜시스는 다시 교훈을 받았다고 합니다.

이 세상이 주는 평안은 일시적인 것입니다. 미국의 젊은 대통령 캐네디와 그 아내 재클린은 한때 세계의 젊은 남녀들의 선망의 대상이었으나 달라스의 거리를 울린 한방의 총소리와 함께 그 행복은 사라지고 말았습니다. 건강도 명예도 부도 다 일시적으로 지나가버리는 것입니다.

그리고 이 세상이 주는 평안은 불완전한 평안입니다. 솔로몬은 그의 잠언에서 "웃을 때에도 마음에 슬픔이 있고 즐거움의 끝에도 근심이 있느니라"(잠 14:13)고 하였습니다.

어떤 과년한 딸을 둔 아버지가 이상이 너무 높아서 사위감마다 퇴짜를 놓으므로 세월만 보내고 있어서 답답하게 생각한 딸은, 아버지에게 도시락을 싸드리며 "이 점심을 잡수실 때 물 좋고 정자(亭子) 좋은 곳에서 잡수셔야 합니다"라고 하는 부탁을 했고, 아버지는 그런 곳을 찾다가 찾지 못하고 도시락을 그냥 가지고 돌아온 후 자기의 잘못을 깨달았다고 합니다.

사람들은 이 세상에서 완전한 것을 찾으려고 합니다만 이 세상엔 완전한 것이 없습니다. 어떤 가정엔 가정이 화목하고 자녀들도 순종하지만 가난하여 고생하고 어떤 가정은 물질은 풍부하여 염려할 것 없는데 자녀가 고통을 줍니다.

그리고 이 세상이 주는 평안은 영적 만족을 주지 못합니다.

고상한 것과 신령한 것을 찾아 나섰던 사람들은 가난하고 이 세상의 위로가 없었던 사람들이 아니라, 부요하고 행복해 보이는 그런 환경에서 살던 사람들이라는 것은 아이러니한 일입니다. 탈속을 하기 위해 집을 떠난 석가모니는 황태자였다고 하며 애굽을 떠난 모세는 애굽의 바로의 궁중에서 생활하던 공주의 아들이었고, 성자 프랜시스는 아시스의 큰 상인의 아들이었으며 공산주의의 개조 칼 막스나 레닌도 부유한 가정에서 태어난 사람들이라고 합니다.

그것을 보면 이 세상이 주는 평안이 사람의 영적요구를 충족시킬 수 없다는 것을 알 수 있습니다.

"이 세상이 즐기는 재물로는 네 근심과 고초를 못 면하리 또 숨질 때 위로를 못 얻으며 저 천국에 갈 길도 못 찾으리" (찬 167)

2. 예수님이 주시는 평안은 어떤 것입니까?

조금 전에 설명한 이 세상이 주는 평안은 이 세상과의 관계에서 얻어지는 평안입니다. 그것들은 옷과 같이 낡아져 가는 것이며 없어지는 것입니다. 그 이유는 이 세상 형적은 지나가는 것이기 때문입니다. 그러나 예수님이 주시는 평안은 하나님과의 관계에서 얻는 평안이며 없어지지 않는 것입니다.

1) 이 평안은 하나님과 화목함으로 얻게 되는 평안입니다. 바울은 "우리가 믿음으로 의롭다 하심을 얻었은즉 하나님으로 더불어 화평을 누리자"(롬 5:1)고 하였습니다. 예수님의 비유에 나타난 탕자는 아버지를 떠나 허랑방탕하며 많은 고생을 했습니다. 아마 그에게는 육신의 고통보다 아버지와 바르지 못한 관계에서 가지게 되는 마음의 고통이 더 컸을 것으로 생각됩니다. 그러나 부끄러움을 무릅쓰고 아버지께 돌아온 아들은 그의 품에 안김으로 화목이 이루어졌습니다. 탕자는 더 이상 괴로운 맘으로 아버지를 생각하지 않아도 되었습니다.

본문에 평안을 너희에게 "끼치노니"라고 한 말씀은 평안을 남겨 놓는다는 말씀입니다.

예수님은 이 세상에 오셨다가 죄수처럼 십자가에 달려 죽으셨습니다. 그러나 그는 이 세상에 가장 귀중한 것을 남기셨습니다. 그것은 곧 평안입니다. 이 평안을 성취하시기 위해 자신을 버려 화목제물이 되신 것입니다. 우리는 예수 그리스도를 믿음으로 말미암아 하나님과 화목하게 되고 화평을 누리게 됩니다.

2) 하나님을 의지하는 데서 얻는 평안입니다. 어떤 중병으로 병원에 입원한 환자의 이야기입니다. 그 환자는 자신의 병에 대해 추호의 염려도 하지 않았습니다. 그런 태도를 이상히 여긴 의사는 그에게 "당신의 병이 무슨 병인지 아십니까?"라고 질문을 했습니다. 그 환자는 "모든 것을 의사님에게 맡기면 근심할 필요가 없지않습니까? 그와 같이 나는 만병의 의사이신 예수님께 나의 모든 것을 다 맡겼습니다"라고 대답했습니다.

옛날 다윗왕은 "군대가 나를 대적하여 진 칠지라도 내 마음이 두렵지 아니하며 전쟁이 일어나 나를 치려 할지라도 내가 오히려 안연하리로다"(시 27:3)라고 하였습니다. 이것이 믿음에서 오는 평안입니다. 하나님을 의지하는 믿음은 하나님만 의지하면 육신적으로 어떤 일이든지 다 잘되고 고통스러운 일은 결코 없다고 믿는 것이 아닙니다. 그를 믿는 사람에게도 고난이 있을 수 있고 인간적으로 볼 때 불행한 일이라고 보이는 일이 일어날수 있습니다. 그러나 하나님께서는 그 모든 일이 합하여 선을 이루게 하신다는 것을 믿는 것입니다. Louisinia에 사는 M.R.Stead라는 여 성도는 남편과 딸과 함께 Long Island에 가서 해수욕을 즐기던 중 갑자기 남편을 잃게 되었습니다. 남편은 물에 빠져 죽어가는 소년을 건지려다가 둘 다 죽은 것입니다. Mrs.Stead씨는 장례 후 너무나 상심 되어 1주간동안이나 방에 들어앉아 슬퍼하던 중 하나님의 위로하심을 받고 다음과 같은 찬송을 지었습니다. "주님을 의지하는 것, 예수님의 말씀대로 그를 받아들이는 것 주님의 약속을 그대로 믿는 것 주님이 그렇게 말씀하시는 것을 아는 것이 무한히 기쁘고 행복하다"라고.

사도바울은 다음과 같이 말했습니다. "우리가 알거니와 하나님을 사랑하는 자 곧 그 뜻대로 부르심을 입은 자들에게는 모든 것이 합력하여 선을 이루느니라"(롬 8:28) 예수님은 "이 기쁨을 빼앗을 자가 없다"(요 16:22)고 말씀하셨습니다.

우리 모두는 이 예수님을 영접하고 의지하여 이 평안을 누리십시다.

54.

기도의 응답

[요한복음 15:7]

"너희가 내 안에 거하고 내 말이 너희 안에 거하면 무엇이든지 원하는 대로 구하라 그리하면 주시리라"(요 15:7)

이 구절에 나타난 말씀은 "너희가 무엇이든지 구하면 주시겠다"는 놀라운 약속의 말씀입니다. 그렇다면 우리 믿는 사람들은 기도하면 무엇이나 다 응답을 받는 것입니까? 어떤 이들은 다 받는다고 하는 이들도 있습니다만 그렇지않은 경우도 많습니다. 우선 성경말씀에서 그 예를 찾아볼 수가 있습니다.

복음서를 보면 세베데의 아들 요한과 야고보는 그의 어머니와 함께 예수님께 나와서 무엇을 구하고 있었습니다. 예수님께서 너희가 무엇을 구하느냐고 물으시니 그 어머니가 하는 말은 주께서 영광으로 임하실 때에 나의 두 아들을 하나는 주의 오른편에 하나는 왼편에 앉게 하여 주옵소서라는 것이었습니다. 그때에 예수님은 "나의 마시는 잔을 너희가 마실 수 있느냐"라고 물으셨습니다. 그들은 "할 수 있나이다"라고 대답했고 예수님은 "너희가 내 잔을 마시려니와 내 좌우편에 앉는 것은 나의 줄 것이 아니라 아버지께서 누구를 위하여 예비하셨든지 그들이 얻을 것이니라"(마 20:21-23)고 하셨습니다. 결국 세베데의 아들들의 어머니의 기도는 응답을 받지 못했습니다. 우리 믿는 사람들은 기도하면 무엇이든지 다 받는 것이 아니라는 것은 그 사실만 보아도 알 수 있습니다. 아마 여러분들도 기도했으나 받지 못한 경험이 있으리라고 생각됩니다. 그 이유는 사도야고보의 말과 같이 정욕으로 쓰려고 잘못 구하기 때문입니다.(약 4:3)

무엇이든지 구하면 주신다고 하였는데 왜 내게는 주시지 않는 것일까? 이런 의문을 가지는 신자가 많습니다. 그런 의문으로 인해 하나님을 의심하며 낙심하는 이들도 있고 기도의 의욕을 잃고 마는 사람도 있습니다. 그러나 이 구절에 나타난 말씀을 주의 깊게 읽어보면 이런 말씀이 있습니다.

"너희가 내 안에 거하고 내 말이 너희 안에 거하면"이라는 말씀입니다. 우리가 예수님 안에 거하고 예수님의 말씀이 내 안에 거할 때 원하는 대로 구하면 다 주시겠다는 말씀입니다. 이것은 기도응답을 위한 조건입니다. 기도는 간절하게 해야 하고 열심히 해야 하지만 그렇다고 응답을 받는 것이 아닙니다. 그 이전에 우리가 예수님 안에 있고 예수님의 말씀이 우리 안에 거해야 합니다. 그것이 기도응답의 조건입니다.

1. 그렇다면 우리가 예수님 안에 있다는 것은 무엇을 의미합니까?

요 15장의 포도나무 비유는 "나는 포도나무요 너희는 가지니"라고 하여 예수님과 믿는 사람들이 하나되어야 한다는 것을 강조하는 장입니다. 범죄로 인하여 하나님에게서 멀리 떠나있던 우리가 가지가 포도나무에 붙어있듯이 예수님과 연합하여 하나가 될 때 기도의 응답을 받을 수 있는 조건이 성립되는 것입니다.

생소한 남녀간에 서로 도움을 주는 것과 부부간에 도움을 주는 것은 아주 차원이 다릅니다. 생소한 사람이라면 넘어졌을 때 일으켜 줄 수 있고 시내버스 요금이 없을 때 도와 줄 수는 있습니다만 옷을 한 벌 사준다거나 구두를 한 켤레사주는 일은 있을 수 없습니다. 그러나 두 사람이 결혼하여 부부가 되었다면 무엇이든지 다 줄 수 있게 됩니다. 우리는 하나님께서 그가 기뻐하시는 사람에게는 무엇이든지 아낌없이 주신 것을 성경에서 볼 수 있습니다.

하나님께서 아브라함에게 하신 일을 보십시다. 하나님께서는 갈대아 우르에서 아브라함을 부르시며 "너는 너의 본토 친척 아비 집을 떠나 내가 네게 지시할 땅으로 가라"고 하셨을 때, 아브라함은 하나님의 말씀에 순종하여 정들었던 고향과 친척을 버리고 하나님께서 지시하시는 남방으로 떠나갔습니다. 그는 결혼한 신부가 정든 친정을 버리고 남편을 따라 어디든지 가는 것과 같이 하나님만 의지하고 나아갔습니다. 그 후 하나님께서는 그가 요구하는 것만 아니라 구하지 않은 것까지 주셨습니다. 아브라함은 가나안 땅을 달라고 기도하지 않았으나 주셨습니다. 아들을 구하지 않았으나 이삭을 주셨습니다. 하나님은 자기와 가까운 사람에게는 아낌없이 주시는 분이십니다. 시 2:8을 보면 그리스도를 세상에 보내실 것을 예언하시며 "내게 구하라 내가 열방을 기업으로 주리니 네 소유가 땅 끝까지 이르리로다"라고 하였습니다. 하나님께서는 그의 사랑하시는 아들에게 구하는 대로 주시겠다고 약속하셨습니다. 하나님 안에 계셨던 예수님에게는 하늘과 땅의 모든 권세를 주셨습니다.

호세아서를 보면 하나님과 이스라엘 백성의 회복된 관계를 결혼에 비교하셨습니다. "내가 네게 장가들어 영원히 살되 의와 공변됨과 은총과 긍휼히 여김으로 네게 장가들며 진실함으로 장가들리니 네가 여호와를 알리라"(호 2:19-20) 그리고 그때에는 하나님께서 그들에게 풍족하게 응답해 주시겠다고 하셨습니다. "여호와께서 가라사대 그 날에 내가 응하리라 나는 하늘에 응하고 하늘은 땅에 응하고 땅은 곡식과 포도주와 기름에 응하고 또 이것들은 이스르엘에 응하리라"(호 2:21-22)고 하셨습니다.

사람이 예수를 믿는다는 것은 결혼과 같은 것입니다. 결혼하는 신부는 수 십년 함께 살아온 친정부모와 형제를 떠나고, 남편 한 분만 바라보고 의지하며 그분을 위해 살게 됩니다. 그렇기 때문에 나의 것이 다 남편의 것이 되며 또 남편의 것이 다 내 것이 되는 것입니다. 예수님 안에 거한다는 것은 이전에 의지하던 이 세상 것을 아브라함처럼 다 버리고 주님만 바라보며 주님의 영광을 위해 사는 것을 의미합니다. 예수님은 그런 사람들에게 무엇이든지 원하는 대로 구하라고 말씀하셨습니다.

2. 기도응답의 두 번째 조건은 "내 말이 너희 안에 거하면" 이라는 것입니다.

이 말씀은 무엇이든지 구하여 응답을 받으려고 하면 예수님의 말씀이 기도하는 사람 안에 거해야 한다는 것입니다.

예수님의 말씀은 예수님의 뜻입니다. 그러므로 예수님의 말씀이 우리 안에 거한다는 것은 예수님의 뜻을 아는 지식이 있음을 의미합니다. 하나님 앞에 기도할 때 가장 중요하게 생각해야 할 것은 그 간구의 내용이 하나님의 뜻과 일치하는 것인가 하는 것을 분간하는 것입니다. 그래서 예수님은 "뜻이 하늘에서 이룬 것 같이 땅에서도 이루어지이다" 라고 기도하라고 하셨고 겟세마네동산에서는 "내 뜻대로 마옵시고 아버지의 뜻대로 되기를 원하나이다" 라고 기도하셨습니다.

사람들은 하나님의 뜻보다 자기의 뜻대로 구하는 경우가 많이 있습니다. 구약시대의 선지자 발람에게서 자기의 정욕대로 하는 기도가 어떤 것인가를 볼 수 있습니다. 모압왕 발락은 이스라엘 백성이 자기나라 변방으로 몰려들 때 자기들의 힘으로는 막을 수 없는 것을 알고 선지자 발람에게 신하들을 보내어 이스라엘을 저주해달라고 하였습니다. 발람은 하나님의 허락을 받아야 할 수 있다고 하며 지시를 기다렸고 하나님께서는 "너는 그들과 함께 가지도 말고 그 백성을 저주하지도 말라 그들은 복을 받은 자니라" (민 22:12)고 말씀하셨습니다. 그러나 모합왕이 다시 존귀한 신하들을 보내며 왕이 그대를 크게 존귀케 하여 주겠다고 한다고 하였을 때 발람은 신하들에게 "이 밤에 여기서 유하라 여호와께서 내게 무슨 말씀을 더

하실는지 알아 보리라"(민 22:19)고 하였는데 하나님께서는 그 밤에 나타나셔서 "그 사람들이 너를 부르러 왔거든 일어나 함께 가라"(민 22:20)고 하셨습니다. 발람의 이런 태도를 보면 발람은 하나님의 뜻을 따라 기도한 것이 아니라 발락왕의 환심을 얻어 그가 제시한 예물을 받으려고 한 것을 알 수 있습니다. 선지자 발람은 결국 이스라엘을 패하게 하기위해 이스라엘 앞에 올무를 놓았고(계 2:14) 이스라엘 군대의 칼에 죽고 말았습니다(민 31:8).

예수님의 말씀이 우리 안에 있지 않으면 우리의 소원과 기도가 다 하나님의 뜻과 다른 것이 됩니다. 그리고 그 구한 것을 얻는다고 해도 하나님께 영광이 되지 않으며 자신에게도 해로운 것이 됩니다. 그러므로 하나님께서는 그런 기도를 응답하지 않으십니다.

예수님께서 "원하는 대로 구하라 다 이루어 주시리라" 하신 이 기도의 특권은 사람의 사욕을 채우기 위해서 주신 것이 아닙니다. 하나님께서 그런 특권을 우리에게 주신 이유는 기도를 통해 하나님의 뜻을 이루어 하나님께서 영광을 받으시게 하려는 것입니다. "너희가 내 이름으로 무엇을 구하든지 내가 시행하리니 이는 아버지로 하여금 아들을 인하여 영광을 얻으시게 하려 함이라"(요 14:13)라고 하였습니다.

우리가 무엇이든지 구하는 것을 응답 받기 위해서는 예수님 안에 있어야 하고 또한 예수님의 말씀이 우리 안에 있어야 합니다.

그러면 어떻게 우리가 예수님 안에 있고 그의 말씀이 우리안에 있는 그것을 알 수 있습니까? 우리는 그의 보내신 성령을 통해 내가 예수님 안에 있는 것과 그의 말씀이 내 안에 거하심을 확신하게 됩니다. "그 날에는 내가 아버지 안에, 너희가 내 안에, 내가 너희 안에 있는 것을 너희가 알리라"(요 14:20)고 하셨습니다. 이렇게 주님 안에서 구할 때 무엇이나 다 얻을 수 있습니다. 조지뮬러는 한평생 고아원을 경영하며 어려울 때마다 기도하였는데 5만번이나 응답을 받았다고 하였습니다. 우리에게도 그와 같은 기도의 응답이 있기를 바랍니다.

55.

열매 맺는 가지가 되자

[요한복음 15:1-8]

"내가 참 포도나무요 내 아버지는 그 농부라 무릇 내게 있어 과실을 맺는 가지는 더 과실을 맺게 하려하여 이를 깨끗케 하시느니라"(1-2)

우리집 정원에는 어린 배나무와 사과나무가 있었습니다. 유실수를 심으면 보기에 좋을 거라 생각하고 심었습니다. 나무를 심은 후 3년간이나 해마다 여름이 되면 열매가 여는가 하고 거의 매일같이 들여다 보았습니다. 그러던 어느날 사과나무에 꽃이 피며 작은 열매가 열릴 때 무척 기뻤습니다. 그러나 배나무는 무슨 이유인지는 몰라도 전혀 자라지도 않고 열매도 열리지 않았습니다. 4년이 되어도 열매가 없자 이런 나무는 심어둘 필요가 없다고 생각하여 뽑아보니 뿌리가 거의 죽어있었습니다.

나는 그것을 보며 예수님이 하신 말씀 "나는 포도나무요 너희는 가지니"(요 15:5)라고 하신 말씀이 생각났습니다. 하나님께서는 그리스도에게 속해 있는 우리 가지들이 열매를 맺기를 기대하고 계시는 것입니다. 우리도 과실을 맺는 가지가 되어야 하겠습니다.

1. 과실은 무엇을 가리킵니까?

본문 17절을 보면 "내가 너희에게 명함은 너희로 서로 사랑하게 함이라" 고 말씀하신 것을 볼 때 그 열매는 사랑이라는 것을 알 수 있습니다.

나무의 열매는 여러 가지가 있습니다. 사람이 먹을 수 없는 가시나무 열매도 있고 먹을 수는 있다고 해도 맛이 없는 머루와 같은 과실도 있습니다. 우리 믿는 사람들은 참 포도나무이신 예수님에게 속한 가지이니 참 포도와 같은 사랑의 열매를 맺어야 한다는 말씀입니다.

비오는 어느날 아라바마의 고속도로에는 비를 맞고 서 있는 흑인여인이 히치하이킹을 하려고 애를 썼으나 좀처럼 차를 세워주는 사람이 없었습니다. 그런데 한 백인 남자는 차를 세우고 그를 태워 가스 스테이션까지 인도했고, 택시를 불러 목적지까지 가게 하였습니다. 그녀는 백인남자의 이름과 주소를 적고 고맙다는 인사를 하고 떠났습니다. 그로부터 열흘이지난후 그 백인 남자의 집 문을 두드리는 사람이 있었습니다. TV상점에서 왔노라고 하며 대형 TV한 대를 들여놓았습니다. TV와 함께 전하는 편지내용은 이러했습니다. "나는 그날 밤 몸만 아니라 마음까지 비에 젖어 있었습니다. 당신의 도움이 아니었다면 나는 남편의 임종도 보지 못할 번 했습니다. 당신의 사랑을 진심으로 감사합니다" Mrs.Net Kincall라고 적혀 있었다고 합니다. 작은 사랑은 타인에게 큰 도움이 되며 다른 이의 마음에 길이 남게 하고 사람들의 삶에 풍요를 가져다 줍니다. 예수님은 "내가 너희를 사랑한 것 같이 너희도 서로 사랑하라"(요 15:12)고 하셨고 사도요한은 "자녀들아 우리가 말과 혀로만 사랑하지 말고 오직 행함과 진실함으로 하자"(1요 3:18)라고 하였습니다.

2. 과실을 맺어야 할 이유

"무릇 내게 있어 과실을 맺지 아니하는 가지는 아버지께서 이를 제해 버리시고 무릇 과실을 맺는 가지는 더 과실을 맺게 하려 하여 이를 깨끗케 하시느니라"(2)

이 말씀은 과실을 맺어야 할 충분한 이유를 설명하고있습니다. 그 이유는 과실을 맺지 아니하면 아버지께로부터 제하여 버림이 된다는 것과 과실을 맺으면 더욱 깨끗케 함을 받는다는 것입니다.

1) 과실을 맺지 아니하면 아버지께서 이를 제해 버리십니다. 이 일은 유대민족의 역사를 통해 잘 증명되고 있습니다.

이사야서를 보면 하나님께서는 이스라엘 백성을 포도원에 비교하시며 기름진 산에 포도원을 만들고 돌을 제하고 극상품 포도나무를 심고 망대를 세우고 술 틀을 파고 좋은 포도 맺기를 바랐더니 들포도를 맺었도다 라고 탄식하시며 그러므로 "내가 그 울타리를 걷어 먹힘을 당하게 하며 그 담을 헐어 짓밟히게 할 것이요…"(사 5:1, 2, 5)라고 하였습니다.

그것은 비유로 하신 말씀인데 하나님께서는 이스라엘 백성으로 공평과 의의 열매를 맺는 백성을 삼으려고 그들을 애굽에서 인도하여 젖과 꿀이 흐르는 기름진 가나안 땅을 기업으로 주셨던 것입니다. 그러나 그들은 하나님께서 원하시는 "공평과 의"(7)의 열매를 맺지 않고 도리어 포악과 부르짖음의 악한 열매를 맺음으로 그들을 이방나라에 짓밟힘이 되게 하시겠다는 말씀입니다.

유대민족의 역사는 그 예언대로 되었습니다. 나라는 유다와 이스라엘로 분열되었습니다. 그리고 북방이스라엘은 주전 721년에 앗수르로 인해 멸망하였고, 남방유다는 주전 586년에 바벨론에 의해 포로가 되었습니다.

고레스왕 때에 그들은 자유를 얻어 예루살렘으로 돌아왔으나 또 다시 타락하므로 그로부터 약 600년 후 세례요한은 유대광야에 나타나서 "이미 도끼가 나무 뿌리에 놓였으니 좋은 열매 맺지 아니하는 나무마다 찍어 불에 던지우리라"(마 3:10)고 경고하였고, 예수님은 유대인들에게 "하나님의 나라를 너희는 빼앗기고 그 나라의 열매 맺는 백성이 받으리라"(마 21:43)고 하셨습니다. 유대인들은 회개의 합당한 열매를 맺지않다가 주후 70년 예수님의 예언 하심과 같이 로마나라에 의해 나라를 잃고 유리하는 백성이 되었던 것입니다. 하나님은 열매 맺지 않는 민족이나 개인을 그냥 두지 아니하시고 벌하시는 하나님이십니다.

2) 그러나 "과실을 맺는 가지는 더 과실을 맺게 하려하여 이를 깨끗케 하시느니라"(2)고 하셨습니다.

과실나무에 대한 농부의 기대는 한이 없는 것입니다. 어떤 농부가 어느 정도 열매가 열면 족하다고 생각하겠습니까 되도록 더 많은 열매가 열기를 바라는 것이 농부의 심정일 것입니다. 하나님의 마음도 그러합니다. 하나님은 성도가 하나님께서 기뻐하시는 열매를 맺을 때 더 맺기 위해 이를 깨끗케 하신다고 하였습니다. 깨끗케 함은 농부가 전정을 하거나 벌레를 소독하는 것을 의미하는데 그것은 농부가 과수를 아끼기 때문에 하는 일입니다. 하나님께서는 성도가 열매를 맺기 위해 때로는 거름을 주듯이 많은 축복을 주기도 하시며, 때로는 아직 부족한 점을 깨끗케 하기위해 징계도 하십니다. 그러나 징계도 과실을 더 많이 맺게 하시려는 하나님의 사랑의 결과인 것임을 깨닫고 더욱 열매 맺는 성도가 되려고 힘써야 하겠습니다. 히브리서의 저자는 "내 아들아 주의 징계하심을 경히 여기지 말며 그에게 꾸지람을 받을 때에 낙심하지 말라 주께서 그 사랑하시는 자를 징계하시고 그의 받으시는 아들마다 채찍질하심이니라"(히 12:5-6)고 하셨습니다.

3) "너희가 과실을 많이 맺으면 내 아버지께서 영광을 받으실 것이요 너희가 내 제자가 되리라"(8)고 하셨습니다.

농부들은 가을에 무르익은 곡식을 바라보며 "먹지 않아도 배부르다"라고 만족감을 표시합니다. 먹지 않아도 배부른 그 만족감은 농사를 지어보지 않은 사람은 느낄 수 없는 감정이라고 생각됩니다. 그와 같이 성도들이 하나님의 기뻐하시는 사랑의 열매를 맺을 때 사람들은 하나님께 영광을 돌리게 되고 하나님께서는 그런 기쁨을 얻으시게 됩니다.

3. 그러면 어떻게 과실을 맺을 수 있습니까?

“너희가 내 안에 거하고 내 말이 너희 안에 거하면 무엇이든지 원하는 대로 구하라 그리하면 이루리라” (7)고 하셨습니다.

과실을 맺어야 할 이유를 말씀하신 예수님은 그 과실을 맺는 방법을 가르쳐주십니다. 이 말씀이 보여주는 것은 과실을 많이 맺으려면

1) 너희가 내 안에 거하고 내 말이 너희 안에 거해야 한다는 것입니다.

이것은 자동차와 운전자와의 관계와도 같습니다. 자동차를 운전할 때 운전자는 자동차 안에 있습니다. 그러나 또한 자동차는 운전자의 손안에 있습니다. 그렇게 될 때 자동차는 운전자의 원하는 방향으로 갈수 있게 됩니다. 믿는 사람들이 과실을 맺으려면 먼저 예수님과 이런 관계가 이루어져야 합니다. 우리는 믿음으로 예수님 안에 있게 됩니다. 그러나 그것만으로 열매를 맺게 되는 것은 아닙니다. 예수님의 말씀이 우리 안에 거하여 운전자가 자동차를 운전하듯이 우리를 조종하게 되어야 합니다. 사랑의 열매는 그렇게 될 때 맺게 됩니다.

2) 다음은 기도로 되어집니다.

“무엇이든지 원하는 대로 구하라 그리하면 이루리라” 고 하셨습니다. 본문의 “무엇이든지 원하는 대로 구하라” 는 말씀은 과실을 맺는 문제와 관계되어있습니다. 우리가 하나님의 원하시는 사랑의 열매를 맺으려 할 때 우리 편에서 할 일이 있다는 것을 의미합니다.

그것은 사랑의 열매를 맺기 위해 구해야 한다는 것입니다.

사랑의 열매를 맺기 위해 필요한 것은 우리자신이 예수님 안에 거하는 것과 예수님의 말씀이 우리 안에 있어야 하며 사랑을 실천할 수 있는 성령님의 도움이 있어야 합니다. 그리고 사랑을 실천하지 못하는 자신을 날마다 뉘우쳐야 합니다. 이런 모든 것을 위해 기도해야 한다는 것입니다.

우리는 육신의 필요를 위해 많은 기도를 하고 있습니다. 그러나 이 사랑의 열매를 맺기 위해 얼마나 기도하고 있습니까?

56.

세상에서 미움 받는 성도

[요한복음 15:15-18]

예수님은 위에서 제자들에게 열매 맺는 포도나무가지가 되어야 한다고 말씀하셨습니다. 그리고 사랑의 계명을 지키라고 분부하셨습니다. 문맥을 보면 예수님이 말씀하신 포도나무의 열매는 사랑이라는 것을 알 수가 있습니다. 그리고 예수님은 이 세상은 미움의 세상이며 제자들이 이 세상에서 미움을 받게 되는 이유와 믿는 사람들이 세상에서 미움을 받을 때 어떠한 마음의 자세를 가져야 하는가를 가르치셨습니다. 사실 예수님의 제자 된 그리스도인들은 12제자들을 비롯하여 많은 성도들이 세상에서 미움을 받으며 살아왔습니다. 미움에 대해 설명하려고 하니 어렸을 때 학교에서 당했던 일이 떠오릅니다. 전도사였던 나의 아버지는 교회를 핍박하던 일본경찰을 피해 중국으로 가서 길림성 하구태라고 하는 곳의 작은 한인교회를 시무 하셨고 나는 한인교포학교에 다니게 되었었습니다. 학생들은 내가 전도사의 아들이라는 것을 알자 나에게 "여시꼬랑데기"(경상도 사투리로 여우를 여시라고 함으로 예수 믿는 사람을 낮추는 말)라는 별명을 붙여주었습니다. 어떤 때는 여시꼬

랑데기 잡자고 하며 나의 머리를 잡아당겨 아파서 비명을 지르면 애들은 좋아라고 으하하 하며 웃었습니다. 나는 그런 모독을 당하지않으려고 애들에게 좀더 잘 대했지만 막무가내였습니다. 왕따를 당한 것이었습니다. 믿는 사람들이 이 세상에서 미움을 받는다고 하신 말씀은 세상에서 왕따를 당한다는 것과 같은 말씀입니다. 만일 어떤 사람이 한곳 두 곳도 아니고 한번 두 번도 아니고 가정에서 이웃에서 학교에서 사회생활에서 직장에서 왕따를 당한다면 그 삶이 얼마나 고달프겠습니까? 그러나 그것은 믿는 사람들이 당하는 고난입니다. 그리고 때로는 큰 환난으로 바뀌기도 합니다.

1. 그리스도인들이 세상에서 미움을 받는 이유

믿는 사람들이 이 세상에서 미움을 받는 이유는 무엇입니까? 예수님은 그 이유를 다음과 같이 말씀하십니다. "세상이 너희를 미워하면 너희보다 먼저 나를 미워한 줄을 알라" (18)

사람들이 믿는 사람들을 미워하는 근본 이유는 그들이 먼저 예수님을 미워하기 때문이라는 것입니다. 그렇다면 사람들은 왜 예수님을 미워하였습니까? 요 3:19-20을 보면 "그 정죄는 이것이니 곧 빛이 세상에 왔으되 사람들이 자기 행위가 악하므로 빛보다 어두움을 더 사랑한 것이니라 악을 행하는 자마다 빛을 미워하여 빛으로 오지 아니하나니 이는 그 행위가 드러날까 함이요" 라고 하였고, 예수님은 아직 그를 믿지않는 그의 형제들에게 "세상이 너희를 미워하지 못하되 나를 미워하나니 이는 내가 세상의 행사를 악하다 증거 함이라"(요 7:7)고 하셨습니다.

성경말씀은 의를 빛에 비교하고 악은 어두움에 비교하였습니다. 그것은 이사야가 "나는 시온의 공의가 빛 같이, 예루살렘의 구원이 횃불 같이 나타나도록 시온을 위하여 잠잠하지 아니하며 예루살렘을 위하여 쉬지 아니할 것인즉…"(사 62:1)이라고 한 것과 사도요한이 "빛이 어두움에 비치되 어두움이 깨닫지 못하더라"(요 1:5)고 한 말씀에 잘 나타나 있습니다. 예수님은 어두운 죄 가운데서 살고있는 세상 사람들의 죄를 드러내어 회개하게 하기 위해 오셨습니다. 그러나 사람들은 빛보다 어두움을 더 좋아하므로 빛을 미워하게 된 것입니다.

믿는 사람들이 이 세상에서 미움을 받는 이유도 예수님이 미움을 받은 것과 같은 이유입니다. 요한번연이 저술한 "천로역정"에 등장하는 기독도가 허화시를 통과하게 되었을 때의 일입니다. 허화시에는 사람이 좋아하는 모든 것이 진열되어 있었는데 재물, 명예, 지위 심지어 사람의 영혼까지도 매매하였고 사람들은 그것들을 사라고 권하였습니다. 그러나 기독도는 "우리는 진리를 사오"라고 하며 거절하자 허화시 사람들은 그의 입은 옷과 말이 다른 것을 보고 이방인으로 취급하였습니다. 유유상종(類類相從)이란 말과 같이 사람들은 같은 유의 사람끼리 사귀게 되어 있습니다. 믿는 사람들은 이미 주님의 부르심을 받아 물과 성령으로 거듭났고 주님의 말씀을 받아 의의 길을 따라가는 사람들입니다. 믿는 사람들의 말과 행동은 나타나게 되어 있습니다. 그러므로 이 세상은 자기들에게 속하지 않았다는 이유에서 미워하게 됩니다. 그래서 사도요한은 "형제들아 세상이 너희를 미워하거든 이상히 여기지 말라 우리가 형제를 사랑함으로 사망에서 옮겨 생명으로 들어간 줄을 알거니와 사랑치 아니하는 자는 사망에 거하느니라"(1요 3:13-14)고 하였습니다. 믿는 사람은 이 세상에서 미움을 받는 일로 낙심하지 말아야 합니다. 그 이유는 그것이 우리가 빛 되신 그리스도에게 속했다는 증거이며 어두움의 세상과 동류가 아니라 어두움과 사망에서 생명으로 옮겨진 증거이기 때문입니다.

2. 미움을 받을 때의 자세

1) 예수님은 "나를 인하여 너희를 욕하고 핍박하고 거짓으로 너희를 거스려 모든 악한 말을 할 때에는 너희에게 복이 있나니 기뻐하고 즐거워하라 하늘에서 너희의 상이 큼이라 너희 전에 있던 선지자들을 이같이 핍박하였느니라"(마 5:11-12)고 하셨습니다.

전도의 대가 최권능 목사로 알려진 고 최봉석 목사님은 일본형사에게 취조를 받으며 매를 맞을 때 묵묵히 참고 있다가 매질이 그치자 형사에게 형사님 좀 더 때리시오 라고 하였다고 합니다. 이상하게 여긴 형사는 왜 그러느냐고 묻자 최목사님의 대답은 매 한대 더 맞으면 하늘의 상이 그만큼 더 많아지는데 왜 더 맞지 않겠는가 라고 좀 더 때려달라고 하자 멋쩍어진 형사는 미친놈이라고 하며 때리지 않았다고 합니다. 박명순이라는 권사님은 일본인들이 지배하던 시절 예수님의 이름으로 옥에 갇혀 매를 맞으면서 예수님이 맞으시던 매를 비천한 내가 맞는구나 하는 생각을 하며 감격하여 울었다고 합니다. 그는 "주 예수 당한 고난을 못 잊을 죄인아"라는 찬송을 "못 잊을 명순아"로 고쳐 부르며 감격했었다고 하였습니다. 아마 자유세계에서 살고 있는 우리는 예수님의 이름으로 옥에 갇히는 일은 없을런지 모릅니다. 그러나 이 세상은 어두움의 세상이기 때문에 세상에서 미움을 받지 않는다고 말할 수는 없습니다. 믿는다는 이유로 가정에서 미움을 받을 수도 있고 학교나 직장에서 미움을 받을 수도 있습니다. 우리는 미움과 핍박을 받을 때 참으며 하늘의 상을 바라보아야 하겠습니다.

2) 그리고 미워하는 세상을 위해 기도해야겠습니다.

"그러나 사람들이 내 이름을 인하여 이 모든 일을 너희에게 하리니 이는 나 보내신 이를 알지 못함이니라"(15:21)고 하였습니다. 알지 못하고 짓는 죄도 죄이지만, 하나님께서는 그런 죄에 대해 회개할 기회를 주시며 회개할 때 용서하여 주십니다. 사도바울은 자신이 알지 못할 때에 지은 죄를 용서함 받은 일에 대해 다음과 같이 말하고 있습니다. "전에는 훼방자요 핍박자요 포행자이었으나 도리어 긍휼을 입은 것은 내가 믿지 아니할 때에 알지 못하고 행하였음이라"(딤전 1:13)라. 하나님의 긍휼은 넓고 크시므로 착한 사람만 아니라 악한사람, 심지어 믿는 사람들을 미워하고 핍박하는 사람까지도 회개할 때 영접하시며 하나님의 일꾼으로 사용하십니다. 예수님은 그런 사랑을 아시므로 자기를 십자가에 못 박는 사람들을 위해 "저희를 사하여 주옵소서 자기의 하는 것을 알지 못함이니이다"(눅 23:34)라고 기도하셨고, 순교자 스데반도 자기를 돌로 치는 사람들을 위해 큰 소리로 "주여 이 죄를 저들에게 돌리지 마옵소서"라고 기도하였습니다.(행 7:60) 이 기도들은 헛되지않고 응답되었습니다. 예수님을 십자가에 못박던 많은 사람들은 오순절에 성신 강림 하심으로 "형제들아 우리가 어찌할꼬"(행 2:37)라고 하며 회개하여 하나님의 쓰시는 일꾼들이 되었고, 스데반의 기도한대로 사울은 회개하여 이방의 사도가 되었습니다. 지금도 우리 믿는 사람들은 이 세상으로부터 미움을 받는 경우가 있습니다. 혹은 직장 상사나 동료에게서 혹은 가정 식구나 친척에게서 혹은 동창이나 이웃에게서 미움을 받을 수가 있습니다. 그러나 우리는 예수님과 스데반을 본받아 그들을 위하여 기도해야 하겠습니다. 그 이유는 세상 사람들은 자기의 하는 것을 알지 못하여 성도들을 미워하는 것이며 또 그 사람들이 바울과 같이 하나님이 빼신 그릇인지 우리는 알 수 없기 때문입니다.

57.

보혜사의 책망

[요한복음 16:7-12]

"그가 와서 죄에 대하여, 의에 대하여, 심판에 대하여 세상을 책망하시리라"(8)

본문에 "책망"이라고 번역된 단어는 헬라어 에렉세이(ELECSEI)라는 말인데 어거스틴은 이 말이 convictio 즉 신념을 의미하는 말이라고 하였습니다. 그렇다면 성령님이 오셔서 죄에 대해, 의에 대해, 심판에 대해 세상을 책망한다는 말씀은 사람들에게 죄와 의와 심판이 무엇인가를 가르쳐서 확신을 갖게 하신다는 말씀입니다.

하나님께서는 범죄로 인하여 멸망의 운명에 처한 인생들을 구원하시기 위해 예수 그리스도를 세상에 보내어 그를 믿음으로 구원을 얻게 하셨습니다. 그러나 그리스도를 믿기 위해서는 그리스도에 대한 증거가 필요하였습니다. 그래서 하나님께서는 여러 가지 방법으로 그리스도를 증거 하십니다. 사도요한은 "오직 이것을 기록함은 너희로 예수께서 하나님의 아들 그리스도이심을 믿게 하려 함이요 또 너희로 믿고 그 이름을 힘입어 생명을 얻게 하려 함이니라"(요 20:31)고 하였는데 이 말씀을 보면 요한복음을 기록한 목적은 예수님이 하나님의 아들되심과 구주되심을 증거하기 위함이라는 것을 알 수 있습니다. 사도요한은 예수님께 대한 여러 가지 증거를 가르치고있습니다. 그 증거들을 보면 세례요한의 증거(요 1:7), 하나님의 직접적인 증거(요 8:18, 1:33), 예수님 자신의 증거(요 8:14), 사도들의 증거(요 15:27), 성령님의 증거입니다. 그러나 그 여러 가지 증거 중에 성령님의 증거는 가장 귀중합니다. 그 이유는 다른 증거들은 객관적 증거들이지만 성령의 증거는 믿는 사람들의 마음에 내재하여 확신을 일으켜주는 증거이기 때문입니다.

예수님은 성령님이 오시면 다음 몇 가지에 대한 확신을 주신다고 하셨습니다.

1. 보혜사 성령님은 먼저 죄에 대해 확신을 가지게 하십니다

"죄에 대하여서라함은 저희가 나를 믿지 아니함이오"라고 하셨습니다. 성령님은 오셔서 사람들이 죄를 깨달아 무엇이 죄인가를 알게 하십니다. 누가복음을 보면 드라크마 하나를 잃은 여인이 불을 켜고 집을 쓸며 찾도록 찾는다고 하였습니다. 그것은 성령님의 하시는 일을 보여주는 말씀입니다. 성령님은 오셔서 먼저 사람들의 마음을 비추어 죄를 발견하여 회개하게 하십니다. 그러므로 다윗은 성령에 비침을 받았을 때 "내 죄가 머리털보다 많으므로 낙심하였나이다"라고 하였고 이사야는 "화로다 나여 망하게 되었도다"라고 하였으며 세리는 눈을 들어 하늘을 우러러 보지 못하고 "나는 죄인 이로소이다"라고 하였고 바울은 자신이 "죄인 중 괴수라"고 하였고 베드로의 설교를 들은 무리들은 "형제들아 우리가 어찌할꼬"라고 부르짖었습니다. 이것을 보아 성령님이 오셔서 하시는 일은 죄를 깨닫게 하는 일이라는 것을 알 수 있습니다. 그러므로 성령님이 역사하시는 곳에는 회개의 역사가 일어납니다. 이유는 성령님은 예수님을 믿지 않는 것이 죄라고 하는 것을 확신 시켜 주시기 때문입니다.

사람들은 죄를 말할 때 살인이나 간음이나 그 외에 세상 법률을 위반하는 것이 죄라고 생각하는 경우가 많습니다. 물론 그런 것도 죄인 것만은 사실이지만 그보다 더 큰 죄는 하나님을 믿지 않고 그 아들 예수를 믿지 않는 것입니다. 인류의 시조 아담이 범죄한 것을 보면 여인이 뱀의 말을 듣고 선악과를 보았을 때 "먹음직도 하고 보암직도 하고 지혜롭게 할 만큼 탐스럽기도 한 나무"(창 3:6)로 보여 선악과를 따먹었다고 하였습니다. 여자가 그런 유혹을 받아 선악과를 따먹은 것이 죄였다는 것은 변명의 여지가 없는 일입니다. 그러나 그 죄보다 더 큰 죄는 하나님을 불신한 죄입니다. 만일 여자에게 하나님께 대한 강한 신뢰가 있었다면 마귀의 말을 듣지 않았을 것이고 선악과에 대한 매력도 느끼지 않았을 것입니다. 아담과 하와는 자기를 창조하시고 좋은 것을 공급하시는 선하신 하나님의 하신 말씀에 대해 믿지않았기 때문에 선악과를 따먹는 죄를 지었던 것입니다.

그러므로 외부에 나타난 죄보다 마음에 하나님을 믿지 않는 죄가 더 큰 죄입니다. 사도바울은 로마서에 있는 그의 죄론에서 사람들의 모든 죄를 지적하기에 앞서 하나님을 불신하는 죄를 먼저 지적하였습니다. 사람들이 우상숭배 하거나 음행 하거나 각종 부도덕한 죄를 짓게 되는 근본원인은 하나님을 믿지 않는데 있기 때문입니다. 믿지 않는 것은 죄의 모체가 되는 가장 큰 죄입니다. 오늘에도 각종 죄의 근원은 하나님을 믿지 않는 데서부터 시작됩니다. 그러므로 믿지 않는 죄를 먼저 회개해야 합니다.

그런데 예수님은 "죄에 대하여라 함은 저희가 나를 믿지 아니함이오"라고 하여 예수님을 믿지 않는 것이 죄라고 하셨습니다. 하나님을 믿지 않는 것이 죄라면 예수님은 왜 자기를 믿지 않는 것이 죄라고 말씀하십니까? 그 이유는 하나님께서 사람들에게 그리스도를 믿음으로 말미암아 구원을 얻게 하는 제도를 두셨기 때문입니다.(롬 2:26) 세상 사람들은 아담 안에서 타락하였고 하나님의 영광에 이르지 못했습니다. 그러나 긍휼이 풍성하신 하나님께서 예수님을 보내셔서 십자가를 대신 지게 하시고 그를 믿음으로 전에 지은 모든 죄를 사하시고 구원 얻게 하셨습니다. 그것이 율법의 제도입니다.(롬 8:4) 그러므로 그리스도를 믿지 않는 것은 하나님의 인자하심과 용납 하심과 길이 참으심의 풍성함을 멸시하는 가장 큰 죄가 되는 것입니다. 성령님은 오셔서 이 사실을 확신 시켜 주십니다. 그러므로 성령님의 증거를 받는 사람은 믿지 않는 것이 가장 무서운 죄이며 구원 얻을 다른 길이 없다는 것을 확신하게 됩니다.

2. 성령님은 의에 대한 확신을 갖게 하십니다.

"의에 대하여라 함은 내가 아버지께로 가니 너희가 다시 나를 보지 못함이요"(10) 어떤 이슬람교 신자는 기독교인에게 자기들의 종교가 우수하다는 것을 증명하기위해 "우리 이슬람교는 메카에 가면 교주 모하멧의 무덤이 있는데 당신네 종교는 예루살렘에 가도 그런 무덤이 없지 않느냐?"고 질문을 하였다고 합니다. 그때 기독교인은 대답하기를 "그것이 바로 우리 기독교가 탁월하다고 하는 증거입니다. 왜 그런고 하면 모하멧은 사람이므로 죽어 무덤에 묻히고 살아나지 못했으니 무덤이 있습니다. 그러나 우리들의 구주 예수님은 죽은 후 3일 만에 부활하여 하늘로 올라가셨기 때문에 무덤이 필요가 없습니다"라고 대답했다는 것입니다. 예수님은 십자가에 죽으시고 아리마대 요셉의 새 무덤에 묻히셨다가 3일만에 부활하셨고 40일 후 감람산에서 하늘로 승천하여 아버지께로 가셨습니다. 그렇게 하므로 예수님께 맡겨졌던 사명을 끝내신 것입니다.

이 예수님의 죽음과 부활은 큰 의미를 가지고 있습니다. 사도바울은 "예수는 우리 범죄 함을 위하여 내어줌이 되고 또한 우리를 의롭다 하심을 위하여 살아나셨느니라"(롬 4:25)고 하였습니다. 예수님이 십자가에서 죽으신 것은 우리의 죄를 지고 죽으신 것이며 하나님께서 예수님을 부활시키신 것은 예수님을 의롭게 보실뿐 아니라 예수님 안에 있는 사람(믿는 사람)들도 의롭다 하시기 위해 하신 일이라고 하였습니다. 성령님은 오셔서 예수님이 죽으심은 나의 죄를 위해 죽으셨고 하나님께서는 그 예수님을 의롭게 보시고 다시 살리셨으니 나도 의롭다 함을 얻었다고 하는 확신을 갖게 하십니다. 그러므로 성령 받은 초대교회 성도들을 보면 그들은 죄인으로 산 것이 아니라 의인으로 산 것을 볼 수 있습니다. 의인처럼 기쁨이 있었고 의인처럼 담대하고 의인처럼 죄를 미워하였습니다. 그 이유는 성령님은 의를 확신케 하시기 때문입니다.

3. 성령님은 마귀는 심판을 받았다는 것을 확신 시켜 주십니다.

"심판에 대하여라 함은 이 세상 임금이 심판을 받았음 이니라"(11)고 하였습니다.

예수님은 요한복음에서 마귀를 이 세상 임금이라고 세 번 말씀하셨습니다.(요 12:31, 요 14:30, 요 16:11) 마귀를 이 세상 임금이라고 하시는 이유는 아담이 타락한 이후 마귀는 아담의 후손인 이 세상 모든 사람들을 지배하고 있기 때문입니다. 그러나 예수님이 오셔서 십자가를 지시고 속죄하시므로 마귀는 심판을 받게 된 것입니다. 계시록 12장을 보면 붉은 용 마귀가 철장을 가지고 만국을 다스릴 남아를 삼키려고 하다가 그 아이를 하늘로 올려가니 그 뜻을 이루지 못했고, 그 후 붉은 용은 천사장 미가엘로 더불어 싸우다가 하늘에서 있을 곳을 얻지 못하고 땅으로 내어 쫓겼다고 하였습니다. 그 환상은 예수님의 십자가로 말미암아 마귀는 심판을 받아 땅으로 쫓겨난 것을 보여주는 것입니다.

예수님의 십자가로 말미암아 마귀가 심판을 받았다고 하는 것은 다음의 몇 가지로 증명할 수 있습니다. ① 예수님이 오시기전 마귀는 하나님의 아들들의 회의에 참여할 수 있었으나(욥 1:6) 십자가로 말미암아 하늘에서 땅에 쫓겨났습니다.(계 12:8) ② 예수님이 오시기전엔 마귀가 온 천하를 미혹하였으나, 예수님이 오신 후에는 온 세상을 미혹하지 못하게 되었고(계 12:9) ③ 예수님이 오시기 전엔 성도라도 참소하였으나(스 3:1) 예수님이 오신 후에는 성도를 비난하지 못하게 된 것입니다.(계 12:10) 사도바울은 "누가 능히 하나님의 택하신 자들을 송사하리요 의롭다 하신 이는 하나님이시니"(롬 8:33)라고 하였고 사도요한은 "하나님께로서 난 자마다 범죄치 아니하는 줄을 우리가 아노라 하나님께로서 나신 자가 저를 지키시매 악한 자가 저를 만지지도 못하느니라"(1요 5:18)라고 하였습니다.

천로역정을 보면 기독도가 천성길을 갈 때 겁쟁이라고 하는 이름을 가진 두 사람이 허겁지겁 달려와서 기독도에게 하는 말이, 저 앞에 사자 두 마리가 있으니 천성길은 더 이상 갈 수 없다고 하며 돌아가자고 했습니다. 그러나 기독도는 천성길을 가다가 사자가 있다고 돌아가서는 안 된다고 하며 앞으로 한걸음씩 전진해갔습니다. 가까이 가니 사자가 으르렁 대지만 더 이상 나오지 못하므로 자세히 보니 사자들의 발목이 매어 있어 정도로만 가면 해하지 못하게 되어 있었습니다.

하나님께서는 예수님의 속죄 하심으로 마귀를 심판 하셨습니다. 하늘에서 땅으로 쫓아내셨고 복음을 전파하여 만국을 미혹하지 못하게 하셨고 하나님의 자녀들은 보혈로 씻은 세마포를 입게 하여 참소하거나 접근하지 못하게 하셨습니다. 그러므로 예수님의 십자가는 마귀에 대한 심판이며 믿는 사람들의 해방입니다. 성령님은 오셔서 마귀가 이미 심판을 받았다는 것을 확증해 주십니다.

58.

보혜사의 또 다른 사역

[요한복음 16:12-27]

"내가 아직도 너희에게 이를 것이 많으나 지금은 너희가 감당치 못하리라 그러하나 진리의 성령이 오시면 그가 너희를 모든 진리 가운데로 인도하시리니……"

예수님은 성령님을 또 다른 보혜사라고 부르셨습니다.(요 14:16) 그 말씀이 의미하는 것은 예수님 자신은 보혜사였는데 이제 자신은 떠나시고 자기의 하신 일과 같은 일을 하시는 분을 보내시겠다는 말씀입니다. 성령님은 예수님처럼 화육하여 오셔서 속죄하신 것은 아니지만 예수님과 같은 목적으로 사람들에게 오셔서 보호하며 은혜를 베푸시는 분이십니다. 윗부분의 말씀에서 우리는 성령님께서 어떠한 일을 하시는가 살펴보았습니다. 성령님은 사람들의 마음에 믿지 않는 것이 죄라는 것과, 의는 예수님이 아버지께로 가신 사실 이라는 것과 마귀는 심판을 받았다는 것을 확신하게 하여 주시는 분이십니다. 그러나 성령님의 하시는 일은 그것으로 끝나는 것이 아니라 더 많은 일을 우리를 위해 하신다고 말씀하십니다. 성령님의 사역은 다음과 같습니다.

1. 성령님은 믿는 사람을 모든 진리 가운데로 인도하십니다

"그러나 진리의 성령이 오시면 그가 너희를 모든 진리가운데로 인도하시리니" (13)라고 하셨습니다. 성령님은 진리의 영이시므로 그의 제자들을 모든 진리 가운데로 인도하신다고 하셨습니다. 어느 회기인가 세계기독교연합회(W.C.C)가 모일 때 한 분과회의에서는 한국기독교를 대표하는 어떤 여 교수가 무당의 살풀이를 공연하며 그것이 기독교의 성령운동과 같은 것이라고 하였다고 합니다. 그러나 그런 생각은 성령님이 진리의 영이라는 것을 알지 못한 까닭에 가지는 생각입니다. 성령님은 사람들에게 하나님의 말씀을 따라 살게 하십니다. 그 이유는 예수님의 말씀과 같이 "아버지의 말씀은 진리" 이기 때문입니다.(요 17:17) 사람들의 격앙된 분위기를 보고 어떤 것이 참 신이라고 판단하기는 어렵습니다. 격앙된 분위기란 영적 세계의 충격에서 올 수 있는 것이기 때문입니다.

나무의 열매를 보고 나무를 판단하듯이 격앙된 모습 보다는 사람들의 생활을 보고 판단해야 합니다. 사도요한은 그의 서신에서 "이러므로 하나님의 자녀들과 마귀의 자녀들이 나타나나니 무릇 의를 행치 아니하는 자나 또는 그 형제를 사랑치 아니하는 자는 하나님께 속하지 아니하니라" (1요 3:10)고 하였습니다.

진리의 성령이 오시면 그가 너희를 모든 진리 가운데로 인도하시리라고 하셨습니다. 사도들은 예수님의 가르치심을 친히 받았지만 진리를 잘 알고 있었다고 말할 수는 없었습니다. 그들은 예수님께서 십자가를 지시고 죽으셔야 사람들의 죄를 사할 수 있다는 구속의 진리도 알지 못했습니다. 성령의 감동을 받아 "주는 그리스도시오 살아계신 하나님의 아들이시니이다"라고 고백했던 베드로 까지도 예수님이 예루살렘에 올라가 고난을 받고 죽임을 당할 것이라고 하실 때에 "주여 그리 마옵소서 이 일이 결코 주에게 미치지 아니 하리이다"(마 16:22)라고 하였습니다. 예수님께서 3일만에 부활하신다는 것도 믿지 않았고 예수님은 살아계실 때 천국에 대해 그렇게 많이 가르치셨으나 믿지 않고 "주께서 이스라엘 나라를 회복하심이 이때니이까?"라고 다른 질문을 하였습니다.

사도들은 성령이 강림하시기까지 그리스도의 십자가와 부활을 믿음으로 구원을 얻는다는 진리를 깨닫지 못했습니다. 그러나 오순절에 성령 강림 후 사도들은 구원의 진리를 깨닫게 되었습니다. 사도베드로는 예수님은 "하나님의 정하신 뜻과 미리 아신 대로 내어준바 되었다"고 하였고(행 2:23) "하나님께서 사망의 고통을 풀어 살리셨으니"(행 2:24)라고 하였으며, 예수님의 이름으로만 구원을 얻는다고 주장하게 되었습니다.(행 4:12) 사도들이 성경을 기록한 것도 진리의 성령님이 감동하시므로 한 일입니다.

그러나 진리의 성령님의 사역은 사도들에게만 한정된 것은 아닙니다. 집사 스데반은 성령으로 말미암아 이스라엘 백성들의 믿지 않는 죄를 책망했고 하나님의 영광과 예수님께서 하나님 우편에 서신 것을 보았으며(행 7:51-56), 빌립은 사마리아에 가서 하나님의 나라와 예수 그리스도의 이름을 전파하였고(행 8:12), 성령 받은 바울은 부르심을 받은 즉시 복음을 전했으며(행 9:17-20), 고넬료의 가정

에서는 성령 받은 즉시 방언을 말하며 하나님을 높였습니다.(행 10:44-46)

지금도 믿는 사람들이 오래 믿었으나 진리를 깨닫지 못하는 사람도 있고, 어떤 사람은 믿은 지가 얼마 안되었으나 진리를 깨달아 열매 맺는 신자도 있습니다. 그 이유는 성령님은 진리의 성령이시며 믿는 사람들을 진리 가운데로 인도하시기 때문입니다. 진리의 성령을 사모해야 하겠습니다.

2. 성령님은 기쁨을 주시는 분이십니다.

"지금은 너희가 근심하나 내가 다시 너희를 보리니 너희 마음이 기쁠 것이요 너희 기쁨을 빼앗을 자가 없느니라"(22)고 하셨습니다.

16절에서 "조금 있으면 너희가 나를 보지 못하겠고 또 조금 있으면 나를 보리라" 고 하셨고 22절에서 "지금은 너희가 근심하나 내가 다시 너희를 보리니 너희 마음이 기쁠 것이요 너희 기쁨을 빼앗을 자가 없느니라" 고 하신 것을 보면 이 기쁨은 예수님을 다시 보므로 인해 얻게 되는 기쁨임을 알 수 있습니다.

예수님을 다시 보는 것은 무엇을 의미하는 것입니까? 여러 주석가들은 이것이 예수님의 부활 하심으로 제자들이 다시 보게 될 것을 가르친다고 보았습니다. 그러나 존 칼빈(Calvin)은 "다시 본다" 는 것은 성령 안에서 보는 것을 가리키는 것이라고 하였습니다.(칼빈의 요한복음 주석)

예수님의 가르치심을 보면 때때로 성령님의 오심을 자신이 오시는 것으로 말씀하신 것을 볼 수 있습니다. 그런 말씀은 특별히 마태복음 16장 27절과 28절에서 나타납니다. 거기 기록된 말씀을 보면 "인자가 아버지의 영광으로 그 천사들과 함께 오리니 그 때에 각 사람의 행한 대로 갚으리라 진실로 너희에게 이르노니 여기 섰는 사람 중에 죽기 전에 인자가 그 왕권을 가지고 오는 것을 볼 자들도 있느니라" 고 말씀하셨습니다.

만일 인자가 왕권을 가지고 오신다는 말씀이 예수님의 재림을 가리키는 말씀이라고 한다면 여기 섰는 사람 중에 죽기 전에 오시겠다는 말씀과 부합하지 않습니다. 그 당시 사람들은 몇 십년 내에 다 죽었을 것이기 때문입니다. 그러므로 예수님이 왕권을 가지고 오신다는 말씀은 재림이 아니라 오순절 성령 강림을 가리키는 것이라고 보는 것이 바른 견해라고 생각됩니다. 오순절 성령 강림은 예수님의 왕권의 발동과도 같은 것입니다. 또 다른 예를 든다고 하면 예수님은 제자들과 이별하시기전 그들을 위로하시며 "사람이 나를 사랑하면 내 말을 지키리니 내 아버지께서 저를 사랑하실 것이요 우리가 저에게 와서 거처를 저와 함께 하리라"(요 14:23)고 하셨습니다. 그것은 성령님이 그들과 함께 하실 것에 대한 말씀이지만 예수님은 우리라는 복수명사를 사용하시며 성부, 성자, 성령님이 다 같이 그들과 함께 하시는 것으로 말씀하셨습니다. 사실 성령이 함께 하심은 예수님이 함께하심이요 또한 성부가 함께하시는 것이며, 성령님이 오시는 것은 예수님이 오시는 것이요 또한 하나님이 오시는 것입니다.

그러므로 "조금 있으면 나를 보지 못하겠고" 라는 말씀은 예수님이 십자가를 지고 죽으실 뿐 아니라 부활하여 승천하시므로 육신으로 볼 수 없게 된다는 말씀이요 "또 조금 있으면 나를 보리라"는 말씀은 성령 안에서 예수님을 만나게 될 것을 가리키는 것입니다. 오순절에 제자들은 예수님을 본 것이 아니지만 성령 안에서 예수님의 임재를 체험했습니다. 예수님은 그때의 기쁨은 해산 고통을 하던 여인이 아이를 낳았을 때의 기쁨과 같겠고 그 기쁨을 빼앗을 자가 없으리라고 하셨습니다. 부활하신 예수님을 육신의 눈으로 보는 것도 큰 기쁨이었을 것입니다. 그러나 성령으로 말미암아 주님이 우리와 항상 함께 계신다면 그것은 더 큰 기쁨일 것은 의심할 여지가 없습니다.

3. 기도가 응답되게 하십니다.

"그 날에는 너희가 아무 것도 내게 묻지 아니하리라 내가 진실로 진실로 너희에게 이르노니 너희가 무엇이든지 아버지께 구하는 것을 내 이름으로 주시리라……"(23-24) "그날"은 제자들이 성령 안에서 예수님을 다시 보는 날 즉 성령이 임하시는 때를 의미합니다. 성령이 임하시는 때에는 무엇보다 기도에 변화가 있을 것이라는 것입니다. 그것은 "너희가 아무것도 내게 묻지 아니하리라"는 것입니다. 예수님께서 세상에 계실 때에 사람들은 자기들의 필요에 따라 예수님께 물었습니다. 갈릴리 바다에서 물결이 배에 덮이게 될 때 제자들은 "주여 구원하소서 우리가 죽겠나이다"(마 8:25)라고 하였고 나사로의 누이들은 나사로가 병들었을 때에 사람을 보내어 "주여 보시옵소서 사랑하는 자가 병들었나이다"(요 11:3)라고 간구하였습니다. 그러나 이제는 그렇게 중보자이신 예수님께 구할 필요가 없고 "무엇이든지 아버지께 구하는 것을 내 이름으로 주시리라"는 것입니다. 성령시대의 기도는 구약시대의 기도와도 다르고 예수님 당시의 제자들의 기도와도 다릅니다. 구약시대에는 사람인 제사장을 통해 하나님께 기도하였고 예수님 당시에는 예수님께 직접 구했으나 지금은 중보자 예수님의 이름으로 하나님께 직접으로 구합니다. 그렇게 된 이유는 ① 예수님께서 속죄 하심으로 영원한 대제사장이 되셨고 ② 성령께서는 오셔서 우리의 기도를 도와주시기 때문입니다. 사도바울은 말하기를 "이와 같이 성령도 우리 연약함을 도우시나니 우리가 마땅히 빌 바를 알지 못하나 오직 성령이 말할 수 없는 탄식으로 우리를 위하여 친히 간구하시느니라"(롬 8:26)고 하였습니다.

성령께서는 믿는 사람들이 진리를 깨닫게 하시며, 예수님을 믿음으로 보게 하시며 우리의 기도를 도와주십니다. 우리는 이 본문을 통해 믿는 사람들이 성령을 사모하며 구해야 하는 큰 이유를 알 수 있습니다.

59.

예수님의 기도

[요한복음 17:1-5]

요한복음 17장에 나타난 예수님의 기도를 읽는 사람들은 예수님께서 이 기도를 어디서 하신 것일까 하는 생각을 갖게 됩니다. 요한복음에는 예수님의 겟세마네동산의 기도가 빠져있으니 이 기도가 겟세마네동산의 기도를 더 자세히 기록한 것이 아닐까 혹은 겟세마네동산의 기도의 연장이 아닌가 하는 생각을 가질 수도 있습니다. 그러나 요 18:1의 "예수께서 이 말씀을 하시고 제자들과 함께 기드론 시내 저편으로 나가시니 거기 동산이 있는데 제자들과 함께 들어 가시니라" 고 하신 말씀을 보면 요 17장의 기도가 겟세마네동산의 기도와는 다른 기도라는 것을 알 수 있습니다. 이 기도는 예수님이 겟세마네동산으로 가시기전 만찬을 나누신 후에 하신 기도일 것이라고 생각됩니다.

공관복음(다른 세 복음)과 요한복음을 비교해보면 다른 복음들은 역사에 중점을 두고 기록한 반면 요한복음은 논리적으로 진리를 설명한 면이 많습니다. 사도요한은 겟세마네동산의 기도보다 만찬석상에서 하신 기도에 더 비중을 두었던 것 같습니다. 사실 겟세마네동산의 기도에서도 하나님께 대한 경외심과 순종이 잘 나타났습니다만 요한복음 17장의 기도에는 예수님의 하나님께 대한 존경심과 믿는 사람들에 대한 사랑이 더욱 자세하게 나타나있습니다.

루탈트(Luthardt)는 예수님의 이 기도에 대해 다음과 같이 설명하였습니다. "성경에서도 다른 어떤 민족의 문학에서도 이 기도에 비길만큼 단순하면서도 깊이가 있고 장엄하고 열정적인 문장을 발견할 수는 없다. 이것을 만들어 낼 수는 없다. 그러나 그것은 다만 여기 말하게 된 것과 같은 양심에서만 나올 수 있다. 그리고 그런 기도는 전적으로 헌신하며 예수 그리스도의 인격과 부합하는 전도자들을 통해 보전되며 재생될 수 있다"(Lange's Commentary of Holy Scripture Vol.9 p.512)라고 하였습니다. 루탈트의 말에 의하면 예수님의 기도는 어떤 문학에서도 찾아볼 수 없는 것이며 마음이 그렇게 되어야 할 수 있는 기도인데 헌신 된 인격이 그리스도의 인격과 부합된 전도자들을 통해 행하여질 수 있는 기도라는 것입니다.

기도는 마음을 바치는 기도라야 참 기도입니다. 그러므로 예레미야는 "네 마음을 주의 얼굴 앞에 물 쏟듯 할지어다"(애 2:9)라고 하였습니다. 마음을 바치지 않는 기도는 마음에 없는 사랑의 고백과도 같습니다. 그런 고백을 원할 연인은 없을 것입니다. 그러나 현대의 그리스도인들은 마음에 없는 기도를 할 때가 많이 있습니다. 전지전능하신 하나님을 마음으로 생각하지 않으면서도 "전지전능하신 하나님"이라고 부르며 예수님의 십자가의 사랑을 생각하지 않으면서도 십자가를 말하며 간절하지 않으면서도 "간절히 간절히 바란다"고 기도를 합니다. 예수님의 기도는 기도의 내용과 일치하는 마음에서 한 기도였습니다. 그리고 그의 마음이 그렇게 되었던 것은 그의 헌신의 삶을 통해 이루어졌던 것을 알 수 있습니다. 만일 예수님께서 하나님을 사랑하지 않고 자기 영광만 위해 사셨다면 "아들을 영화롭게 하사 아들로 아버지를 영화롭게 하옵소서"라고 하는 기도를 할 수 없었을 것입니다.

우리는 예수님의 기도를 통해 예수님의 마음과 삶을 배우고 나아가서 예수님의 기도와 같은 기도를 할 수 있게 되어야 하겠습니다.

본 장에 나타난 예수님의 기도는 3부분으로 나눌 수 있는데 첫째로는 아버지의 영광을 위한 기도요(1-5), 둘째로는 제자들을 위한 기도요(6-19), 세 번째는 모든 믿는 사람들을 위한 기도(20-26)입니다.

① 아버지의 영광을 위한 기도(1-8)

1절부터 8절까지의 예수님의 기도는 아버지께 영광을 돌리는 기도인데 ①아버지의 이름을 영화롭게 하옵소서라고 하여 영광을 받으실 분은 하나님 아버지시라는 것과 ②아들을 영화롭게 하며 아버지를 영화롭게 할 수 있게 하여 달라는 것과 ③그의 백성들에게 영생을 얻게 하여 하나님을 영화롭게 하게 하여 달라는 기도입니다.

1. 영광을 받으시는 하나님

"아버지를 영화옵게 하옵소서"

기도는 소원을 아뢰는 것입니다. 예수님의 기도를 보면 예수님의 소원은 아버지를 영화롭게 하는 것이었습니다. 그 이유는 하나님 아버지께서는 영광을 받으시기에 합당하신 분이시기 때문입니다.

영광(DOXA)이라는 말은 화려함, 아름다움의 의미를 가지고있는 단어입니다. 하나님께서 창조하신 만물을 보면 그 가운데 아름다움이 있습니다. 말하자면 영광이 있는 것입니다. 나는 언젠가 잔디밭에 있는 작은 꽃을 발견한적이 있습니다. 어찌나 작던지 쌀알하나보다 더 작은 꽃이었습니다. 그러나 자세히 보니 거기는 꽃잎도 있고 꽃술도 있었습니다. 나는 그 꽃을 보며 하나님의 솜씨에 감탄하였습니다.

우주 만물에는 다 영광이 있습니다. 그래서 바울은 해와 달과 별의 영광이 있다고 하였습니다.(고전 15:41) 사람들에게도 각각 다른 영광이 있습니다. 외모의 영광도 있고 그 사람이 가진 성품이나 지혜나 건강이나 능력이나 지위나 권세에도 영광이 있습니다. 그리고 그런 영광이 있는 사람들은 거기 상응하는 영광을 받게 되며 또 받는 것이 당연합니다. 언젠가 한국대통령이 미국을 방문할 때 국빈대접을 받지 못했다고 하여 한국언론에서 불만스럽게 보도하는 것을 본적이 있습니다. 사실 자기가 가진 지위나 신분에 상응하는 대접을 받지 못할 때의 기분은 말할 수 없이 상할 것입니다. 미를 가졌는데 미인으로 존경 받지 못하거나 지위가 높은데 거기 상응하는 대접을 받지 못할 때 얼마나 상심 되겠습니까? 옛날 솔로몬왕은 지혜와 부와 국력을 가진 왕이었습니다. 그러므로 국민은 물론 이웃나라까지 거기 상응하는 예우를 갖춘 것을 볼 수 있습니다.

하나님은 어떠한 분이십니까? 이사야는 말하기를 “영원하신 하나님 여호와, 땅 끝까지 창조하신 자는 피곤치 아니하시며 곤비치 아니하시며 명철이 한이 없으시며 피곤한 자에게는 능력을 주시며 무능한 자에게는 힘을 더하시나니"(사 40:28-29)라고 하셨습니다. 하나님의 능력을 말하면 천지만물을 말씀으로 창조하셨고 그의 지혜를 말한다면 과거와 현재와 미래를 아시며 모든 나타난 것과 숨은 것을 아시고 사람의 마음을 다 아십니다. 그는 태초부터 만대를 명정하셨고(사 41:4) 열방은 통의 한 방울 물처럼 여기시는 분이십니다.(사 40:15) 그리고 그는 은혜와 사랑이 넘치는 분으로서 인생의 구원을 위해 그의 독생자를 보내어 십자가에 대신 죽게 하사 그를 믿음으로 구원 얻게 하셨습니다.

하나님의 영광은 사람의 좁은 입으로 다 표현할 수 없이 크고 넓은 것입니다. 그러므로 예수님은 그의 영광에 상응하는 영광을 돌리고자 하여 "아버지를 영화롭게 하옵소서"라고 하셨습니다. 우리들도 하나님의 그 크신 영광을 깨달아 알아야 하겠습니다. 그래야 하나님의 영광에 상응하는 영광을 하나님께 돌릴 수 있을 것입니다. 영국여왕 엘리자베스 1세는 하나님과 예수님의 사랑에 감격하던 나머지 "주님이 만일 나의 통치기간에 오신다면 나는 나의 왕관을 기쁘게 주님께 바치겠노라"고 하였다고 합니다. 그리스도인들은 자신의 욕망의 동기에서 기도할 것이 아니라 하나님의 영광을 위해 구하는 기도의 차원으로 옮겨져야 하겠습니다.

2. 영광을 돌리시는 아들

"아들을 영화롭게 하사 아들로 아버지를 영화롭게 하옵소서"

이 기도를 보면 아버지의 영광은 아들의 영광과 연결되어 있습니다. 그러므로 아들을 영화롭게 하사 아들로 아버지를 영화롭게 하옵소서라고 기도 하셨습니다. 무엇을 의미합니까?

롬 3:23-24을 보면 "모든 사람이 죄를 범하였으매 하나님의 영광에 이르지 못하더니 그리스도 예수안에 있는 구속으로 말미암아 값없이 의롭다하심을 얻은자 되었느니라" 고 하였습니다.

비유에 등장한 탕자의 아버지는 맏아들과 종들과 소유가 있었으나 그것으로 영광을 누릴 수는 없었습니다. 사랑하는 아들을 잃었기 때문입니다. 그러므로 아버지는 탕자가 돌아오기를 기다리다가 탕자가 돌아오자 살진 소를 잡고 잔치를 하면서 "이 네 동생은 죽었다가 살았으며 잃었다가 얻었기로 우리가 즐거워하고 기뻐하는 것이 마땅하다"(눅15:32)고 하며 즐거워 하였습니다. 그와같이 하나님 아버지께서는 죄 아래 팔려있는 그의 백성들을 구원하시기 전에 영광을 받으실 수가 없으셨습니다.

그러므로 하나님께서는 그의 백성들을 구원하시기 위해 그의 아들 예수를 세상에 보내어 속죄의 죽음으로 대속하게 하셨습니다.

십자가의 죽음은 예수님에게 영광이었습니다. 그 이유는 십자가를 지심으로 죄인들이 구원을 얻게 되며, 아들 자신이 지극히 높아지며 예수님으로 말미암아 하나님께 영광을 돌리게 되기 때문입니다(빌2:9-11).

그러므로 예수님은 십자가를 수치와 불행으로 여기지 않으시고 영광으로 여기셨습니다. 헬라인들이 찾아왔을 때도 "인자가 영광을 얻을 때가 왔도다"라고 하셨고 그의 기도에도 아들을 영화롭게 하여 달라고 하였습니다. 그래야 아버지를 영화롭게 하겠기 때문이었습니다.

하나님의 영광을 위해 자신의 고난의 십자가를 영광스럽게 여기는 예수님의 마음을 본받아야 하겠습니다.

3. 영광을 받으시는 조건-영생

"아버지께서 아들에게 주신 모든 자에게 영생을 주게 하려고 만민을 다스리는 권세를 주셨음이로소이다"(2)

하나님 아버지께서는 무엇을 통해 영광을 받으십니까? 예수님은 잃은 양 찾는 비유에서 "이와같이 하늘에서는 한 사람이 회개하면 회개할 것 없는 아흔아홉 의인으로 인한 기쁨보다 더하리라"고 하셨습니다. 하나님께서는 사람들이 하나님께 돌아와 영생을 얻을 때 영광을 받으십니다. 그래서 그의 아들을 세상에 보내셨고 만민을 다스리는 권세를 주셨습니다. 그런데 예수님은 그 영생은 다음과 같이 얻는다고 하셨습니다.

① 하나님이 주신 자에게 영생을 주심

예수님은 유대인들이 그를 믿지않고 비난할 때 "나를 보내신 아버지께서 이끌지 아니하시면 아무라도 내게 올 수 없으니……"(요 6:44)라고 말씀하셨습니다. 그 말씀은 유대인들이 믿지않는데 대한 변명으로 하신말씀이라고 볼 수는 없습니다. 그 이유는 본문에서도 아버지께서 주신자라고 하는 말씀을 여러 번 하셨기 때문입니다.(17:2, 6, 9, 24) 신학자들 중에는 구원 얻을 자를 하나님께서 미리 정하셨다는 것은 칼빈이 주장한 것이요 사도바울이 말한 것 뿐이라고 하며 예수님의 교훈은 그렇지 않은 것처럼 말하는 사람들이 있습니다만, 예수님은 여러 번 아버지께서 주신자만 믿고 구원을 얻을 수 있다고 하셨습니다. 예수님 당신에도 수많은 군중들이 예수님을 옹위할 때도 있었고 많은 사람들이 물러갈 때도 있었지만, 많은 무리가 따른다고 하여 그들이 다 하나님의 백성이라고 하지 않으셨고, 사람들이 물러간다고 하여 하나님의 자녀가 없다고 보지도 않으셨습니다. 그 이유는 그 가운데 아버지께서 그에게 주신 사람들이 있었기 때문입니다.

② 하나님을 나타내심

"영생은 곧 유일하신 참 하나님과 그의 보내신 자 예수 그리스도를 아는 것이니이다 아버지께서 내게 하라고 주신 일을 내가 이루어 아버지를 이 세상에서 영화롭게 하였사오니…" (3-4)

주석가 반즈(Barnes)는 이 앎은 하나님과 예수님을 보는 가운데서 가지는 느낌과 삶, 즉 하나님은 입법자요 전능하신 아버지시며 친구 되시는 분으로 알고 나의 전부를 다 맡기며 뜨겁게 순종하는 삶에서 나오는 지식이라고 하였습니다. 그런 지식은 거듭남의 역사로서만 얻을 수 있는 지식입니다.

사람들이 하나님과 그의 아들을 그렇게 알기 위해서는 그를 나타내심이 필요하셨기 때문에 구약시대의 선지자들을 보내셨고 때가 되어 예수님을 보내셨으며 성령을 보내셨고 사도들과 그 후계자들을 보내셨습니다. 예수님의 나타내심은 계시의 중심을 이루는 나타내심 입니다. 그의 행하신 이적과 교훈으로 하나님과 자신이 하나님의 아들 되심을 나타내셨고 그의 십자가의 죽으심과 부활로 하나님의 사랑과 능력의 크심을 나타내셨습니다. 지금은 그의 성령과 교회를 통해 하나님과 그리스도를 나타내고 계십니다.

③ 영생 얻는데 필요한 세 번째 요소는 믿음입니다.

"나는 아버지께서 내게 주신 말씀들을 저희에게 주었사오며 저희는 이것을 받고 내가 아버지께로부터 나온 줄을 참으로 아오며 아버지께서 나를 보내신 줄도 믿었사옵나이다"(8)라고 하였고 6절 말씀을 보면 예수님은 "세상 중에서 내게 주신 사람들에게 내가 아버지의 이름을 나타내었나이다"라고 하신 후 그 말씀을 받은 사람들이 믿었다고 하셨습니다. 이것을 보면 믿음이란 하나님이 정하신 사람들이 가지게 되는 선물입니다. 그러므로 예정 안되었어도 믿기만 하면 영생을 얻는다고 하는 주장이나 그와 반대로 예정된 사람은 예수 안 믿어도 영생 얻는다고 하는 이론은 다 성경적이 아닙니다. 하나님은 그의 보내신 아들 그리스도를 믿음으로 영생 얻도록 정하셨습니다.

예수님의 기도의 첫 부분은 아버지의 영광을 위한 기도입니다. "아들을 영화롭게 하사 아들로 아버지를 영화롭게 하옵소서" 이 기도는 십자가를 달게 지고 영광의 부활에 이르게 하여 달라는 것입니다. 그렇게 하므로 아버지께서 구원하시기로 작정한 사람들이 다 구원 얻어 하나님께 영광이 돌아가게 하여 달라는 기도입니다. 예수님이 그렇게 기도하신 이유는 하나님은 모든 영광을 받으시기에 합당한 분이시며 또 모든 영광은 그에게 돌려야 하기 때문입니다.

60.

하나가 되게 하옵소서

[요한복음 17:9-12, 20-23]

6절 이하의 예수님의 기도를 보면 6절 말씀에는 "세상 중에서 내게 주신 사람들에게 내가 아버지의 이름을 나타내었나이다"라고 하셨고, 9절에는 "내가 저희를 위하여 비옵나니 내가 비옵는 것은 세상을 위함이 아니요 내게 주신 자들을 위함이니이다"라고 하셨으며 20절에는 "내가 비옵는 것은 이 사람들만 위함이 아니요 또 저희 말을 인하여 나를 믿는 사람들도 위함이니"라고 하셨습니다. 이 말씀들을 보아 이 부분의 기도는 예수님의 제자들과 그 당시 예수님을 참으로 믿고 따라간 사람들과 또 그이후 사도들의 전도를 받고 믿는 사람들과 온 세상에서 복음을 듣고 믿는 모든 사람들을 위하여 하신 기도라는 것을 알 수 있습니다.

예수님은 세상을 떠나시기 전 모든 것을 버리고, 3년간 예수님을 따라온 제자들과 비난과 조소를 받으며, 예수님을 섬겼던 성도들과 환난의 세상에서 하나님의 택하심을 받아 믿음의 길을 걸어갈 많은 성도들을 위해, 그들에게 가장 필요한 것들을 위해 하나님께 기도하셨습니다. 그 기도의 내용들을 보면 ① 그들이 하나가 되게 하여 달라는 기도와 ② 악에 빠지지 않게 보전하여 달라는 기도와 ③ 진리로 거룩하게 하여 달라는 기도와 ④ 내게 주신 영광을 보게 하여 달라는 기도였습니다. 이 면에서는 하나가 되게 하옵소서 라고 하신 기도의 의미를 살펴보며 은혜를 나누려고 합니다. 예수님의 기도 중 하나님의 영광을 위한 기도 다음으로 하신기도는 그의 제자들이 하나가 되게 하여달라고 하는 기도인 것을 볼때 믿는 사람들에게 하나되는 일이 얼마나 중요한가를 알 수 있습니다. 우리는 예수님의 기도의 뜻을 깨달아 믿는 사람들이 하나가 되기를 힘써야 하겠습니다.

1. 예수님은 어떠한 하나를 원하셨습니까?

예수님이 하나되기 위해 기도하신 것은 선과 악의 구별이 없이 무조건 모든 사람으로 더불어 하나가 되기를 구하는 기도는 아닙니다. 예수님이 하나되기를 위해 구하시는 사람들은 "저희" 즉 예수님께서 아버지께로부터 오신 것을 믿는 사람들이며 그들이 하나되기를 구하신 것입니다. 성경말씀이 가르치는 것은 믿는 사람들이 이 세상이나 거짓교훈을 믿는 사람들과 하나가 되라고 하는 것은 아닙니다. 사도바울은 고린도에서 전도할 때 복음을 비방하는 유대인들에게서 떠나 제자들을 따로 세우고 가르쳤다고 하였고(행 19:8-9) 그의 믿음의 아들 디모데에게 그릇된 교훈을 가르치는 사람들에 대해 "저희 말은 독한 창질의 썩어져 감과 같은데 그 중에 후메내오와 빌레도가 있느니라 진리에 관하여는 저희가 그릇되었도다 부활이 이미 지나갔다 하므로 어떤 사람들의 믿음을 무너뜨리느니라"(딤후 2:17-18)라고 경계하였고, 고린도교회에 대해서는 "너희는 믿지 않는 자와 멍에를 같이 하지 말라 의와 불법이 어찌 함께 하며 빛과 어두움이 어찌 사귀며 그리스도와 벨리알이 어찌 조화되며 믿는 자와 믿지 않는 자가 어찌 상관하며 하나님의 성전과 우상이 어찌 일치가 되리요"(고후 6:14-16)라고 하였으며, 사도요한은 "누구든지 이 교훈을 가지지 않고 너희에게 나아가거든 그를 집에 들이지도 말고 인사도 말라 그에게 인사하는 자는 그 악한 일에 참예하는 자임이니라"(2요 1:10-11)고 하였습니다.

예수님께서 하나가 되게 하여 달라고 하는 기도의 대상은 이세상 모든 사람이 아니라, 아버지께서 예수님에게 주신자 즉 예수님을 하나님의 아들로 믿는 자들이 하나되게 하여 달라는 기도입니다. 오늘날 기독교의 일각에서 예수님이 하나되게 하여 달라고 기도하셨으니 믿는 사람들뿐 아니라 다른 종교를 믿는 사람까지 다 하나가 되어야 한다고 주장하는 것은 성경에 부합하는 사상이 아닐 뿐 아니라 예수님의 기도의 정신을 왜곡하는 것입니다. 물론 믿는 사람들은 믿지 않는 사람이거나 다른 종교를 믿는 사람들을 적대시하거나 미워하지 말고 사랑해야 합니다. 그러나 그런 사람들과 믿음 안에서 하나가 될 수는 없습니다. 그 이유는 그들의 믿는 것과 우리의 믿는 것이 서로 다르기 때문입니다. 예수님은 믿는 사람들이 진리와 비진리를 구별하지 않는 무분별한 사람들이 되기를 원하신 것은 아닙니다. 예수님의 기도는 한 하나님과 한 예수를 믿는 사람들이 그 믿음 안에서 하나가 되게 하여 달라는 기도입니다. 한 하나님과 한 예수 그리스도를 믿으면서도 서로 불화하며 분리되는 일이 얼마나 많이 있습니까? 그런 일들은 믿는 사람이 거듭났지만 성화되지않은 사람들의 모습이 어떠한가를 잘 보여주는 것 같습니다. 이 같은 불화는 고대 교회들 가운데도 있었습니다.

고린도교회는 편당이 있었다고 하였고(고전 11:19) 빌립보교회에서는 교회를 가장 열심히 봉사하던 여신도 유오디아와 순두게가 서로 불화하므로 바울사도를 염려하게 하였으며(빌 4:2-3) 에베소교회에 대해서는 "평안의 매는 줄로 성령의 하나되게 하신 것을 힘써 지키라" (엡 4:3)고 하였습니다.

몸이 하나요 성령도 하나이며 부르심의 소망도 하나이요 주도 하나요 믿음도 하나이요 세례도 하나인 그리스도인들은 하나가 됨으로써 만 세상 사람들에게 본이 될 수 있고 하나님께 영광을 돌릴 수 있습니다.

2. 하나됨의 표본

예수님은 믿는 사람들이 하나되기를 위해 기도하실 때 막연하게 하나가 되게 하여달라고 기도하시지 않고 "우리와 같이 저희도 하나가 되게 하옵소서" (11) 라고 하셨습니다. 이 말씀은 아들 예수님과 아버지 하나님께서 하나이심과 같이 하나게 되게 하여 달라고 하는 기도입니다. 예수님은 "나와 아버지는 하나이니라" (요 10:30) 고 하셨고 성령님은 하나님과 또는 아들 예수님과 함께 일하시는 분이라고 하셨습니다.(요 14:16-17)

성부, 성자, 성신은 서로 대화할 수 있는 독립된 인격(person)을 가지신 분이시지만 서로 경쟁하거나 대립하시는 일이 없이 완전한 한 목적과 한 뜻으로 일하시는 분이십니다. 천지를 창조하실 때 성부하나님은 천지를 창조하셨고, 성자하나님은 말씀으로 창조사역에 동참하셨으며, 성령하나님은 수면에 운행하셨습니다.(창 1:1-2)

예수님께서 요단강에서 세례를 받으실 때도 성자예수님은 요단강에 계셨고 성령님은 예수님 위에 임하셨고 성부하나님은 "이는 내 사랑하는 아들이요 내 기뻐하는 자라"(마 3:13-17)고 증거하셨습니다. 그리고 사도바울은 에베소서에서 성부, 성자, 성신의 사역에 대해 말씀하시며 성부하나님께서는 예정하셨고, 성자예수님은 구속하셨고, 성신께서는 인을 치셨다고 하였습니다.(엡 1:4-14)

하나님은 하나이시지만 3위는 각각 독립된 인격을 가지고 계시기 때문에 주후 325년 니케아(Nicaea) 회의에서는 "삼위일체" 교리를 세우게 되었습니다. 삼위일체에 대해 신학자들은 태양에 비교하여 같은 한 태양에 본체와 빛과 열이 있음과 같다고도 하고, 나무에 비교하여 뿌리와 나무와 가지와 같다고도 하며, 사람의 몸에 비교하여 몸과 혼과 영이 함께 있는 것과 같다고도 설명합니다만, 무엇에 비교해도 하나님을 정확하게 설명하기는 어렵습니다. 그러나 한 가지 알 수 있는 것은 성부와 성자, 성령은 한 몸처럼 온전히 하나로 역사하신다는 사실입니다.

하나님과 예수님의 하나되심을 보면 삼위분의 사역이 구분되어 있다는 것과 성자와 성령께서는 하나님의 뜻에 죽기까지 복종하셨다는 것입니다. 꼭 같은 사람들이 어떻게 삼위일체와 같이 하나가 될 수 있겠는가 하는 의구심이 생길 수 있습니다. 그러나 바울이 고린도교회에 하신 말씀을 보면 우리 믿는 사람들은 꼭 같은 것이 아니라 몸의 지체가 서로 다른 것과 같이 우리가 받은 은사가 서로 다르다고 하셨습니다. 눈과 코가 서로 다르고 손과 발이 서로 다른 것입니다. 그러므로 몸의 지체는 일생을 함께 지나면서도 충돌이 없습니다. 삼위일체 하나님의 하나 되심은 사람의 몸의 지체와 같이 조화되는 하나입니다. 예수님은 우리 믿는 사람들이 그와 같이 하나가 되게 하여 달라고 기도하셨습니다.

3. 하나됨의 힘

"아버지의 이름으로 저희를 보전하사 저희로 하나가 되게 하옵소서"(11)

우리는 때때로 하나되어야 한다는 메시지를 목사님을 통해 듣기도 하며 때로는 노회나 총회에서 그런 설교를 들을 때도 있습니다. 그러나 다툼과 분열의 비극은 없어지지 않는 것 같습니다. 저는 한국 어떤 지방에서 교회가 갈라진 형편을 들은 적이 있습니다. 갈라진 이유는 교인이 증가되어 교회당이 협소하므로 새 예배당을 크게 짓자고 하는 교우들이 있는 반면 이미 구 예배당을 지었던 교인들 중에서는 우리가 정성 들여 지은 예배당을 헐수는 없다고 하기 때문이었습니다. 결국 한편은 나가서 예배당을 새로 짓고 예배 드리게 됐고 반대하는 편은 구 예배당에 남아 예배를 드렸습니다. 교회가 분열되는 이유를 보면 대개 그런 이유에서입니다. 이기주의와 개인주의로 물들어 있는 사람, 아직 성화되지 못한 사람들이 하나가 된다는 것, 또한 삼위일체의 하나됨과 같이 하나가 된다는 것은 사람의 힘으로는 할 수 없는 일입니다. 그러므로 예수님은 "아버지의 이름"으로 보전해달라고 기도하셨습니다. 아버지의 이름은 무엇입니까? 아버지의 이름은 아버지께서 가지신 권세인데 말씀과 성령으로 역사하시는 능력입니다. 믿는 사람들이 온전한 일치에 도달하려면 하나님의 말씀과 성령님의 도우심을 통해서만 이룰 수 있습니다. 그래서 바울은 에베소교회의 장로들과 작별하면서 "지금 내가 너희를 주와 및 그 은혜의 말씀께 부탁하노니 그 말씀이 너희를 능히 든든히 세우사 거룩케 하심을 입은 모든 자 가운데 기업이 있게 하시리라"(행 20:32)고 하였으며 에베소에서는 "평안의 매는 줄로 성령의 하나되게 하신 것을 힘써 지키라"(엡 4:3)라고 하였습니다.

8대를 한집에서 살은 가정에 대한 이야기가 있습니다. 그 가정은 위로 증조 할아버지로부터 증손자까지 다양한 연령층이 한집에서 살면서도 언제나 한번도 싸우거나 다투지 않았습니다. 신기하게 여긴 이웃 사람들이 그 비결을 물으니 호주 되는 분은 그를 창고로 안내하며 종이쪽이 들어있는 독을 보여주었습니다. 그것이 무엇이냐고 물으니 그것은 참을 인(忍)자를 기록한 종이인데 마음이 상할 때면 누구나 그 글자를 써서 넣었다고 하였습니다. 그런 글자로 가득한 독은 세 개나 되었다는 것입니다. 믿는 사람들은 어떻게 하나가 될 수 있습니까? 말씀과 성령의 도움으로 자신의 부족을 항상 뉘우치고 남을 이해하는 가운데서 될 수 있는 일입니다.

4. 하나됨의 목적

1) 하나가 됨으로써 성령의 기쁨을 누릴 수가 있습니다.

"지금 내가 아버지께로 가오니 내가 세상에서 이 말을 하옵는 것은 저희로 내 기쁨을 저희 안에 충만히 가지게 하려 함이니이다" (13)

"이말"이라는 말씀은 위에서 그의 제자들이 하나가 되게 하여달라고 하신 말씀을 의미합니다. 예수님께서 그의 제자들이 하나되기를 위해 기도하시는 목적은 하나님께 영광을 돌리시는 목적도 있겠지만 그 이전에 그의 제자들이 예수님의 기쁨으로 충만하여지기를 위함이라는 것입니다.

예수님의 기쁨은 무엇을 의미하는 것입니까? 요한복음 16:22을 보면 "지금은 너희가 근심하나 내가 다시 너희를 보리니 너희 마음이 기쁠 것이요 너희 기쁨을 빼앗을 자가 없느니라"고 하셨습니다. 이 기쁨이 어떤 기쁨인가를 깨닫게 되면 본문에 말씀하신 기쁨도 알게 될 것입니다. 예수님이 "내가 다시 너희를 보리니 너희 마음이 기쁠 것이요"라는 말씀을 예수님의 부활을 볼 때 얻게 되는 기쁨으로 이해하기 쉽지만, 사실은 예수님이 성령 안에서 우리를 만나게 될 것을 의미하는 말씀입니다. 그러므로 본문에 말씀하신 "내 기쁨"은 성령강림으로 믿는 사람들이 얻게 되는 기쁨입니다. 성신님은 기쁨을 주시는 분이십니다. 초대교회의 성도들은 환난 중에서도 성신충만 함으로 기뻐하였고(행 2:46) 성령의 열매는 사랑과 희락이라고 하였고(갈 5:22) 데살로니가교회도 환난 가운데서 성령의 기쁨으로 도를 받았다고 하였습니다.(살전 1:6) 이 성령의 기쁨은 빼앗을 자가 없는 기쁨입니다. 예수님은 그의 제자들이 이 기쁨으로 충만하기위해 저희가 하나가 되기 위해 기도하셨다고 말씀하십니다. 그 이유는 성령이 임하시는데 필요한 조건은 믿는 사람들이 사랑으로 하나가 되는 것이기 때문입니다. 사도요한은 그의 서신에서 "어느 때나 하나님을 본 사람이 없으되 만일 우리가 서로 사랑하면 하나님이 우리 안에 거하시고 그의 사랑이 우리 안에 온전히 이루느니라"(1요 4:12)라고 하였습니다. 우리 믿는 사람들이 하나가 되어야 할 이유는 하나가 되어야 하나님의 성령을 받을 수 있고 또 하나님의 사랑을 더욱 깨닫게 되기 때문입니다.

2) 하나가 될 때 세상이 믿게 됩니다.

"저희로 다 하나가 되어 우리 안에 있게 하사 세상으로 아버지께서 나를 보내신 것을 믿게 하옵소서"(21) "곧 내가 저희 안에, 아버지께서 내 안에 계셔 저희로 온전함을 이루어 하나가 되게 하려 함은 아버지께서 나를 보내신 것과 또 나를 사랑하심 같이 저희도 사랑하신 것을 세상으로 알게 하려 함이로소이다"(17:23) 우리는 예수님의 이 말씀에서 세상 사람들이 복음을 믿게 되는 최선의 방법이 무엇인가를 알 수 있게 됩니다. 그것은 우리 믿는 사람들이 서로 사랑으로 하나되는 것입니다. 믿는 사람들이 서로 하나되면 세상 사람들은 예수님은 보통사람이 아니라 아버지 하나님께서 보내신 자라는 것은 알게 되고 그를 믿는 사람들도 하나님을 예수님을 사랑하신 것같이 하나님의 사랑을 받고있다는 것을 알게 된다는 것입니다. 세상 사람들이 믿는 사람들을 볼 때 예수님이 하나님의 아들이라는 것을 알게 되고 또 믿는 사람들은 하나님이 예수님을 사랑하신 것처럼 사랑한다고 하는 것을 알게 될 때 그 사람은 예수님을 믿지 않을 수가 없을 것입니다. 이것이 바로 예수님이 우리에게 기대하시는 전도입니다. 이와 같이 믿는 사람들이 말씀과 성령으로 하나될 때 하나님이 함께 하심으로 성령의 기쁨이 있게 되면 세상 사람들에게는 증거가 될 것입니다. 그러므로 예수님은 하나가 되게 하옵소서 라고 기도하셨습니다.

61.

거룩하게 되기 위한 기도

[요한복음 17:17-20]

"저희를 진리로 거룩하게 하옵소서 아버지의 말씀은 진리니이다"(17)

예수님은 믿는 사람들이 거룩하게 하여 달라고 기도하셨습니다. 거룩이란 말은 구별된다는 의미의 말인데 죄와 구별됨을 의미합니다. 하나님은 죄와 구별되어 계신 분 이시라 하였습니다. 시편에서 다윗은 말하기를 "주는 죄악을 기뻐하는 신이 아니시니 악이 주와 함께 유하지 못하며 오만한 자가 주의 목전에 서지 못하리이다"(시 5:4-5)라고 하였고 히브리서에는 "모든 사람으로 더불어 화평함과 거룩함을 좇으라 이것이 없이는 아무도 주를 보지 못하리라" 하였습니다.(히 12:14) 하나님은 죄와 멀리 떠나계시는 거룩하신 하나님이시며 믿는 사람들이 장차 가서 살 천국도 거룩한 성, 새 예루살렘입니다.(계 21:10)

그 거룩하신 하나님과 거룩한 성도들이 거하는 곳에 들어가기 위해서는 믿는 사람들이 거룩하게 되어야 하기 때문에 예수님은 저희를 거룩하게 하여 달라고 기도하셨습니다.

나는 소년 때에 수치스러웠던 일을 기억합니다. 그것은 구 만주 제국의 수도 신경(지금의 중국 장춘)의 가장 유명했던 보산 백화점을 구경하던 때의 일입니다. 백화점 진열장에는 화사한 의류들이 현란한 불빛에 아름다움을 더했고 넓은 복도에는 백계 러시아 여인들이 모피모자와 코트를 입고 하이힐을 신고 거니는 모습이 호숫가의 백조처럼 아름답고 화사해 보였습니다. 그런 가운데 유리에 비치는 나의 모습은 비참하리만큼 초라한 중국시골에 사는 한 소년의 모습에서 구경하는 즐거움도 잊어버렸습니다.

우리 믿는 사람들이 바라보는 도성은 거룩하신 하나님과 예수님의 보좌가 있는 곳이며 거기 거하며 황금 길을 거니는 사람들은 모두가 옛날의 죄로 더럽힌 옷을 벗고 그리스도의 피로 씻은 흰 세마포를 입은 천사 같은 성도들입니다.

그런 곳에 더러운 옷을 그냥 입고 다닌다면 얼마나 부끄럽겠습니까? 그러므로 예수님은 우리가 그곳에 들어갈 하나님의 자녀로서 자격을 갖추기 위해 저희를 거룩하게 하옵소서 라고 기도하셨습니다.

1. 예수님은 저희를 진리로 거룩하게 하옵소서 라고 하셨습니다.

"저희를 진리로 거룩하게 하옵소서 아버지의 말씀은 진리니이다"(17) 진리가 무엇인가 하는 질문은 옛날 유대총독 빌라도가 예수님에게 물은 질문이지만 오늘에 믿는 사람들도 한번 해봐야 하는 질문이라고 생각됩니다. 그 이유는 진리에 대한 이해가 서로 다르기 때문입니다. 어떤 이들은 "진리"(truth)라는 말은 사실 이라는 뜻이므로 자연계에서 되는 모든 일이 다 진리라고 하는 이들도 있습니다. 뉴튼은 사과가 땅에 떨어지는 것을 보고 우주에 중력이 있다고 하는 자연계의 진리를 발견했고 아르키메데스는 목욕탕에서 물이 넘치는 것을 보고 장력의 진리를 발견했다고 합니다. 해가 동편에서 떠올라서 서편으로 지는 것이나 봄이 지나면 여름이 오는 것이나 사람이 세상에 났다가 죽는 것 그 모든 것은 다 사실, 즉 진리입니다. 그러나 그것은 자연계의 진리일 뿐 종교적 진리는 아닙니다. 예수님께서 아버지의 말씀은 진리니이다 라고 말씀하신 진리는 그런 자연계에서 볼 수 있는 진리가 아니라 종교적 진리이며 구원의 진리입니다.

성경을 하나님의 말씀이라고 믿는 사람들 가운데서도 진리에 대한 견해는 서로 다릅니다. 유대인들은 구약의 율법을 하나님의 말씀이요 진리라고 하지만 신약성경을 진리라고 인정하지는 않습니다. 그와 반대로 어떤 이들은 지금은 신약시대이니 구약을 믿을 필요가 없다고 하는 이들도 있습니다. 제가 텍사스의 어떤 교회에서 집회를 인도한 적이 있는데, 그 교회의 장로님은 얼마전 어떤 목사님이 이웃교회에 와서 부흥집회를 인도하며 지금은 신약시대이며 율법시대가 아니기 때문에 구약성경은 가지고 다니지 말아야 한다고 가르치고 갔다고 하며 걱정하는 것을 보았습니다.

그러나 기독교에서 말하는 진리는 구약성경만을 진리라고 주장하든가 신약만을 진리라고 주장하는 것이 아니라 구,신약을 합한 성경전체가 진리라고 믿습니다. 사도바울은 이 진리를 "복음진리"라고 하였습니다.(갈 2:5, 2:14) 복음진리는 구,신약을 다 포함하지 않으면 안됩니다. 그 이유는 구약성경은 율법서와 선지서로 구성되었는데 율법과 선지서는 모두다 예수님이 오실 일을 준비하기위해 기록된 책이기 때문입니다. 즉 율법은 사람들에게 자신들이 죄인임을 깨달아 죄 사함 받으려고 예수님께 오게 하기 위한 것이며 선지서는 예수님이 오실 것을 미리 예언하여 사람들이 예수님은 구약에 예언된 그인 줄을 알게 되어 믿게 하기위한 것이었습니다. 그리고 신약성경은 예수님께서 구약의 예언대로 오신 것과 예언대로 죽으셨다가 다시 부활하셨다는 것을 기록한 책입니다. 그러므로 어떤 해석가는 신약은 구약이라는 건물 위에 세운 상층건물이라고 설명하는 이도 있습니다. 만일 유대인들과 같이 구약만을 진리라고 주장한다면 그것은 율법이요 복음진리는 될 수 없습니다. 그와 반대로 신약만을 진리라고 주장한다면 기초 없는 집처럼 예수님을 그리스도라고 증명할 예언적 기초가 없어집니다. 우리가 예수님은 우리의 죄를 위하여 죽으셨다가 다시 사신 구주라고 확신할 수 있는 이유는 "성경대로 그리스도께서 우리 죄를 위하여 죽으시고 장사 지낸바 되었다가 성경대로 사흘 만에 다시 살아나사" (고전 15:3-4)라고 하였기 때문입니다. 구약에서 예언하신 그리스도께서 예언대로 오셔서 대속하셨다고 하는 이 진리는 복음진리이며 이 진리는 사람을 거룩하게 하는 능력이 있습니다.

2. 진리로 거룩케 하는 방법

예수님은 "저희를 진리로 거룩하게 하옵소서 아버지의 말씀은 진리니이다"라고 기도하셨습니다. 그 아버지의 말씀을 진리라고 하신 것은 복음진리의 말씀, 구약과 신약에 나타난 진리의 말씀입니다. 그렇다면 그 진리가 어떻게 사람을 거룩하게 합니까?

1) 진리는 속죄를 믿게 하여 거룩하게 합니다.

이 거룩하여짐에 대해 기록된 말씀들을 보면 히 10:10에 "이 뜻을 좇아 예수 그리스도의 몸을 단번에 드리시므로 말미암아 우리가 거룩함을 얻었노라" 하였고 히 10:14에 "저가 한 제물로 거룩하게 된 자들을 영원히 온전케 하셨느니라"고 하였으며, 히 13:12에 "그러므로 예수도 자기 피로써 백성을 거룩케 하려고 성문 밖에서 고난을 받으셨느니라"고 하였습니다. 이 말씀들을 볼 때 1차적으로 성도가 거룩하게 되는 것은 자기의 어떤 노력이 아니라 그리스도의 속죄하심을 믿을 때 거룩하여진다는 것을 알 수 있습니다. 그것은 구약의 이스라엘 백성이 성민이 된 것과 같은 것입니다. 야곱의 아들, 이스라엘 백성은 애굽에서 하나님의 백성이 되기 위한 아무 노력도 하지 못했을 것입니다. 심지어 압제 아래서 생활하느라 많은 죄를 지었을 것입니다. 그러나 정월 14일 밤 양의 피를 문설주에 바르게 하여 심판을 면하게 하셨습니다. 그와 같이 지금 하나님의 자녀 된 사람들도 거룩하게 되려는 어떤 노력도 하지 못했고 이 세상 죄에 물들어 살았으나 하나님께서 예수님을 보내어 속죄의 죽음을 당하게 하셨고 그를 믿는 모든 사람들의 죄를 사하시고 거룩하게 하셨습니다. 그래서 사도베드로는 "오직 너희는 택하신 족속이요 왕 같은 제사장들이요 거룩한 나라요 그의 소유된 백성이니"(벧전 2:9)라고 하였습니다. 세상 사람들은 믿는 사람들을 보고 믿지않는 우리와 다른 것이 무엇이냐 라고 비난하기도 하고 때로는 믿는 사람들이 더 악하다는 말도 들을 때가 있으나 하나님 앞에는 거룩한 자녀들입니다. 그 이유는 예수님께서 믿는 사람들의 죄를 다 담당하시고 의롭다고 하셨기 때문입니다. 예수님이 베드로에게 하신말씀과 같이 하나님께서 깨끗케 하신 것을 사람이 속되다고 할 수는 없습니다. 그리스도의 속죄를 믿을 때 1차적으로 거룩하게 됩니다. 그러나 그렇게 믿어 거룩하게 되는 것은 진리의 말씀으로 되는 것입니다. 진리의 말씀이 전파되어야 하고 성령께서 말씀을 받는 자의 마음에 역사 하심으로 믿어 거룩하게 됩니다.

2) 진리는 믿는 사람들을 거룩하게 합니다.

위에서 설명한 믿음으로 거룩하게 됨은 사람의 노력 없이 그의 아들 예수를 믿는 믿음을 보시고 거룩하게 하신 것입니다. 그러나 하나님께서는 우리가 거룩한 백성, 또는 성도라는 칭호만 가지고 사는 것을 원치 않으시고 하나님과 같이 거룩하게 되기를 원하시며 그의 말씀으로 성도들을 교훈 하셔서 거룩함에 이르도록 하십니다. "하나님의 말씀은 살았고 운동력이 있어 좌우에 날선 어떤 검보다도 예리하여 혼과 영과 및 관절과 골수를 찔러 쪼개기까지 하며 또 마음의 생각과 뜻을 감찰하나니 지으신 것이 하나라도 그 앞에 나타나지 않음이 없고 오직 만물이 우리를 상관하시는 자의 눈앞에 벌거벗은 것 같이 드러나느니라"(히 4:12-13)고 하셨습니다. 하나님의 말씀은 살아서 활동하는 말씀입니다. 그러나 믿는 사람들이 그 말씀으로 거룩하여지려면 필요한 것이 있습니다. 그것은 데살로니가교회와 같이 하나님의 말씀을 받을 때 사람의 말로 받지않고 하나님의 말씀으로 받는 것입니다. 데살로니가교회는 그렇게 하므로 그 말씀이 믿는 자 속에서 역사한다고 하였습니다.(살전 2:13) 말씀이 성령과 함께 믿는 사람의 마음에 역사할 때 옛사람을 이길 수 있고 예수 안에서 얻은 새 생명은 성장해갑니다. 그 사람은 거룩한 천국에서 거룩한 주님을 뵈올 수 있게 됩니다.

예수님은 우리 믿는 사람들이 거룩하게 되기를 위해 기도하셨습니다. 우리는 신앙의 연조나 봉사의 양이나 경험이나 성경적 지식을 자랑할 것이 아니라 나의 속 사람이 어느 정도 거룩하여졌는가를 살펴보아야 하겠습니다.

62.

제자들을 위한 두 번째 기도

"내가 비옵는 것은 저희를 세상에서 데려가시기를 위함이 아니요 오직 악에 빠지지 않게 보전하시기를 위함이니이다"(17:15)

예수님께서 그의 제자들을 위한 첫째기도는 전절에 나타난 것과 같이 성부와 성자가 하나된 것처럼 하나가 되어 성령의 기쁨으로 살기위한 것이었습니다. 가정을 이룬 부부가 서로 하나가 될 때 행복한 것과 같이 그리스도인들도 하나가 되어야 행복할 수 있습니다. 그래서 주님께서는 에베소교회에 대해 처음사랑을 회복하라고 책망하셨습니다.

그의 제자들을 위한 두 번째 기도는 "저희를 세상에서 데려가시기를 위하는 것이 아니요 오직 악에서 보전하시기를 위함이니이다"라고 하셨습니다.

1. 세상에서 데려가기를 원치 않으심

예수님은 그의 제자들이 예수님에게 속하고 세상에 속하지 않았기 때문에 세상이 그들을 미워할 것이라고 말씀하셨습니다.(요 15:18, 17:14) 예수님의 예언과 같이 예수님이 승천하신 후 제자들은 많은 핍박과 환난을 당하였습니다. 오순절 성령강림 후 유대의 종교가들은 믿는 사람들을 많이 핍박하였습니다. 사도들이 복음을 전하지 못하게 하였고(행 4:21) 대제사장과 사두개인들은 사도들을 옥에 가두었으며(행 5:19) 7집사 중 하나인 스데반을 돌로 쳐죽였으며(행 7:59) 다메섹의 성도들을 체포하려 하였으며(행 9:3) 요한의 형제 야고보를 칼로 죽였습니다.(행 12:1-2) 예수님은 자신이 승천하신 후 환난과 핍박이 제자들을 기다리고 있다는 것을 다 아셨습니다. 그럼에도 불구하고 예수님은 그들을 세상에서 데려가시기를 구하지 아니하셨습니다.

지금도 고난중에서 살고 있는 성도들이 많이 있습니다. 신앙의 자유가 없는 나라에서 환난과 핍박을 받고 있는 성도들, 오랜 가난 속에 사는 사람들, 고치지 못하는 난치병으로 짧은 세상이 길게만 느껴지는 사람들이 많이 있습니다. 그러나 예수님은 그들을 속히 데려가시기를 구하시지 않습니다. 그 이유는 무엇이겠습니까? 그 이유를 찾아봄으로 하나님께서 성도를 고난 가운데 두시는 이유를 이해할 수가 있습니다.

1) 제자들을 연단케 하려 하시기 때문입니다.

영국왕실에서는 왕세자에게 육, 해, 공군의 엄격한 훈련을 받게 한다고 합니다. 왕자이니 만큼 다른 사람보다 더 호화롭게 지내야 할 것이지만, 왕자가 왕이 될 때 그가 해야 할 일은 막중한 일이기 때문에 그 일을 감당하기 위해 군대의 사정을 알고 또 엄격한 훈련을 통해 얻게 되는 용기와 인내심을 가지게 하기 위해 그런 훈련을 받게 한다고 합니다.

예수님은 그의 제자들이 하나님께로부터 받은 막중한 사명을 감당하고 부족함이 없는 사람들이 되기 위해 연단 시키십니다. 하나님께서는 이스라엘 백성들을 애굽에서 인도하여 내신 후 불과 며칠이면 들어갈 수 있는 가나안 땅이지만 40년이라는 긴 기간 메마른 광야에서 지나게 하신 후에 들어가게 하셨습니다. 그 이유를 신명기 8장에서 다음과 같이 말씀하십니다. "네 하나님 여호와께서 이 사십년 동안에 너로 광야의 길을 걷게 하신 것을 기억하라 이는 너를 낮추시며 너를 시험하사 네 마음이 어떠한지 그 명령을 지키는지 아니 지키는지 알려하심이라"(신 8:2)고 하나님께서는 이스라엘 백성들이 하루라도 빨리 젖과 꿀이 흐르는 가나안 땅에 들어가기를 원하시지만 그들이 확고한 믿음을 가진 후에 들어가게 하시려고 그들을 광야에서 연단 시키셨습니다.

이 세상은 광야와도 같습니다. 고난의 세상이며 환난의 세상입니다. 주님께서는 우리가 하루라도 빨리 이 세상에서 옮기어 하늘나라로 가는 것을 원하십니다. 그러나 우리의 신앙이 연단을 받아 순결하고 확실한 믿음을 갖게 하기 위해 이 세상에 두시는 것입니다. 사도베드로는 시련 속에 있는 성도들에게 말하기를 "너희 믿음의 시련이 불로 연단하여도 없어질 금보다 더 귀하여 예수 그리스도의 나타나실 때에 칭찬과 영광과 존귀를 얻게 하려 함이라"(벧전 1:7)고 하였습니다. 우리를 고난의 세상에서 연단시켜 보다 훌륭한 믿음을 갖게 하시려는 것이 하나님께서 우리를 세상에 두시는 목적입니다. 우리는 연단의 이 세상에서 날마다 연단되어 하나님이 원하시는 인격으로 갖추어져야 하겠습니다.

2) 예수님께서 그의 제자들을 세상에 머물게 하시는 또 다른 이유는 그의 제자들을 통해 다른 사람 곧 이 세상에 살고있는 사람들에게 유익을 주기 위함입니다.

사도바울은 빌립보에있는 성도들에게 "떠나서 그리스도와 함께 있을 욕망을 가진 이것이 더욱 좋으나 그러나 내가 육신에 거하는 것이 너희를 위하여 더 유익하리라"(빌 1:23-24)라고 하였고, 골로새서에서는 "내가 이제 너희를 위하여 받는 괴로움을 기뻐하고 그리스도의 남은 고난을 그의 몸 된 교회를 위하여 내 육체에 채우노라"(골 1:24)고 하였습니다.

사도바울의 일생은 고난의 연속이었습니다. 그가 고린도교회에 두 번째로 보낸 편지를 보면 "수고를 넘치도록 하고 옥에 갇히기도 더 많이 하고 매도 수없이 맞고 여러 번 죽을 번 하였으니 유대인들에게 사십에 하나 감한 매를 다섯번 맞았으며 세 번 태장으로 맞고 한번 돌로 맞고 세 번 파선하는데 일 주야를 깊음에서 지냈으며 여러 번 여행에 강의 위험과 강도의 위험과 동족의 위험과 이방인의 위험과 시내의 위험과 광야의 위험과 바다의 위험과 거짓 형제 중의 위험을 당하고 또 수고하며 애쓰고 여러 번 자지 못하고 주리며 목마르고 여러 번 굶고 춥고 헐벗었노라…"(고후 11:23-27)고 하였습니다. 바울에게 있어서 세상에 머문다는 것은 고난가운데 머무는 것이었습니다. 그러나 바울은 자신의 그런 고생은 그리스도의 남은 고난에 참여하는 것이요 그런 수고를 통해 다른 사람들이 복음을 받게 된다는 것을 알고 있었습니다. 그래서 바울은 내가 떠나서 그리스도와 함께 있을 욕망을 가진 것이 더욱 좋으나 그러나 내가 육신에 거하는 것이 너희를 위하여 더 유익하리라고 하였습니다.

그리스도인들이 이 고통의 세상에 더 머물러 있어야 할 이유가 있습니다. 그것은 예수님께서 우리에게 맡기신 사명 때문입니다. 예수님은 우리에게 "너희는 세상의 소금이라"고 하셨습니다. "너희는 세상의 빛이라"고 하셨습니다. 우리가 세상에 더 있지 않으면 세상에 소금과 빛이 없어집니다. 빛 되신 예수님께서는 그의 제자들에게 빛의 사명을 주시고 떠나셨습니다.

3) 예수님의 제자들이 이 세상에 더 남아 있어야 할 또 다른 이유는 그의 제자 된 사람들이 주앞에 설 때 상을 받기 위한 것입니다.

히브리서의 저자는 모세에 대하여 말하기를 모세는 "그리스도를 위하여 받는 능욕을 애굽의 모든 보화보다 더 큰 재물로 여겼으니 이는 상주심을 바라봄이라"(히 11:26)고 하였습니다. 성경말씀이 가르치는 것은 구원은 은혜로 얻는 것이지만 상은 그 사람의 행한 일에 따라 받게 된다고 가르치고 있습니다. 누구보다도 주를 위해 더 많이 수고한 사도바울은 그의 말년에 자기를 위해 예비 되었을 상을 바라보며 "내가 선한 싸움을 싸우고 나의 달려갈 길을 마치고 믿음을 지켰으니 이제 후로는 나를 위하여 의의 면류관이 예비되었으므로 주 곧 의로우신 재판장이 그 날에 내게 주실 것이니 내게만 아니라 주의 나타나심을 사모하는 모든 자에게니라"(딤후 4:7-8)고 하였습니다.

예수님은 그의 제자들이 그들을 미워하는 이 세상에 남겨두시기를 원치 아니하셨을 것입니다. 그러나 그들을 세상에서 데려가시기를 구하지 않으셨습니다. 그 이유는 그들이 환난의 세상에서 연단을 받아 금같이 귀한 믿음을 얻고 또 예수님께서 남겨두신 사역을 잘 감당한 후 하나님 앞에 설 때 그 공력이 드러나서 상을 받게 하려 하시기 때문입니다. 우리에게도 주님은 이와 같은 큰 기대를 가지시고 우리를 이 세상에 두셨습니다. 그러나 나의 삶이 고달플 때 주님 어서 데려가주세요 하며 부르짖는 우리가 아닙니까? 우리는 우리의 마음을 진정하고 이 사려 깊으신 주님의 뜻을 생각하며 우리를 이 세상에 두신 뜻을 이루어드려야 하겠습니다.

2. "오직 악에 빠지지 않게 보전하시기를 위함이니이다"

예수님은 그의 제자들을 이 세상에서 데려가시기를 구하지 않으셨습니다. 그들이 이 세상에 머무는 것은 여러 가지로 유익하기 때문입니다. 그러나 그들을 악에 빠지지 않게 보전하시기를 구하셨습니다.

미국의 고 레이건 대통령은 소련나라를 악의 나라라고 했고 부시대통령은 몇 개의 독재국가를 악의 축이라고 하여 세상이 떠들썩했습니다만, 예수님은 어느 나라만 아니라 이 세상 전체를 "악하고 음란한 세대"(마 16:4)라고 하셨고, 말세에는 "불법이 성하므로 많은 사람의 사랑이 식어지리라"(마 24:11)고 하셨습니다. 그리고 세상이 그렇게 악해지는 이유는 마귀의 역사 때문이라고 가르치고있습니다. 예수님은 마귀를 "이 세상 임금"이라고 하셨습니다.(요 14:30) 그리고 사도바울은 마귀는 공중권세 잡은 자이며 "지금 불순종의 아들들 가운데서 역사하는 영" 이라고 하였으며(엡 2:2) 사도요한은 말하기를 "또 아는 것은 우리는 하나님께 속하고 온 세상은 악한자 안에 처한 것이며" (1요 5:19)라고 하였습니다.

마귀는 십자가의 권세 앞에서 패배하였습니다.(계 12:7) 그러나 마귀가 없어졌거나 지옥 불에 아주 들어간 것은 아닙니다. 마귀가 십자가의 권세로 멸망했다는 것은 예수님께서 십자가에 죽으셨다가 다시 사신 그때부터 마귀는 하늘에서 쫓겨나서 천사의 회에 참여할 수 없게 되었고 하나님의 자녀들을 참소하지 못하게 되었고 온 세상을 미혹하지 못하게 되었고(계 12:10-11) 구속 받은 사람을 해하지 못하게 된 것을 의미합니다.(1요 5:18)

그러나 마귀는 예수님의 십자가 이후에도 여전히 존재하며 온 세상 사람들을 지배합니다. 그리고 자기 때가 얼마남지 못한 줄 알고 택한 자라도 미혹할 수만 있으면 미혹하려고 애씁니다.(벧전 5:8) 예수님은 이러한 위험한 세상에 남아 있는 그의 제자들을 위해 그들이 하나님의 보전하심을 받아 악에 빠지지 않기를 기도하셨습니다. 누가복음을 보면 예수님께서 이 기도를 마치실 무렵 베드로에게 "시몬아, 시몬아, 보라 사단이 밀 까부르듯 하려고 너희를 청구하였으나 그러나 내가 너를 위하여 네 믿음이 떨어지지 않기를 기도하였노니 너는 돌이킨 후에 네 형제를 굳게 하라" (눅 22:31-32)고 하셨습니다. 사단은 베드로에게 두려움을 주어 주님을 위해 죽기도 하겠다고 했던 맹세를 잊어버리게 하고 예수님을 부인하는 실패를 하게 만들었습니다. 그러나 베드로는 그것으로 끝나지 않았고 회개한 후에 주님이 쓰시는 큰 그릇이 되었습니다. 그렇게 된 것은 바로 예수님의 기도하심 때문이었음을 알 수 있습니다. 우리들은 마귀의 유혹이 쉴새 없이 엄습해오는 악한 세상에서 살고 있습니다. 그러나 예수님의 중보의 기도로 그런 시험들을 이길 수 있게 하십니다. "성자의 구함을 성부가 들으사 외면치 못하고 다 응답하시네"

63.

왕이신 예수님

[요한복음 18:33-38]

예수님이 잡히시던 밤의 된 일을 공관복음(다른 3복음)과 대조하여 보면, 예수님은 만찬을 나누신 후 17장의 진지한 기도를 하셨고 그 후 제자들과 함께 기드론 시내를 건너 겟세마네 동산으로 가셔서 최후의 기도를 하셨습니다. 그 기도를 마치신 후 가룟 유다의 인도를 받은 군대와 대제사장과 바리새인들의 하속들에게 붙들려 총독빌라도의 법정에 서게 되셨습니다.

빌라도는 예수님에게 "네가 유대인의 왕이냐?" 고 물었고 예수님은 그 물음에 대답하시기를 "내 나라는 이 세상에 속한 것이 아니라 만일 내 나라가 이 세상에 속한 것이었더면 내 종들이 싸워 나로 유대인들에게 넘기우지 않게 하였으리라" (36) 고 하셨습니다. 빌라도가 다시 "그러면 네가 왕이 아니냐" 라고 질문하자 예수님은 "네 말과 같이 내가 왕이니라 내가 이를 위하여 났으며 이를 위하여 세상에 왔나니 곧 진리에 대하여 증거하려 함이로다" (37)라고 대답하셨습니다. 우리가 이 대화에서 깨닫게 되는 것은 예수님께서는 네가 유대인의 왕이냐라고 물을 때 아니라고 하지 않으시고 다만 내 나라는 여기 속한 것이 아니라고 하신 것과 두 번째로 "네가 왕이 아니냐?" 라고 질문 할 때 "네 말과 같이 내가 왕이니라" 고 대답하신 것입니다. 예수님의 대답은 자기가 이 세상에 속한 왕은 아니지만 차원이 다른 나라의 왕이라는 것입니다. 그리스도인들은 예수님은 왕권을 가지고 계시다는 것과 어떠한 왕권을 가지고 계시는가를 알아야 하겠습니다. 그래야 예수님께 대한 바른 신앙을 가지게 됩니다.

1. 예수님은 세속적 왕권을 가지신 분이 아닙니다.

빌라도가 "네가 유대인의 왕이냐?" 라고 물었을 때 예수님은 분명하게 "내 나라는 여기 속한 것이 아니라 만일 내 나라가 이 세상에 속한 것이었더면 내 종들이 싸워 나로 유대인들에게 넘기 우지 않게 하였으리라" 고 대답하셨습니다. 예수님께서 자신이 이 세상 왕이 아니라고 말씀하신 것은 빌라도 앞에서만 하신 말씀은 아닙니다. 그것은 그가 평소에 가지셨던 신념이었습니다. 예수님의 그런 신념은 유대인들이 그를 억지로 왕을 삼으려고 할 때 산으로 피하신 것을 보아도 알 수 있습니다.(요 6:15 참조)

유대인들의 메시아 관은 메시아가 오면 이 세상에서 유대인을 중심으로 한 세계적왕국을 건설하게 될 것이라고 하는 것이었습니다. 유대인들이 대망하던 왕은 이 세상에서 육신적으로 자기들을 행복하게 하는 왕이었습니다. 유대인들은 그런 신앙이 구약성경에 근거한 것이라고 믿었습니다. 그러나 메시아에 대해 가장 많이 예언한 이사야서를 보면 메시아는 영광의 메시아로 오시는 것이 아니라 고난의 메시아로 오셔서 하나님의 백성들의 죄를 담당하기 위해 죽으시고 그 후에 하나님의 백성들이 모든 이방나라에서 모여올 것이라고 하였습니다.(사 53, 54장 참조) 유대인들이 예수님을 땅의 왕으로 생각하였던 것은 구약성경에 대한 그릇된 이해 때문이었습니다.

그러나 신약교회에서도 예수님을 지상의 왕으로 믿는 사람들이 때때로 일어났습니다. 주후 172년경에 부리기아(Phrygia)의 몬타너스(Montanus)라는 사람은 하늘의 예루살렘이 부리기아의 펫부자(Pepuza)에 임하여 예수님이 다스리게 된다고 주장하며 많은 신도들을 모았던 일이 있습니다. 18세기의 영국목사 다비(John Nelson Darby)의 주장을 따르는 세대주의에서는 예수님이 이 세상에 오신 목적은 지상왕국을 건설하기 위해 오셨지만 유대인들이 불순종하며 그를 십자가에 못박으므로 왕국은 재림 후로 연기되었고 그 왕국은 예수님이 재림하신 후 1천년간 이땅에서 이루게 된다고 믿고 있습니다. 그러나 예수님께서 "내 나라는 이 세상에 속한 것이 아니라" 고 하신 이 말씀은 그런 사상을 일축해버리는 말씀입니다.

2. 예수님은 신령한 왕이십니다.

"네가 유대인의 왕이냐?" 라는 빌라도의 질문에 대해 예수님은 "내 나라는 이 세상에 속한 것이 아니라" 고 대답하셨습니다. 그러나 빌라도가 재차 "그러면 네가 왕이 아니냐?" 라고 물었을 때 예수님은 "네 말과 같이 내가 왕이니라 내가 이를 위하여 났으며 이를 위하여 세상에 왔나니 곧 진리에 대하여 증거하려 함이로라"라고 대답하셨습니다. 예수님은 자신이 왕이라는 것을 부인하지 않으셨습니다. 다만 이 세상에 속한 왕이 아니요 진리에 대하여 증거하는 왕 즉 신령한 왕이시라고 말씀하신 것입니다.

예수님은 어떻게 진리를 증거 하셨습니까? 구,신약을 통해 진리를 증거한 많은 사람들이 있었고 지금도 진리를 증거하는 사람들이 많이 있습니다만, 예수님의 증거는 사람들의 증거와는 다른 것입니다. 사람들은 하나님께서 보여준 진리를 전하는 것이지만 예수님은 진리 자체이시며 그 진리를 나타내시는 분이십니다. 그리고 그 진리로 다스리시는 진리의 왕이십니다.

1) 진리의 왕 예수님은 진리로 마귀를 정복하셨습니다.

계시록에 나타난 하늘의 큰 이적을 보면 철장을 가지고 만국을 다스릴 남자가 탄생될 때 붉은 용 마귀는 그를 해하려 했으나 그 아이는 하늘로 올려갔고 붉은 용 마귀가 미가엘과 싸우다가 이기지 못하여 하늘에서 땅으로 쫓겨났습니다. 용이 쫓겨난 후 하늘에서 들리는 음성은 "이제 우리 하나님의 구원과 능력과 나라와 또 그의 그리스도의 권세가 이루었으니 우리 형제들을 참소하던 자 곧 우리 하나님 앞에서 밤낮 참소하던 자가 쫓겨 났고……"(계12:10)라고 하였습니다. 예수님께서 십자가를 지실 때 예수님은 마귀에게 지는 것같이 보였으나 실상은 예수님의 십자가로 말미암아 마귀의 권세를 이기신 것입니다. 그러므로 사도바울은 "정사와 권세를 벗어버려 밝히 드러내시고 십자가로 승리하셨느니라"(골 2:15)고 하셨고

"자녀들은 혈육에 함께 속하였으매 그도 또한 한 모양으로 혈육에 함께 속하심은 사망으로 말미암아 사망의 세력을 잡은 자 곧 마귀를 없이 하시며 또 죽기를 무서워하므로 일생에 매여 종 노릇 하는 모든 자들을 놓아 주려 하심이니…"(히 2:14-15)라고 하였습니다.

2) 진리의 왕 예수님은 사람들을 의롭게 하시며 의롭게 통치하십니다.

히브리서의 저자는 멜기세덱에 대해 "그 이름을 번역하면 첫째 의의 왕이요 또 살렘왕이니 곧 평강의 왕이요"(히 7:2)라고 하였는데 칼빈은 이 멜기세덱에 대한 설명은 예수 그리스도에 대한 설명이며 "그리스도는 다른 사람을 의롭게 행하도록 하실뿐 아니라 한편으로는 은혜로운 하나님과의 화목함으로 말미암아 의롭다 함을 얻도록 만드시고 다른 한편으로는 그의 성령으로 우리를 새롭게 하실 때에 우리가 경건하고 거룩한 생활을 할 수 있게 하신다. 그리고 그는 모든 자기 백성들에게 대한 의의 선포가 유효하게 하시기 때문에 그를 의의 왕이라고 부른다" (Calvin' s Commentaries Vol. X X II p.156)라고 하였습니다. 그러므로 예수님의 통치를 받아 믿는 사람들은 의의 왕을 모시기 때문에 그로 말미암아 의롭다 함을 얻으며 참된 평화를 얻게 됩니다. 어서 속히 복음이 온 세상에 전파되어 온세상이 그리스도의 통치를 받아야 합니다.

3) 진리의 왕은 세상을 심판하십니다.

대제사장 가야바가 예수님에게 "네가 하나님의 아들 그리스도인지 우리에게 말하라"고 하는 질문에 대해 예수님께서는 "내가 너희에게 이르노니 이후에 인자가 권능의 우편에 앉은 것과 하늘구름을 타고 오는 것을 너희가 보리라" 고 대답하셨고 가야바는 자기 옷을 찢으며 참람한 말을 하였다고 하였습니다.(마 26:64-65)

대제사장 가야바는 이 초라하게 보이는 젊은 사람의 엄청난 말에 기가 막혔을 것입니다. 근시안을 가진 사람이 먼 곳의 물체를 볼 수 없는 것과 같이 율법주의와 권위의식에 젖어있던 제사장에게는 말씀이 육신이 되어 세상에 오신 진리의 왕이 보이지 않았습니다.

그러나 예수님은 진리자체 이시며 진리를 성취하고 나타내기 위해 오신 분이십니다. 그리고 진리로 그의 백성들을 통치하시는 진리의 왕이시며 산자와 죽은 자를 심판하시기 위해 다시 오실 왕이십니다.

64.

어리석은 빌라도

[요한복음 19:1-16]

주후 2세기 경에 교회가 채용했다고 하는 사도신경은 "본디오 빌라도에게 고난을 받으사 십자가에 못 박혀 죽으시고…" 라고 고백하고 있습니다. 물론 그 고백이 빌라도를 저주하는 말은 아니지만 역사에 나타난 인물치고 그만큼 죄인으로 인식되어진 인물은 없을 거라고 믿어집니다. 상상해보면 빌라도는 유대나라에서뿐 아니라 당시세계의 중심이었던 로마나라에서도 출중한 인물이었을 거라고 느껴집니다. 역사를 보면 그 당시 유대나라에서는 자주 반 로마 폭동이 일어났다고 합니다. 유대민족은 비록 나라를 잃었지만 강한 종교심과 민족주의 사상 때문에 강한 로마제국이라도 통솔하기가 쉬운 일이 아니었던 것 같습니다. 이런 나라에 총독으로 발탁되었다고 하는 것만 보아도 빌라도는 로마의 황제 시저의 신임을 받는 훌륭한 정치력을 가진 인물이었을 거라고 보여집니다. 그러나 그는 천추에 지울 수 없는 큰 죄를 범하게 되었습니다. 그것은 바로 사도신경이 말하고 있는 대로 예수님을 십자가에 못 박은 일입니다. 아마 빌라도는 사람들에게 예수님을 십자가에 못박은 자라고 인식되는 것으로 끝나지 않고 그 범죄에 합당한 하나님의 심판을 받게 될 것이라고 믿어집니다. 그가 그렇게 된 이유는 육신적으로는 탁월한 지혜와 인격을 타고 났지만 진리를 알지 못하므로 그 영이 어두워져 선과 악을 구별하지 못하고 살다가 얻게 된 열매입니다. 빌라도는 "진리가 무엇이냐?" 라고 하였습니다.

오늘에도 이 세상에서 빌라도와 같이 탁월한 인격과 능력을 가지고 있으면서도 도리어 씻을 수 없는 죄들을 심상하게 짓고 있는 사람들이 많이 있습니다. 그 이유는 진리를 알지 못하기 때문입니다.

1. 빌라도는 진리를 알고자 하지 않았습니다.

유대인들은 예수님을 자신이 유대인의 왕이라고 한다고 하며 빌라도에게 끌고 왔습니다. 그 이유는 그렇게 해야 빌라도가 예수님을 정죄할 것이라고 믿었기 때문입니다. 그 당시 유대나라의 왕은 로마나라에서 세워야 하며 이미 헤롯왕이 있었기 때문에 새 왕이 유대나라에 나타난다는 것은 내란을 일으키는 것과 같은 것입니다. 그래서 빌라도는 예수님에게 "네가 유대인의 왕이냐?" 라고 물었고 예수님께서 "내 나라는 이 세상에 속한 것이 아니라" 고 대답하시자 빌라도는 "네가 왕이 아니냐?" 라고 안심하는듯한 질문을 하였습니다. 예수님은 그 질문에 대해 "네 말과 같이 내가 왕이니라" 고 하시며 자신은 진리에 대하여 증거하러 온 왕이라고 대답하셨고, 그래서 빌라도는 "진리가 무엇이냐?" 라고 하며 말을 끝냈습니다. 빌라도는 예수님이 자신을 유대인의 왕이라고 한다는 유대인들의 비난에 신경을 썼습니다. 그것은 자신이 다스리는 유대나라의 체제에 위험을 가져오게 되기 때문이었습니다. 그러나 예수님께서 말씀하신 "진리" 에 대해서는 알려고 하지 않았습니다.

현대사회에도 빌라도와 같은 유형의 사람들이 수없이 많습니다. 자신에게 맡겨져 있는 가정과 직장과 임무에 대해서는 빌라도처럼 충실히 하며 신경을 쓰면서도 인생이면 알아야 하는 진리에 대해서는 알아보려고도 하지 않습니다. 그러나 진리는 우리가 맡고 있는 임무보다 중요한 것입니다. 그 이유는 그 맡은바 임무를 바로하게 하는 것이 진리이며 행복하게 하는 것이 진리이기 때문입니다.

솔로몬은 진리의 지혜에 대해 말하기를 "내 아들아 완전한 지혜와 근신을 지키고 이것들로 네 눈 앞에서 떠나지 않게 하라 그리하면 그것이 네 영혼의 생명이 되며 네 목에 장식이 되리니 네가 네 길을 안연히 행하겠고 네 발이 거치지 아니하겠으며 네가 누울 때에 두려워하지 아니하겠고 네가 누운즉 네 잠이 달리로다 너는 창졸간의 두려움이나 악인의 멸망이 임할 때나 두려워하지 말라 대저 여호와는 너의 의지할 자이시라 네 발을 지켜 걸리지 않게 하시리라" (잠 3:21-26)고 하였고 진리를 경히 여기는 자들에 대해 말하기를 "내가 부를찌라도 너희가 듣기 싫어하였고 내가 손을 펼찌라도 돌아보는 자가 없었고 도리어 나의 모든 교훈을 멸시하며 나의 책망을 받지 아니하였은즉 너희가 재앙을 만날 때에 내가 웃을 것이며 너희에게 두려움이 임할 때에 내가 비웃으리라" (잠 1:24-26)고 하였습니다. 진리에 대해 무관심한 빌라도는 진리의 축복을 받을 수 없게 되었습니다.

2. 대중의 의견을 따라 재판하였습니다.

"빌라도가 무리에게 만족을 주고자 하여 바라바는 놓아 주고 예수는 채찍질하고 십자가에 못 박히게 넘겨 주니라" (막 15:15)

언젠가 유대인 변호사 한 사람이 2천년 전 예수에 대한 재판은 잘못된 것이니 예수를 위해 새로 법정을 개설하여 재판을 다시 해야 한다고 하여 화제가 된 적이 있습니다만, 빌라도는 자기가 통치하는 유대 군중들에게 만족을 주려고 예수를 넘겨주는 불의한 재판을 한 것입니다.

모세는 모압땅에서 하나님의 법을 설명하며 "내가 그 때에 너희 재판장들에게 명하여 이르기를 너희가 너희 형제 중에 송사를 들을 때에 양방간에 공정히 판결할 것이며 그들 중의 타국인에게도 그리할 것이라 재판은 하나님께 속한 것인즉 너희는 재판에 외모를 보지 말고 귀천을 일반으로 듣고 사람의 낯을 두려워 말것이며" (신 1:16-17)라고 하였습니다. 재판은 털끝만큼도 공정하지 않은 것이 있어서는 안됩니다. 그 이유는 그 불공정함으로 인해 의로운 자가 해를 입게 되고 불의한 자가 득을 보게 되기 때문이며, 재판을 하는 사람도 하나님께 심판을 받는 날이 오기 때문입니다. 빌라도는 예수님을 심문한 후 두 번이나 자기는 그에게서 아무 죄도 찾지 못했다고 하였습니다.(18:38, 19:6) 그러면서도 그 무죄한 예수를 로마인들의 가장 무서운 형벌인 십자가에 못박으라고 내어 주었습니다. 그가 그렇게 어리석은 자가 된 것은 그 마음에서 하나님을 인정하지않았기 때문입니다.

3. 하나님의 지시를 무시하였습니다.

마태복음을 보면 총독이 재판자리에 앉았을 때에 그의 아내는 사람을 보내어 "저 옳은 사람에게 아무 상관도 하지 마옵소서 내가 그 사람을 인하여 애를 많이 썼나이다"라고 간청하였습니다.(마 27:19) 그러나 유대인들의 요청을 들어주어야 자기의 정치적 기반이 든든해지고 로마의 왕 시저의 신임을 받게 되리라고 하는 그의 굳은 마음을 바꿀 수는 없었습니다. 하나님의 증거는 두 가지 목적을 가지고 있습니다. 그 하나는 그 증거를 받아 구원을 얻게 함이요 다음으로 증거를 받고도 믿지 않는 사람에게는 핑계할 수 없게 하시기 위한 것입니다. 예수님은 "내가 와서 저희에게 말하지 아니하였더면 죄가 없었으려니와 지금은 그 죄를 핑계할 수 없느니라"(요 15:22)라고 하셨습니다. 노아시대에 노아를 통해 120년이나 되는 긴 기간 방주를 예비하게 하신 것이나, 복음이 나타난 후 2천년이 넘는 긴 기간 복음을 증거하게 하신 것은 모든 사람을 다 구원 얻게 하시려고 함이 아니라, 믿는 사람은 구원을 얻게 하고 안 믿는 자에게는 핑계하지 못하게 하려 하심이었습니다. 빌라도는 그의 아내를 통해 전하는 말을 듣고도 예수를 십자가에 내어주는 일을 자신이 택했기 때문에 핑계할 수 없게 된 것입니다. 그리고 하나님의 증거를 받고도 거절할 때 심판은 찾아왔습니다. 노아의 증거를 받지 않은 당시 사람들과 롯의 증거를 받지 않은 소돔 사람들은 다 심판을 받았습니다. 그와 같이 빌라도에게도 증거는 있었으나 증거를 받지 않고 총독의 자리를 지키기에 급급했습니다.

4. 무리 앞에서 손을 씻은 빌라도

"무리 앞에서 손을 씻으며 가로되 이 사람의 피에 대하여 나는 무죄하니 너희가 당하라" (마 27:24)

빌라도에게도 양심의 가책은 있었습니다. 그의 말대로 아무 죄도 없는 예수를 그를 놓아주면 가이사의 충신이 아니라고 부르짖는 유대 군중들이 무서워 십자가에 내어주어야 했기 때문에 괴로워하였습니다. 그는 그 양심의 괴로움을 유대인들에게 책임을 돌림으로써 털어보려고 했습니다. 빌라도는 물을 가져다가 무리 앞에서 손을 씻으며 이 사람의 피에 대하여 나는 무죄하니 너희가 당하라고 하였고 하나님의 보응을 두려워하지 않는 유대인들은 "그 피를 우리와 우리 자손에게 돌릴지어다" (마 27:25)라고 대답하였습니다.

빌라도의 행한 일을 보면 그도 죄없는 사람이 되기를 원하고 있었습니다. 그러나 빌라도는 죄를 없이하는 방법을 몰랐습니다. 아담이 선악과를 따먹은 책임을 아내에게 돌리듯이 예수님을 십자가에 못박는 책임을 유대인들에게 돌리려고 하였습니다. 그리고 손을 씻으며 자신의 결백을 선언했습니다. 그러나 그런 방법으로 죄를 없이할 수는 없습니다. 오직 죄를 없이하는 방법은 자기의 죄를 다른 사람에게 전가하는 것이 아니라 자백해야 하며 물로 씻을 것이 아니라 예수님의 보배피로 정케함을 받아야 합니다. 우리는 빌라도처럼 세상일에 지혜로우면서도 신령한 일에 어리석은 자가 되지 않아야 하겠습니다.

65.

혈연을 초월하는 사랑

[요한복음 19:25-27]

"예수의 십자가 곁에는 그 모친과 이모와 글로바의 아내 마리아와 막달라 마리아가 섰는지라 예수께서 그 모친과 사랑하시는 제자가 곁에 섰는 것을 보시고 그 모친께 말씀하시되 여자여 보소서 아들이니이다 하시고 또 그 제자에게 이르시되 보라 네 어머니라 하신대 그 때부터 그 제자가 자기 집에 모시니라"(요 19:25-27)

예수님은 십자가에 달려 계시면서 그 곁에 서서 슬픔을 삼키고 있는 어머니 마리아에게 요한을 아들로 삼으라고 하시고 요한에게는 어머니를 모시라고 말씀하셨습니다. 이것은 예수님이 어머니에 대한 효성을 보여주는 말씀이라고 생각하여 예수님을 효행의 표본으로 생각하는 사람들도 있습니다. 그러나 조금 더 생각해보면 예수님의 이 유언은 사람의 혈연적 사랑인 도덕적 사랑을 나타내는 말씀이 아니라 도리어 혈연적 사랑을 초월하는 그리스도안에 있는 참사랑을 보여주는 말씀입니다.

그렇게 보아야 할 이유는 예수님의 십자가 곁에 서있던 사람들 중에는 예수님의 이모도 있었는데 어머니를 자매에게 부탁하지 않으시고 어머니 마리아와 아무런 혈연적관계가 없는 세베데의 아들 요한에게 어머니를 부탁하셨기 때문입니다. 바로 이 말씀은 하나님의 사랑은 혈연적 사랑과 같은 사랑이 아니라 보다 높은 사랑이며 우리 믿는 사람들은 혈연을 초월하는 사랑을 가져야 한다는 것을 가르치고있습니다.

1. 혈연적 사랑은 어떠한 사랑입니까?

혈연적 사랑이란 본능적 사랑이라고도 말할 수 있습니다. 그것은 사람들에게만 있는 사랑이 아니라, 모든 동물들에게도 있는 생존을 위하여 창조주 하나님께서 주신 본능적인 사랑입니다. 동물들 중에는 심지어 다른 동물을 잡아먹는 맹수도 있지만 자기 새끼나 형제 또는 자기 종족에 대해서는 친근하게 지내는 것을 볼 수 있습니다. 사람에게 이 혈연적 사랑이 없었다고 하면 지구상에서 사람은 멸종되고 말았을 것입니다. 만일 부모가 자식을 사랑할 줄 모른다든가 자식이 부모를 봉양할 줄 모르고 형제가 형제를 서로 돕지 않았다면 어떻게 이땅에서 생존할 수 있었겠습니까? 이것을 보면 혈연적 사랑은 하나님께서 인생들에게 주신 선물이라는 것을 알 수 있습니다. 그래서 사도바울은 "자녀들아 너의 부모를 주안에서 순종하라 이것이 옳으니라"(엡 6:1)고 하였고 "누구든지 자기 친족 특히 자기 가족을 돌아보지 아니하면 믿음을 배반한자요 불신자보다 더 악한 자니라"(딤전 5:8)고 하였습니다. 그럼에도 불구하고 혈연적 사랑만으로는 모든 사람을 공평하게 하고 평화롭게 할 수가 없습니다.

성경말씀을 보면 인류의 시조는 아담과 하와이며 모든 인류는 다 그 한 부모의 후손입니다. 사람들은 모두가 다 부모, 형제, 자매이지만 부족사회와 봉건사회를 거쳐 문명국가를 건설한 현대에 이르기까지 죽이고 죽는 역사를 되풀이하며 왔습니다. 왜 사람들은 어떤 맹수들보다도 더 잔인하게 동족이 동족을 죽이는 역사를 반복하는 것입니까? 그것은 사랑이 없어서 라기보다는 그릇된 혈연적 사랑이 있었기 때문이었습니다. 만일 인류는 한 하나님에게서 창조되었고, 한 부모(아담과 하와)에게서 난 한 형제라고 하는 생각에서 모든 사람을 나의 식구와 같이 생각한다면 전쟁이라는 글자는 지구상에서 사라질 것입니다만 그릇된 혈연적사랑은 사람들이 한 혈통으로 났다는 것을 부인하고, 가장 가까운 가정과 자기 민족과 자기 나라 또는 자기지방의 이익을 먼저 추구하기 때문에 싸움과 전쟁은 계속되고 있습니다. 혈연적 사랑은 타락해버렸습니다.

2. 하나님의 사랑은 혈연을 초월한 사랑입니다.

사도바울은 에베소교회의 성도들에게 "지식에 넘치는 그리스도의 사랑을 알아 그 넓이와 길이와 높이와 깊이가 어떠함을 깨달아 하나님의 모든 충만하신 것으로 너희에게 충만하게 하시기를 구하노라"(엡 3:18-19)라고 말씀하였는데 그것은 그리스도로 말미암아 나타난 사랑은 인간의 혈연적 사랑을 훨씬 초월하는 사랑임을 잘 보여주는 말씀입니다.

하나님께서 독생자를 세상에 보내신 사실에서 우리는 하나님의 사랑이 인간의 사랑과 다르다고 하는 것을 알 수 있습니다. 사람들은 어머니의 사랑이 크다고 하여 하나님의 사랑에 비교하기도 합니다. 대부분의 어머니들은 자기자식을 위해서 라면 모든 것을 희생합니다. 자식을 살리려다가 죽는 경우도 있습니다. 그러나 그런 희생적 사랑이라고 해도 하나님의 사랑과는 비교할 수가 없습니다. 그 이유는 어머니가 자기 자식을 위해 희생할 수 있는 것은 자기 피가 있기 때문입니다. 다른 사람의 자식을 위해서 희생할 수는 없습니다. 그러나 하나님의 사랑은 이미 불순종으로 마귀의 자녀가 된 사람들을 구원하시기 위해 자기의 아들을 십자가에 내어 주신 사랑입니다. 그러므로 하나님의 사랑은 인간의 사랑을 초월하는 사랑입니다. 그리고 예수님은 그 사랑을 나타내신 분이시며 예수님께서 어머니 마리아에게 "보소서 저가 아들이니이다"라고 하신 말씀과 제자 요한에게 "보라 저가 어머니라"고 하신 말씀은 바로 우리 믿는 사람들이 혈연이나 지연 등의 인간적 사랑을 초월한 사랑으로 서로 사랑해야 할 것을 가르치는 말씀입니다.

혈연이나 지연적 사랑도 자기의 자녀와 친척 나가서는 자기민족과 국가를 위해 희생할 수는 있습니다. 민족주의자들은 자기민족을 위한 것이라면 무엇이든지 하려고 하는 용기를 가진 사람들입니다. 그런 사람들은 각 나라에 많이 있습니다. 그런 민족애는 나라가 위기에 처할 때 유익을 주는 것도 사실입니다. 그러나 자기민족만 사랑하고 거기서 한걸음 더 올라서지 않는다면 그것은 자기의 이익만 생각하는 집단이기주의에 불과하게 됩니다. 과거 일본 사람들은 자기나라와 자기민족은 사랑하였지만 이웃나라에 대해선 못할 일을 많이 했습니다. 남의 나라를 강제로 합병하고 남의 나라의 토지와 재산을 몰수하기도 했으며, 중국 같은 데서는 사람을 잡아 생체실험을 하기까지 하였습니다. 지금 아랍인들이 테러를 많이 합니다. 심지어 자살테러를 장려하며 훈련시킵니다. 그런 사람들을 사랑이 전혀 없는 냉혈동물처럼 생각하기 쉽습니다. 그러나 그 사람들이 사랑이 없어서 그렇게 하는 것이 아닙니다. 누구보다도 더 민족애에 불타서 그렇게 하는 것입니다. 그러므로 혈연적 사랑, 또는 지연적 사랑은 사랑과 반대되는 증오와 죽음을 낳을 수가 있습니다.

하나님의 사랑과 혈연적 사랑은 근본적으로 다릅니다. 혈연적 사랑은 나와 관계가 있는 사람을 사랑하며 나에게 유익을 주는 사람을 사랑합니다. 그러므로 그 사랑은 이기주의적 사랑이라고 말할 수 있습니다. 그러나 하나님의 사랑은 이타적인 사랑입니다. 사도 요한은 "사랑은 여기 있으니 우리가 하나님을 사랑한 것이 아니요 오직 하나님이 우리를 사랑하사 우리 죄를 위하여 화목제로 그 아들을 보내셨음이니라"(1요 4:10)고 하였습니다. 예수님께서 이 세상에 오셔서 그 수치와 고난의 십자가를 지신 이유는 바로 이 위대한 하나님의 사랑을 나타내시기 위한 것이며 우리가 그 사랑을 본받아 실천하기를 위한 것이었습니다.

하나님께서 우리에게 원하시는 사랑은 혈연적 사랑을 더욱 많이 하라는 것이 아니라 혈연을 초월하는 하나님이 주시는 사랑으로 서로 사랑하라는 것입니다. 그렇게 할 때 세상은 공평한 세상이 되고 평화의 세상이 될 것입니다. 아오카섬의 선교역사를 보면 식인종이

사는 아오카섬을 구원하기 위해 선교사들은 그들의 마음을 얻으려고 많은 물자를 비행기로 던져 준 후, 어느 정도 환영하게 되었을 것이라는 생각에서 몇 사람의 선교사들이 상륙하였으나, 그들에게 죽임을 당했습니다. 그러나 순교한 선교사들의 부인들이 우리는 남편을 이어 그들을 구원하겠노라고 하며 아오카섬으로 들어가서 추장의 부인이 되어 그들을 구원했다고 합니다. 이런 일은 그리스도 밖에서는 볼 수 없는 혈연을 초월한 사랑 때문입니다.

그러나 현대 그리스도인들은 그 사랑을 잘 모르는 것 같습니다. 교회에 나오면서도 혈연, 지연, 학연 등의 인간적 사랑으로 서로 교제하며 그런 편벽된 교제로 인해 교회의 은혜가 없어지고 교회의 부흥을 가로막는 경우가 많습니다. 우리 그리스도인들은 "보소서 저가 아들이니이다", "보라 저가 네 어머니라"고 하신 예수님의 말씀이 보여주는 혈연을 초월하는 사랑을 배워야 하겠습니다.

66.

성경대로 죽으신 예수님

[요한복음 19:23-37]

사도바울은 고린도교회에 예수님의 부활을 증거하면서 "내가 받은 것을 먼저 너희에게 전하였노니 이는 성경대로 그리스도께서 우리 죄를 위하여 죽으시고 장사 지낸바 되었다가 성경대로 사흘 만에 다시 살아나사"라고 하며 그리스도의 부활은 구약성경에 미리 기록된 대로 이루어진 사건이라고 말씀하였습니다.

불교나 이슬람교와 같은 이방종교에서는 이전의 어떤 경전에도 석가모니나 모하멧이 올 것을 예언했었다는 것을 주장하지 않습니다만, 기독교의 특징은 바로 그리스도가 오셔서 행하실 일에 대해 구약성경에서 세밀하게 미리 예언하셨고 그 예언대로 오셨다고 하는 것입니다.

예수님의 행적에 대해 또는 그의 부활하신 후에 일에 대해 우리가 믿을 수 있는 이유는 하나님의 말씀이 그분에 대해 미리 예언하셨기 때문입니다. 예수님께서 동정녀의 몸에서 탄생하신 것도 예언대로 된 일입니다.(마 1:23) 예수님의 사역도 예언대로 된 것입니다.(눅 4:18) 예수님께서 나귀를 타고 예루살렘에 입성하신 일도 예언대로 된 일입니다.(마 21:4-5) 예수님께서 양과 같이 끌려가서 죽으신 것도 예언대로 된 일입니다.(사 53:7) 3일만에 부활하신 것도 예언대로 된 일입니다.(호 6:2, 마 16:21) 부활하신 후 성령 보내심도 예언대로 된 일입니다.(행 2:17) 그러므로 예수님의 행적과 그의 교훈에 대해 확실하게 믿을 수가 있습니다.

본문을 보면 예수님의 수난을 마지막까지 지켜본 사도요한은 예수님께서 십자가에 달리셨을 때 구약의 예언이 어떻게 정확하게 성취되었는가를 잘 설명하고 있습니다. 그 예언의 성취를 볼 때 예수님이 바로 구약의 선지자들이 예언한 그리스도라는 확신을 가질 수 있습니다.

1. 내 겉옷을 나누고 내 속옷을 제비 뽑는다고 한 예언의 말씀(19:24)이 성취되었습니다.

그 예언을 본래대로 옮기면 "개들이 나를 에워쌌으며 악한 무리가 나를 둘러 내 수족을 찔렀나이다 내가 내 모든 뼈를 셀 수 있나이다 저희가 나를 주목하여 보고 내 겉옷을 나누며 속옷을 제비 뽑나이다"(시 22:16-18)라고 하는 말씀입니다. 골고다 언덕에서 예수님을 십자가에 못박을 때 로마 군병들은 예수님이 입으신 겉옷과 속옷을 벗기고 예수님을 십자가에 못박아 그 형틀을 세웠을 것입니다. 예수님은 머리와 손과 발에서 피가 흐르며 형언할 수 없는 고통에 신음하셨을 것입니다. 로마 군병들은 예수님의 고통엔 아랑곳하지 않고 로마법상 형 집행자들의 소유인 수형자의 옷을 나누고 있었습니다. 네 사람의 형 집행자들은 예수님의 겉옷을 네 깃으로 나누어 한 깃씩 가졌습니다. 그렇게 할 수 있었던 것은 겉옷은 붙여서 만든 옷이기 때문이었습니다. 그리고 속옷은 통으로 짠 옷이어서 가를 수 없으므로 제비 뽑아 한 사람이 가졌습니다.

예수님이 십자가에 죽으셨지만 그 옷에 대한 예언이 그대로 적중하지 않을 수 있는 가능성은 많았습니다. 로마의 법률이 수형자의 옷을 달리 처분하게 되었을 경우, 처형자가 네 사람이 아닐 경우, 처형자중 어느 한 사람이 수형자의 옷을 원치 않았을 경우, 속옷을 제비 뽑지 않고 어느 한 사람에게 돌릴 경우엔 "내 겉옷은 나누고 내 속옷은 제비 뽑나이다"라고 한 예언이 성취될 수는 없었습니다. 군병들은 상황에 따라서 무심코 한일이지만 그들은 예수님에 대한 예언을 성취시키고 있었습니다.

예수님에 대한 예언을 기억하고 있는 사도요한에겐 그 일이 충격적인 일이 아닐 수 없었습니다. 그래서 그는 "이는 성경에 저희가 내 옷을 나누고 내 옷을 제비 뽑나이다 한 것을 응하게 함이러라 군병들은 이런 일을 하고"라고 놀라움을 표현하였습니다.

2. 신포도주를 마시게 한일이 예언대로 되었습니다.

구약의 예언을 보면 "저희가 쓸개를 나의 식물로 주며 갈할 때에 초로 마시웠사오니"(시 69:21)라고 하였는데 본문을 보면 "거기 신포도주가 가득히 담긴 그릇이 있는지라 사람들이 신포도주를 머금은 해융을 우슬초에 매어 예수의 입에 대니"라고 하였습니다. 문맥을 보면 예수께서 모든 일이 이미 이룬 줄 아시고 성경으로 응하게 하려 하사 내가 목마르다 하시므로 신포도주를 마시게 하였다고 되어 있습니다. 이 본문을 그대로 보면 예수님은 구약성경에 "갈할 때에 초로 마시웠사오니"라고하신 성경이 응하게 하시려고 의도적으로 "내가 목마르다"라고 하신 것처럼 보입니다. 만일 그런 의미로 본다면 구약의 예언이 응해졌다기보다 예수님이 그 예언이 자기에게 응하도록 만드신 것이 될 것입니다. 그래서 랑(Lange)은 본문을 해석하기를 히나(HINA)로 시작하는 마지막 구절(성경으로 응하게 하려 하사)은 삽입구도 아니요 앞에 올 일에 적용할 것도 아니요 먼저 있은 일 즉 그의 고난이 성경을 이루기까지 끝났다고 하는 생각에서 하신 말씀이다 라고 하였습니다.(Lange' s Commentary on the Holy Scripture Vol.9 p.587)

십자가에 못 박히신 후 예수님은 "내가 목마르다"라고 외치셨습니다. 와이즈만(Wiseman)은 터키의 한 장교가 예수를 믿는다는 이유로 다메섹 바라다(Barada)강가에서 십자가에 못 박혀 순교한일을 목격자의 말을 통해 다음과 같이 설명했습니다. 장교가 못 박힌 날은 금요일이었는데 주일오후에 가서 죽었다고 합니다. 장교는 고통스럽지만 울부짖지않고 종용했습니다. 그러나 자기 오른편과 왼편을 돌아보았고 물을 좀 달라고 하였으나 아무도 물을 주는 자가 없었습니다. 사람들의 마음은 불쌍한 생각으로 녹았습니다. 강물이 흐르는 것이 보였으나 물 한 방울을 얻을 수가 없었습니다. 첫날엔 물을 달라고 했으나 다음부터는 하나님께서 힘을 주셔서 종용하였습니다라고 하는 증언이었습니다.(Barnes, on the Newtestament, Luk-John p.372)

예수님은 그런 고통의 십자가에 달리시사 "내가 목마르다"라고 하셨고 사람들은 마실 수 없는 신포도주를 예수님의 입에 대어 주었습니다. 이것 역시 성경에서 메시아에 대해 미리 예언한대로 이루어진 것입니다.

3. 그 뼈가 하나도 꺾이우지 않으리라는 말씀과 창에 찔리우리라는 예언이 응했습니다.

십자가에 못 박힌 사람은 속히 죽지 않고 4일에서 8일까지 산다고 합니다. 그러나 유대인들의 규례는 안식일에는 시체를 십자가에 두지 않는 것이요 또 유대인의 큰 절기인 유월절이므로 시체를 십자가에서 내려와야 했습니다. 그래서 유대인들은 빌라도에게 시체를 치워달라고 하였고 산사람을 내릴 수 없으므로 빨리 죽게 하기 위해 강도들의 다리를 꺾었고 예수님에게 와서는 이미 죽은 것을 보고 다리를 꺾지 않고 죽음을 확인하기 위해 창으로 예수님의 옆구리를 찔러 물과 피가 다 흘러내리게 하였습니다.

사도요한은 여기서도 성경말씀이 응하는 것을 보았습니다. 다윗은 이미 그의 메시아에 대한 예언에서 "그 모든 뼈를 보호하심이여 그 중에 하나도 꺾이지 아니하도다"(시 34:20)라고 하였고, 스가랴는 "그들이 그 찌른바 그를 바라보고 그를 위하여 애통하기를 독자를 위하여 애통하듯 하며 그를 위하여 통곡하기를 장자를 위하여 통곡하듯 하리로다"(슥 12:10)라고 하였기 때문입니다.

사도요한은 그의 서신에서 예수님에 대하여 증언하기를 "태초부터 있는 생명의 말씀에 관하여는 우리가 들은 바요 눈으로 본 바요 주목하고 우리 손으로 만진 바라"(1요 1:1)라고 하였습니다. 그가 그와 같은 확신을 가진 이유는 예수님이 육신으로 계실 때 항상 가까이하였기 때문이 아니라, 예수님의 행하심과 죽으심과 부활이 메시아에 대한 구약성경의 예언과 너무나 같기 때문이었습니다. 예수님이 메시아 되신 증거는 그의 행하신 이적이나 교훈이나 십자가에 못 박혀 죽으셨다가 부활하신 일이 아니라 그의 행적이 구약성경에 메시아에 대해 예언한 그대로 된 행적이라는 그 사실입니다. 우리는 그 예언의 성취를 보아 예수님이 그리스도이심을 확신하게 됩니다.

67.

십자가를 목격한 두 사람

[요한복음 1:1–18]

"아리마대 사람 요셉이 예수의 제자나 유대인을 두려워하여 은휘하더니 이 일 후에 빌라도더러 예수의 시체를 가져가기를 구하매 빌라도가 허락하는지라 이에 가서 예수의 시체를 가져가니라 일찍 예수께 밤에 나아왔던 니고데모도 몰약과 침향 섞은 것을 백 근쯤 가지고 온지라 이에 예수의 시체를 가져 다가 유대인의 장례 법대로 그 향품과 함께 세마포로 쌌더라"(요 19:38–40)

구약성경에 나오는 엘리야가 쌓은 제단을 보면 먼저 12 돌을 가지고 제단을 쌓고 그 위에 나무를 벌여놓고 그 위에 제물을 올려놓았으며 그 위에 물을 부었다고 하였습니다. 그러나 그것만으로는 하나님의 영광을 드러낼 수 없었습니다. 하늘에서 그 제단에 불이 내려 제단에 불이 붙을 때 비로소 백성들은 여호와 그는 하나님이시다 라고 외쳤습니다. 우리의 믿음도 그런 것 같습니다. 아리마대 요셉과 니고데모는 그 이름들이 몇 곳에 나오기는 하지만 열렬한 그리스도의 제자는 아니었습니다. 도리어 자신들이 예수님의 제자라는 것을 사람들이 알까 하여 숨어서 믿던 사람들이었습니다. 그러나 예수님께서 십자가에 못 박혀 죽으신 후 그들의 신앙엔 불이 붙게 되었습니다. 우리의 믿음에도 그런 불이 붙어야 하겠습니다.

1. 먼저 이 두 사람의 형편과 신앙을 살펴보아야 하겠습니다

1) 아리마대 요셉이라는 사람에 대해 성경말씀은 다음과 같이 설명하고 있습니다.

① 마태복음에서는 부한 사람이며 예수님의 제자라고 하였고(마 27:57) ② 마가복음에서는 존귀한 공회의원이며 하나님 나라를 기다리는 자라고 하였고(막 15:43) ③ 누가복음에서는 공회의원으로 선하고 의로운 자라고 하였고(눅 23:50) ④ 요한복음에는 예수님의 제자이지만 유대인을 두려워하여 은휘하였다고 하였습니다.(요 19:38)

2) 그리고 니고데모에 대한 기록들을 보면

① 니고데모는 유대인의 관원이며 밤중에 예수님에게 나와 예수님께로부터 사람은 거듭나야 하나님 나라에 들어갈 수 있다는 것과 예수님은 광야에 세워졌던 구리뱀과 같이 들릴 것인데 그를 믿어야 구원을 얻는다고 하는 강화를 들었습니다.(요 3:1-15)

② 그리고 그 후 대제사장과 바리새인들이 예수를 체포하려 할 때에 니고데모는 "우리의 율법은 사람의 말을 듣고 그 행한 것을 알기 전에 판결하느냐"라고 항의하였다고 기록하고있습니다.(요 7:50-51) 그러나 제사장들이 너도 갈릴리에서 왔느냐고 다그칠 때

더 이상 말하지않고 침묵하고 말았습니다. 이 두 사람은 유사한 점이 많았습니다. 우선 그 두 사람은 다 높은 관지에 있는 선량한 사람들이며 진리를 알고자 사모하는 사람들입니다. 그러나 그들은 유대의 지도자들이 미워하는 예수를 노골적으로 믿을 만한 용기 있는 믿음은 없었습니다. 그러나 예수님께서 십자가에서 죽으심을 보고 그들은 담대하게 되어 빌라도에게 시체를 달라고 했고 향유를 가지고 와서 엠밤(Embalm)을 하였습니다.

십자가는 극악한 죄수를 처형하는 형틀입니다. 사람들에게는 그 십자가가 두려움의 대상입니다. 그러나 그들에게는 새로운 확신과 용기를 넣어주는 십자가가 되었습니다.

2. 십자가는 어떻게 그들의 신앙에 불을 붙일 수가 있었습니까?

십자가를 통해 예수님이 하나님의 아들이심과 예수님께서 죄인들을 대속하시기 위해 죽으셨다는 것을 확신하였기 때문입니다. 그들은 평소에 예수님을 사모하였던 것으로 미루어보아 예수님의 마지막 장면을 지켜보았을 것으로 믿어집니다. 죄 없는 양 같은 예수님의 머리에 가시관을 씌우는 것도 십자가 형틀을 어깨에 매고 쓰러지며 갈보리로 나가시는 것도, 겉옷과 속옷을 벗기 우고 십자가 형틀에 못 박히시는 것도 보았을 것입니다. 고통 중에서도 이 무리의 죄를 사하여 달라고 기도하시는 것과 세 시간동안 온 땅이 어두워지는 것과 "나의 하나님 나의 하나님 어찌하여 나를 버리시나이까?"라고 하는 기도소리도 들었을 것입니다. 그리고 운명하신 후 성소휘장이 위로부터 아래까지 찢어져 둘이 되고 땅이 진동하며 바위가 터지고 무덤이 열리고 자던 성도의 몸이 많이 일어나는 것도 보았을 것입니다. 그 광경은 예수를 십자가에 못박던 로마군대의 백부장과 군인들도 보고, "이는 진실로 하나님의 아들이었도다"라고 하였습니다.(마 27:54) 이 광경을 본 두 사람은 예수님은 과연 인류를 구원하기 위해 보내심을 받은 그리스도가 확실하다는 믿음을 가지게 되었을 것입니다.

그리고 무엇보다 예수님의 죽으심이 구약의 예언대로 되는데 대해 놀랐을 것입니다. 예수님은 구약의 예언대로 죄 없이 죽으셨습니다. 예수님은 자신이 예언하신 광야에 높이 들렸던 구리뱀처럼 십자가에 달려 죽으셨습니다. 예언대로 예수님의 겉옷은 나누고 속옷은 제비 뽑았습니다. 예언하신대로 예수님의 뼈는 상하지 않았습니다. 예언하신대로 예수님은 창에 옆구리가 찔렸습니다. 그 두 사람은 예수님이 그리스도라는 확신으로 압도되어 위대하신 하나님의 능력 앞에 떨었을 것입니다. 그들도 자신들의 죄를 예수 그리스도에게 담당 시키시고 자신들을 구원해주신 그 놀라운 사랑에 감격했을 것입니다. 이제 그들에게는 죽음도 권세도 두렵지 않게 되었고 재물이나 목숨도 아깝지 않게 되었습니다. 그래서 요셉은 전에 두려워했던 빌라도 앞에 담대히 나아가서 예수님의 시체를 달라고 할 수 있었고 니고데모도 향유를 구하여 예수님의 몸에 엠밤(Embalm)을 할 수 있었습니다.

예수님이 그리스도라는 확신이 올 때 믿음에 불이 붙게 됩니다. 찬송가 185장을 지은 해버갈(F.R.Havergal)은 청년시절 병약하여 공부를 할 수 없어 여행을 하던 중, 어느 화랑에 들려 그림을 구경하다가 예수님이 못 박히신 그림을 보았다고 합니다. 그는 그 그림 화폭 위에 "나는 너를 위해 몸을 주었건만 너는 나를 위해 무엇을 주느냐"라고 적혀있는 글을 보고 마음에 큰 감동을 받아 생애의 큰 전환을 가져오게 됐고 찬송 185장을 지었다고 합니다.

그리스도의 십자가는 메마른 심령에 생기를 넣어줍니다. 도일(H.E.S Doyle)은 십자가를 발견한 후 다음과 같이 고백했습니다. "그리스도를 알지 못하는 이들에게까지 미치는 풍성하고도 아낌없는 하나님의 사랑은, 방황하던 나의 어두운 기록과 나의 죄 많은 과거의 기록과 영혼에 드리워졌던 기록들을 다 도말하여 버렸다. 적(敵)도 없다. 한없는 사랑과 은혜, 나는 더 이상 내 낯을 숨길 필요가 없다"라고 했습니다.

예수님의 십자가는 믿는 사람에게 사죄의 확신을 주며 사죄의 확신을 얻은 사람은 하나님을 향해 또는 사람들을 향해 아무것도 무서워할 것도 없고 부끄러워할 것도 없습니다. 우리는 아리마대 요셉과 니고데모에게서 그런 사람을 봅니다. 우리들의 신앙에도 이 불이 불붙어야 하겠습니다.

68

막달라 마리아의 간절한 믿음

[요한복음 20:1-18]

마태복음과 누가복음에는 예수님이 부활하신 후 막달라 마리아를 포함한 몇몇 여자들이 예수님을 함께 만난 것으로 기록되었지만 마가복음과 요한복음에는 막달라 마리아 혼자 예수님을 뵈온 것으로 기록되어 있습니다. 예수님의 주위에는 수제자 베드로와 항상 가까이 동행했던 요한과 야고보도 있는데 부활하신 예수님이 한 무명한 여인 막달라 마리아에게 맨 먼저 나타나신 이유는 무엇일까 하는 생각을 갖게 하는 사건입니다.

1. 막달라 마리아에 대한 추리(推理)

어느 대심방 때의 일입니다. 어떤 젊은 집사의 집에서 심방예배를 끝낸 후 부목사님은 그 집에 있는 작은 서가(書架)에서 책을 두어 권 뽑더니 "허! 집사님 이런 책을 보시면 안됩니다." 라고 하였습니다. 그 책은 예수님에 대해 추리소설처럼 쓴 책이었는데 예수님은 마리아와 로마군인사이에서 난 사생아였고 막달라 마리아와는 내연의 관계였다고 쓴 책이며, 또 다른 책은 한국사람의 풍속이 유대인들의 풍속(머리에 이는 것, 맷돌을 돌리는 것 등)과 같은 것은 유대민족의 역사를 보면 단지파가 없어졌는데, 그 지파가 대륙을 통해 한반도에 와서 살았기 때문이라는 등 추리소설처럼 만든 책이었습니다. 목사님은 "신앙에 손해 되는 이런 책보시면 안됩니다." 라며 그 책을 쓰레기통에 던져 버렸습니다. 나는 그것을 보고 실례스럽게 보이기는 했지만 부목사님의 신앙사상이 철저함을 보고 감탄했습니다.

자유주의 신학에 물든 어떤 목사는 막달라 마리아는 본래 일곱 귀신이 들렸던 여인인데 정신이 오락가락하던 그 여인이 자기가 부활하신 예수를 만났다고 한 것을 어떻게 믿을 수 있느냐라고 하였다는 말을 들었습니다. 추리소설은 사람들에게 그럴듯하게 만들어 없는 일을 있게도 있는 일을 없게도 합니다. 그러나 추리라는 것은 대부분 사실과는 다르게 나타납니다. 더욱이 하나님의 능력으로 하신 일들을 추리로 설명하려고 한다면 도리어 하나님의 진리를 가리우는 일이 될 것 뿐입니다.

엘리야가 회리바람을 타고 승천했을 때 엘리사는 그 광경을 보았고 그에게서 떨어진 두루마기를 받아 그 두루마기로 요단강을 가르고 권능의 사람이 되었습니다만, 그 당시 오십 명 선지생도들은 그 사실을 믿지 않고 엘리야는 회리바람을 타고 올라가다가 어디엔가 떨어졌을 것이므로 그 시체를 찾아야 한다고 하는 추측으로 3일간을 찾았으나 발견하지 못하고 허탈하게 돌아왔습니다. 그들도 하나님을 찾았으나 엘리사와는 그 방향이 달랐습니다. 엘리사는 여호와께서 엘리야를 하늘로 올리신다는 말씀을 믿고 따라가서 능력을 받았으나, 오십 명 선지생도는 자신들의 이성을 믿고 엘리야의 시체를 찾다가 아무런 수확 없는 헛수고를 하고 말았습니다.

성경에 나타난 기이한 일들은 추리로 해석할 것이 아니라 하나님의 능력의 역사를 인정하고 그대로 믿어야 정답이 나오게 됩니다. 성경을 연구하거나 신학을 연구하는 분들의 주의해야 할 점이 바로 그 점입니다. 성경을 보다 정확하게 이해하겠다는 동기에서 성경에 대한 고등비평(higher-criticism 역사, 지리, 인물에 대한 연구)과 하등비평(lower- criticism 성경본문에 대한 연구)을 연구하다가 자신의 믿음이 약해지는 경우가 많습니다. 막달라 마리아에 대한 기사도 인간의 추리로 그는 정신이 온전치 못한 여인이었다던가 예수님과는 내연의 관계가 있었다던가 하는 추리로 성경을 해석할 것이 아니라 성경에 기록된 말씀을 기록된 그대로 믿어야 합니다. 그것이 믿는 사람의 올바른 자세입니다.

2. 막달라 마리아의 신앙

1) 부활을 믿지 못한 막달라 마리아

막달라 마리아도 예수님께서 삼일 만에 부활하신다는 예언을 들었을 것입니다. 그러나 막달라 마리아가 예수님의 부활을 믿지 않은 증거가 여러 곳에 나타나고 있습니다. 그는 무덤에 향품을 준비하여 갔고(눅 24:1) 무덤에 와서 돌이 무덤에서 옮긴 것을 보고 베드로와 요한에게 달려가서 "사람이 주를 무덤에서 가져 다가 어디 두었는지 우리가 알지 못하겠다"라고 하였고, 무덤으로 다시 와서도 무덤

밖에서 울며 무덤 속을 들여다보았다고 하였고, 흰옷 입은 두 천사가 "여자여 어찌하여 우느냐"라고 하였을 때, 마리아는 "사람이 내 주를 가져다 어디 두었는지 내가 알지 못함이니이다"라고 대답하였고, 예수님께서 옆에 서서 "여자여 어찌하여 울며 누구를 찾느냐"라고 하셨을 때도 동산지기인줄 알고 "주여 당신이 옮겨갔거든 어디 두었는지 내게 이르소서 내가 가져가리이다"라고 하였습니다.

마리아의 이 같은 반응을 볼 때 그는 예수님이 부활하시리라는 생각은 전혀 갖지 않았었다는 것을 알 수 있습니다. 그러나 예수님은 그러한 마리아에게 맨 먼저 나타나셨습니다. 예수님의 주변에는 삼년간 따라다닌 11제자(가룟유다는 제외됨)가 있었고 예수님을 친히 장사한 요셉과 니고데모도 있었고 평소에 사랑하시던 나사로의 형제들도 있었으며 있는 소유로 봉사하던 여인들도 있었습니다. 그러나 그 모든 사람들은 제쳐두고 막달라 마리아에게 나타나셨습니다. 어떤 사람들은 막달라 마리아는 예수님의 내연의 처였다고 말하지만 성경에서는 그러한 내용이나 단서를 발견할 수는 없습니다. 그런 말은 사람들이 만들어낸 이야기에 불과한 것입니다.

예수님께서 막달라 마리아에게 맨 먼저 나타나신 이유는 무엇이겠습니까? 우리는 그 이유를 요 20:1 "안식 후 첫날 아직 어두울 때에 막달라 마리아가 무덤에 와서"라고 하신 말씀에서 찾을 수 있습니다. 성경말씀은 하나님께서는 그를 찾는 자에게 찾음이 되신다는 보편적진리를 가르치고 있습니다.

다윗왕은 그 아들 솔로몬에게 "네가 저를 찾으면 만날 것이요 버리면 저가 너를 영원히 버리시리라"(대상 28:9)고 하였고, 선지자 아사랴는 유다왕 아사와 유다 백성들에게 "너희가 만일 저를 찾으면 저가 너희의 만난바 되시려니와 너희가 만일 저를 버리면 저도 너희를 버리시리라"(대하 15:2)라고 하였으며 선지자 아모스는 "너희는 여호와를 찾으라 그리하면 살리라"(암 5:5)고 하였습니다. 그리고 예수님은 "구하라 그러면 너희에게 주실 것이요 찾으라 그러면 찾을 것이요 문을 두드리라 그러면 너희에게 열릴 것이니"(마 7:7)라고 하셨습니다.

예수님께서 부활하신 후 맨 먼저 막달라 마리아에게 나타나신 것은 막달라 마리아가 가장 간절하게 예수님을 찾은 때문이었습니다. 다른 여러 사람들은 예수님을 그렇게 간절하게 찾지 않았습니다. 이미 예수님은 돌아가셨다는 생각으로 체념해 버린 이도 있었을 것이요, 무덤을 서성거리다가는 로마군대에게 어려움을 당할 수 있다는 공포심에 사로잡힌 이들도 있었을 것입니다. 그러나 막달라 마리아는 달랐습니다. 그는 아직 어두운 때 묘지의 두려움과 신상의 위험도 생각하지 않고 무덤을 찾아왔고, 예수님의 시체라도 다시 한번 보려는 마음에서 울고 있었습니다. 부활하신 예수님은 그런 막달라 마리아에게 자기를 나타내시기 위해 무덤을 떠나지 않고 기다리고 계셨고 "마리아야"라고 불러주셨습니다. 그렇게 하심으로 모든 사람에게 공평하게 약속하신 "찾으라 만날 것이라"는 보편적 약속을 지키신 것입니다.

믿는 사람들은 막달라 마리아가 예수님을 만난 사건을 통해 "찾으면 만난다"는 진리를 배워야 하겠습니다. 마리아는 부활의 신앙이 없었습니다. 그러나 그에게는 예수님을 찾는 간절함이 있었습니다. 그 결과 부활하신 예수님을 만나는 영광을 누리게 되었습니다.

우리들에게는 막달라 마리아와 같은 뜨거운 열심과 간절함이 필요합니다.

69.

보고 믿는 믿음과 보지 못하고 믿는 믿음

[요한복음 1:1-18]

"예수께서 가라사대 너는 나를 본 고로 믿느냐 보지 못하고 믿는 자들은 복되도다 하시니라"(요 20:29)

안식 후 첫날 새벽에 부활하신 예수님은 그날 저녁 제자들이 모인 곳에 나타나서서 못 박히신 그의 손과 찔리신 그의 옆구리를 보이시며 자신이 부활하신 것을 제자들에게 보이셨습니다. 그러나 그의 제자 도마는 그때에 함께 있지 않았다가 다른 제자들의 증거 하는 말을 듣고 "내가 그 손에 못 자국을 보며 내 손가락을 그 못 자국에 넣으며 내 손을 그 옆구리에 넣어보지 않고는 믿지 않겠노라" 고 하였습니다. 도마의 마음을 아시는 예수님은 여드레를 지난 후 제자들에게 다시 나타나서서 도마에게 "네 손가락을 이리 내밀어 내 손을 보고 네 손을 내밀어 내 옆구리에 넣어보라 그리하고 믿음 없는 자가 되지 말고 믿음 있는 자가 되라" 고 하셨습니다. 그때에 도마는 "나의 주시며 나의 하나님이시니이다" 라고 하며 자기의 믿음을 고백하였습니다. 도마의 이런 고백을 들으신 예수님은 "너는 나를 본고로 믿느냐 보지 못하고 믿는 자들은 복되도다"라고 말씀하셨습니다.

우리는 이 말씀을 통해 두 가지 형태의 믿음이 있다는 것을 배우게 됩니다. 그 하나는 보고 믿는 믿음 즉 이적과 기사를 보고 하나님이 살아계시다고 믿는 믿음이며, 다른 하나는 이적과 기사를 보지않았으나 믿는 믿음입니다.

구약시대부터 지금까지 이적과 기사를 보고 믿는 사람들이 많이 있었습니다. 우선 이스라엘 민족의 역사를 보면 대다수의 사람들은 모세를 통해 나타나는 이적을 보고 믿었습니다. 그들은 애굽 사람들을 치시는 열 가지 재앙을 보았고 홍해가 갈라져 그 가운데로 통과하는 체험을 하였으며, 하늘에서 내리는 만나를 먹으며 살았고, 반석에서 나오는 물을 마셨습니다. 그런 일을 통해 그들은 하나님을 두려워하며 믿었습니다. 예수님 당시에도 그렇게 믿는 사람들이 많이 있었던 것을 알 수 있습니다. 예수님이 갈릴리 가나에서 물로 포도주를 만드신 후 제자들이 믿었다고 하였고(요 2:23) 떡으로 이적을 행하신 후에도 이적을 본 사람들이 예수를 믿었다고 하였습니다.(요 6:14-15)

그러나 그런 사람들의 믿음은 지속성이 없고 얼마안가서 믿음에서 떠난 것을 볼 수 있습니다. 이스라엘 백성은 홍해를 건널 때 모두가 다 하나님이 살아계시다는 것을 믿었지만 얼마안가서 마실 물이 없고 행로에 고달플 때 하나님은 어디 계시느냐 하며 하나님을 원망했습니다. 예수님 당시의 유대인들도 마찬가지였습니다. 그들은 이적이 나타날 때 그 이적을 통해 하나님을 보았습니다만, 예수님께서 자신이 하늘로서 내려온 생명의 떡이라고 말씀하셨을 때 다

물러갔고, 한 때 예수님을 따라다니던 사람들은 예수를 십자가에 못박아달라고 소리질렀습니다. 그러나 그와 반대로 이적을 보지 못하고도 확신가운데서 신앙생활을 하는 사람들이 있었습니다. 그들은 도리어 어려운 환난 중에서도 기뻐하며 믿음의 생활을 하였습니다. 사도베드로는 그 당시 환난 중에서 신앙을 지키던 신자들에게 "예수를 너희가 보지 못하였으나 사랑하는도다 이제도 보지 못하나 믿고 말할 수 없는 영광스러운 즐거움으로 기뻐하니 믿음의 결국 곧 영혼의 구원을 받음이라"(벧전 1:8-9)고 하였습니다. 이적을 보고 믿던 사람들은 시련이 올 때 물러가고 넘어지는데 보지 못하고 믿는 사람들은 보지 못하고도 즐거워하며 소망을 가지는 이유는 무엇입니까?

1. 보지 못하고 믿는 믿음은 이적을 보지 않고도 하나님의 존재를 믿는 믿음이기 때문입니다.

히브리서를 보면 "믿음이 없이는 기쁘시게 못하나니 하나님께 나아가는 자는 반드시 그가 계신 것과 또한 그가 자기를 찾는 자들에게 상 주시는 이심을 믿어야 할찌니라"(히 11:6)고 하였습니다. 하나님께서 원하시는 것은 믿는 사람들이 어떤 이적을 보고 믿는 것이 아니라 이적을 보지않고도 믿는 것입니다. 그 이유는 하나님께서 사람을 창조하실 때 벌써 하나님을 믿도록 창조하셨기 때문입니다. 사도바울은 "이는 하나님을 알만한 것이 저희 속에 보임이라 하나님이 저희 속에 보이셨느니라"(롬 1:19)고 하였습니다. 모든 동물에게 유전인자가 있듯이 모든 사람에게는 하나님을 알만한 것(종교성)이 있습니다. 믿지 않는 사람들에게는 그 종교성이 없는 것이 아니라, 스스로 그것을 부정하는 것이며 믿는 사람은 복음을 통해 그 종교성이 잠에서 깨어남으로 이적을 보지 않아도 하나님을 확신하는 것입니다. 그러나 이적을 보고 믿으려는 사람은 이적을 통해 하나님의 존재를 확인하려 하므로 이적이 나타나지 않을 때는 하나님의 사랑을 의심하기도 하고 구원을 의심하기도 하며, 더 나가서 하나님의 존재까지도 부정하기도 합니다.

2. 보고 믿는 믿음은 체험중심의 믿음이지만 보지 못하고 믿는 믿음은 하나님의 말씀을 믿는 믿음이기 때문입니다.

구약시대의 위대한 신앙가들 중에는 하나님의 이적적 역사를 본 사람들도 있지만 보지 못하고 그저 말씀만 믿고 따라간 성도들이 많았습니다. 노아의 역사를 보면 하나님께서 노아에게 방주를 예비하라고 말씀하신 후 120년이라는 긴 기간 어떤 이적적인 일을 보이셨다는 말씀이 없습니다. 그러나 노아는 한번 계시하신 말씀을 마음에 삭이고 긴 기간 방주 짓는 일을 계속하였고, 마침내 하나님의 말씀대로 홍수가 날 때 여덟 식구가 구원을 얻었다고 하였습니다. 믿음의 조상이라고 부르는 아브라함도 이스라엘 백성들처럼 항상 이적가운데서 산 것이 아니라는 것을 알 수 있습니다. 히브리서에는 "아브라함은 부르심을 받았을 때에 순종하여 장래 기업으로 받을 땅에 나갈째 갈 바를 알지 못하고 나갔으며" (히 11:8)라고 하였고 사도바울은 "아브라함이 바랄 수 없는 중에 바라고 믿었으니 이는 네 후손이 이같으리라 하신 말씀대로 많은 민족의 조상이 되게 하려 하심을 인함이라"(롬 4:18)고 하였고 "믿음이 없어 하나님의 약속을 의심치 않고 믿음에 견고하여져서 하나님께 영광을 돌리며 약속하신 그것을 또한 능히 이루실 줄을 확신하였으니"(롬 4:20-21)라고 하였습니다. 아브라함의 믿음은 이적에 기초한 믿음이 아니라 하나님의 약속하신 말씀에 의지하는 믿음이었음을 알 수 있습니다. 이적을 보고 믿던 이스라엘 백성은 잠시 모세가 보이지않을 때 타락하였습니다만, 말씀을 믿던 믿음의 선배들은 눈에 보이는 증거가 없어도 흔들리지 않았습니다.

3. 보고 믿는 믿음은 자신의 감성으로 믿는 믿음이지만 보지 못하고 믿는 믿음은 성령의 감동으로 믿는 믿음입니다.

도마는 십자가에 못 박혀 죽으셨던 예수님이 살아나셔서 보여주시는 손의 못 자국을 만져보았습니다. 그런 일을 당한다면 누구라도 하나님이 살아계시다고 말하게 될 것입니다. 그러나 그런 사실을 눈으로 보지 못하고 전하는 말만 듣고 믿는 것은 어려운 일입니다. 그러므로 사도바울은 "너희가 그 은혜를 인하여 믿음으로 말미암아 구원을 얻었나니 이것이 너희에게서 난 것이 아니요 하나님의 선물이라"(엡 2:8)고 하였습니다. 참 믿음은 사람이 믿으려고 해서 믿는 것이 아니라 하나님의 은혜로 성령께서 마음에 믿음을 일으키시므로 믿게 된다는 것입니다. 나 자신이 눈으로 이적을 보고 믿는 것보다 성령님이 나의 마음에 역사 하심으로 믿는 그 믿음은 얼마나 더 확신 있는 믿음이겠습니까?

그리스도를 믿는 많은 사람들이 도마와 같이 눈으로 보고 손으로 만져보고 믿기를 원하고 있습니다. 이적이나 꿈이나 환상이나 음성을 듣기를 원합니다. 그러므로 믿는 사람들에게 그런 감성적 효과를 얻게 하기위해 카톨릭에서는 마리아의 동상을 세우고 마리아의 동상에서 눈물이 나왔다고 하기도 하고 마리아가 환상으로 나타났다고도 합니다. 우리는 보고 믿는 믿음을 가진 사람보다 보지 못하고 믿는 자가 더 복되다는 예수님의 말씀에 귀를 기울여야 하겠습니다.

70.

내 양을 먹이라

[요한복음 21:15-18]

3년간이나 의지하며 따라다녔던 예수님을 잃어버린 베드로는 다른 네 제자와 함께 디베랴바다에 나가서 물고기를 잡았습니다. 그러나 밤새도록 애를 썼지만 물고기 한마리도 잡지 못하였을 때, 예수님이 오셔서 배 오른편에 그물을 던지라고 하여 많은 물고기를 잡게 하셨습니다. 그렇게 하시므로 두려움과 근심으로 지칠 대로 지쳐 절망에 처했던 제자들에게 하나님의 능력이 살아있고 하나님께서 하시면 못할 것이 없다는 것을 보여주셨습니다. 그리고 떡과 생선을 구워 허기진 제자들에게 먹게 하신 후 시몬베드로에게 "요한의 아들 시몬아 네가 이 사람들보다 나를 더 사랑하느냐?" "내 어린양을 먹이라" 고 말씀하셨습니다. 우리는 예수님의 베드로와의 대화를 통해 주님께서 그의 일꾼들에게 무엇을 원하고 계시는가를 찾아볼 수가 있습니다.

1. 회개하고 주의 일을 하기를 원하십니다.

"요한의 아들 시몬아 네가 이 사람들보다 나를 더 사랑하느냐" 라고 하신 예수님의 말씀은 베드로의 실패를 생각하게 하는 말씀으로 보여집니다. 베드로의 본래의 이름은 시몬이었습니다만 가이사랴 빌립보에서 "주는 그리스도시오 살아계신 하나님의 아들이시니이다" 라고 고백한 후 예수님은 그에게 베드로(반석)라는 새 이름을 지어주셨습니다.(마 16:16-18) 그 후 그의 이름은 줄곧 베드로라는 이름으로 불리어 왔습니다. 그러나 디베랴바닷가에 나타나신 예수님은 그의 이름을 베드로라고 부르지 않고 요한의 아들 시몬이라고 옛 이름을 부르셨습니다. 예수님을 비자 앞에서 부인한 것과 생활의 어려움을 인해 물고기를 잡으러 나갔던 베드로의 삶은 베드로라고 하는 높은 이름에 어울리지 않았습니다. 예수님은 베드로를 그의 본명인 시몬이라고 부르시므로 그가 그의 과거를 더 깊이 회개하게 하려는 것이었습니다.

어떤 해석가들은 예수님께서 베드로에게 "요한의 아들 시몬아 네가 나를 사랑하느냐" 라는 질문을 세 번하신 것은 베드로가 예수님을 세 번 부인한 것을 회상케 하는 질문이라고 합니다. 목숨을 버리시며 사랑하신 예수님을 목숨을 바쳐 사랑하겠노라던 제자 베드로가 세 번이나 주님을 부인할 때 참으로 참기 어려우셨을 겁니다. 그래서 베드로가 예수님을 부인한 후 예수님은 돌이켜 베드로를 보셨다.(눅 22:61)고 하였습니다.

예수님은 사도로서 주의 일을 해야 하는 베드로에게 그런 과거의 실패를 뉘우치고 그로 인해 더욱 겸손하게 주님을 섬기기를 원하셨습니다. 실수를 하지 않는 완전한 사람은 이 세상에 없다고 하였습니다. 그러나 예수님은 사람들이 실수와 범죄를 당연한 것으로 생각하며 주님을 섬기기를 원치 않으시고 자기의 실수와 범죄를 깊이 회개하고 겸손하게 주님을 섬기기를 원하시는 것입니다.

2. 아가페의 사랑을 원하셨습니다.

본문처럼 헬라원어의 도움을 받지 않고는 이해하기 어려운 부분도 드뭅니다. 그 이유는 본문에 사랑이라는 말이 헬라어로는 희생적 사랑을 의미하는 아가페(AGAPE)와 우정적 사랑을 의미하는 필레오(PHILEO), 두 가지 다른 의미의 단어로 기록되었기 때문입니다. 그러므로 사랑을 한가지 말로 사용하는 한국역에는 "요한의 아들 시몬아 네가 이 사람들보다 나를 더 사랑하느냐 하시니 가로되 주여 그러하외다 내가 주를 사랑하는 줄 주께서 아시나이다"라고 하여 같은 사랑이라는 말로 표현되었습니다만 그 의미를 보면 다음과 같은 말입니다. "요한의 아들 시몬아 네가 이 사람들보다 나를 아가페의 사랑으로 더 사랑하느냐 하시니 가로되 주여 그러하외다 내가 필레오의 사랑으로 사랑하는 줄을 주께서 아시나이다"라는 의미입니다. 예수님은 두 번 아가페의 사랑으로 사랑하는가 물으셨고 세 번째는 베드로의 말과 같이 필레오의 사랑으로 사랑하느냐고 질문 하셨습니다. 그러나 베드로는 세 번다 필레오의 사랑으로 사랑하노라고 대답하였습니다.

아가페의 사랑은 목숨까지도 버릴 수 있는 사랑입니다. "하나님이 세상을 이처럼 사랑하사 독생자를 주셨으니"라고 한 사랑은 아가페의 사랑이며(요 3:16) "사람이 친구를 위하여 목숨을 버리면 이에서 더 큰 사랑이 없나니"(요 15:13)라고 할 때의 사랑도 아가페의 사랑입니다. 아가페의 사랑으로 나를 사랑하느냐고 물으시는 예수님에게 저는 우정적 사랑으로 사랑합니다라고 대답한 것은 베드로의 양심적 고백이었을 것입니다. 그가 예수님을 세 번이나 모른다고 한 것과 육신의 삶을 위해 디베랴바다로 나온 일들은 아가페의 사랑을 가진 사람의 삶이라고 말할 수는 없었습니다. 그래서 베드로는 솔직하게 저는 필레오의 사랑으로 사랑합니다라고 고백하였습니다. 그러나 예수님은 베드로에게 또는 모든 신자들에게 아가페의 사랑을 원하고 계시다는 것을 본문은 가르쳐주고 있습니다.

우리교회가 예배당을 구입하고 입당기념으로 청소년 집회를 가진 적이 있었습니다. 청소년들이 부르는 노래는 예수님이 디베랴바닷가에서 베드로에게 질문 한 말씀을 가사로 만든 것이었는데

디베랴바닷가에서
주님이 시몬에게 하신 말씀
사랑하는 시몬아 너 날 사랑하느냐
오 주님 주님만은 아십니다

라는 노래였습니다. 그들은 다같이 부르며 시몬이라는 이름 대신 학생들의 이름을 하나하나 불렀습니다. 그러다가 어떤 용감한 여학생은 마이크를 가지고 내 앞으로 다가와서 "사랑하는 목사님 너 날 사랑하느냐"라고 불렀고 나는 학생들이 하듯이 "오 주님 주님만은

아십니다"라고 화답했습니다. 어느덧 주앞에 나의 전부가 드러나는 것 같아 눈시울이 젖어 왔습니다. 참으로 주님이 우리 각 사람에게 아무여 네가 아가페의 사랑으로 나를 사랑하느냐라고 질문하신다면 무어라고 대답하겠습니까?

3. 주님의 양을 먹이고 주님의 양을 치라고 하셨습니다.

베드로는 "네가 나를 사랑하느냐"라는 예수님의 질문에 세 번다 "저는 우정적으로 사랑합니다"라고 대답하였습니다. 그러나 예수님은 너는 양을 먹일 자격이 없다고 하시지 않고 내 양을 먹이라고 부탁하셨습니다. 그 이유는 예수님은 베드로가 지금은 연약하여 아가페의 사랑을 실천하지 못했지만 앞으로 어떻게 주님을 위해 고난을 당할 것을 다 알고 계셨기 때문입니다.

주님의 양은 무엇을 의미합니까? 주님은 "나는 선한 목자라 내가 양을 알고 양도 나를 아는 것이 아버지께서 나를 아시고 내가 아버지를 아는 것과 같으니 나는 양을 위하여 목숨을 버리노라"(요 10:14-15)라고 하셨습니다. 주님의 양은 바로 예수님을 위하여 죽으신 자들이며 또 예수님을 아는 성도들입니다. 그들은 양과 같이 연약하며 순결하며 순종하는 무리들이며 그러므로 그들을 위하여 목숨까지도 버릴 수 있는 선한 목자가 필요한 것입니다. 주님은 베드로에게 그 양들을 먹이고 치라고 하셨습니다.

4. 앞날에 있을 환난을 예고하셨습니다.

"내가 진실로 진실로 네게 이르노니 젊어서는 네가 스스로 띠 띠고 원하는 곳으로 다녔거니와 늙어서는 네 팔을 벌리리니 남이 네게 띠 띠우고 원치 아니하는 곳으로 데려가리라" (18) 이 말씀은 베드로가 어떠한 죽음으로 하나님께 영광을 돌릴 것을 가리키심이라고 하였습니다. 예수님은 베드로가 미래에 어떠한 환난을 당하고 주님을 위해 순교할 것까지 다 알고 계셨습니다. 전설에 의하면 베드로는 로마에 가서 전도하다가 로마의 관리들이 그를 체포하려 하자 도망가던 중 알반언덕에서 로마로 들어가시는 예수님을 만나 주여 어디로 가십니까 라고 물었을 때 "네가 질 십자가를 네가 지지 않으므로 내가 지려고 로마로 간다" 고 하시는 말씀을 듣고 "그럴 수는 없습니다" 라고 대답한 후 로마로 다시 들어가서 순교했다고 합니다.

사도베드로는 함께 장로 된 사람들에게 "너희 중에 있는 하나님의 양 무리를 치되 부득이함으로 하지 말고 오직 하나님의 뜻을 좇아 자원함으로 하며 더러운 이를 위하여 하지 말고 오직 즐거운 뜻으로 하며 맡기운 자들에게 주장하는 자세를 하지 말고 오직 양 무리의 본이 되라 그리하면 목자장이 나타나실 때에 시들지 아니하는 영광의 면류관을 얻으리라" (벧전 5:2-4)라고 하였습니다.

베드로는 주님이 맡기신 양 무리를 위해 끝까지 충성한 것을 볼 수 있습니다.

요한복음강해설교

■
초판 1쇄 인쇄 / 2006년 1월 10일
초판 1쇄 발행 / 2006년 1월 20일

■
지은이/김 승 곤
펴낸이/김 수 관
펴낸곳/도서출판 영문
122-070 서울시 은평구 역촌동 10-82
TEL • (02)357-8585
FAX • (02)382-4411
E-mail • kskym49@yahoo.co.kr

■
출판등록번호/제 03-01016호
출판등록일/1997. 7. 24

정가 20,000원
ISBN 89-8487-192-3 03230
Printed in Korea